O HOMEM SEM ROSTO
A IMPROVÁVEL ASCENSÃO DE VLADIMIR PUTIN

O HOMEM SEM ROSTO
A IMPROVÁVEL ASCENSÃO DE VLADIMIR PUTIN

Masha Gessen

Tradução:
Maria Helena Rouanet

Copyright © 2012 by Masha Gessen
Pós-escrito © 2014 by Masha Gessen
Prefácio © 2022 by Masha Gessen

TÍTULO ORIGINAL
The Man Without a Face: The Unlikely Rise of Vladimir Putin

TRADUÇÃO DO PREFÁCIO, POSFÁCIO E PÓS-ESCRITO
Dafne Skarbek

PREPARAÇÃO
Dafne Skarbek
Victor Almeida

REVISÃO
Rayana Faria
Fábio Gabriel Martins

ADAPTAÇÃO DE PROJETO GRÁFICO E DIAGRAMAÇÃO
Inês Coimbra

DESIGN DE CAPA
Alex Merto

FOTO DE CAPA
© STEPHANE LAVOUE/PASCO

CIP-BRASIL. CATALOGAÇÃO NA PUBLICAÇÃO
SINDICATO NACIONAL DOS EDITORES DE LIVROS, RJ

G332h

Gessen, Masha, 1967-
 O homem sem rosto : a improvável ascensão de Vladimir Putin / Masha Gessen ; tradução Maria Helena Rouanet. - 1. ed. - Rio de Janeiro : Intrínseca, 2022.
 368 p. ; 23 cm.

 Tradução de: The man without a face : the unlikely rise of Vladimir Putin
 Inclui índice
 ISBN 978-65-5560-418-4

 1. Putin, Vladimir Vladimirovich, 1952-. 2. Rússia (Federação) - Presidentes. 3. Rússia (Federação) - Política e governo - 1991-. I. Rouanet, Maria Helena. II. Título.

22-78576 CDD: 947.0862092
 CDU: 94:32(470+571)

Meri Gleice Rodrigues de Souza - Bibliotecária - CRB-7/6439

[2022]
Todos os direitos desta edição reservados à
EDITORA INTRÍNSECA LTDA.
Rua Marquês de São Vicente, 99/6º andar
22451-041 – Gávea
Rio de Janeiro – RJ
Tel./Fax: (21) 3206-7400
www.intrinseca.com.br

SUMÁRIO

Prefácio à edição de 2022 7
Prólogo 13
Um. O PRESIDENTE ACIDENTAL 23
Dois. A GUERRA ELEITORAL 35
Três. A AUTOBIOGRAFIA DE UM DELINQUENTE 56
Quatro. UMA VEZ ESPIÃO... 86
Cinco. UM GOLPE E UMA CRUZADA 116
Seis. O FIM DE UM REFORMADOR 147
Sete. O DIA EM QUE A MÍDIA MORREU 162
Oito. O DESMORONAR DA DEMOCRACIA 194
Nove. O DOMÍNIO DO TERROR 216
Dez. AMBIÇÃO INSACIÁVEL 245
Onze. DE VOLTA À URSS 281
Epílogo: Uma semana em dezembro 293
Posfácio 315
Pós-escrito: abril de 2014 331
Agradecimentos 341
Notas 343
Índice 359

PREFÁCIO À EDIÇÃO DE 2022

Em 20 de agosto de 2020, Alexei Navalny passou mal num voo entre a cidade siberiana de Tomsk e Moscou. O avião fez um pouso de emergência em Omsk. Navalny foi hospitalizado e, mais tarde, levado de transporte aéreo para Berlim, onde passou várias semanas em coma e vários meses reaprendendo a falar, escrever e andar. Nessa época, colaborou com a organização de jornalismo investigativo Bellingcat para descobrir o motivo de seu padecimento. Eles provaram que Navalny havia sido envenenado com uma variante de Novichok, um agente químico desenvolvido pelo Exército russo. Eles também provaram que a tentativa de assassinato foi obra de um grupo de agentes da FSB — a polícia secreta — que o seguia havia dois anos. Os mesmos agentes perseguiram o escritor Dmitry Bykov, que sobreviveu a um envenenamento em 2019, o político Boris Nemtsov, morto a tiros em 2015, e pelo menos mais três ativistas que morreram nos dois anos anteriores ao envenenamento de Navalny.

A FSB tinha uma divisão cujo trabalho era assassinar os opositores políticos de Putin. Agora havia evidências específicas disso:

os resultados dos exames de sangue de Navalny, os nomes dos autores do assassinato frustrado e até mesmo o que equivalia a uma confissão de um deles, feita em um telefonema a Navalny. Tudo isso era, enfim, prova incontestável da acusação para a qual eu havia apresentado evidências circunstanciais uma década antes neste livro — o regime de Putin mata seus críticos, na maioria das vezes envenenando-os.

Quando eu estava terminando este manuscrito, em 2011, durante protestos em massa sem precedentes na Rússia, uma frase cunhada por Navalny foi amplamente usada. Ele chamou o regime de "partido de ladrões e escroques". A frase me deixava desconfortável. Ela verbalizava a maneira como a maioria das pessoas parecia perceber o governo — mesquinho e obsceno, definido apenas por corrupção e ganância —, mas eu achava que essas palavras, curiosamente, também acabavam diminuindo a gravidade do que estava acontecendo. Meu maior problema com Putin não era que ele roubava e acumulava riqueza; era que ele matava pessoas, tanto travando guerras quanto encomendando assassinatos. Quando Navalny recuperou sua capacidade de falar, o questionei sobre isso em uma entrevista para a *New Yorker*: não era hora de parar de chamar Putin de escroque e começar a chamá-lo de assassino? Navalny disse que não: "Ele mata para proteger sua riqueza." Navalny acreditava que a ganância, e não a crueldade, era a característica que definia o regime.

Navalny retornou à Rússia em janeiro de 2021, foi detido na chegada e preso sob falsas acusações. O povo protestou e as autoridades aumentaram a repressão. Na primavera, os aliados mais próximos de Navalny pediram às pessoas que parassem com as manifestações, pois os riscos eram grandes demais e os benefícios, inexistentes: era evidente que Navalny permaneceria atrás das grades enquanto Putin estivesse no poder. Enquanto isso, as autoridades baniram a organização de Navalny: todos os seus principais ativistas estavam exilados ou presos. A repressão continuou até o fim de 2021, em uma escala sem precedentes. Veículos de comunicação independentes e jornalistas autônomos foram declarados "agentes estrangeiros" e muitos deles também tiveram que fugir do país. Qualquer protesto, num sentido convencional, tornou-se impossível: as pessoas estavam começando a ser presas por postar sobre as manifestações em redes sociais, ou sobre meras reuniões, sem gritos ou cartazes.

Em 21 de fevereiro de 2022, Putin foi à televisão fazer um discurso longo e desconexo, no qual alegava que a Ucrânia não era um Estado de verdade — em sua versão da história, era uma ficção criada por Vladimir Lênin no rescaldo da Revolução Russa — e que seu governo não passava de um bando de fantoches nacionalistas radicais ocidentalizados, que oprimiam a população de etnia russa e falantes de russo em seu território. Três dias depois, a Rússia invadiu a Ucrânia em escala total. Aviões russos bombardearam Kiev, Cracóvia, Odessa, Lviv e outras cidades. Tanques e tropas russas ocuparam Kherson, Mariupol, Chernigov e os subúrbios de Kiev. Quando, em abril de 2022, foram forçados a recuar da capital, deixaram para trás valas comuns e ruas repletas de cadáveres de pessoas executadas à queima-roupa, com as mãos amarradas às costas.

Ficou evidente que a mais recente e mais dura repressão na Rússia tinha sido a preparação para o que estava acontecendo agora, durante a nova guerra. Uma semana após o início da invasão em escala total, todos os meios de comunicação independentes que restavam foram fechados ou no mínimo bloqueados na Rússia; a Duma aprovou uma lei que tornou crime, punível com até quinze anos de prisão, divulgar informações "falsas" sobre o que o governo estava chamando de "operação especial" na Ucrânia — chamar a guerra de "guerra" agora poderia resultar em cadeia. Milhares de pessoas foram presas por protestar contra a guerra, embora "protestar" seja um exagero: elas eram detidas apenas por ficar de pé à noite, em silêncio, na praça Pushkin, em Moscou; ou presas por realizar piquetes de uma pessoa só, o que costumava ser uma maneira permitida (mesmo que solitária) de protestar. A maioria dos meus amigos e pelo menos 250 mil de russos fugiram do país, perseguidos por uma sensação de vergonha e impingidos pelo medo de que não seriam autorizados a ir embora se esperassem mais. Jornalistas, líderes de ONGs, professores universitários — as pessoas que foram embora constituíam a sociedade civil russa, como era até então.

Estive em Moscou e em Kiev nas semanas anteriores ao início da invasão em escala total. Ninguém, em nenhuma das duas cidades, parecia acreditar que era possível — não tanto porque desconfiasse das evidências, mas sim porque a perspectiva de guerra era literalmente inacreditável. E continuou a ser inimaginável, impensável mesmo depois de ter começado. Meus amigos na Rússia começaram a se referir a Putin como "o maluco". A pergunta que ouvi com mais frequência de colegas ocidentais foi "Putin está doido?". Assim como a pergunta que o havia seguido durante pouco mais da primeira década de sua presidência — "Quem é o Sr. Putin?" —, era falaciosa. Desde o início, Putin nos disse quem ele era. Grande parte deste livro é sobre isso, sobre o que podemos e devemos aprender ouvindo o que ele escolheu contar ao mundo sobre si mesmo.

Ele também revelou ao mundo o tipo de universo em que vive. É um universo no qual a Rússia tem sido continuamente humilhada desde o colapso da União Soviética, que Putin chamou de "a maior catástrofe geopolítica de nosso tempo". Quando o presidente estoniano Lennart Meri se referiu à União Soviética como "ocupantes" em um evento da União Europeia em 1994, em Hamburgo, Putin, então um burocrata alocado em São Petersburgo, levantou-se e saiu da sala. Vinte e oito anos depois, o agora presidente iniciou uma guerra para reocupar a Ucrânia — e seu governo criminalizou o uso de termos como "ocupação", "invasão" e "guerra". Em seu universo, Putin não é nada além de coerente.

Ele não só nos disse o tempo todo que seu objetivo era restaurar a glória imperial perdida da Rússia, mas também foi claro sobre os meios para tal. Este livro descreve sua ascensão ao poder, depois ao protagonismo e então a uma potência maior ao travar uma nova guerra na Chechênia em 1999. Tendo coberto essa guerra, não me surpreendeu ver exatamente as mesmas fotografias que chocaram o mundo quando saíram de Bucha. Eu tinha visto tropas russas mirarem em civis de forma deliberada e sistemática. Tinha coberto desaparecimentos, execuções sumárias e estupros. Tinha visto cidades e vilarejos reduzidos a esqueletos de concreto, e também soldados e oficiais serem enaltecidos por cometerem crimes de guerra. Era assim que a Rússia travava uma guerra.

Enquanto Putin se preparava para invadir a Ucrânia, os Estados Unidos ameaçaram com sanções. Elas pareceram espetaculares no começo. Em poucos dias, a Rússia foi isolada do sistema financeiro ocidental, e as grandes corporações — de McDonald's e Coca-Cola a Apple e IKEA, aos fabricantes de carros, trens e aviões — foram retiradas da Rússia. O desemprego aumentou, o rublo entrou em colapso e, apesar do controle do governo sobre a mídia, algumas compras de atacado geradas por pânico se seguiram. A maioria dos russos — aqueles que gastam a maior parte de sua renda em alimentos — sentiu os efeitos devastadores das sanções na hora: o custo de vida disparou vertiginosamente e medicamentos essenciais desapareceram das farmácias. Mas então o rublo pareceu se recuperar, principalmente porque a tábua de salvação do regime é a exportação de gás e petróleo, não o comércio multinacional. Os líderes da Europa Ocidental disseram que abrir mão do gás russo seria impossível — com isso, queriam dizer que seria muito caro. Só muito lentamente os europeus ocidentais e os Estados Unidos começaram a trabalhar para cortar as compras de energia russa. No momento em que escrevo, a perspectiva de que isso aconteça é vaga e distante. Se a Rússia não conseguir vender gás e petróleo ao Ocidente, sua economia será enormemente golpeada — mas isso não vai deter Putin. Ele continuará com a guerra não importa o custo, em dinheiro e vidas humanas. Navalny estava enganado: brutalidade, dominação, poder ilimitado são os objetivos finais de Putin; a riqueza é apenas os despojos e os meios para tal.

A retórica pública em torno das sanções ocidentais à Rússia promove outra suposição equivocada: de que a pressão econômica pode acelerar a queda do regime. Mas os russos não vão se erguer e derrubar o governo, tanto porque manifestações são uma reação improvável às dificuldades econômicas em um Estado totalitário quanto porque elas seriam brutalmente reprimidas. As elites provavelmente também não vão dar um golpe no palácio, porque o regime de Putin é semelhante a um clã da máfia, em que os ricos, quando espremidos, saem correndo para ver quem chega mais perto do chefão e não conspiram para derrubá-lo. Nada disso é novidade. Putin nos disse e nos mostrou quem é e que tipo de sistema construiu; a maioria dos líderes e da mídia ocidentais se recusou a ouvir e a ver. Agora Putin está destruindo a Ucrânia, demolindo a ordem de segurança pós-Segunda Guerra Mundial e ameaçando uma guerra nuclear. Se ainda parece inacreditável, é porque nos recusamos a tomar conhecimento do que pode ser conhecido.

Tbilisi – Nova York
Abril de 2022

PRÓLOGO

Acordei com alguém me sacudindo. Era Kate, que, pela cara, parecia apavorada. "Estão falando sobre Galina no rádio", sussurrou. "E uma arma, acho... Não entendi direito."

Levantei da cama e, aos tropeços, cheguei à minúscula cozinha, onde Kate preparava o café da manhã e ouvia a Echo Moskvy, a melhor rádio de notícias do país. Era uma manhã de sábado, clara e fresca, nada comum para um mês de novembro em Moscou. Não dei muita importância: por algum motivo, o medo de Kate não me impressionou. O que quer que tivesse ouvido — ou, com seu russo capenga, pensado ouvir — talvez fosse o começo de outra grande reportagem. Como correspondente-chefe da *Itogi*, a principal revista informativa russa, eu acreditava que todas as grandes reportagens eram meu território. E havia muito o que reportar. Em um país que estava se inventando, cada cidade, família e instituição era, de certo modo, um terreno inexplorado. O ano era 1998. Desde meados dos anos 1990, quase tudo o que eu escrevia era inédito: passava metade do tempo fora de Moscou, percorrendo zonas de conflito e minas de ouro, orfanatos e universidades, vilas abandonadas e prósperas cidades produtoras de petróleo, para relatar suas histórias. Em troca, a revista, cujo proprietário era o mesmo magnata por trás da Echo Moskvy, jamais questionava minha extravagante agenda de viagens e frequentemente estampava minhas reportagens na capa.

Em outras palavras, eu fazia parte da juventude que conquistou tudo nos anos 1990. Pessoas mais velhas ou mais novas do que eu pagaram caro pela transição. A geração anterior perdera suas economias para a hiperinflação e sua identidade para a aparente destruição de todas as instituições soviéticas. A geração posterior crescia à sombra do medo e, muitas vezes, do fracasso dos pais. Mas, quando a União Soviética entrou em colapso, eu tinha apenas 24 anos e, ao lado de meus colegas, passara a década de 1990 construindo uma carreira e o que pensávamos que fossem os rumos e as instituições de uma nova sociedade. Mesmo quando crimes violentos se tornaram uma aparente epidemia na Rússia, nós nos sentíamos particularmente seguros: observávamos e às vezes descrevíamos o submundo da criminalidade sem sequer imaginar que ele pudesse afetar nossa existência. Além disso, eu tinha certeza de que as coisas só iriam melhorar: tinha acabado de comprar um antigo e dilapidado apartamento comunal bem no coração de Moscou e agora o reformava antes de deixar o pequeno apartamento que alugava com Kate, uma editora inglesa que trabalhava em uma publicação do ramo petrolífero. Eu já sonhava com a família que formaria em meu novo lar. E, justo naquele sábado, tinha combinado de sair com o mestre de obras para comprar os materiais para o acabamento do banheiro.

COM UMA EXPRESSÃO HESITANTE, Kate apontou o aparelho de som como se fosse uma fonte tóxica. Galina Starovoitova, cujo nome o locutor repetia sem parar, além de integrar a Câmara Baixa do Parlamento russo e ser uma das mais conhecidas figuras políticas do país, era também minha amiga. No fim dos anos 1980, quando o império se equilibrava à beira do colapso, Starovoitova, etnógrafa de formação, se tornou uma ativista a favor da democracia e a principal porta-voz do povo de Nagorno-Karabakh, um enclave armênio no Azerbaijão que, àquela altura, estava mergulhado no primeiro de muitos conflitos étnicos armados que marcariam a dissolução do bloco oriental. Como vários outros acadêmicos que se voltaram para a política, Galina pareceu conquistar fama da noite para o dia. Embora tivesse vivido em Leningrado praticamente desde que nascera, o povo da Armênia a indicou como candidata nas primeiras eleições (quase) democráticas ao Soviete Supremo e, em 1989, ela foi eleita por uma avassaladora maioria. Ali, passaria a liderar o Grupo Inter-regional, uma facção minoritária pró-democracia, cuja liderança incluía também Andrei Sakharov e Boris Yeltsin. Assim que Yeltsin chegou à presidência da Rússia, em 1990 — àquela altura um cargo solene e, até mesmo, cobiçado —, Galina se tornou sua mais íntima colaboradora, assessorando-o oficialmente em questões étnicas e extraoficialmente em todo o resto, inclusive em nomeações governamentais. Em 1992, Yeltsin cogitava a nomeação de Galina para o ministério da Defesa. A escolha de uma mulher civil cujos ideais beiravam o pacifismo para o cargo de ministra seria um gesto grandioso da parte de Yeltsin, bem ao estilo clássico que o caracterizou no início dos anos 1990, uma mensagem de que nada seria como antes na Rússia e, talvez, no mundo.

Essa ideia de transformação total estava no cerne da agenda de Galina: uma agenda radical até mesmo para os padrões dos ativistas pró-democracia daquele início dos anos 1990. Com um grupo pequeno composto de advogados e políticos, ela se empenhou, em vão, em levar o Partido Comunista da URSS ao banco dos réus. Foi também autora de um projeto de lei a respeito da *lustratsiya* (lustração),[1] palavra derivada do antigo termo grego para "purificação", um conceito que despontava nos países do antigo bloco oriental para se referir ao expurgo dos cargos públicos dos antigos agentes do Partido e da polícia secreta. Em 1992, ela tomou conhecimento de que a KGB reorganizara internamente o Partido[2] — uma violação explícita ao decreto sancionado por Yeltsin que bania o Partido Comunista russo após o malogrado golpe de agosto de 1991.[3] Em julho de 1992, durante um evento público, Galina tentou discutir esse fato com o presidente. Ele a ignorou de forma rude, indicando, assim, tanto o fim do período de Galina em sua administração quanto a crescente postura conciliatória que vinha assumindo em relação aos serviços de segurança e aos comunistas renitentes que se mantinham próximos ou dentro do poder. Alijada da administração, Galina se mobilizou, sem sucesso, a favor da lei da lustração e, por fim, abandonou de vez a política russa e partiu para os Estados Unidos, onde inicialmente trabalhou no Instituto pela Paz em Washington e, em seguida, lecionou na Universidade Brown.

A PRIMEIRA VEZ QUE VI GALINA, na verdade, nem pude conversar com ela. Galina estava cercada por centenas de milhares de pessoas que, em 28 de março de 1991, reuniram-se na praça Maiakóvski em Moscou para uma manifestação de apoio a Yeltsin. Pouco tempo antes, o presidente soviético Mikhail Gorbachev havia repreendido Yeltsin em público, além de baixar um decreto proibindo protestos na cidade.[4] Naquela manhã, tanques tomaram as ruas e se posicionaram de modo a dificultar o acesso às manifestações em favor da democracia. Em resposta, os organizadores dividiram o evento em dois para facilitar o acesso das pessoas a pelo menos um dos locais. Era minha primeira visita a Moscou depois de dez anos fora do país e, por acaso, estava ficando no apartamento de minha avó próximo à praça Maiakóvski. Devido ao bloqueio na rua Tverskaya, cruzei alguns pátios e, de repente, depois de atravessar uma arcada, lá estava eu bem no meio da multidão. Nada via além da parte de trás de cabeças e da sucessão de casacos de lã, cinza ou pretos praticamente idênticos. Ouvia, porém, a voz retumbante de uma mulher falando a respeito da inviolabilidade do direito constitucional à liberdade de reunião. Ao meu lado, um homem segurava uma sacola plástica amarela e a mão de uma criança.

— Quem está falando? — perguntei.

— Starovoitova — respondeu ele.

Naquele momento, a mulher puxou um coro de quatro sílabas, que reverberava por toda a cidade: "Rús-sia! Yel-tsin!" Em menos de seis meses, a União Soviética entraria em colapso e Yeltsin se tornaria o líder de uma nova Rússia democrática. Para muitas pessoas, inclusive para mim, isso parecia inevitável naquele dia de março, quando a população de Moscou desafiou o governo comunista e seus tanques para se fazer ouvir em praça pública.

Não lembro exatamente quando conheci Galina pessoalmente, mas nossa amizade teve início no ano em que ela começou a lecionar na Universidade Brown: ela era uma convidada frequente na casa de meu pai nos arredores de Boston; eu vivia entre os Estados Unidos e Moscou, e Galina se tornou para mim uma espécie de mentora em questões relacionadas à política russa, embora por vezes ela insistisse em dizer que tinha se convertido à vida acadêmica. Essa insistência cessou quando, em dezembro de 1994, Yeltsin lançou uma ofensiva militar contra a república separatista da Chechênia: àquela altura, seus assessores aparentemente tinham lhe assegurado que os insurgentes poderiam ser subjugados sem demora ou esforço pelas forças federais. De imediato, Galina compreendeu que aquela nova guerra estava fadada ao fracasso e que seria uma verdadeira ameaça à democracia russa. Alguns meses depois, ela partiu para os Urais a fim de presidir um congresso que pretendia ressuscitar o partido político do qual fazia parte, a Rússia Democrática, que, em outros tempos, fora a maior força política do país. Cobri o congresso para o mais importante jornal russo da época, mas a caminho da cidade de Chelyabinsk — uma viagem que exigia três ou quatro horas de voo, seguidas de mais umas quatro a bordo de um ônibus — sofri um assalto. Cheguei a Chelyabinsk por volta da meia-noite, ainda sentindo o susto e sem um tostão. Esbarrei em Galina no saguão do hotel: ela tinha acabado de chegar de um longo dia de reuniões tensas. Antes que eu pudesse abrir a boca, ela me levou para seu quarto, pôs um copo de vodka em minhas mãos e se sentou próximo à mesa de centro envidraçada para preparar alguns sanduichinhos de salame para mim. E ainda me emprestou o dinheiro para a passagem de volta a Moscou.

É claro que Galina nutria por mim um afeto maternal — eu tinha a mesma idade que o filho dela, que foi morar com o pai na Inglaterra pouco depois de a mãe se tornar uma figura política de destaque —, a cena dos sanduíches, porém, revelava algo mais: em um país onde os modelos políticos iam do comissário de casaco de couro ao *apparatchik* decrépito, Galina buscava se apresentar como uma pessoa inteiramente nova, uma figura política que também se mostrava humana. Durante uma conferência feminista na Rússia, ela chocou a plateia ao levantar a saia para mostrar as pernas, tentando desmentir um político que a tinha acusado de ter as pernas arqueadas. Em uma das primeiras revistas de moda do país, desabafou sobre a dificuldade que alguém muito acima do peso, como ela, tinha na hora de comprar roupas. Ao mesmo tempo, cumpria sua agenda legislativa com fervor e obstinação. No fim de 1997, por exemplo, tentou uma vez mais a aprovação de sua lei da lustração, e novamente fracassou. Em 1998, empenhou-se pessoalmente em uma investigação[5] sobre o financiamento das campanhas de alguns de seus mais poderosos adversários políticos, inclusive do líder comunista que presidia a Duma, a Câmara Baixa do Parlamento. (Nesse período o Partido Comunista retornara à legalidade e reconquistara popularidade.)

Perguntei-lhe por que tinha decidido voltar à política, quando sabia muito bem que jamais poderia recuperar a influência de outros tempos. Em várias ocasiões, tentou me responder, sempre hesitante quanto à própria motivação. Até que me ligou do hospital onde seria submetida a uma cirurgia. Pouco antes da anestesia, procurando a melhor maneira de expressar a visão que tinha da própria vida, encontrou uma imagem apropriada: "Há um antigo mito grego sobre as harpias. Essas criaturas são sombras que só adquirem vida se beberem sangue humano. A vida de um professor universitário é a vida de uma sombra. Só quando participa da construção do futuro, ainda que de uma pequena parcela dele — e é disso que a política trata —, é que uma dessas sombras ganha vida. Mas, para isso, precisa beber sangue, inclusive o próprio."

SEGUI O OLHAR FIXO DE KATE até o aparelho de som, que estalava de leve, como se estivesse se esforçando para emitir as palavras. O locutor informava que Galina tinha sido assassinada a tiros horas antes, na escada do prédio onde morava em São Petersburgo. Havia chegado de Moscou naquela mesma noite e, na companhia do assessor legislativo Ruslan Linkov, deu um pulo na casa dos pais, antes de seguir para seu apartamento no canal Griboiedov, uma das ruas mais belas da cidade. Chegando ao prédio, encontraram a escada às escuras. À espera dela, os atiradores haviam retirado as lâmpadas. Apesar da escuridão, os dois começaram a subir, enquanto discutiam o processo que um partido nacionalista movia contra Galina. Seguiram-se, então, um estampido e um clarão, e a voz de Galina emudeceu.

"O que estão fazendo?", gritou Ruslan e correu para o ponto de onde tinham partido a luz e o som. Os dois tiros que vieram em seguida o atingiram.

Aparentemente, Ruslan desmaiou por alguns minutos e, quando recuperou a consciência, pegou o celular e ligou para um jornalista, que avisou a polícia. Agora a voz que emanava do rádio afirmava que Galina estava morta e Ruslan, que a conhecia e estimava, encontrava-se no hospital em estado grave.

SE ESTE LIVRO FOSSE UM ROMANCE, minha personagem provavelmente largaria tudo ao ouvir a notícia da morte da amiga e, consciente de que sua vida tinha mudado para sempre, correria porta afora para fazer algo — qualquer coisa que estivesse à altura daquele momento. Na vida real, raramente reconhecemos quando nossa vida muda de rumo ou sabemos como agir quando tragédias se abatem sobre nós. Naquele dia, saí para comprar os materiais para o acabamento do banheiro de meu novo apartamento. Foi só quando o mestre de obras que estava comigo perguntou "Você viu o que aconteceu com Starovoitova?" que caí em mim. Lembro que olhei para as minhas botas e para a neve cinzenta, pisoteada por milhares de possíveis proprietários.

"Ela havia nos contratado para construir uma garagem", continuou ele. Não sei bem por quê, mas naquele instante, quando pensei que minha amiga nunca mais precisaria daquela garagem, o susto, o desemparo e a fúria me abateram. Entrei no carro, segui para a estação de trem e embarquei para São Petersburgo a fim de escrever a história do assassinato de Galina Starovoitova.

Nos anos seguintes, eu passaria semanas a fio em São Petersburgo para desvendar mais uma história que ninguém ainda havia contado — mas uma história maior que qualquer outra que eu já tivesse escrito, maior até que a do assassinato a sangue-frio de uma das mais conhecidas personalidades políticas da Rússia. O que encontrei em São Petersburgo, a segunda maior metrópole do país, foi uma cidade que era um Estado dentro do Estado. Um lugar onde a KGB — organização contra a qual Starovoitova travara sua mais importante e desesperada batalha — reinava onipotente. Os políticos e jornalistas locais acreditavam, possivelmente com razão, que seus telefones estavam grampeados e que havia escutas em seus escritórios. Um lugar onde o assassinato de políticos e empresários importantes era algo corriqueiro. Um lugar onde uma negociação malograda podia levar alguém para a cadeia. Em suma, a cidade antecipava o que seria a Rússia dali a alguns anos, assim que fosse governada pelas mesmas pessoas que comandavam São Petersburgo na década de 1990.

Nunca descobri quem encomendou o assassinato de Galina Starovoitova (os dois homens que anos depois foram condenados pelo crime eram apenas matadores de aluguel), nem o motivo. O que descobri foi que, ao longo dos anos 1990, enquanto jovens como eu construíam vidas novas em um novo país, um mundo paralelo ao nosso tomava forma. São Petersburgo havia preservado e aperfeiçoado muitos dos principais traços do Estado soviético: era um sistema de governo que trabalhava para aniquilar seus inimigos — um sistema paranoico e fechado que se empenhava em controlar tudo e eliminar qualquer aspecto que escapasse desse controle. Era impossível determinar o que levara ao assassinato de Starovoitova justamente porque o fato de se posicionar como inimiga do sistema a tornara uma mulher condenada e marcada para morrer. Já percorri muitas zonas de guerra e trabalhei sob fogo cerrado, mas esta é a história mais assustadora que escrevi até hoje: nunca antes a descrição de uma realidade tão fria e cruel, tão clara e impiedosa, tão corrupta e completamente destituída de remorso se impôs a mim.

Em poucos anos, toda a Rússia vivenciaria essa mesma realidade. Como isso foi possível é a história que contarei neste livro.

Um

O PRESIDENTE ACIDENTAL

Imagine ter um país e ninguém para governá-lo. Essa era a situação que Boris Yeltsin e seu círculo de colaboradores pensavam enfrentar em 1999.

Havia algum tempo, Yeltsin andava doente. Tinha sofrido vários ataques cardíacos e passado por uma cirurgia cardiovascular logo após ser eleito para um segundo mandato, em 1996. A maioria das pessoas acreditava que ele bebia demais, algo comum e facilmente reconhecível na Rússia, embora os mais próximos insistissem que as crises de desorientação e eventuais licenças não decorriam da bebida, mas sim de antigos problemas de saúde. Qualquer que fosse o motivo, Yeltsin parecia um pouco desnorteado e chegou a desaparecer durante algumas visitas oficiais, deixando seus partidários arrasados e seus eleitores desapontados.

Em 1999, com baixíssimos índices de popularidade, Yeltsin não passava de uma sombra do político que já fora. Ainda empregava várias das artimanhas que o distinguiram, marcando inesperados encontros políticos, alternando períodos de maior e menor interferência do governo na economia, beneficiando-se estrategicamente de seu carisma, mas agora lembrava mais um boxeador cego, dando golpes a esmo, na tentativa frustrada de atingir alvos imaginários, enquanto os reais se esquivavam.

Na segunda metade do segundo mandato, Yeltsin fez repetidas e frenéticas reformas no governo. Após ocupar o cargo por seis anos, o primeiro-ministro foi substituído por um desconhecido de 36 anos de idade, só para ser chamado de volta seis meses mais tarde e demitido outra vez em três semanas. Yeltsin enaltecia cada novo ocupante do cargo, mas, tão logo se desiludia, revelava seu desagrado publicamente, constrangendo tanto aquele que caía em desgraça quanto os que testemunhavam a demonstração de desafeto.

Quanto mais imprevisível se tornava, mais inimigos o presidente conquistava — e mais seus inimigos se uniam. Um ano antes do fim do segundo e último mandato, Yeltsin se encontrava no topo de uma pirâmide extremamente instável. Suas constantes reformas no governo eliminaram várias gerações de políticos valorosos; muitos ministros e diretores de agências do governo eram agora jovens medíocres que só haviam chegado ao topo por falta de melhores opções. Os aliados de confiança de Yeltsin eram tão poucos e formavam um grupo tão restrito que a imprensa os apelidou de "Família", da qual faziam parte a filha do presidente, Tatyana; seu chefe de gabinete, Alexander Voloshin; seu antigo chefe de gabinete, Valentin Yumashev (com quem Tatyana viria a se casar); outro antigo chefe de gabinete, o economista e pai da privatização russa Anatoly Chubais; e o empresário Boris Berezovsky. Daquela meia dúzia dos assim chamados oligarcas — os empresários que enriqueceram à sombra de Yeltsin e retribuíram o favor ao orquestrar sua campanha à reeleição —, Berezovsky era o único que se mantinha fiel ao presidente.

Por lei, Yeltsin não tinha direito a um terceiro mandato — na verdade, nem tinha condições de tentar —, e não lhe faltavam motivos para temer desavenças com seu sucessor. No momento, ele não era apenas um presidente impopular: era o primeiro político em quem os russos haviam confiado, e o desapontamento que sentiam agora era amargo, tanto quanto fora inspirador o apoio que um dia lhe tinham dado.

O país estava arrasado, traumatizado, decepcionado. No final dos anos 1980, tinha vivenciado a esperança e a unidade, experiência que culminou em agosto de 1991, quando a população repeliu a junta militar que desafiara o governo Gorbachev. As pessoas depositaram sua fé em Boris Yeltsin, o único líder que chegara ao poder por meio de eleições livres em toda a história russa. Em troca, ganharam a hiperinflação que, em questão de meses, devorou as economias de toda uma vida; burocratas e empresários que roubavam do Estado e uns dos outros em plena luz do dia; e a desigualdade econômica e social em uma escala jamais vista. Para piorar, muitos — talvez a maioria dos russos — perderam qualquer sentimento de confiança no futuro e, com isso, o senso de unidade que os sustentara ao longo dos anos 1980 e início dos 1990.

O governo Yeltsin cometeu o grave erro de desconsiderar o sofrimento e o temor do país. Ao longo da década, Yeltsin, um verdadeiro populista, que andava de ônibus e subia em tanques — dependendo do que a ocasião pedisse —, foi aos poucos se retirando para um mundo impenetrável de limusines pretas e reuniões a portas fechadas.

Indicado para o cargo de primeiro-ministro no início da presidência de Yeltsin, o jovem e brilhante economista Yegor Gaidar, que veio para culminar a reforma econômica pós-soviética, deixou bem claro que considerava o povo estúpido demais para participar de qualquer debate a respeito das reformas. Abandonada por seus líderes nesse momento de dor, a população russa buscou consolo na nostalgia — não tanto na ideologia comunista, que havia esgotado seu potencial inspirador nas décadas anteriores, mas na esperança de reaver a condição de superpotência. Em 1999, o clima era de violência iminente e, por isso, Yeltsin e a Família estavam assustados, e com razão.

O sofrimento e a hostilidade têm o dom de cegar as pessoas. Assim, em grande parte, o povo russo esqueceu as conquistas efetivas obtidas durante a década de Yeltsin. Não obstante os inúmeros erros cometidos ao longo do caminho, a Rússia alcançou sucesso nas privatizações — as maiores empresas privatizadas passaram por reformulações e se tornaram competitivas. Apesar do aumento da desigualdade, a maioria dos russos vivenciou uma ampla melhoria na qualidade de vida:[1] o número de residências com aparelhos de televisão, máquinas de lavar e geladeiras aumentou; o número de automóveis particulares dobrou; o número de turistas que viajavam ao exterior praticamente triplicou entre 1993 e 2000. Em agosto de 1998, a Rússia não conseguiu honrar suas dívidas, o que provocou um pequeno, mas significativo, salto na inflação. No entanto, a economia vinha crescendo desde então.

A mídia se desenvolvia a olhos vistos: em um período muito curto, os russos aprenderam a fazer televisão com apuro e sofisticação e também criaram uma enormidade de veículos impressos e promissoras publicações eletrônicas. Muitos — mas certamente não todos — dos problemas de infraestrutura do país foram sanados: trens interurbanos voltaram a trafegar no horário, os correios funcionavam, o número de residências com linhas telefônicas crescia. Uma empresa russa provedora de serviços de telefonia celular, fundada em 1992, abriu capital e disponibilizou suas ações na Bolsa de Nova York, obtendo bons resultados.

O governo, porém, parecia incapaz de convencer as pessoas de que as coisas estavam de fato melhores do que alguns anos antes — e certamente melhores do que na década anterior. O sentimento de incerteza que tomou conta dos russos desde que a União Soviética desmoronou debaixo de seus pés era tão grande que qualquer perda parecia confirmar suas expectativas mais sombrias, enquanto qualquer ganho se transformava em temor de perdas futuras. Yeltsin se apoiava apenas em seus métodos populistas: não era capaz de desafiar ou reformular as expectativas, nem de liderar o país na busca de novos ideais e de uma nova retórica. Podia apenas tentar entregar o que o povo queria.

E o povo não queria Yeltsin. Dezenas de milhões de russos o culpavam pelas dificuldades que enfrentaram ao longo dos dez anos anteriores, pela perda da esperança e pelo esfacelamento de seus sonhos — até mesmo, aparentemente, pela juventude perdida — e o odiavam com absoluto fervor. Aquele que governasse o país após Yeltsin poderia facilmente conquistar popularidade se o processasse. O que o combalido presidente mais temia era que um partido político chamado Otechestvo-Vsya Rossiya (Pátria-Toda a Rússia; o nome, uma composição de duas legendas, também soa mal em russo), liderado por um ex-primeiro-ministro e vários prefeitos e governadores, chegasse ao poder e promovesse uma vingança contra a Família e o próprio Yeltsin — e que ele passasse os últimos dias de vida na cadeia.

Foi então que surgiu Vladimir Putin.

Nas palavras de Berezovsky, a Família procurava um sucessor, mas essa história está repleta de incongruências. Sitiado e distante, um pequeno grupo de pessoas buscava alguém para assumir o país mais extenso do mundo, com todas as suas ogivas nucleares e a sua trágica história — e a única coisa menor que o conjunto de candidatos era a lista de qualificações que se exigiam deles. Aqueles que tinham ambição e capital político efetivos e cuja personalidade era compatível com o cargo já haviam abandonado Yeltsin. Os candidatos eram todos burocratas medíocres.

Berezovsky alega que Putin era seu protegido. Segundo me contou, em sua mansão nos arredores de Londres — cumpri a promessa de esquecer o endereço assim que voltei à cidade —, conheceu Putin em 1990, quando buscava expandir seus negócios em Leningrado. Berezovsky abandonara a vida acadêmica por uma concessionária de automóveis que comercializava Ladas — o nome que os russos estampavam em um carro que era uma versão fajuta do ultrapassado Fiat 124. Além disso, importava carros usados da Europa,[2] e montava oficinas para consertar os produtos que vendia. Quando ajudou o empresário a abrir uma oficina em Leningrado, Putin, que àquela altura assessorava o presidente da Câmara Municipal, Anatoly Sobchak, recusou-se a receber propina — o que bastou para que Berezovsky se lembrasse dele.

"Ele foi o primeiro burocrata a recusar suborno",[3] assegurou-me o oligarca. "De verdade. Isso me impressionou."

Berezovsky costumava "passar" no escritório de Putin sempre que ia a São Petersburgo. Dada sua personalidade frenética, é bem possível que durante essas visitas o oligarca irrompesse no escritório, falasse sem parar e partisse sem dar muita atenção à reação do interlocutor. Quando conversamos, ele não conseguia se lembrar de nada que Putin tivesse dito.

"Mas eu o considerava uma espécie de aliado", confidenciou. Ele ficou impressionado quando Putin, promovido a vice-prefeito de São Petersburgo durante o mandato de Sobchak, recusou, mais tarde, um cargo na nova administração, após a fracassada tentativa de reeleição do ex-prefeito.

Quando se mudou para Moscou, em 1996, para assumir um cargo administrativo no Kremlin, os dois estreitaram a convivência no exclusivo clube que Berezovsky mantinha no centro da cidade. O empresário se aproveitou de seus contatos para bloquear o tráfego diante do clube, praticamente usurpando uma quadra inteira de uma rua residencial. (Pela lei, os moradores dos vários prédios de apartamentos daquela rua não podiam mais ir de carro até a própria residência.)

Mas, no início de 1999, Berezovsky era um homem acuado — como o resto da Família, só que em maior escala. De todos, era o único que prezava a posição que ocupava na sociedade moscovita. Enredado em uma luta desesperada (e aparentemente perdida) pelo poder contra o ex-primeiro-ministro Yevgeny Primakov, que liderava uma aliança política anti-Yeltsin, Berezovsky se tornara uma espécie de pária.

"Lembro que era o aniversário de minha mulher, Lena", contou-me. "E decidimos não convidar muitas pessoas para que ninguém tivesse que se indispor com Primakov. Eram apenas alguns amigos. Então meu segurança me avisou: 'Boris Abramovich, Vladimir Vladimirovich Putin chegará em dez minutos.' 'O que aconteceu?', perguntei. 'Ele deseja dar os parabéns a Lena.' Dez minutos depois, ele chegou com um buquê. 'Volodya,[4] para que isso? Você já tem problemas demais. Por acaso está querendo chamar atenção?' 'Estou, sim', foi a resposta. E foi assim que consolidamos nossa amizade. Primeiro, a recusa ao suborno. Depois, a negativa de abandonar Sobchak. Por fim, esse episódio, que deixou claro que ele era um homem bom e direto — sem dúvida, um homem da KGB, mas ainda assim um homem." Isso tocou fundo em Berezovsky.

Berezovksy tinha a mesma origem dos demais empresários russos. Como eles, era inteligente, culto e ousado. Como a maioria, era judeu, o que o tornara um estranho no ninho desde a infância. Como todos, tinha uma ambição incomensurável e uma energia infinita. Depois de obter um doutorado em matemática, ingressou no mundo dos negócios com uma empresa de importação e exportação de automóveis e serviços mecânicos. Beneficiando-se da hiperinflação, ele basicamente subtraiu milhões de dólares do maior fabricante de automóveis da Rússia.[5] Na primeira metade dos anos 1990, entrou no ramo dos bancos, mantendo um pé no mercado automobilístico; associou-se a uma grande empresa petrolífera;[6] e, principalmente, assumiu a Televisão Pública Russa, ou Canal 1, o mais assistido do país — o que lhe abriu as portas de 98% das residências do país.

Como outros oligarcas, financiou a campanha para a reeleição de Yeltsin em 1996. Ao contrário dos demais, explorou sua influência para participar de inúmeros encontros políticos. Viajou por todo o país, costurando alianças, negociando um acordo de paz na Chechênia e aproveitando os holofotes. Fez questão de cultivar uma imagem de homem poderoso, certamente exagerando sua influência e acreditando em muitas das histórias que contava, sugeria ou dava a entender sobre si mesmo. Gerações sucessivas de correspondentes internacionais na Rússia acreditaram que Berezovsky era a eminência parda do país.

NINGUÉM É MAIS MANIPULÁVEL do que aquele que superestima a própria influência. Enquanto a Família procurava o futuro líder da Rússia, iniciou-se uma série de encontros entre Berezovsky e Putin.

Àquela altura, Putin era o chefe da polícia secreta russa. Yeltsin tinha eliminado, um após o outro, os mais importantes dirigentes do país. Todos sofreram com isso, e o Serviço Federal de Segurança (FSB) — como era conhecido o agora sucessor da KGB — não foi exceção. A crer em sua palavra, foi Berezovsky quem levou o nome de Putin a Valentin Yumashev, chefe de gabinete de Yeltsin.

"Eu disse: 'Temos Putin, que já fez parte dos serviços secretos, não fez?' E Valya respondeu: 'Fez.' Então eu disse: 'Olha, acho que é uma opção. Afinal, é nosso amigo'. E Valya comentou: 'Mas a patente dele era muito baixa.' E eu disse: 'Veja bem, estamos vivendo uma revolução, está tudo muito confuso, então...'"

Essa descrição do processo de tomada de decisão para a indicação do chefe da principal agência de segurança de uma potência nuclear é tão absurda que me faz acreditar na veracidade da conversa. De fato, a patente de Putin era baixa: ele era tenente-coronel quando passou à reserva, sendo em seguida automaticamente promovido a coronel. Mais tarde alegaria que, quando assumiu o FSB, ofereceram-lhe as estrelas de general, mas ele declinou a honraria.

"Não é preciso um general para comandar um bando de coronéis", foram as palavras de sua esposa para explicar aquela decisão. "É preciso alguém que tenha competência."[7]

Competente ou não, Putin estava inseguro quando assumiu o novo cargo no FSB. Logo nomeou companheiros da KGB da época de Leningrado para postos elevados na estrutura federal. Nesse meio-tempo, não se sentia seguro, nem mesmo no próprio escritório: sempre que recebia a visita de Berezovsky, os dois conversavam no poço de um elevador desativado atrás da sala de Putin; esse era o único lugar no prédio em que o coronel acreditava que suas conversas não seriam gravadas. Nesse cenário desolado e disfuncional, Berezovsky se encontrava quase todos os dias com Putin para conversar sobre a disputa com o antigo primeiro-ministro Primakov — e, por fim, sobre a possibilidade de ele chegar à presidência da Rússia. De início, o potencial candidato se mostrou cético, mas disposto a ouvir. Certa vez, Putin distraidamente fechou a porta que separava o poço do saguão em frente ao escritório e os dois ficaram presos. Putin precisou esmurrar a parede para que alguém viesse libertá-los.

Enfim, Berezovsky, que acreditava piamente estar falando em nome do país, decidiu tentar convencê-lo. Em julho de 1999, pegou um avião para Biarritz, no sudoeste da França, onde Putin passava as férias.

"Liguei para avisá-lo de minha chegada", recordou-se. "Disse que desejava encontrá-lo para discutir um assunto muito importante. Quando cheguei, encontrei Putin, a mulher e as duas filhas, que ainda eram muito novas, em um condomínio de apartamentos bastante modesto. Parecia um *flat* desses bem baratos. Uma cozinha pequena e um ou dois quartos. De fato muito modesto."

Àquela altura, o grupo de milionários russos, do qual Putin sem dúvida fazia parte, estava acostumado a passar férias em mansões gigantescas na Côte d'Azur. Por isso a surpresa de Berezovsky diante das sóbrias acomodações de Putin.

"Passamos o dia inteiro conversando. Por fim, ele disse: 'Tudo bem, não custa tentar. Mas você sabe que o próprio Boris Nikolayevich [Yeltsin] é quem precisa me fazer o convite.'"

Aquilo parecia uma antiga piada judaica. Um casamenteiro procura um velho alfaiate para discutir a possibilidade de arranjar o casamento de sua filha mais nova com o herdeiro do império dos Rothschild. O alfaiate faz muitas objeções: ele não pretende casar a mais nova antes da primogênita, não deseja que ela se mude para longe de casa, nem acredita que a devoção dos Rothschild esteja à altura de sua filha. O casamenteiro rebate todos os impedimentos com um único argumento: afinal, estava falando do herdeiro da fortuna dos Rothschild. Por fim, o velho alfaiate cede. "Excelente", comemora o casamenteiro. "Agora só preciso conversar com os Rothschild."

Berezovsky tratou de tranquilizá-lo:

"Eu disse: 'O que é isso, Volodya? Foi ele que me mandou aqui para ter certeza de que não haveria nenhum mal-entendido. Assim, quando ele o procurar, você não vai dizer, como fez tantas vezes, que não vai aceitar.' Então ele concordou. Voltei a Moscou e relatei nossa conversa a Yumashev. E, pouco depois — não me lembro exatamente quantos dias —, Putin voltou a Moscou e se encontrou com Boris Nikolayevich. E Boris Nikolayevich teve uma reação estranha. Eu me lembro pelo menos de uma coisa que ele me disse: 'Parece-me um bom homem, mas um tanto baixinho.'"

A filha de Yeltsin, Tatyana Yumasheva, tem outra versão dessa história. Ela lembra que, na ocasião, Voloshin, o chefe de gabinete do pai, discutiu a questão com Chubais, um ex-chefe de gabinete: ambos concordavam que Putin era uma boa escolha para a sucessão, mas Chubais não acreditava que o Parlamento russo o confirmaria como primeiro-ministro. Enquanto ambos apresentavam suas opiniões a Yeltsin, Berezovsky viajou a Biarritz para fazer a proposta, pois queria que Putin e o resto da nação acreditassem que era ele quem estava indicando o sucessor.

No entanto, como os outros participantes do processo de seleção presidencial, Tatyana Yumasheva lembra o pânico com que viam a situação política e o futuro do país.

"Chubais acreditava[8] que a Duma não confirmaria o nome de Putin. Haveria três votações e, então, ocorreria a dissolução do Parlamento.[9] Comunistas, aliados a [o ex-premiê] Primakov e [o prefeito de Moscou, Yuri] Luzhkov, conquistariam uma sólida maioria nas eleições seguintes — até mesmo, talvez, uma maioria constitucional. Depois disso, o país estaria a um passo da catástrofe e poderia descambar para uma guerra civil. Na melhor das hipóteses, teríamos um regime neocomunista, ligeiramente adaptado a condições mais modernas. Os negócios, porém, seriam outra vez estatizados, as fronteiras, fechadas, e muitos veículos de imprensa, amordaçados."

"A situação beirava a catástrofe", como descreveu Berezovsky. "Tínhamos perdido muito tempo e também nossa vantagem estratégica. Primakov e Luzhkov se organizavam por todo o país. Cerca de cinquenta governadores [de um total de 89] já se haviam alinhado a seu movimento político. E Primakov era um monstro que desejava desmantelar tudo o que havia sido conquistado naqueles anos."

Se enxergava a situação como desesperadora, por que a Família via Putin como um salvador? Chubais afirmou que ele era o candidato ideal. Era evidente que Berezovsky acreditava que aquela era uma escolha brilhante. Quem eles pensavam que Putin era e por que acreditavam que estava qualificado para governar o país?

TALVEZ O DETALHE MAIS ESTRANHO na escalada de Putin ao poder seja o fato de que as pessoas que o colocaram no trono pouco sabiam a seu respeito. Berezovsky me disse que jamais o considerou um amigo ou uma pessoa interessante — uma afirmação contundente vinda de um homem tão inquieto que tende a atrair qualquer pessoa com ambição intelectual para sua órbita com firmeza e entusiasmo e consegue mantê-la ali graças a puro magnetismo. O fato de Berezovsky não achar que valesse a pena atrair Putin para junto de si sugere que ele nunca percebeu uma centelha de curiosidade no outro. Porém, quando considerou a possibilidade de Putin suceder a Yeltsin, ele parecia acreditar que as mesmas qualidades que o mantiveram distante agora o tornavam o candidato ideal: aparentemente destituído de personalidade e ambição pessoal, Putin seria ao mesmo tempo maleável e disciplinado. Berezovsky não poderia estar mais enganado.

Chubais, por sua vez, conheceu Putin quando trabalhou como assessor econômico do prefeito Sobchak, em São Petersburgo. Putin tinha acabado de assumir a função de vice-prefeito. Chubais considerou o primeiro ano de Putin na prefeitura particularmente difícil. Sempre questionador, Putin havia demonstrado uma energia e uma curiosidade incomuns. Em novembro de 1991, Chubais deixou São Petersburgo para participar do governo em Moscou e suas primeiras impressões permaneceram inalteradas.

E o que Boris Yeltsin sabia a respeito de seu iminente sucessor? Sabia que era um dos poucos homens que se mantiveram fiéis a ele. Sabia também que pertencia a outra geração: ao contrário de Yeltsin, de seu inimigo Primakov e de seu exército de governadores, Putin não fez carreira no Partido Comunista, portanto não precisou, com o colapso da União Soviética, mudar de discurso político. Até a aparência era outra: sem exceção, todos aqueles homens eram troncudos e davam a impressão de estar sempre mal-ajambrados. Esbelto, baixo e já adepto de elegantes ternos europeus, Putin se assemelhava muito mais à nova Rússia que Yeltsin prometera ao povo dez anos antes. O presidente também sabia, ou julgava saber, que Putin não permitiria que o processassem ou o perseguissem após a aposentadoria. E, se ainda tivesse um pouco do antigo tino político, deveria saber que os russos adorariam aquele homem que herdariam e que, por sua vez, herdaria aquele povo.

Todos podiam atribuir àquele homem inexpressivo e comum as características que bem desejassem.

Em 9 de agosto de 1999, Boris Yeltsin nomeou Vladimir Putin primeiro-ministro da Rússia. Uma semana depois, uma vasta maioria da Duma o confirmou no cargo: ele se mostrou tão amável, ou ao menos tão incensurável, quanto Yeltsin havia intuído.

Dois

A GUERRA ELEITORAL

"Sabe, estão dizendo que o FSB está por trás das bombas", disse meu editor, uma das pessoas mais inteligentes que já conheci, assim que cheguei à redação, em uma tarde de setembro de 1999. "Acredita nisso?"

Há três semanas Moscou e outras cidades russas vinham sendo aterrorizadas com uma série de explosões. A primeira delas aconteceu em 31 de agosto, em um shopping lotado no centro de Moscou. Uma pessoa morreu e mais de trinta ficaram feridas. De início, porém, não havia ficado evidente que aquela explosão era algo mais assustador que uma gigantesca brincadeira de mau gosto ou, talvez, um tiro disparado durante uma discussão entre comerciantes.

Cinco dias depois, outra explosão pôs abaixo boa parte de um edifício residencial na cidade de Buynaksk, ao sul do país, não muito longe da Chechênia. Sessenta e quatro pessoas morreram e 146 ficaram feridas. No entanto, como todos os moradores do tal prédio eram militares com suas famílias, a explosão não chegou a fazer os civis, principalmente os que vivem em Moscou, se sentirem vulneráveis e ficarem com medo — embora entre os mortos houvesse 23 crianças.

Quatro dias mais tarde, porém, faltando dois segundos para a meia-noite de 8 de setembro, ouviu-se um estrondo gigantesco em uma cidade-dormitório nos arredores da capital. Um bloco de edifícios de concreto se partiu ao meio e duas de suas colunas — 72 apartamentos ao todo — ficaram inteiramente destruídas. Houve exatamente cem mortos[1] e cerca de setecentos feridos. Cinco dias depois, mais uma explosão pôs abaixo outro prédio, também nos arredores de Moscou. A construção de tijolos, de oito andares, ruiu como um castelo de cartas; os jornalistas que estavam no meio da multidão comentavam que, aparentemente, os edifícios de concreto explodiam para fora ao passo que os de tijolos colapsavam sobre si mesmos. A explosão ocorreu às cinco da manhã, o que significa que a maioria dos moradores estava em casa; quase todos morreram: foram 124 mortos, além de sete feridos.

Três dias depois, em 16 de setembro, um caminhão explodiu no meio da rua em Volgodonsk, cidade localizada ao sul da Rússia. Dezenove pessoas morreram e mais de mil ficaram feridas.

O pânico se espalhou pelo país. Os moradores de Moscou e de outras cidades organizaram patrulhas nos bairros; muita gente foi para as ruas simplesmente porque parecia mais seguro dormir ali do que dentro de casa. Voluntários paravam quem quer que considerassem suspeito, ou seja, praticamente todos que não fizessem parte da patrulha. Ao menos um grupo em Moscou começou a parar as pessoas que passeavam com seus cachorros para revistar os animais. De um lado a outro da Rússia, a polícia recebia verdadeiras avalanches de telefonemas de gente que achava ter visto alguma atividade ou algum objeto suspeitos. No dia 22, atendendo a um chamado em Riazã, que fica a cerca de 160 quilômetros da capital, policiais encontraram três sacos com explosivos escondidos debaixo da escada de um prédio residencial.

Em um país abalado pelo medo e pela dor, ninguém duvidava que aquilo era coisa dos chechenos, e eu não era exceção a essa regra. Tinha acabado de passar uns dois dias circulando de carro por Moscou a fim de visitar famílias chechenas: refugiados, profissionais estabelecidos há muito na cidade, trabalhadores temporários morando em alojamentos. Todos estavam apavorados. A polícia andava rondando os rapazes, detendo centenas deles sob suspeita de relação com os atentados. Muitos dos homens que entrevistei não apenas tinham deixado de sair de casa, mas também se recusavam a abrir a porta do apartamento ou do quarto dos alojamentos. Uma criança voltou da escola dizendo que a professora havia escrito no quadro as palavras *explosão* e *chechenos*, em russo, uma ao lado da outra.

Eu sabia que os policiais estavam detendo centenas de inocentes, mas não achava difícil supor que o culpado, fosse ele quem fosse, seria um checheno ou um grupo de pessoas vindas da Chechênia. Estive lá de 1994 a 1996, cobrindo a guerra do começo ao fim. A primeira vez que ouvi uma bomba explodir a poucos metros de onde eu estava foi na escadaria de um edifício residencial para cegos, nos arredores de Grózni, a capital chechena. Era janeiro de 1995 — o primeiro mês da guerra —, e eu tinha ido justamente a essa parte da cidade porque o Exército russo alegava que não estava bombardeando a população civil. Não posso imaginar pessoas mais enquadradas na definição da palavra "civis" do que os moradores daquele prédio: cegos, indefesos, sem condições de deixar a cidade. Quando saí do edifício, vi corpos e pedaços de corpos espalhados por todo canto.

As diversas crianças que vi pelas ruas de Grózni naquele dia e nos dias subsequentes tinham presenciado a mesma coisa. Eram elas que, nas semanas seguintes, iam se amontoar ao redor das fogueiras acesas nas calçadas, observando a mãe preparar a comida. Eram as mesmas crianças que passariam anos a fio apinhadas em apartamentos minúsculos — meia dúzia em um quarto, já que vários prédios haviam sido destruídos em explosões — e proibidas de sair de casa por medo de pisar em uma mina ou topar com um soldado russo, que poderia estuprar uma menina ou prender um menino. Apesar de tudo, porém, acabavam saindo para a rua onde eram estupradas, detidas, torturadas e desapareciam — ou viam isso acontecer com irmãs, irmãos e amigos. Essas crianças eram, agora, rapazes e moças, e não me parecia difícil acreditar que alguns deles fossem capazes de cometer uma terrível vingança.

A maioria dos russos não tinha presenciado o que presenciei, mas todos viram, pela TV, imagens de locais bombardeados, cada uma mais assustadora que a outra. A guerra na Chechênia nunca terminou de verdade: o acordo ajustado três anos antes por Berezovsky, entre outros, levou a um cessar-fogo. Os russos eram uma típica nação em guerra e, como toda nação em guerra, acreditavam não só que o inimigo mal chegava à condição de ser humano, mas também que era capaz de lhes infligir horrores inimagináveis.

No dia 23 de setembro, um grupo de 24 governadores — mais de um quarto do total da Federação — escreveu uma carta ao presidente Yeltsin, pedindo-lhe que entregasse o poder a Putin, que tinha sido nomeado primeiro-ministro havia pouco mais de um mês. No mesmo dia, o presidente baixou um decreto sigiloso autorizando o Exército a retomar os combates na Chechênia. Além de tudo, tal decreto também era ilegal,[2] pois as leis russas proíbem o uso de tropas regulares dentro das fronteiras nacionais. Nesse dia, aviões militares russos voltaram a bombardear Grózni, começando pelo aeroporto, pela refinaria de petróleo e por bairros residenciais. No dia seguinte, Putin emitiu sua própria ordem autorizando a retomada dos combates na Chechênia pelas tropas da Federação; desta vez, a ordem não foi secreta, embora as leis russas não concedam ao primeiro-ministro nenhuma autoridade sobre os militares.

Ainda em 24 de setembro, Putin fez uma de suas primeiras aparições na televisão. "Vamos caçá-los até o fim",[3] disse ele, referindo-se aos terroristas. "Onde quer que estejam, vamos encontrá-los e destruí-los. Mesmo que estejam no banheiro. Vamos despachá-los privada abaixo."

Usava uma retórica nitidamente diferente da de Yeltsin. Não estava prometendo levar os terroristas a julgamento, nem manifestando sua compaixão pelas centenas de vítimas das explosões. Seu discurso era o de um líder planejando governar com punho de ferro. Frases vulgares como aquela, muitas vezes temperadas com um humor grosseiro, se tornariam a marca registrada da oratória de Putin. Sua popularidade começou a crescer.

BEREZOVSKY, O PH.D., E SEU PEQUENO EXÉRCITO de propaganda, formado por homens instruidíssimos, pareciam não ver contradição entre seu tão alardeado objetivo de garantir para a Rússia um futuro democrático e o homem no qual haviam escolhido depositar suas esperanças para esse futuro. Foram incansáveis trabalhando na campanha, usando o poder do Canal 1, de Berezovsky, para destruir a reputação do ex-primeiro-ministro Primakov e seus aliados. Um programa memorável explicava em detalhes anatômicos repulsivos como havia sido a cirurgia de quadril a que Primakov se submetera. Outro se baseava na visível semelhança entre o prefeito de Moscou, Yuri Luzhkov, e Mussolini.[4] Além de desacreditar seus adversários, porém, os aliados de Putin — que se viam mais como seus criadores do que como seus partidários — precisavam criar e divulgar uma imagem do próprio candidato.

Estritamente falando, Putin não estava fazendo campanha — a eleição presidencial só deveria acontecer em cerca de um ano, e a Rússia não tinha uma cultura política de longas campanhas —, mas aqueles que queriam vê-lo como presidente estavam empenhadíssimos nesse sentido. Uma influente empresa de consultoria política, a Fundação para Políticas Efetivas, cuja sede ficava em um dos mais belos prédios históricos da cidade, do outro lado do rio, bem em frente ao Kremlin, foi incumbida de criar para Putin a imagem de um político jovem e cheio de energia, capaz de impulsionar a tão necessária reforma. "Todos estavam tão cansados de Yeltsin que nossa tarefa foi bem fácil",[5] confessou uma mulher que participou desse trabalho.

O nome dela era Marina Litvinovich e, como tantos outros funcionários da Fundação para Políticas Efetivas, era bem jovem, muito inteligente (havia acabado de concluir a graduação em uma das melhores universidades do país) e tinha pouquíssima experiência em termos de política, chegando até a ser ingênua. Começou a trabalhar na Fundação em meio expediente, quando ainda estava na faculdade e, três anos depois, era peça-chave na equipe encarregada da campanha presidencial. Tinha a convicção de estar dedicada a ideais democráticos e, apesar disso, não via nada de errado na forma como o futuro presidente estava sendo inventado e vendido ao público. Acreditava que era o povo que tinha criado tudo aquilo.

"Estavam saindo uns artigos afirmando que ele era da KGB", disse ela, anos depois, "mas a equipe do quartel-general era composta por liberais e estávamos convencidos de que era essa gente que ia formar seu primeiro escalão."

Na verdade, não era preciso ser jovem e ingênuo para acreditar nisso. No fim do verão de 1999, tive um jantar memorável com Alexander Goldfarb, um velho conhecido que fora dissidente nos anos 1970. Ele havia desempenhado a função de tradutor de Andrei Sakharov, emigrado, vivendo em Nova York por toda a década seguinte, e acabou se transformando em um ativista social de peso nos anos 1990. Foi conselheiro do bilionário filantropo George Soros na Rússia; depois, lançou uma campanha para divulgar e combater a tuberculose, que havia se tornado epidêmica e resistente a medicamentos no país, e conseguiu, praticamente sozinho, chamar a atenção do mundo inteiro para o problema. Alex e eu estávamos jantando e conversávamos sobre Putin.

"Ele é a própria encarnação da KGB", disse para ele, na ocasião, mais testando uma teoria do que lançando uma discussão. "Mas Chubais me disse que é inteligente, atuante e tem desenvoltura", retrucou Alex. Até um ex-dissidente estava quase convencido de que Putin era de fato o jovem político moderno que a Fundação estava criando.

Quanto mais intensa ficava a campanha na Chechênia, mais o país parecia subjugado. Nesse meio-tempo, Berezovsky lançou a ideia de um novo partido político, um partido inteiramente destituído de ideologia. "Se falássemos, ninguém nos ouviria", disse-me ele nove anos mais tarde, aparentemente ainda convicto de que sua ideia era brilhante. "Decidi que substituiríamos ideologia por rostos." Seu pessoal saiu à cata de rostos e voltou trazendo algumas celebridades e um ministro de gabinete. No entanto, o rosto que realmente importava pertencia ao homem que não tivera rosto até poucas semanas antes: à medida que a popularidade de Putin crescia, o mesmo acontecia com o novo partido político. Nas eleições parlamentares de 19 de dezembro de 1999, cerca de um quarto dos eleitores votou no bloco aliado, que tinha apenas dois meses de idade, o chamado Yedinstvo (Unidade) ou Medved (o Urso), dando-lhe maioria absoluta na câmara baixa do Parlamento.

Para consolidar a posição de Putin, alguém da Família — ao que parece, ninguém mais lembra exatamente quem — propôs uma jogada de mestre: Yeltsin deveria renunciar antes do fim de seu mandato. De acordo com a legislação vigente, como primeiro--ministro, Putin passaria a ser o presidente em exercício, tornando--se, assim, candidato natural para a eleição que estava por vir. Seus adversários seriam apanhados de surpresa e o tempo para agir até a eleição ficaria reduzido. Na verdade, a renúncia acabou acontecendo em 31 de dezembro. Foi uma jogada típica de Yeltsin: conseguiu roubar a cena, superando a virada de ano, o *bug* do milênio e praticamente qualquer outro evento que pudesse ter ocorrido em qualquer lugar do mundo. Escolheu também a véspera dos feriados de Natal e Ano-Novo, que param o país por duas semanas, e, com isso, reduziu ainda mais o tempo disponível para os adversários de Putin se prepararem para a eleição.

HÁ TEMPOS QUE O DIA DE ANO-NOVO, um feriado laico, superou qualquer outra ocasião como a grande festa familiar na Rússia. Nessa noite, russos dos quatro cantos do país se reúnem com os amigos e a família. Pouco antes da hora da virada, postam-se diante da TV para ver o relógio de uma das torres do Kremlin marcar meia-noite. Erguem as taças de champanhe e só então vão para a mesa fazer uma refeição bem tradicional. Nos minutos que antecedem esse momento, o líder da nação faz um discurso: hábito que se tornou uma tradição na União Soviética e que Boris Yeltsin decidiu manter a partir de 31 de dezembro de 1992 (um ano antes, quando a União Soviética chegou oficialmente ao fim de sua existência, quem falou ao povo foi um comediante).

Yeltsin surgiu na televisão doze horas antes do horário habitual. "Meus amigos", disse ele. "Meus queridos. Hoje é a última vez que venho lhes falar na véspera do Ano-Novo. Mas não é só isso. Hoje é a última vez que venho lhes falar como presidente da Rússia. Tomei uma decisão. Passei um período longo e difícil pensando a respeito. Hoje, no último dia do século, venho renunciar... Estou indo embora... A Rússia deve entrar no novo milênio com novos políticos, novos rostos, gente nova, inteligente, forte, enérgica... Por que me apegar a meu cargo por mais seis meses quando o país conta com um homem forte que merece se tornar presidente e em quem virtualmente todo russo vem depositando suas esperanças para o futuro?"[6]

Depois, pediu perdão. "Peço perdão", disse ele, "porque muitos de nossos sonhos não se concretizaram. Porque coisas que nos pareciam simples acabaram se revelando difíceis e penosas. Peço perdão por não ter correspondido às esperanças daqueles que acreditavam que poderíamos, apenas com algum esforço, apenas tomando impulso, saltar de nosso passado cinzento, totalitário, estagnado, para um futuro brilhante, rico, civilizado. Era algo em que eu acreditava... Nunca disse isso antes, mas quero que todos saibam. Senti a dor de cada um de vocês no coração. Passei várias noites sem dormir, períodos dolorosos pensando sobre o que fazer para tornar a vida um pouco melhor que fosse... Estou indo embora. Fiz tudo o que pude... Uma nova geração está chegando; com gente que poderá fazer mais e melhor."

Yeltsin falou por dez minutos. Parecia inchado, pesado, mal conseguindo se mover. Também parecia desanimado, desesperançado, como um homem que estivesse se enterrando vivo diante dos olhares de quase cem milhões de pessoas. A expressão em seu rosto praticamente não se alterou durante o discurso, mas sua voz ficou embargada de emoção quando encerrou a fala.

À meia-noite, foi Vladimir Putin que apareceu na TV. De início, estava visivelmente nervoso e até gaguejou quando começou a falar, mas foi se mostrando mais confiante à medida que avançava em seu pronunciamento. Falou por três minutos e meio. Por mais estranho que pareça, não demonstrou que ia aproveitar a oportunidade para fazer seu primeiro discurso de campanha. Não fez nenhuma promessa e não disse nada que pudesse ser considerado particularmente inspirador. Pelo contrário: disse que nada iria mudar na Rússia e assegurou aos espectadores que seus direitos estavam garantidos. Como encerramento, propôs que os russos fizessem um brinde "ao novo século da Rússia", embora ele mesmo não tivesse um copo para brindar.[7]

Putin era agora o presidente em exercício, e a campanha eleitoral tinha sido oficialmente lançada. Ele era disciplinado, lembra Berezovsky, e até mesmo dócil: fazia o que lhe mandavam — e não lhe mandavam fazer muita coisa. Já era tão popular que, na verdade, o que havia ali era uma não campanha visando a uma não eleição. Tudo o que tinha a fazer era nunca se afastar demais de qualquer que fosse a imagem que os eleitores quisessem ter dele.

Em 26 de janeiro de 2000, a exatos dois meses da eleição, o moderador de um painel russo no Fórum Econômico Mundial de Davos, na Suíça, perguntou: "Quem é o sr. Putin?" Chubais — aquele que, sete meses antes, alegava que o então primeiro-ministro seria o sucessor ideal para o presidente — tinha o microfone nas mãos quando a pergunta foi feita. Inquieto, ele lançou um olhar interrogativo a um ex-primeiro-ministro que estava à sua direita. Ficou claro que este último também não estava lá muito disposto a responder a tal pergunta. Os quatro componentes da mesa começaram a se entreolhar, aflitos. Ao cabo de meio minuto, a sala inteira caiu na gargalhada. O maior país do mundo em extensão territorial, possuidor de petróleo, gás e armas nucleares, tinha um novo líder, e suas elites política e econômica não faziam ideia de quem ele era. Sem dúvida, muito engraçado...

Uma semana depois, Berezovsky mandou três jornalistas, que trabalhavam para um de seus jornais, escreverem a história da vida de Putin. Um desses profissionais era uma jovem loura que havia trabalhado por cerca de dois anos na assessoria de imprensa do Kremlin, mas conseguira passar despercebida em meio a colegas mais vibrantes. Havia, ainda, um jovem repórter que ficou famoso por suas reportagens humorísticas, mas que jamais tinha escrito sobre política. O terceiro membro da equipe era uma repórter veterana da área política que passou o início dos anos 1980 cobrindo guerras mundo afora e o final da década escrevendo sobre política, principalmente sobre a KGB, para o *Moscow News*, o carro-chefe da imprensa da *perestroika*. Natalia Gevorkyan era a repórter dos repórteres, indiscutivelmente a líder daquele grupo, e a jornalista que Berezovsky melhor conhecia.

"Berezovsky me ligava para perguntar: 'Ele não é incrível?'", disse-me ela, anos mais tarde. "E eu respondia: 'Borya, seu problema é que você nunca conheceu um coronel da KGB. Ele não é incrível coisa nenhuma. É absolutamente comum.'"

"É claro que fiquei curiosa. Queria saber quem era aquele sujeito que agora ia governar o país", acrescentou ela. "Então percebi que ele gostava de falar e que gostava de falar sobre si mesmo. Com certeza, já conversei com muitas outras pessoas mais interessantes. Passei cinco anos escrevendo sobre a KGB: ele não era melhor nem pior que o resto delas; era mais inteligente que uns e mais astucioso que outros."[8]

Além da árdua tarefa de aprontar um livro em questão de dias, Natalia Gevorkyan queria aproveitar o tempo passado com o presidente em exercício para ajudar um amigo. Andrei Babitsky, repórter da Rádio Europa Livre/Rádio Liberdade, financiada pelos Estados Unidos, tinha desaparecido em janeiro na Chechênia. Aparentemente, havia sido detido pelo Exército russo por violação das rígidas regras por eles implantadas: durante a primeira guerra da Chechênia, a imprensa fez críticas severas e fundamentadas às ações de Moscou, o que fez os militares decretarem que jornalistas só poderiam penetrar na zona de guerra acompanhados de pessoal fardado. Essa política não apenas impedia o acesso aos combatentes de ambos os lados, mas também expunha a imprensa ao perigo: em uma região em guerra, quase sempre é mais seguro não usar uniforme e nem estar com gente fardada. Alguns repórteres mais ousados tentavam driblar essas regras — e nisso poucos eram melhores que Babitsky, que havia passado anos trabalhando no Cáucaso do Norte.

Durante as duas semanas que se seguiram à sua prisão, a família e os amigos de Babitsky não tiveram qualquer notícia dele. Nos meios jornalísticos de Moscou, porém, corria o boato de que o repórter tinha sido visto na terrível prisão russa de Chernokozovo, na Chechênia. Em 3 de fevereiro, um dia depois de Gevorkyan e seus colegas terem começado a entrevistar Putin para a tal biografia, autoridades anunciaram que o jornalista havia sido trocado por três soldados russos que haviam sido capturados por combatentes chechenos. Diziam que Babitsky concordara com a troca, mas essa declaração mal podia disfarçar o fato de as tropas russas terem tratado um jornalista — um jornalista russo — como um combatente inimigo.

Quando Gevorkyan trouxe o assunto à baila em conversa com Putin, sua pergunta provocou o que ela viria a descrever mais tarde como uma "raiva indisfarçada". A docilidade do presidente em exercício desapareceu de imediato e ele esbravejou: "Esse sujeito estava trabalhando para o inimigo. Não era uma fonte neutra de informação. Trabalhava para criminosos... Ele trabalhava para criminosos. Portanto, quando os rebeldes disseram: 'Queremos libertar alguns de seus soldados em troca desse correspondente', nosso pessoal perguntou: 'Quer ser trocado?' 'Quero', foi o que ele respondeu. Ele queria... Eram nossos soldados. Estavam lutando pela Rússia. Se não fossem resgatados, seriam executados. E não vão fazer mal algum a Babitsky por lá, porque ele é um deles... O que Babitsky fez é muito mais perigoso que disparar uma metralhadora... Ele tinha um mapa indicando como contornar nossos postos de controle. Quem mandou ele meter o nariz naquilo que não tinha autorização para fazer?... Então foi preso, e investigado. E ele declarou: 'Não confio em vocês; confio nos chechenos. Se eles me querem, mandem-me para lá...' E teve a resposta que merecia: 'Pois vá! Saia já daqui!' E você vem me dizer que ele é um cidadão russo. Nesse caso, devia ter agido de acordo com as leis do país se queria ser protegido por elas!"[9]

Ao ouvir esse monólogo, Gevorkyan teve certeza de que o presidente em exercício conhecia o caso Babitsky. Decidiu então também ser direta: "Ele tem família, tem filhos. Vocês precisam interromper essa operação."

O chefe de Estado mordeu a isca. "Logo, logo vai chegar um carro", disse ele, "trazendo uma fita cassete. Você vai ver que ele está vivo e bem." Gevorkyan, que vinha mantendo um clima de cordialidade nos diversos encontros com Putin, ficou tão chocada que chegou a ser grosseira em sua reação. "Como assim?", exclamou, quase gritando. "Vocês o entregaram aos rebeldes. Isso foi o que disseram?"

Pediu licença e saiu da sala para ligar para um amigo na sede da Rádio Liberdade em Moscou. "Diga à mulher de Babitsky que ele está vivo", foi o recado que ela deu.

— Como você sabe? — perguntou o amigo.
— Ouvi da boca do próprio homem — respondeu Gevorkyan.
— E você confia nele? — indagou o outro.
— Não exatamente — admitiu a jornalista.

Poucas horas depois, porém, o tal amigo lhe telefonou. "Você não vai acreditar", disse ele. "Chegou um carro com a placa tão suja de lama que não dava nem para ver os números. Eles nos ofereceram uma fita. Pagamos 200 dólares por ela."

O tal vídeo, que a Rádio Liberdade fez circular por toda a imprensa, era uma gravação pouco nítida. Nela, Babitsky aparecia pálido, exausto, com um ar de quem não dormia há tempos, e dizia: "Hoje é 6 de fevereiro de 2000. Estou relativamente bem. O único problema que tenho é o tempo, já que as circunstâncias estão se acumulando de tal maneira que, infelizmente, não posso ir para casa por enquanto. Minha vida aqui é normal, na medida do possível, como sempre ocorre em condições de guerra. As pessoas que estão por perto têm tentado me ajudar de alguma forma. O único problema é que gostaria mesmo de ir para casa, adoraria que tudo isso terminasse. Por favor, não se preocupem comigo. Espero estar de volta muito em breve."[10]

Na verdade, Babitsky estava sendo mantido em cativeiro em uma aldeia chechena. Estava efetivamente sem dormir, exausto e, acima de tudo, aterrorizado. Não sabia quem o estava mantendo prisioneiro; só sabia que eram chechenos armados, gente que tinha todos os motivos do mundo para odiar os russos e nenhuma razão plausível para confiar nele. Não conseguia dormir, temendo que viessem acordá-lo para levá-lo à execução e, a cada manhã, odiava-se por ainda não ter encontrado um jeito de escapar ou tido coragem suficiente para tentar fugir.[11] Finalmente, no dia 23 de fevereiro, ele foi posto no porta-malas de um carro e levado à república vizinha do Daguestão. Deram-lhe documentos grosseiramente falsificados e o soltaram por lá. Poucas horas depois, porém, ele foi preso pela polícia russa, que o levou até Moscou, onde seria julgado por portar documentos falsos.[12]

Em pouco tempo, começou a ficar claro que provavelmente não houve troca alguma: não existia nenhum documento que desse alguma pista disso, ou da existência dos soldados que supostamente foram devolvidos pelos chechenos.[13] A prisão de Babitsky, as imagens televisionadas de sua transferência para as mãos dos inimigos e seu subsequente desaparecimento tinham sido, ao que tudo indica, uma tentativa de mandar um recado à imprensa. Foi praticamente isso que o ministro da Defesa, Igor Sergeyev, disse aos jornalistas. Segundo ele, Babistky havia sido escolhido porque "a informação que transmitia não era objetiva, para usar meias palavras". E acrescentou: "Eu ficaria feliz em dar dez Babistkys em troca de um único soldado nosso."[14] Fazia um mês que Putin estava na presidência e os ministros já estavam falando do jeito dele — do jeito, pelo visto, que estavam loucos para falar havia algum tempo.

Aparentemente, Putin só não contava com uma coisa: o que ele considerava a aplicação de um castigo perfeitamente justo acabou provocando indignação internacional. Durante os primeiros meses de seu governo como presidente em exercício, os líderes ocidentais agiram como os russos: pareciam tão aliviados por se verem livres do imprevisível e constrangedor Yeltsin que não viam problemas em depositar seus mais lindos sonhos em Putin. Os Estados Unidos e a Grã-Bretanha agiam como se o resultado da eleição de março já estivesse decidido. Agora, porém, os norte-americanos não tinham escolha a não ser reagir: Babitsky não era simplesmente um jornalista russo — era um jornalista russo que trabalhava para um veículo criado por um ato do Congresso.[15] A secretária de Estado Madeleine Albright abordou a questão em um encontro com o ministro russo das Relações Exteriores, Igor Ivanov, em 4 de fevereiro e, cinco dias depois, o Departamento de Estado lançou uma declaração condenando o "tratamento dado a um não combatente que se encontrava na condição de refém ou prisioneiro de guerra".[16] Essa inesperada fiscalização e indignação estrangeira provavelmente salvaram a vida de Babitsky — e também deixaram Putin amargo e furioso. Ele sabia que o que estava fazendo era justo e que um homem como Babitsky — alguém que não parecia em nada preocupado com o esforço de guerra russo e não tinha a mínima vergonha de sentir pena do inimigo — não merecia viver ou, pelo menos, viver entre os cidadãos de seu país. Uma conspiração de democratas de coração mole acabou o forçando a fazer concessões. Mas, se ele tinha conseguido vencer esse tipo de gente lá em Leningrado, bem poderia fazer a mesma coisa agora.

"A história de Babitsky facilitou minha vida", disse-me Gevorkyan tempos depois. "Percebi que era assim que ele [Putin] ia governar. Que era assim que a porra do cérebro dele funcionava. Então, não tive mais qualquer ilusão. Vi que era daquele jeito que ele entendia o sentido da palavra *patriotismo* — exatamente como se ensina em todas aquelas escolas da KGB: o país é tão grandioso quanto o medo que inspira, e a mídia tem de ser leal."[17]

Depois de fazer essa descoberta, Gevorkyan deixou Moscou e foi para Paris, onde mora até hoje. Assim que pôde, Andrei Babitsky foi para Praga, onde continuou trabalhando para a Rádio Liberdade. Mas, em 2000, nos dias que antecederam a eleição, Gevorkyan não disse nada disso publicamente. A biografia de Putin saiu como ele queria; até o trecho exaltado e revelador sobre o caso Babitsky foi cortado, embora já tivesse sido publicado em um jornal como um excerto. Com raras exceções, os russos estavam sendo levados a continuar confiando em Putin.

EM 24 DE MARÇO, DOIS DIAS ANTES da eleição presidencial, a NTV, rede televisiva criada por Vladimir Gusinsky — o mesmo oligarca que era dono da revista onde eu trabalhava —, exibiu um programa de uma hora de duração, um *talk show* ao vivo, dedicado ao incidente ocorrido no mês de setembro na cidade de Riazã quando a polícia, atendendo a um chamado, encontrou três sacos de explosivos debaixo da escada de um edifício residencial. Os moradores alertas acharam que tinham conseguido frustrar um plano terrorista.

Pouco depois das nove horas, naquela noite de 22 de setembro, Alexei Kartofelnikov, motorista do ônibus do time de futebol local, estava voltando para seu apartamento, em um prédio de doze andares na rua Novoselov, número 14. Viu um carro de fabricação russa parar diante do edifício. Um homem e uma mulher saltaram e entraram por uma porta que dava para o porão, enquanto o motorista ficou dentro do carro. Kartofelnikov observou o homem e a mulher saírem do prédio minutos depois, e o carro estacionar bem diante da tal porta do porão. Desta vez, os três entraram por ali carregando uns sacos que tiraram do automóvel e que pareciam bem pesados. Todos voltaram então para o carro e foram embora.[18]

A essa altura, quatro prédios haviam explodido em Moscou e em mais duas cidades; em pelo menos um dos casos, surgiram testemunhas dizendo que tinham visto sacos colocados debaixo da escada.[19] Não é de se espantar, portanto, que Kartofelnikov tenha tentado anotar a placa do tal carro. Mas a parte do número que indica a região onde o veículo foi emplacado estava coberta por um pedaço de papel com o código correspondente à cidade de Riazã. O motorista ligou para a polícia.

Os guardas chegaram quase 45 minutos depois. Dois deles entraram no porão onde encontraram três sacos de cinquenta quilos empilhados, todos com a inscrição AÇÚCAR. Por uma pequena abertura no primeiro deles, os policiais puderam ver fios e um relógio. Saíram correndo do porão para pedir reforço e começaram a evacuar os moradores dos 77 apartamentos enquanto o esquadrão antibombas estava a caminho. Vasculharam o prédio inteiro, batendo em todas as portas e mandando os moradores descerem imediatamente. As pessoas saíram de pijama, camisola e roupão de banho, sem parar nem para trancar a porta de casa: depois de semanas vendo notícias sobre edifícios que explodiam, todos levaram a sério o alerta da polícia. Várias pessoas com deficiência foram levadas para a rua em cadeiras de rodas, mas outras tantas, em condições mais graves, ficaram nos apartamentos, apavoradas. Os moradores passaram a noite toda na rua, aguentando o vento gélido. Depois de certo tempo, o dono de um cinema da vizinhança os chamou, mandou que entrassem e até providenciou chá quente. Pela manhã, muitas daquelas pessoas foram trabalhar, embora a polícia não tenha permitido que entrassem no prédio para se lavar ou trocar de roupa. Lá pelas tantas, vários apartamentos foram saqueados.

Antes mesmo de todos os moradores saírem, o esquadrão antibombas já tinha desarmado o detonador e examinado o conteúdo dos tais sacos. Concluíram que se tratava de hexogênio, um explosivo de alta potência usado desde a Segunda Guerra Mundial. Essa mesma substância foi usada em pelo menos uma das explosões ocorridas em Moscou; portanto, o país inteiro tinha aprendido aquela palavra a partir de um pronunciamento feito pelo prefeito da capital. O mecanismo, bastante rudimentar, continha um relógio ajustado para as 5h30 da manhã. Aparentemente, o plano dos terroristas era o mesmo adotado para as explosões em Moscou: a quantidade de explosivo destruiria o prédio inteiro (e, provavelmente, afetaria a estrutura das construções vizinhas), matando todos os moradores enquanto dormiam.

Quando o esquadrão antibombas concluiu que os sacos continham explosivos, o alto escalão uniformizado da cidade acorreu à rua Novoselov. O chefe da unidade local do FSB falou para os moradores do prédio, felicitando-os por terem nascido de novo. Alexei Kartofelnikov, o motorista que havia telefonado denunciando os suspeitos e seus sacos, tornou-se o herói do momento. Autoridades locais lhe fizeram os maiores elogios, louvando também a vigilância da população em geral: "Quanto mais alertas estivermos, mais teremos condições de combater o mal que se instalou em nosso país",[20] declarou o vice-governador às agências de notícias.

No dia seguinte, só se falava de Riazã por toda a Rússia. Em meio à terrível realidade com que o povo vinha convivendo havia praticamente um mês, aquilo soava como um primeiro indício de notícias relativamente boas. Se a população se mobilizasse, se ela cuidasse de si mesma, seria capaz de escapar sã e salva — parecia ser o recado. E não era só isso: havia a possibilidade efetiva de os terroristas serem apanhados, já que a polícia sabia quais eram a marca e a cor do tal carro, e Kartofelnikov tinha visto as pessoas que levaram os sacos de explosivos. Em 24 de setembro, o ministro do Interior Vladimir Rushailo, com um ar sombrio e atormentado, fez um discurso em uma reunião interagências convocada em função das explosões. "Houve alguns avanços", disse ele. "Por exemplo, o fato de um atentado ter sido evitado ontem, em Riazã."

Meia hora mais tarde, porém, aconteceu algo inteiramente inesperado e inexplicável: no mesmo prédio em que a tal reunião se realizava, o diretor do FSB, Nikolai Patrushev — antigo membro da equipe de Putin em Leningrado que o presidente em exercício havia levado para a polícia secreta como seu assessor e, posteriormente, indicado como seu substituto ao ser nomeado primeiro-ministro —, falou à imprensa e declarou que Rushailo estava enganado. "Em primeiro lugar, não houve explosão alguma", disse ele. "Em segundo lugar, não se evitou nada. E não acho que a ação tenha sido bem executada. Aquilo era um treinamento, e os sacos continham apenas açúcar. Não havia qualquer explosivo ali."[21]

Nos dias que se seguiram a essas declarações, autoridades do FSB explicaram que os dois homens e a mulher que plantaram os sacos no tal prédio eram os agentes da seção de Moscou, que os sacos continham apenas açúcar perfeitamente inofensivo, que a manobra pretendia testar a vigilância da população civil de Riazã e verificar se as forças da lei naquela cidade estavam prontas para situações de emergência. De início, as autoridades de Riazã se recusaram a cooperar, mas acabaram confirmando a versão do FSB, esclarecendo que o esquadrão antibombas tinha confundido o açúcar com explosivo porque seu equipamento de testes estava contaminado depois de tanto uso com explosivos reais na Chechênia. Todas essas explicações não surtiram muito efeito para tranquilizar os medos ou convencer quem quer que tivesse alguma noção de como o FSB funcionava. Parecia um absurdo, mas não inimaginável que centenas de pessoas fossem obrigadas a passar a noite inteira na rua, apavoradas e enregeladas, só por causa de um treinamento: afinal, a fama da polícia secreta russa não era exatamente a de adotar métodos brandos. Mas, acima de tudo, o que desafiava qualquer explicação era o fato de o comando local do FSB não ter sido informado da realização daquele exercício ou que tivessem deixado o ministro do Interior em situação publicamente constrangedora um dia e meio depois do ocorrido — e quando 1.200 homens de sua tropa já haviam sido mobilizados para capturar os suspeitos que estariam fugindo de Riazã.

Os jornalistas da NTV passaram seis meses juntando os pedaços dessa história tão enigmática com todas suas inconsistências e, agora, vinham apresentá-la aos espectadores. Na verdade, pisavam em ovos. Nikolai Nikolayev, o apresentador, partiu da premissa de que o episódio de Riazã tinha sido mesmo um exercício de treinamento. Quando alguém da plateia sugeriu que já era hora de tentar articular toda a cadeia de acontecimentos e perguntar se o FSB estaria por trás também das explosões de agosto e setembro, Nicolayev praticamente gritou: "Não, não vamos fazer isso, não vamos considerar esse aspecto. Estamos tratando apenas do caso Riazã." Mesmo assim, a imagem que o programa apresentou era aterradora.

Nikolayev tinha convidado vários moradores da rua Novoselov, inclusive o motorista Kartofelnikov, para participar da plateia. Nenhum deles acreditava na hipótese do treinamento. Então, um homem que se identificou como morador do número 14 disse que acreditava, sim, que tivesse sido apenas um exercício. Os outros se viraram para ele, incrédulos, e, em segundos, começaram a gritar em coro que não conheciam o sujeito e que ele não morava naquele prédio. O resto da história do FSB foi tão pouco convincente e tão mal executado quanto a ideia de infiltrar um falso morador na plateia do programa. Os representantes do Serviço federal de Segurança não souberam explicar por que os testes iniciais identificaram a substância como hexogênio ou por que a divisão local da própria instituição não estava a par do suposto exercício.

Vendo o programa, eu me lembrei da conversa que havia tido com meu editor na véspera. Em apenas seis meses, os limites do possível tinham se deslocado inteiramente em minha mente. Agora, podia acreditar que era bastante provável que o FSB estivesse por trás das mortíferas explosões que abalaram a Rússia e ajudaram a tornar Putin seu governante. Quando o serviço de segurança se viu prestes a ser desmascarado — 1.200 policiais de Riazã saindo à caça de suspeitos e tendo em mãos uma descrição detalhada dos agentes que haviam plantado os explosivos —, o FSB logo tratou de inventar o tal exercício de treinamento: uma história nada convincente, mas que servia para evitar a prisão de agentes da polícia secreta pela polícia regular. E, nesse momento, a série de explosões letais também cessou.

BORIS BEREZOVSKY LEVOU MUITO mais tempo para compreender que o impensável era possível e até mesmo provável. Toquei no assunto com ele quase dez anos mais tarde. A essa altura, ele tinha patrocinado investigações, livros e um filme que levava adiante e aprofundava a pesquisa feita por Nikolayev. Acabou chegando à conclusão de que foi o FSB que aterrorizou a Rússia em setembro de 1999, mas ainda tinha dificuldade em conciliar o que achava que estivesse acontecendo naquele período com a visão posterior que teve dos acontecimentos.

"Posso dizer, com toda sinceridade, que, na época, eu tinha certeza absoluta de que era coisa dos chechenos", disse ele. "Foi só depois que vim para cá [Londres] e comecei a repensar o assunto que acabei chegando à conclusão de que as explosões tinham sido articuladas pelo FSB. E não foi uma conclusão baseada apenas na lógica — muito menos na lógica que nos fatos. Naquele tempo, porém, não enxerguei esses fatos, e não confiava na NTV, que pertencia a Gusinsky, partidário de Primakov. Por isso, nem dei muita atenção àquela história. E nunca me passou pela cabeça que havia um jogo paralelo ao nosso, que mais alguém estivesse fazendo o que julgava certo para garantir a eleição de Putin. Hoje, estou convencido de que era exatamente isso que estava acontecendo." O "alguém" era o FSB, e o "jogo paralelo" eram as explosões que pretendiam unir a Rússia pelo medo e pelo desejo desesperado de ter um novo líder decidido, e até mesmo agressivo, que fosse implacável com qualquer inimigo.

"Mas tenho certeza de que a ideia não foi de Putin", acrescentou ele, de repente.

Para mim, aquilo não fazia sentido. As explosões começaram apenas três semanas depois de Putin ser nomeado primeiro-ministro, o que levava a crer que os preparativos já vinham sendo realizados quando ele ainda era diretor do FSB. Berezovsky retrucou que não precisava ter sido assim: "Tudo foi planejado em muito pouco tempo; é por isso que houve tantas falhas óbvias." Mas, mesmo que ele tivesse razão, o sucessor de Putin no serviço de segurança era Patrushev, seu braço direito, que, com toda certeza, não esconderia dele um plano como aquele. E se Putin tinha sido informado de uma operação relativamente sem importância, como a prisão de Andrei Babitsky, parecia absurdo imaginar que não tivesse conhecimento dos planos para explodir vários prédios do país.

Berezovsky concordou, embora continuasse a insistir que todo o esquema não devesse ser atribuído a Putin. Disse que estava achando que a ideia havia surgido entre os homens mais próximos ao futuro presidente, mas não com o intuito de garantir a candidatura de Putin em si: ela teria sido projetada para fortalecer qualquer candidato escolhido por Yeltsin. Concluí que Berezovsky devia ter criado essa teoria para continuar acreditando que ele próprio tinha construído o novo presidente e que não tinha se limitado à condição de um simples peão daquele jogo de 1999. Por outro lado, eu tinha de admitir que ele devia estar certo quando afirmava que as explosões podiam ser usadas para eleger qualquer um: com uma boa dose de sangue derramado, qualquer candidato até então desconhecido, sem um rosto definido e sem qualquer qualificação, poderia ser eleito presidente, mesmo que fosse escolhido praticamente ao acaso.

Segundo o discurso oficial de Moscou, todas aquelas explosões continuam sendo obra de um grupo terrorista islâmico com base no Cáucaso.

Três

A AUTOBIOGRAFIA
DE UM DELINQUENTE

O grupo que Berezovsky reuniu para escrever a biografia de Putin teve apenas três semanas para finalizar o livro. A lista de fontes de que dispunham era limitada: o próprio Putin — seis longos encontros para entrevistas —, a mulher dele, seu melhor amigo, uma ex-professora e uma ex-secretária da prefeitura de São Petersburgo. Ninguém estava ali para investigar o sujeito: sua tarefa era criar uma lenda. O resultado foi a lenda de um delinquente do pós-guerra em Leningrado.

São Petersburgo é uma cidade com uma história importante e uma arquitetura gloriosa. Mas a cidade soviética de Leningrado onde Vladimir Putin nasceu, em 1952, foi, para aqueles que ali viviam, um lugar de fome, pobreza, destruição, violência e morte. Tinham-se passado apenas oito anos desde o fim do célebre Cerco a Leningrado.[1]

O cerco militar começou em 8 de setembro de 1941, quando as tropas nazistas conseguiram fechar um círculo ao redor da cidade, deixando-a incomunicável, e só terminou 872 dias depois. Morreram mais de um milhão de civis, vitimados pela fome ou pelos bombardeios que aconteciam sem trégua enquanto durou o bloqueio. Quase metade morreu tentando fugir de lá. A única estrada que os alemães não controlavam passou a ser chamada de Estrada da Vida, e foi nela que centenas de milhares de civis morreram, atingidos pelas bombas ou pela fome. Nenhuma outra cidade dos tempos contemporâneos conheceu a penúria e a perda de vidas humanas nessa escala e, mesmo assim, muitos dos sobreviventes acreditavam que as autoridades haviam subestimado intencionalmente o número de vítimas.

Ninguém sabe de quanto tempo uma cidade precisa para se recuperar de violência tão profunda e sofrimento tão intenso.

"Imaginem um soldado vivendo sua rotina em tempos de paz, mas tendo, a seu redor, as mesmas barricadas e os mesmos objetos que o cercavam nas trincheiras", escreveram, alguns anos depois da guerra, os autores de uma história oral desse episódio histórico, tentando dar uma ideia de a que ponto a cidade ainda se sentia em pleno cerco. "As velhas sancas dos tetos ainda têm marcas de estilhaços. A superfície lustrosa do piano tem os arranhões deixados pelos vidros quebrados. O assoalho reluzente tem uma mancha de queimado no local onde ficava o fogareiro a lenha."[2]

Os *burzhuikas*, fogareiros de ferro fundido portáteis, eram tudo que os moradores da cidade tinham para aquecer os apartamentos durante o cerco.[3] Todos os móveis e livros foram usados como lenha. Aqueles fornos pretos e roliços se tornaram um símbolo do desespero e do abandono: as autoridades, que haviam garantido aos cidadãos soviéticos que eles estariam a salvo de todos os inimigos — e que a Alemanha era um amigo, não um adversário —, deixaram a população da segunda maior cidade do país morrer de fome e de frio. E depois, quando o cerco terminou, investiram fortunas na restauração dos belíssimos palacetes suburbanos que haviam sido saqueados pelos alemães, mas não cuidaram de restaurar os prédios residenciais da cidade. Vladimir Putin cresceu em um apartamento que ainda tinha um daqueles fogareiros em cada cômodo.[4]

Seus pais, Maria e Vladimir Putin, eram sobreviventes do cerco.[5] O pai se alistou no Exército bem no início da guerra germano-soviética e ficou seriamente ferido em uma batalha não muito longe de Leningrado. Foi levado para um hospital dentro da zona sitiada onde a esposa o encontrou. Depois de passar vários meses hospitalizado, ele saiu com graves sequelas: tinha ambas as pernas desfiguradas e que lhe causaram dores violentas pelo resto da vida. Foi então desligado do Exército e voltou para casa com Maria. O filho único do casal que, na época, devia ter entre 8 e 10 anos, tinha ido para um dos vários abrigos infantis que haviam sido instalados na cidade, aparentemente com a esperança de que tais instituições pudessem cuidar melhor das crianças do que os pais desesperados e famintos. O menino morreu no abrigo. Maria também esteve à beira da morte: quando o cerco terminou, ela sequer tinha forças para andar com as próprias pernas.

Esses eram os pais do futuro presidente: um inválido e uma mulher que quase morreu de inanição; um casal que havia perdido dois filhos (o outro tinha morrido ainda bebê, vários anos antes da guerra). Mas, pelos critérios da União Soviética do pós-guerra, os Putin eram gente de sorte, pois tinham um ao outro. No fim dos anos 1940, a população de mulheres em idade fértil era praticamente o dobro da masculina.[6] Estatísticas à parte, a guerra imprimiu a marca da tragédia em praticamente todas as famílias, separando maridos e mulheres, destruindo lares e desalojando milhões de pessoas. Ter atravessado não apenas o período dos combates, mas também o cerco e ainda ter o cônjuge — e a casa — era, em suma, um milagre.

O nascimento de Vladimir, filho, foi outro milagre: algo tão improvável que provocou boatos persistentes de que o casal o tinha adotado. Na véspera da primeira eleição de Putin para a presidência, surgiu uma mulher, vinda da Geórgia, no Cáucaso, que alegava tê-lo dado para adoção quando o menino tinha 9 anos.[7] Foram publicados vários artigos e um ou dois livros que investigaram essa história e, na verdade, até Natalia Gevorkyan tendia a acreditar nela.[8] Quando entrou em contato com os pais de Putin, os dois já estavam bem senis, e o fato de a equipe de biógrafos não ter encontrado ninguém que se lembrasse do menino antes da idade escolar só veio reforçar suas suspeitas. No entanto, não é apenas impossível provar ou refutar a teoria da adoção; é também uma tarefa desnecessária, pois uma coisa é incontestável: fosse ele filho biológico ou adotado, para os padrões da época, Vladimir Putin foi uma criança-milagre.

POR TER SIDO CATAPULTADO da obscuridade para o poder e por ter passado toda a vida adulta encerrado em uma instituição secreta e cheia de mistérios, Putin teve condições de exercer um controle bem maior sobre o que se sabe a seu respeito do que quase todos os outros políticos contemporâneos — sem dúvida muito maior do que qualquer político ocidental contemporâneo. Ele criou a própria mitologia. Isso é uma vantagem, pois, em uma proporção muito maior do que seria possível para qualquer indivíduo, Vladimir Putin transmitiu ao mundo, com toda clareza, o que gostaria que soubessem a seu respeito e como gostaria de ser visto. O resultado foi, em boa parte, a mitologia de uma criança nascida na Leningrado pós-cerco, um lugar cruel, faminto, empobrecido, que produzia crianças cruéis, famintas e ferozes. Ou, pelo menos, eram essas as que conseguiam sobreviver.

Para entrar no prédio em que Putin passou a infância, é preciso atravessar um pátio. Os habitantes de São Petersburgo chamam essa área das construções de "poço": inteiramente cercadas por edifícios bem altos, elas dão a impressão de que estamos no fundo de um gigantesco poço de pedra. Como de costume, o tal pátio era escuro, esburacado e cheio de lixo. Assim como o edifício: as escadas do século XIX estavam caindo aos pedaços e nos patamares raramente se via uma lâmpada funcionando. Faltavam pedaços do corrimão, e todo o resto da estrutura era instável. Os Putin moravam no quinto andar, o último do prédio, e a subida por aquelas escadas escuras podia ser bem perigosa.

Como acontecia na maioria dos edifícios do centro de Leningrado, aquele era parte de um apartamento maior, construído para locatários de boa condição social — cada unidade havia sido dividida em duas ou três residências, só para serem novamente divididas a fim de abrigar várias famílias. O apartamento dos Putin não tinha uma cozinha propriamente dita: havia um pequeno fogão a gás e uma pia instalados no estreito corredor que dava na escada.[9] Três famílias usavam as quatro bocas do tal fogão para preparar as refeições. Um banheiro improvisado, mas permanente, tinha sido construído se utilizando de parte do espaço da escada. Era um cubículo sem aquecimento. Para tomar banho, os moradores tinham que esquentar a água no fogão a gás e se lavar debruçados na privada daquele espacinho minúsculo e gélido.

O menino Vladimir era, evidentemente, a única criança no apartamento. Um casal mais idoso morava em um quarto sem janelas, que depois acabou sendo considerado inabitável. Um velho casal de judeus ortodoxos e a filha já adulta ocupavam o quarto do outro lado do misto de corredor e cozinha. Era comum haver conflitos na cozinha comunitária, mas, aparentemente, os adultos cooperavam poupando o menino de suas brigas. Em geral, Putin passava boa parte do tempo brincando no quarto da família judia — mais tarde, falando com seus biógrafos, fez a impressionante declaração de que não fazia distinção entre o velho casal e seus próprios pais.[10]

Cabia aos Putin o maior cômodo do apartamento: cerca de vinte metros quadrados. Pelos padrões da época, era quase um palacete para uma família de três pessoas. Por incrível que pareça, eles tinham também uma TV, um telefone e uma *dacha*, um chalé fora da cidade. O pai, Vladimir, trabalhava como operário especializado em uma fábrica de vagões de trem; Maria fazia todo tipo de trabalho pesado que não exigisse qualificação e que lhe permitisse ficar com o filho: ela trabalhou como vigia noturna, faxineira, carregadora. Mas uma observação pormenorizada da dura realidade da pobreza soviética do pós-guerra revela que os Putin podiam ser tidos praticamente como ricos.[11] E alguns fatos tornavam evidente o quanto os dois sempre mimavam o filho, como quando o pequeno Vladimir, ainda na escola primária, ostentava um relógio de pulso, acessório raro, caro e extremamente valorizado em qualquer faixa etária naquela época e naquele lugar.

A escola ficava a poucos passos do edifício onde os Putin moravam. Pelo que se pode deduzir, a educação oferecida ali não tinha nada de especial. A professora das quatro primeiras séries era uma mocinha bem jovem que estava terminando a faculdade no curso noturno. Não que a educação fosse uma prioridade em 1960, quando Vladimir Putin entrou para a primeira série do colégio com quase 8 anos de idade. Segundo todos os relatos, o pai dava muito mais importância à disciplina do que à qualidade da instrução que o filho recebia. E a educação tampouco estava incluída na noção de sucesso do próprio menino; ele deu muito mais ênfase a criar uma imagem de delinquente e, para isso, contou com a mais absoluta cooperação dos amigos de infância. A maior quantidade de informação obtida a seu respeito — ou seja, a maior parte das informações a que seus biógrafos tiveram acesso — se refere às diversas brigas em que ele se meteu na infância e na adolescência.

O PÁTIO É UM ELEMENTO CENTRAL na vida soviética do pós-guerra, e a mitologia pessoal de Vladimir Putin está definitivamente enraizada nele. Com adultos trabalhando seis dias por semana e a inexistência quase absoluta de creches, a tendência geral era que as crianças crescessem nas áreas comuns externas dos prédios superlotados em que viviam. No caso de Putin, isso significava crescer no fundo do poço, ou seja, naquele pátio coberto de lixo e cheio de marginais. "E que pátio era aquele!", disse Viktor Borisenko, um ex-colega de Putin e seu amigo de infância, a um dos biógrafos. "Um bando de marginais. Sujeitos sujos, com a barba por fazer, com cigarros e garrafas de vinho vagabundo nas mãos. Sempre bebendo, xingando, arranjando brigas. E Putin crescia no meio disso tudo… Quando ficamos mais velhos, íamos espiar os marginais do pátio dele que já tinham bebido até cair, estavam literalmente no fundo do poço. Vários foram presos. Isto é, nenhum deles conseguiu construir para si uma vida decente."[12]

Mais moço que os tais rapazes e de constituição franzina, Putin tentava se safar como podia. "Se alguém insultasse Volodya de alguma forma, ele partia para cima do sujeito e o arranhava, mordia, arrancava-lhe os cabelos — fazia o que pudesse para impedir que o humilhassem", disse o amigo.[13]

Quando entrou para a escola, levou consigo esses modos de brigão. Seus ex-colegas se lembram de inúmeros episódios de brigas em que ele teria se metido, mas uma descrição em particular é um ótimo retrato do temperamento do futuro presidente: "O professor de trabalhos manuais levou Putin da sala dele até a nossa, arrastando-o pelo colarinho. As duas turmas tinham sido reunidas para aprenderem a fazer pás de lixo, e Vladimir fez alguma coisa errada... Ele levou um bom tempo para se acalmar. Foi curioso. Tinha horas que parecia que ele já estava melhor, que tudo havia passado. De repente, lá vinha a raiva de novo, e ele recomeçava a se debater, furioso. Fez isso várias vezes."[14]

O castigo que a escola lhe deu foi excluí-lo do grupo dos Jovens Pioneiros — um castigo raro, quase exótico, geralmente reservado aos alunos que viviam repetindo de ano e eram considerados casos perdidos. Putin passou a ser um menino marcado: por três anos, foi o único aluno da escola a não trazer no pescoço o lenço vermelho, símbolo da organização comunista para crianças de 10 a 14 anos. Sua condição de marginal era ainda mais estranha, considerando-se que suas condições de vida eram bem superiores às de seus colegas de escola: estatisticamente, a maioria não tinha um dos pais.

Para Putin, porém, a credencial de delinquente era um verdadeiro símbolo de status, do qual ele se vangloriou ao falar com seus biógrafos, no ano 2000:

— Por que o senhor não fez parte dos Jovens Pioneiros até o sexto ano? As coisas eram tão feias assim?

— Claro. Eu não era um pioneiro; era um vândalo.
— O senhor não está contando vantagem?
— Assim você me ofende! Eu era um delinquente mesmo.[15]

A condição social, política e escolar de Putin mudou quando ele tinha 13 anos: na sexta série, passou a ser um aluno mais aplicado e foi recompensado, não apenas com a inclusão nos Jovens Pioneiros, mas também, pouco depois, sendo eleito para a função de representante de turma. Mas o temperamento brigão não desapareceu: seus amigos contaram aos biógrafos várias histórias de brigas, o mesmo enredo que se repetia ano após ano.[16]

"Estávamos brincando de pega-pega na rua", relatou um desses colegas. "Volodya vinha passando e viu um garoto bem mais velho e maior que eu correndo atrás de mim enquanto eu tentava correr o mais rápido possível. Ele pulou no meio, tentando me defender. E começou a maior briga. É claro que, depois, tudo se resolveu."[17]

"Foi na oitava série. Estávamos parados no ponto, esperando o bonde", conta outro amigo. "Veio um bonde, mas não era o nosso. Dois grandalhões completamente bêbados saltaram e começaram a tentar arrumar confusão. Saíram xingando e empurrando todo mundo que estava ali. Com toda calma, Vovka me entregou a sacola e, quando dei por mim, ele já tinha empurrado um dos sujeitos no chão, de cara em um monte de neve. O outro se virou para Volodya, gritando: 'O que você fez?' Segundos depois, teve a resposta à sua pergunta, pois estava caído ao lado do companheiro. Nesse momento, nosso bonde chegou. Se há uma coisa que posso dizer a respeito de Vovka é que ele nunca deixou que um mau-caráter ou arruaceiro criasse confusão com outras pessoas e se safasse sem levar o troco."[18]

Como jovem oficial da KGB, Putin reencenou as velhas brigas da infância.

"Certa vez, ele me convidou para assistir à Procissão da Cruz, na Páscoa", conta ainda outro amigo. "Ele estava de serviço, formando o cordão de isolamento para a procissão. E me perguntou se eu não queria ir ver o altar lá na igreja. Claro que aceitei: era uma travessura tão infantil — ninguém tinha permissão de entrar naquele lugar, mas nós simplesmente podíamos. Quando acabou a procissão, paramos em um ponto de ônibus para voltar para casa. Algumas pessoas se aproximaram. Não pareciam bandidos, passavam mais a impressão de universitários que tinham bebido um pouco além da conta. 'Têm um cigarro?' perguntaram. 'Não', respondeu Vovka. 'Por que responder assim? O que estão fazendo?', prosseguiram eles. 'Nada', disse ele. E eu nem tive tempo de ver o que aconteceu em seguida. Um dos rapazes deve tê-lo empurrado ou batido nele. Só vi uns pés calçados só de meias passarem por mim. O sujeito voou para algum lugar. Virando-se para mim, na maior calma, Volod'ka disse: 'Vamos sair daqui.' E fomos embora. Gostei mesmo do jeito como ele despachou o sujeito que tentou arrumar briga. Em um segundo, estava de pernas para o ar."[19]

O mesmo amigo lembrava que, poucos anos mais tarde, quando estava cursando a escola de espionagem em Moscou, Putin foi passar uns dias em Leningrado e se meteu em uma briga no metrô. "Alguém pegou no pé dele e ele deu um jeito no marginal", contou ele aos biógrafos. "Volodya ficou muito aborrecido. 'Não vão ser compreensivos com isso lá em Moscou', exclamou. 'Vai haver consequências.' E acho que ele teve mesmo algum problema, embora nunca tenha me contado detalhes desse caso. No fim, tudo acabou dando certo."[20]

Pelo visto, Putin reagia à menor provocação se metendo em brigas — arriscando sua carreira na KGB, que teria ido por água abaixo se ele fosse preso em uma dessas ocasiões ou até mesmo reconhecido pela polícia. Sejam essas histórias verdadeiras ou não, é impressionante ver que Putin se descreveu — e permitiu que os outros o descrevessem — como alguém decididamente impulsivo, fisicamente violento, que mal conseguia controlar o próprio temperamento. A imagem que ele escolheu tornar pública é mais notável ainda quando se considera que ela não combina em nada com a disciplina a que ele dedicou a juventude.

Aos 10 ou 11 anos, Putin saiu à cata de um lugar onde pudesse aprender as artes da luta para complementar sua inclinação bruta às brigas. O boxe acabou se revelando muito sofrido: ele quebrou o nariz em um dos primeiros treinos. Descobriu, então, o Sambo. Sambo é um acrônimo para a expressão russa que se traduziria por "autodefesa sem armas", uma arte marcial soviética que mescla golpes do judô, do caratê e da luta tradicional. Os pais se opuseram ao novo hobby do filho. Maria dizia que aquilo era uma "tolice", parecendo temer pela segurança do garoto, e Vladimir, pai, o proibiu de continuar com as aulas. O professor teve de fazer várias visitas à família para conseguir convencê-los a deixar o filho comparecer aos treinos diários.

O Sambo, com sua disciplina, desempenhou um papel importante na transformação de Putin, que passou de colegial brigão a adolescente aplicado e com metas bem definidas. Mas também está relacionado ao que veio a se tornar sua maior ambição: o jovem Vladimir teria ouvido dizer que a KGB estaria cogitando admitir novos recrutas para serem treinados em combates corpo a corpo.[21]

"IMAGINE UM GAROTO QUE SONHA se tornar oficial da KGB quando todos os demais querem ser cosmonautas", disse-me Gevorkyan, tentando me explicar o quão estranha considerava essa paixão de Putin. Já eu não a achei tão descabida: nos anos 1960, as autoridades culturais soviéticas investiram maciçamente na criação de uma imagem romântica e até mesmo glamorosa da polícia secreta. Quando Vladimir tinha 12 anos, um romance chamado O *escudo e a espada* se tornou *best-seller*. O protagonista era um agente da inteligência soviética trabalhando na Alemanha. Quando Putin tinha 15 anos, o tal romance foi transformado em uma minissérie que ganhou uma popularidade estrondosa. Quarenta e três anos depois, como primeiro-ministro, teve um encontro com onze espiões russos deportados dos Estados Unidos e, juntos, em uma exibição de companheirismo e nostalgia, cantaram a música-tema da tal minissérie.[22]

"Quando eu estava na nona série, fui muito influenciado por livros e filmes, e surgiu em mim o desejo de ir trabalhar na KGB", disse ele a um de seus biógrafos. "Não há nada de mais nisso."[23] Diante dessa ressalva, é impossível não perguntar: haveria outra coisa, além dos livros e dos filmes, que ajudou a formar o que ia se tornar a paixão obsessiva de Putin? Parece que sim, e que, como um bom espião, ele conseguiu disfarçar em plena vista.

Todos queremos que nossos filhos venham a ser uma versão melhorada, mais bem-sucedida de nós mesmos. Vladimir Putin, o filho-milagre temporão de um casal estropiado pela Segunda Guerra Mundial, nasceu para ser espião soviético; na verdade, nasceu para ser um espião soviético na Alemanha. Durante a guerra, Vladimir, pai, integrou as chamadas tropas subversivas: pequenos pelotões encarregados de agir por trás das linhas inimigas.[24] Essas tropas eram formadas majoritariamente por membros da NKVD, como a polícia secreta era chamada na época, e faziam relatórios para essa instituição. Era uma missão suicida: apenas 15% deles sobreviveram aos primeiros seis meses de combate. Com o destacamento de Vladimir Putin pai não foi diferente dos demais: 28 soldados lançados de paraquedas em uma floresta além das linhas inimigas, a uns 150 quilômetros de Leningrado. Mal tiveram tempo de reunir seus apetrechos e explodir um trem enquanto saíam em busca de mantimentos. Pediram comida aos moradores do local; os aldeões lhes deram de comer e, depois, os entregaram aos alemães. Vários homens conseguiram fugir. Os alemães os perseguiram, e Vladimir Putin se escondeu em um pântano, afundando a cabeça na água e respirando por um junco até a patrulha de busca se afastar. Foi um dos quatro únicos sobreviventes daquela missão.[25]

As guerras dão origem a histórias estranhas, e a lenda que o menino Vladimir cresceu ouvindo é provavelmente tão verídica quanto qualquer outro relato de sobrevivência milagrosa e heroísmo espontâneo. Ela também pode explicar por que ele se inscreveu para um curso eletivo de alemão, na quarta série, quando ainda era um aluno sabidamente fraco. E certamente explica por que, em seu tempo de estudante, Putin tinha um retrato do pai da espionagem soviética em sua escrivaninha na *dacha* da família. Seu melhor amigo de infância se lembra da foto, dizendo: "Era um agente da inteligência. Foi o que Volod'ka me disse."[26] E Putin forneceu a seus biógrafos o nome de seu ídolo: Yan Berzin, herói da revolução, fundador do serviço militar de inteligência soviético, criador de postos avançados de espionagem em todos os países europeus. Foi, como muitos dos primeiros bolcheviques, preso e fuzilado em fins da década de 1930, sob a acusação de um complô imaginário contra Stalin. Seu nome foi reabilitado em 1956, mas, desde então, permanece praticamente desconhecido. Só um verdadeiro fã da KGB poderia não apenas saber quem foi, mas também ter um retrato dele em casa.

Nunca ficou evidente se Vladimir pai havia trabalhado para a polícia secreta antes da guerra ou se continuou a trabalhar para a NKVD depois. É bem provável que tenha permanecido ligado à chamada reserva ativa, um gigantesco grupo de funcionários da polícia secreta que exerciam trabalhos regulares enquanto passavam informações para a KGB e recebiam por isso. Essa pode ser a explicação de por que a família Putin vivia relativamente bem: a *dacha*, a televisão e o telefone — especialmente o telefone.

Aos 16 anos, na penúltima série do secundário, Vladimir Putin foi ao quartel-general da KGB, em Leningrado, para tentar se alistar.

"Apareceu um homem", relatou ele a um biógrafo. "Ele não sabia quem eu era. E nunca mais voltei a vê-lo. Eu lhe disse que era estudante e que, no futuro, queria me tornar um agente do serviço nacional de segurança. Perguntei se era possível e o que deveria fazer para conseguir. O homem respondeu que, normalmente, eles não aceitavam voluntários, mas que a melhor maneira de eu conseguir entrar ali era ir para a universidade ou me alistar no Exército. Perguntei qual universidade. Ele disse que o melhor seria fazer uma faculdade de direito."[27]

"Todos ficaram espantados quando ele disse que ia se candidatar a uma vaga na universidade", disse sua professora. "'Como?', perguntei. 'Vou dar um jeito', respondeu ele."[28] A Universidade de

Leningrado era uma das duas ou três instituições de ensino superior mais prestigiosas da União Soviética, e, de longe, a mais concorrida da cidade. Era um verdadeiro mistério como um estudante medíocre, de uma família que nunca seria considerada bem-relacionada — mesmo que eu tenha razão em pressupor que o pai trabalhava para a polícia secreta —, planejava conseguir ingressar ali. Ao que tudo indica, seus pais protestaram, e seu treinador também: todos achavam preferível ele tentar uma faculdade onde tivesse mais chances de ser aceito. Com isso, ficaria livre do serviço militar obrigatório e mais perto de casa.

Putin terminou o curso secundário com "excelente" em história, alemão e ginástica; "bom" em geografia, russo e literatura; e "satisfatório" em física, química, álgebra e geometria.[29] Pelo que se dizia, a Universidade de Leningrado tinha quarenta candidatos por vaga. Como Putin entrou? Pode ser que sua determinação fosse tão grande que ele tenha conseguido se preparar sozinho para os exames puxadíssimos em detrimento dos estudos na escola — estratégia que tiraria proveito do fato de a universidade basear as admissões apenas em uma série de provas orais e escritas, sem considerar o histórico escolar do candidato. Mas também pode ser que a KGB tenha garantido sua admissão.

NA UNIVERSIDADE, PUTIN SE MANTEVE isolado — assim como fizera nos últimos anos do secundário —, sem conviver com os demais estudantes e sem participar das atividades do Komsomol, a organização juvenil do Partido Comunista da União Soviética. Tirava sempre notas altas e passava as horas de folga treinando judô (seu técnico e seus companheiros de equipe haviam trocado o Sambo por um esporte olímpico) e passeando de carro. Muito provavelmente, ele era o único estudante da Universidade de Leningrado a ter um carro. No começo dos anos 1970, um automóvel era uma raridade na União Soviética: a produção de carros ainda era um projeto em gestação — mesmo vinte anos mais tarde, o número de veículos para mil pessoas apenas beirava os sessenta (contra 781 nos Estados Unidos).[30] Um automóvel custava praticamente tanto quanto uma *dacha*. Os Putin ganharam o tal carro — um modelo novo, de duas portas, com motor de motocicleta — em uma loteria. Em vez de vender o automóvel e ficar com o dinheiro (que daria para comprar um apartamento em um daqueles prédios novos do subúrbio, tirando-os da residência comunitária), preferiram dá-lo de presente ao filho.[31] O fato de eles lhe darem um presente caríssimo, que o rapaz aceitou, é mais um exemplo de como os Putin o mimavam ou ainda da inexplicável riqueza da família — ou de ambas as coisas.

Seja pelo motivo que for, a relação de Putin com o dinheiro — extravagante e incrivelmente autocentrado para seu meio social — parece ter se constituído na época da universidade. Como outros estudantes, ele passava o verão trabalhando em canteiros de obras em locais afastados, onde se pagava bastante bem: era assim que o estado compensava o perigo e as dificuldades de se trabalhar no extremo Norte. Em um verão, Putin ganhou mil rublos e, no ano seguinte, quinhentos — o bastante para trocar o telhado da *dacha*, por exemplo.[32] O que se esperaria de qualquer rapaz soviético em sua posição — um filho único, vivendo inteiramente às custas dos pais, ambos já em idade de se aposentar — era que ele desse todo esse dinheiro, ou a maior parte, à família. Mas, no primeiro verão, Putin viajou direto do Norte, com dois colegas, para o extremo Sul do país; foram para a cidade de Gagra, na Geórgia, às margens do Mar Negro, e ele gastou todo o dinheiro que tinha ganhado passando alguns dias no balneário. No ano seguinte, voltou a Leningrado, depois de trabalhar em um canteiro de obras, e gastou o dinheiro que havia conseguido mandando fazer um sobretudo para si mesmo e comprando uma torta gelada para a mãe.[33]

"PASSEI O TEMPO TODO DA FACULDADE esperando que o homem com quem falei na sede da KGB se lembrasse de mim", disse Putin a seus biógrafos. "Mas eles tinham me esquecido porque eu era apenas um jovem colegial quando fui lá... Mas eu não esqueci que eles não recrutavam voluntários e, portanto, não dei nenhum passo nesse sentido. Quatro anos se passaram. Silêncio. Decidi que aquele assunto estava encerrado e comecei a buscar outras possibilidades de trabalho... Porém, quando eu estava no quarto ano, fui procurado por um homem que queria marcar um encontro. Ele não disse quem era, mas eu soube imediatamente do que se tratava. Porque ele disse: 'Vamos falar sobre seu futuro emprego; é disso que quero conversar com você. Por enquanto, não darei maiores detalhes.' Foi então que compreendi. Se ele não queria dizer onde trabalhava, era porque trabalhava *lá*."[34]

O oficial da KGB se encontrou com Putin umas quatro ou cinco vezes e concluiu que ele "não era particularmente sociável, mas era enérgico, flexível e corajoso. E o mais importante: era bom em estabelecer relações rapidamente com as outras pessoas — qualidade-chave para um agente da KGB, principalmente se ele pretende trabalhar no serviço de inteligência".[35]

No dia em que ficou sabendo que ia trabalhar na KGB, Putin procurou Viktor Borisenko, seu melhor amigo desde os tempos do secundário. "'Vamos', disse ele. 'Vamos para onde? Por quê?', perguntei. Ele não respondeu. Entramos no carro e lá fomos nós", contou Borisenko durante uma entrevista. "Paramos em um lugar onde serviam comida caucasiana. Fiquei intrigado, tentando descobrir o que estava acontecendo. Mas nunca soube. Só o que deu para perceber é que tinha acontecido alguma coisa muito importante. Mas Putin não me contou o que era. Nem sequer deu uma pista. Era evidente que estávamos comemorando. Alguma coisa muito importante tinha acontecido em sua vida. Foi só um bom tempo depois que entendi por que meu amigo quis festejar comigo: ele estava entrando para a KGB."[36]

Mais tarde, Putin não fazia segredo de seu trabalho para a KGB. Contou para um violoncelista chamado Sergei Roldugin, que viria a ser seu melhor amigo, praticamente no dia em que se conheceram. Roldugin, que havia viajado para o exterior com sua orquestra e visto o pessoal da KGB em ação, disse que ficou a um só tempo apreensivo e curioso. "Uma vez, tentei fazê-lo falar sobre alguma operação que tivesse fracassado, em vão", contou ele aos biógrafos de Putin.

"Em outra ocasião, eu lhe disse: 'Sou violoncelista, o que significa que toco violoncelo. Nunca vou ser um cirurgião. Qual é seu trabalho? Quer dizer, sei que você é agente do serviço de inteligência. Mas o que isso significa? Quem é você? O que faz?' Ele respondeu: 'Sou um especialista em relações humanas.' E esse foi o fim do assunto. Ele realmente achava que entendia de pessoas... Fiquei impressionado. Eu me senti orgulhoso e valorizei muito o fato de ele ser um especialista em relações humanas."[37] (O tom cético de Roldugin na frase "Ele realmente achava que entendia de pessoas..." é tão claro e inequívoco no original russo quanto na tradução, mas parece que nem o violoncelista, nem Putin, que decerto vetaria a citação, repararam nele.)

As descrições que o próprio Putin faz de seus relacionamentos o retratam como um comunicador incrivelmente inepto. Antes de conhecer aquela que viria a ser sua esposa, ele teve uma relação significativa com uma mulher e a deixou no altar. "Foi assim que aconteceu", disse, sem mais explicações. "Foi bem difícil."[38] Tampouco foi eloquente ao se referir à mulher com quem efetivamente se casou — nem, ao que parece, conseguiu comunicar direito seus sentimentos quando começou a sair com ela. Os dois namoraram por mais de três anos — um tempo incrivelmente longo para os padrões soviéticos ou russos e ainda por cima para um homem que já não era assim tão jovem: tinha quase 31 anos quando se casou, o que o enquadrava em uma minoria reduzidíssima, pois menos de 10% dos russos continuavam solteiros depois dos trinta.[39] A futura sra. Putin era comissária em voos domésticos e nasceu em Kaliningrado, no mar Báltico. Os dois se conheceram por intermédio de um amigo em comum. Ela declarou publicamente que não fora de jeito nenhum amor à primeira vista, pois a primeira impressão que teve foi de um homem que não tinha nada de especial e que se vestia muito mal; ele, por sua vez, nunca fez qualquer declaração pública sobre seu amor por ela. Nos tempos de namoro, ao que tudo indica, ela foi a mais sentimental e também a mais insistente. O relato que fez do dia em que Putin finalmente pediu sua mão em casamento revela uma dificuldade de comunicação tão grande que chega a ser espantoso que esses dois tenham conseguido se casar e ter duas filhas.

"Uma noite, estávamos sentados no apartamento dele, e ele disse: 'Minha amiga, a essa altura você já sabe como eu sou. Basicamente, não sou uma pessoa fácil.' E prosseguiu, descrevendo-se: não muito falante, sendo capaz de ser bem ríspido e de ferir meus sentimentos, e assim por diante. Não era uma pessoa ideal para se conviver pela vida toda. E acrescentou: 'Durante esses três anos e meio, você provavelmente já se decidiu.' Deduzi que ele estava terminando comigo. Então, eu disse: 'Bom, é verdade, já me decidi.' E ele perguntou, com um tom de dúvida na voz: 'Mesmo?' Nesse momento, tive certeza de que estávamos de fato terminando o namoro. 'Nesse caso', disse ele, 'eu a amo e proponho que nos casemos no dia tal do mês tal.' Aquilo foi completamente inesperado."[40]

Casaram-se três meses depois. Ludmila deixou o emprego e se mudou para Leningrado para morar com Putin no quarto menor do apartamento que ele agora dividia com os pais. O tal apartamento, em uma daquelas novas monstruosidades de concreto, ficava a cerca de quarenta minutos de metrô do centro da cidade, tinha sido comprado pelos Putin em 1977: pela primeira vez, aos 25 anos, o jovem Vladimir tinha um quarto só para si. Eram uns doze metros quadrados, com uma única janela que ficava tão curiosamente no alto que só estando de pé alguém podia olhar por ela. Em outras palavras, as condições de vida dos recém-casados não eram muito diferentes das de outros milhões de casais soviéticos.

Ludmila se inscreveu para estudar filologia na Universidade de Leningrado. Engravidou da primeira filha quando tinha mais ou menos um ano de casada. Durante a gravidez e por alguns meses depois do nascimento de Maria, o marido estava em Moscou, fazendo um curso com um ano de duração que o prepararia para servir no exterior. A moça soube que Putin trabalhava na KGB bem antes de os dois se casarem, embora, no começo, ele lhe tenha dito que era detetive da polícia: esse era seu disfarce.[41]

O FATO DE PUTIN NÃO TER SIDO lá muito cuidadoso com o próprio disfarce bem pode ser uma indicação de que ele não sabia exatamente o que estava disfarçando. Sua ambição — ou, para dizer com mais exatidão, seu sonho — era ter alguma espécie de poderes secretos. "O que me fascinava, acima de tudo, era ver como uma pequena força, na verdade uma única pessoa, podia fazer algo que um exército inteiro era incapaz de realizar", disse ele a seus biógrafos. "Um único agente do serviço de inteligência pode comandar o destino de milhares de pessoas. Pelo menos era assim que eu via as coisas."[42]

Putin queria comandar o mundo, ou parte dele, das sombras. Foi praticamente isso que ele conseguiu recentemente, mas, quando entrou para a KGB, suas expectativas de ter algo importante ou minimamente interessante para fazer pareciam longe de se confirmar.

A segunda metade dos anos 1970, quando Putin entrou para a KGB, foi uma fase em que a polícia secreta, como todas as instituições soviéticas, estava extremamente inflada. O número cada vez maior de diretorias e departamentos produzia montanhas de informações que não serviam a nenhum propósito evidente, não tinham função ou importância. Todo um exército de homens e umas poucas mulheres passavam a vida catalogando recortes de jornais, fazendo transcrições de gravações telefônicas, relatórios sobre pessoas sendo seguidas e outras banalidades que lhes chegavam. Isso tudo era encaminhado para o topo da pirâmide da KGB e, de lá, à liderança do Partido Comunista, em boa parte sem ter sido processado e praticamente não analisado. "Só o Comitê Central do partido tinha o direito de pensar em amplas categorias políticas", escreveu o último diretor da KGB, cuja tarefa foi desfazer a instituição. "A KGB havia sido relegada à função de coletar informações e preparar decisões que seriam tomadas em outro lugar. Tal estrutura excluía a possibilidade de se desenvolver uma tradição de pensamento político estratégico dentro da própria KGB. Mas ela era sem igual no que se refere à capacidade de oferecer todo tipo de informação e na quantidade que lhe fosse solicitada."[43] Em outras palavras, a KGB levava ao extremo lógico a noção do cumprimento de ordens: seus agentes viam o que lhes mandavam ver, ouviam o que lhes mandavam ouvir, e seus relatórios continham exatamente o que se esperava que contivessem.

A lógica interna da KGB, como acontece em toda organização policial, se baseava em um conceito claro do inimigo. A instituição florescia dentro de uma mentalidade de cerco, o que gerou o movimento maciço de caçadas e expurgos na era Stalin. Putin, porém, entrou para o serviço secreto não apenas na era pós-Stalin, mas também durante um dos poucos e brevíssimos períodos de paz na história soviética: depois do Vietnã e antes do Afeganistão, o país não estava envolvido em nenhum conflito armado, de forma oculta ou publicamente. Os únicos inimigos ativos eram os dissidentes, um punhado de almas valentes que acionava uma dose de força absolutamente desproporcional da KGB. Uma nova lei, o artigo 190 do Código Penal,[44] havia transformado em crime o ato de "espalhar boatos ou informações nocivas à estrutura social e governamental soviética", dando à KGB o poder praticamente ilimitado de caçar e combater aqueles que ousavam pensar de maneira diferente. Dissidentes, supostos dissidentes ou quem quer que tendesse para atividades que pudessem ser consideradas dissidência eram alvo de constante vigilância e perseguição.[45] Putin alega que não tomou parte nessas operações contra dissidentes, mas demonstrou, em entrevistas, estar familiarizado com os métodos de organização desse trabalho,[46] provavelmente porque estava mentindo ao dizer que nunca o fez. Um livro de memórias laudatório sobre Putin, escrito por um ex-colega seu que desertou para o Ocidente no fim dos anos 1980,[47] menciona, muito *en passant*, que, em Leningrado, o futuro presidente trabalhou para a Quinta Divisão, criada para combater os dissidentes.

Ao terminar a universidade, Putin passou seis meses cuidando da papelada no escritório da KGB, em Leningrado. Depois, mais seis meses frequentando a escola de oficiais da instituição. "Uma escola em Leningrado que não tinha nada de especial",[48] disse a seus biógrafos — uma das tantas existentes país afora e nas quais indivíduos com curso superior eram preparados para ingressar na polícia secreta. Já formado, ele foi designado para a unidade de contrainteligência, sempre em Leningrado: o suprassumo da inatividade. Em Moscou, tudo que os funcionários da contrainteligência faziam era seguir as pistas de supostos ou efetivos agentes estrangeiros, em geral gente que trabalhava nas embaixadas na cidade.[49] Mas não havia embaixadas em Leningrado e, na verdade, ninguém que se pudesse averiguar.

Ao cabo de seis meses na unidade de contrainteligência, Putin foi mandado para um curso de um ano em Moscou e, de volta a Leningrado, foi designado para a divisão de inteligência.[50] Mais um trabalho enfadonho e Putin estava enfurnado ali, como centenas, talvez milhares de jovens sem nada de muito especial que um dia sonharam em ser espiões e, agora, ficavam esperando que alguém reparasse neles. Todos, porém, haviam sido tragados pela inchadíssima KGB sem qualquer motivo especial ou propósito; portanto, aquela espera podia ser bem longa e até mesmo interminável. A de Putin durou quatro anos e meio.

Sua chance chegou em 1984, quando enfim foi mandado para a escola de espiões de Moscou por um ano. Ali, o major de 32 anos parece ter feito o possível para mostrar o quanto precisava daquele trabalho — como, por exemplo, usar terno e colete em um calor insuportável para demonstrar respeito e disciplina. Foi uma estratégia sensata: em essência, a escola de espionagem era um longo, complicado e trabalhoso serviço de distribuição de postos — os alunos eram analisados com todo o cuidado pelo corpo docente, que fazia, então, recomendações para seu futuro.

Um dos instrutores de Putin o criticou por seu "baixo senso de perigo", falha grave quando se trata de um espião em potencial. O instrutor de Domínio da Inteligência — na verdade, um especialista em comunicação — declarou que Putin era um indivíduo fechado, não muito sociável. Acima de tudo, porém, ele era um bom aluno, inteiramente dedicado ao curso. Foi inclusive indicado para representante de turma — sua primeira posição de liderança desde que havia sido eleito para o mesmo cargo ainda na sexta série — e, aparentemente, desempenhou a função com sucesso.[51]

A menos que ocorresse um desastre inesperado, Putin sabia que seria enviado para trabalhar na Alemanha: boa parte de sua dedicação na escola de espionagem esteve voltada para aprimorar suas capacidades em línguas estrangeiras. (Veio a se tornar fluente em alemão, embora nunca tenha perdido o forte sotaque russo.) Assim sendo, a grande questão no momento da formatura era se seria enviado para a Alemanha Oriental ou para a Ocidental. No primeiro caso, mesmo sendo um posto inegavelmente atraente por ser no exterior, não era nada com que Putin sonhara por quase vinte anos: não seria trabalho de espionagem. Para isso, precisava ser nomeado para a Alemanha Ocidental.

O QUE ACABOU ACONTECENDO FOI praticamente um fracasso. Ao cabo de um ano na escola de espionagem, Putin foi designado para a Alemanha, mas não para o lado Ocidental, e nem ao menos para Berlim: mandaram-no para a cidade industrial de Dresden. Aos 33 anos, com Ludmila — grávida da segunda filha do casal — e a pequena Maria, de apenas um ano, lá foi ele para mais um trabalho tedioso. Depois de tanto esforço e de uma espera de vinte anos, ele nem sequer iria trabalhar infiltrado. Os Putin, como cinco outras famílias russas, receberam um apartamento em um prédio enorme dentro do pequeno universo da Stasi: todo o pessoal da polícia secreta morava ali, trabalhava em um edifício a cinco minutos a pé de casa, e seus filhos frequentavam a creche do condomínio.[52] Em casa almoçavam e em casa passavam a noite — fosse na própria ou na de algum colega no mesmo prédio. O trabalho era reunir informações sobre "o inimigo", ou seja, o Ocidente; ou seja, a Alemanha Ocidental e, principalmente, as bases norte-americanas ali instaladas que, de Dresden, eram tão inacessíveis quanto de Leningrado. Putin e seus colegas ficavam então limitados a reunir recortes de jornal, contribuindo, assim, para o aumento da montanha de informação inútil produzida pela KGB.

Ludmila Putina gostou da Alemanha e dos alemães. Em comparação com a União Soviética, a Alemanha Oriental era uma terra de abundância. Era também a terra da limpeza e da organização: ela gostou do jeito como os vizinhos alemães penduravam, todas as manhãs, a roupa lavada em varais paralelos. Tinha a impressão de que aquela gente vivia melhor do que eles. Então, a família começou a economizar, evitando comprar o que quer que fosse para a residência temporária, na esperança de voltar para casa com dinheiro suficiente para comprar um carro.

O casal teve a segunda filha, que recebeu o nome de Ekaterina. Putin passou a tomar cerveja e engordou.[53] Como parou de treinar e de fazer qualquer exercício, ganhou quase dez quilos, um acréscimo desastroso para sua baixa estatura e sua estrutura franzina. Ao que tudo indica, ele estava muito deprimido. A esposa, que descreveu os primeiros anos do casamento como uma época harmoniosa e alegre, evitou nitidamente fazer qualquer comentário sobre a vida da família depois da escola de espionagem; limitou-se a dizer que ela e o marido nunca conversavam sobre trabalho.

Não que houvesse muito a dizer sobre esse período. A equipe da unidade da KGB em Dresden era dividida entre várias diretorias da instituição; Putin fazia parte da Diretoria S,[54] a unidade de serviço de inteligência ilegal (essa é a terminologia adotada pela própria KGB para designar os agentes que usavam outras identidades e documentos falsos — em oposição à "unidade de serviço de inteligência legal", cujas funções eram desempenhadas por pessoas que não escondiam sua filiação ao estado soviético). Esse poderia ter sido o posto de seus sonhos — se não fosse em Dresden. O trabalho que Putin tanto tinha cobiçado, buscando recrutar futuros agentes que atuariam disfarçados, acabou se revelando não apenas tedioso, mas também infrutífero. Putin e seus dois colegas da unidade de inteligência ilegal, auxiliados por um policial aposentado de Dresden, que também recebia salário da unidade, saíram em busca de estudantes estrangeiros inscritos na Universidade de Tecnologia de Dresden[55] — havia ali certo número de latino-americanos que, pelo menos era o que esperava a KGB, poderiam ser enviados mais tarde para os Estados Unidos como contatos infiltrados — e passaram meses a fio tratando de conquistar sua confiança, quase sempre só para descobrir, depois de tudo isso que, com o pouco dinheiro de que dispunham, não tinham meios de atrair esses jovens para trabalhar para eles.

O dinheiro era uma fonte de constante preocupação, mágoa e inveja. Os cidadãos soviéticos encaravam o trabalho por algum tempo no exterior como uma chance incomparável de se capitalizar, em geral o suficiente para estabelecer uma vida confortável quando voltassem para casa. No entanto, a Alemanha Oriental não era considerada estrangeira o bastante, tanto pelas pessoas comuns quanto pelas autoridades soviéticas: ali, salários e gratificações nem se comparavam aos dos países "realmente" estrangeiros, ou seja, capitalistas. Pouco antes de os Putin chegarem a Dresden, o governo finalmente autorizou pequenos pagamentos mensais em moeda forte (o equivalente a mais ou menos 100 dólares) como parte do salário dos cidadãos soviéticos que trabalhassem nos países do bloco socialista.[56] Apesar disso, a equipe da KGB em Dresden tinha de contar os tostões e economizar bastante para garantir algum resultado positivo quando terminasse seu tempo de serviço ali. Com o tempo, certos hábitos de frugalidade estavam consolidados — usar jornais em vez de cortinas nas janelas, por exemplo. Mas, enquanto todos os agentes soviéticos levavam uma vida bem apertada, os da Stasi, que tinham apartamentos no mesmo prédio, desfrutavam de condições bem superiores, pois ganhavam muito mais.[57]

Ainda assim, era no lado Ocidental — tão próximo e tão inacessível para alguém como Putin[58] (alguns outros cidadãos soviéticos trabalhando na Alemanha tinham o direito de ir a Berlim Oriental) — que as pessoas tinham as coisas que ele realmente cobiçava. Falou de seus desejos aos pouquíssimos ocidentais com quem fez contato — membros do grupo radical da Fração do Exército Vermelho (também conhecido como grupo Baader-Meinhof) que recebiam algumas de suas ordens da KGB e vez por outra iam a Dresden para sessões de treinamento. "Ele estava sempre querendo algo", contou-me um ex-membro da organização.[59] "Mencionou, para vários de nós, coisas lá do lado Ocidental que desejava ter." Esse homem diz lhe ter presenteado com um *Grundig Satellit*, um moderníssimo rádio de ondas curtas, e um estéreo *Blaupunkt* para o carro. Comprou o primeiro e surrupiou o segundo de um dos tantos automóveis que os membros da Fração do Exército Vermelho roubavam para suas atividades. Os radicais da Alemanha Ocidental viviam levando presentes quando iam ao lado oriental, disse-me o ex-membro da organização, mas a reação de Putin ao receber os bens era muito diferente daquela dos agentes da Stasi: "Os alemães orientais não acreditavam que tivéssemos pagado por aquilo e, por isso, faziam no mínimo um pequeno esforço para perguntar: 'O que eu lhe devo?', ao que respondíamos: 'Nada.' Já Vova nunca fez nenhuma pergunta."

Atribuir tarefas aos radicais da Fração do Exército Vermelho, que foram responsáveis por mais de vinte assassinatos e ataques terroristas entre 1970 e 1998, era exatamente o tipo de trabalho com que Putin tanto sonhara, mas não há qualquer evidência de que ele tenha estado diretamente ligado a essa atividade. Na verdade, passava o dia quase todo sentado diante da escrivaninha, em uma sala que dividia com outro agente (todos os outros agentes no prédio de Dresden tinham um escritório individual).[60] A jornada de trabalho começava com uma reunião de toda a equipe, seguida de outra reunião com seu agente local, o tal policial aposentado, e, depois, era só dedicada à escrita: cada agente tinha de apresentar um relatório completo de suas atividades, o que incluía traduzir para o russo qualquer informação obtida. Ex-agentes calculam que passavam três quartos do dia redigindo relatórios.[61] O maior sucesso de Putin em Dresden parece ter sido o aliciamento de um universitário colombiano que, em contrapartida, pôs os agentes soviéticos em contato com um compatriota que estudava em uma universidade de Berlim Ocidental, o qual, por sua vez, os apresentou a um colombiano de nascimento que era sargento do Exército dos Estados Unidos e lhes vendeu um manual não confidencial do Exército por 800 marcos.[62] Putin e seus colegas depositaram grandes esperanças no sargento, mas, quando o tal manual enfim chegou às suas mãos, o tempo de serviço do futuro presidente na Alemanha estava acabando.

EXATAMENTE QUANDO OS PUTIN deixaram a União Soviética, o país começou a mudar drasticamente e de forma irrevogável. Mikhail Gorbachev chegou ao poder em março de 1985. Dois anos depois, mandou libertar todos os dissidentes das prisões e já estava começando a afrouxar as rédeas dos demais países do bloco. A liderança da KGB, bem como os membros dos primeiro e segundo escalões, via as decisões de Gorbachev como desastrosas.[63] Nos anos subsequentes, foi se acentuando a divisão entre o Partido e a KGB, o que culminou com o fracassado golpe de agosto de 1991.

Vendo essas mudanças de longe, cercado por outros oficiais da polícia — e ninguém mais —, Putin deve ter sentido uma raiva desesperada e impotente. Em seu país, a liderança da KGB afirmava sua lealdade ao secretário-geral e às suas propostas de reformas. Em junho de 1989, o comandante da KGB de Leningrado divulgou um documento condenando os crimes cometidos pela polícia secreta sob Stalin.[64] Na Alemanha Oriental, assim como na União Soviética, as pessoas começavam a sair às ruas protestando e o que antes era impensável logo começou a parecer provável: as duas Alemanhas voltariam a se unir — o território que Vladimir Putin tinha sido encarregado de proteger seria em breve devolvido ao inimigo. Tudo aquilo pelo qual ele havia trabalhado se mostrava agora duvidoso; tudo aquilo em que acreditava estava sendo ridicularizado. Esse era o tipo de ofensa que teria feito a versão mais jovem de Putin partir para cima do adversário e esmurrá-lo até que sua fúria amainasse. O Putin mais velho e já completamente fora de forma ficou sentado, inerte e calado, enquanto seus sonhos e esperanças no futuro eram destruídos.

No fim da primavera, início do verão de 1989, Dresden presenciou suas primeiras manifestações não autorizadas: alguns punhados de pessoas se reunindo nas praças da cidade, primeiro protestando contra a manipulação das eleições locais do mês de maio e, depois, como acontecia no resto da Alemanha, exigindo o direito de emigrar para o outro lado. Em agosto, dezenas de milhares de alemães orientais estavam viajando para países do leste — aproveitando a suspensão das restrições de deslocamento dentro do bloco soviético — para procurar as embaixadas da Alemanha Ocidental em Praga, Budapeste e Varsóvia. Por todo o país, começaram a surgir manifestações nas noites de segunda-feira, que a cada semana ficavam maiores. A Alemanha Oriental acabou fechando as fronteiras, mas já era tarde demais para conter tanto os movimentos de emigração quanto os de protesto e, finalmente, se firmou um acordo que permitia a passagem dos cidadãos do leste para o oeste. Eles viajariam de trem, passando por Dresden, a cidade alemã oriental mais próxima de Praga. Na verdade, inicialmente, os trens vazios passariam por Dresden para buscar um grupo de quase oito mil alemães orientais que estavam ocupando a embaixada ocidental em Praga. Nos primeiros dias de outubro, milhares de pessoas começaram a se reunir na estação ferroviária de Dresden — alguns com bastante bagagem, com a esperança de conseguir embarcar rumo ao outro lado; outros vinham apenas presenciar o acontecimento mais surpreendente da história da cidade desde a guerra.

A multidão se defrontou com todo tipo de policiamento que Dresden conseguiu reunir: a polícia pôde contar com o auxílio de várias forças auxiliares de segurança e, juntas, ameaçaram, espancaram e prenderam o máximo de gente que puderam. Aquela turbulência se estendeu por vários dias. Em 7 de outubro, quando Vladimir Putin completava 37 anos, a Alemanha Oriental celebrava o quadragésimo aniversário de sua formação e aconteceram vários tumultos em Berlim; mais de mil pessoas foram presas. Dois dias depois, centenas de milhares de alemães, vindos de todos os cantos do país, se reuniram para mais uma demonstração de força em uma segunda-feira à noite, e, duas semanas mais tarde, o número de manifestantes tinha mais que dobrado. No dia 9, o Muro de Berlim caiu, mas as manifestações continuaram a ocorrer na Alemanha Oriental até as primeiras eleições livres realizadas em março.[65]

No dia 15 de janeiro de 1990, uma multidão se reuniu diante da sede da Stasi em Berlim para protestar contra a notícia de que vários documentos haviam sido destruídos pela polícia secreta. Os manifestantes conseguiram suplantar as forças de segurança e penetrar no prédio. Mesmo antes disso, já haviam começado diversos movimentos como esse contra prédios do ministério da Segurança por toda a Alemanha Oriental.

Putin contou a seus biógrafos que estava no meio da multidão e viu as pessoas invadirem a sede da Stasi em Dresden. "Uma mulher gritava: 'Procurem a entrada para o túnel que passa por baixo do rio Elba! Eles mantêm prisioneiros ali, ajoelhados na água.' A que prisioneiros ela estava se referindo? Por que achava que eles estariam embaixo do Elba? Havia efetivamente algumas celas no local, mas é claro que não ficavam abaixo do rio." Em geral, ele achava a fúria dos manifestantes excessiva e difícil de entender. Eram seus amigos e vizinhos que estavam sendo atacados, aquelas pessoas com quem tinha convivido e tido contato — as únicas, aliás — durante os últimos quatro anos, e não podia imaginar nenhum deles sendo tão cruel quanto alegava a multidão: eram apenas burocratas comuns, como ele próprio.

Quando os manifestantes invadiram o prédio em que trabalhava, Putin ficou indignado. "Admito que os alemães atacassem as sedes do próprio ministério da Segurança", declarou ele a seus biógrafos mais de dez anos depois. "Isso era problema interno deles.

Mas nós não éramos problema deles. Aquilo foi uma ameaça séria. Tínhamos documentos nos escritórios. E ninguém parecia muito interessado em nos proteger." Os guardas da KGB devem ter disparado tiros de alerta — Putin disse apenas que eles deixaram explícito que fariam tudo para proteger o edifício — e, por algum tempo, os manifestantes recuaram. Quando a confusão recomeçou, Putin, segundo o próprio, foi lá para fora. "Perguntei o que eles estavam querendo. Disse que aquilo ali era uma organização soviética. E, do meio da multidão, alguém gritou: 'Então por que seus carros têm placa da Alemanha? O que estão fazendo aqui, afinal de contas?' Como se eles mesmos soubessem o que estávamos fazendo ali... Respondi que nosso contrato permitia que nossos carros tivessem placas alemãs. 'E quem é você? Você fala alemão bem demais!' Insistiam eles, aos berros. Disse-lhes que eu era intérprete. Era uma gente muito agressiva. Liguei para nossos representantes militares relatando o que estava acontecendo. A resposta que tive foi: 'Não podemos fazer nada enquanto não recebermos ordens de Moscou. E Moscou está calada.' Poucas horas depois, nossos militares chegaram, e a multidão se dispersou. Mas não esqueci a frase: 'Moscou está calada.' Compreendi que a União Soviética estava enferma. Era uma doença fatal, chamada paralisia. Uma paralisia de poder."

Seu país, ao qual tinha se esmerado em servir, aceitando pacientemente qualquer que fosse o papel que resolvessem lhe atribuir, o tinha abandonado. Ele ficou assustado e impotente, tendo de proteger a si mesmo, e Moscou ficou calada. Algumas horas transcorreram até que os militares chegassem ao prédio sitiado, e Putin passou esse tempo lá dentro, tentando destruir papéis queimando-os em um fogareiro a lenha, a tal ponto que o fogareiro chegou a rachar com o excesso de calor.[66] Destruiu tudo que ele mesmo e seus colegas haviam trabalhado duro para conseguir reunir: todos os contatos, os arquivos pessoais, os relatórios de vigilância e, provavelmente, toneladas de *clippings* de imprensa.

Mesmo antes de os manifestantes expulsarem a Stasi de suas sedes, a Alemanha Oriental já tinha dado início ao exaustivo e doloroso processo de extirpação da polícia secreta de sua sociedade. Todos os vizinhos dos Putin não apenas perderam o emprego, mas também foram impedidos de trabalhar para as forças da lei, para o governo ou no sistema educacional. "A vizinha com quem fiz amizade passou uma semana chorando", disse Ludmila Putina em entrevista aos biógrafos do marido. "Chorava pelo sonho perdido, pelo colapso de tudo em que havia acreditado. Tudo tinha sido destruído: a vida deles, suas carreiras... Katya [Ekaterina, a caçula dos Putin] tinha uma professora na pré-escola, uma excelente professora que, agora, está impedida de trabalhar com crianças. Só porque ela trabalhou para o ministério da Segurança." Doze anos mais tarde, a futura primeira-dama da Rússia pós-soviética continuava achando a lógica da lustração incompreensível e desumana.

A família voltou para Leningrado. Traziam consigo uma máquina de lavar com vinte anos de uso que os ex-vizinhos tinham lhes dado — mesmo depois de perderem o emprego, essas pessoas ainda tinham um nível de vida melhor do que os Putin poderiam vir a ter na URSS — e uma quantia em dólares, o bastante para comprar o melhor carro de fabricação soviética que existia. Foi tudo o que conseguiram em troca de quatro anos e meio no exterior — e após a não consumada carreira de espião de Vladimir Putin. Os quatro foram viver de novo no quarto menor do apartamento dos velhos Putin. Ludmila Putina se viu obrigada a passar boa parte do tempo catando produtos nas prateleiras vazias das lojas ou fazendo fila para comprar o básico: era assim que a maioria das mulheres soviéticas vivia, mas, depois de quatro anos e meio de uma vida relativamente confortável na Alemanha, aquilo era não apenas humilhante, mas assustador. "Eu tinha medo de entrar nas lojas", disse ela. "Tentava ficar o mínimo possível lá dentro, apenas o suficiente para pegar o que era absolutamente indispensável — e voltava correndo para casa. Era um horror."[67]

Será que poderia haver um jeito pior de voltar para a União Soviética? Sergei Roldugin, o violoncelista amigo de Putin, se lembra de tê-lo ouvido dizer: "Eles não podem fazer isso. Como é possível? Entendo que eu mesmo cometa erros, mas como essas pessoas, que consideramos os melhores profissionais que existem, podem cometer erros?"[68] Acrescentou que jamais deixaria a KGB. "Uma vez espião, sempre espião", comentou o amigo; essa era uma frase comum entre os soviéticos. Vladimir Putin estava se sentindo traído pelo país e por sua corporação — a única filiação importante que conheceu na vida, além do clube de judô —, mas não era o único; a corporação estava repleta de pessoas que vinham se sentindo cada vez mais traídas, enganadas, abandonadas. Pode-se afirmar perfeitamente que esse era o espírito que reinava entre os funcionários da KGB em 1990.

Quatro
UMA VEZ ESPIÃO...

Toda a história da Rússia acontece em São Petersburgo. A cidade foi capital de um próspero império exaurido pela Primeira Guerra Mundial e, no início do conflito, perdeu o próprio nome: o germânico São Petersburgo se tornou Petrogrado, que soava mais russo. O império foi destruído pelo golpe certeiro das revoluções de 1917, pois Petrogrado foi palco de ambas. Logo a cidade perderia seu status de capital com a sede do poder sendo transferida para Moscou. Petrogrado, com seus poetas e artistas, continuou sendo a capital cultural da Rússia — mesmo depois de mudar de nome novamente, quando passou a se chamar Leningrado no dia em que morreu o primeiro dos tiranos soviéticos. As elites literária, artística, acadêmica, política e comercial da cidade foram progressivamente dizimadas por expurgos, prisões e execuções ao longo da década de 1930. Aquela década miserável se encerrou com a guerra soviético-finlandesa, um ato de agressão da União Soviética, algo desastrosamente mal planejado que antecedeu a Segunda Guerra Mundial. Durante o cerco e depois da guerra, Leningrado, para onde os pais de Putin haviam voltado, era uma cidade-fantasma. Seus prédios, antes magníficos, estavam destruídos: as vidraças das janelas haviam sido quebradas pelas bombas e pelos estilhaços; as molduras foram retiradas para servir de lenha, o que também aconteceu com os móveis. Procissões de ratos, centenas, milhares, passavam pelas paredes esburacadas e ocupavam toda a calçada, expulsando os parcos sobreviventes humanos.

Nas décadas do período pós-guerra, a cidade cresceu com novos habitantes que vinham trabalhar ali. Leningrado se tornou a capital militar e industrial da União Soviética; centenas de milhares de pessoas vindas de outras partes do império iam morar em prédios cinzentos de concreto, absolutamente idênticos, mas que não conseguiam ser construídos rápido o bastante para dar vazão ao fluxo de gente que chegava. Em meados dos anos 1980, a população da cidade beirava os cinco milhões, o que excedia em muito até mesmo os modestos padrões de vida estabelecidos pela União Soviética. O coração da cidade, o centro histórico, tinha sido praticamente abandonado pelas construtoras; as famílias que, como a dos Putin, tinham sobrevivido ao inferno da primeira metade do século viviam em gigantescos apartamentos comunitários em prédios que um dia foram imponentes, mas que, agora, ao cabo de décadas de descaso, encontravam-se em um estado de decadência irreversível.

No entanto, o lugar para onde Putin voltou em 1990 tinha mudado mais durante os quatro anos em que ele estivera ausente do que nos quarenta anos anteriores. As próprias pessoas que ele e seus colegas mantinham sob vigilância e assustadas — os dissidentes, os quase dissidentes e os amigos dos amigos dos dissidentes — agiam agora como se fossem os donos da cidade.

EM 16 DE MARÇO DE 1987, OCORREU uma grande explosão na praça de Santo Isaac, em Leningrado. A explosão fez vir abaixo o hotel Angleterre, cuja fachada imponente emoldurava parte da mais bela praça da cidade havia mais de 150 anos e cuja história era o próprio coração da lenda e do legado cultural de São Petersburgo.

O grande poeta Sergei Yesenin se suicidou no quarto de número 5, o que levou o hotel a ser mencionado na obra de pelo menos meia dúzia de outros poetas. Em um país e uma cidade onde os fatos históricos eram quase sempre referidos aos sussurros e os monumentos históricos geralmente escondidos, destruídos ou falsificados, o Angleterre era um raro exemplo de artefato efetivo — foi provavelmente por isso que muitos cidadãos da cidade de Pedro, o Grande, que, em boa parte estava literalmente caindo aos pedaços, sentiram a perda do hotel como se fosse uma agressão pessoal.

A demolição do prédio estava planejada; o que não estava programado era o surgimento, no local que antes abrigava o hotel destruído, de um movimento que viria a desempenhar uma função-chave para a derrubada do regime soviético.

Mikhail Gorbachev assumira o governo do país em março de 1985. Passou o primeiro ano de seu reinado solidificando sua base no Politburo. No segundo, lançou o termo *perestroika* — reestruturação —, embora ninguém, nem ele próprio, soubesse muito bem o que isso queria dizer. Em dezembro de 1986, Gorbachev permitiu que o mais célebre dissidente soviético, o Prêmio Nobel da Paz Andrei Sakharov, deixasse a cidade de Gorky, onde vivera em exílio interno por quase sete anos, e voltasse para sua casa em Moscou. Em janeiro de 1987, Gorbachev propôs mais um novo termo, *glasnost*, ou transparência — o que não significava que a censura seria abolida em um futuro mais próximo, mas, aparentemente, que os critérios para sua aplicação mudariam: por exemplo, livrarias de todo o país começaram a facilitar o acesso a materiais antes trancados a sete chaves. Em fevereiro de 1987, o líder da nação comutou as sentenças de 140 dissidentes que haviam sido condenados às prisões soviéticas e às colônias de trabalhos forçados.

Com toda certeza, Gorbachev não pretendia dissolver a União Soviética, pôr fim ao governo do Partido Comunista nem modificar efetivamente o regime de forma radical — embora ele próprio gostasse muito de usar a palavra "radical". Na verdade, sonhava em ir modernizando aos poucos a economia e a sociedade soviéticas, sem solapar suas estruturas básicas. Mas os processos que ele acionou levaram, inevitavelmente — e visto em retrospecto, com uma rapidez impressionante —, ao colapso total do sistema soviético.

Cinco anos antes da abertura da fenda tectônica, sutis tremores subterrâneos já se faziam sentir. Gorbachev havia acenado com a cenoura da possível mudança — e, assim, o povo começou a falar dela como se fosse algo factível. Discretamente, as pessoas começaram a deixar que tais conversas ultrapassassem a cozinha de suas casas e penetrassem na sala dos outros. Alianças ainda frouxas foram tomando forma. Pela primeira vez em décadas, discutia-se seriamente política, e os que discutiam as questões sociais não eram nem membros de um movimento dissidente, nem se enquadravam nos limites das estruturas formais do Partido Comunista. Foi por isso que aqueles que participavam de tais discussões ficaram conhecidos como "os informais". A maioria desses informais pertencia a uma geração bem específica: tinham nascido durante a calmaria Khrushchev, o breve período entre o fim dos anos 1950 e o começo da década seguinte, quando o terror stalinista havia cessado e a estagnação da era Brezhnev ainda não tinha se instalado. Esses indivíduos não possuíam uma plataforma política comum, nem uma linguagem comum para suas discussões ou sequer um entendimento comum do lugar que tais debates ocupavam, mas compartilhavam duas coisas: o desagrado com os caminhos do estado soviético e um enorme desejo de proteger e preservar o pouco que restava da cidade histórica que tanto amavam.

"As pessoas de nossa geração só viam à sua frente um beco sem saída: se não fugíssemos, teríamos de enfrentar a degradação", disse Yelena Zelinskaya, relembrando aquele período vinte anos mais tarde. Zelinskaya criou uma das várias publicações *samizdat* que uniam os informais. "Não conseguíamos mais respirar em meio às mentiras, à hipocrisia e à estupidez. Não tínhamos medo. E, assim que os primeiros raios de luz pareceram surgir — assim que as pessoas cujas mãos tinham estado atadas se viam autorizadas a mover pelo menos um ou dois dedos —, as pessoas começaram a se mexer. Ninguém ali estava pensando em dinheiro ou em melhoria das condições de vida; a única coisa em que todos pensavam era liberdade. Tornar-se livre para levar a própria vida do jeito que quisesse, para viajar mundo afora. Livre da hipocrisia e de ter de aceitá-la; livre da difamação e de se envergonhar dos próprios pais; livre das mentiras viscosas em que todos nós estávamos mergulhados como se fosse uma poça de melado."[1]

Mas, a despeito do que os informais estivessem dizendo na privacidade de seus lares, a máquina estatal de destruição gratuita continuava ativa. Em 16 de março de 1987, começou a correr um boato pela cidade: iam destruir o hotel Angleterre. Informais de todo tipo começaram a se reunir diante do prédio. O líder de uma sociedade de preservação, Alexei Kovalev, entrou na sede do governo local, convenientemente localizada na mesma praça onde ficava o hotel, e tentou negociar com uma burocrata de alto escalão. Ela lhe garantiu que o prédio não estava ameaçado e lhe pediu que "parasse de transmitir informações erradas à população e de disseminar o pânico".[2] Cerca de meia hora depois, ouviu-se a explosão, e o hotel que ocupava todo um quarteirão virou uma imensa nuvem de poeira grossa.

Foi então que aconteceu algo absolutamente sem precedentes. "Parecia que, depois que a poeira se assentasse e a fumaça se dissipasse no local onde antes havia o hotel, só restariam as lembranças", disse Alexander Vinnikov, um físico que se tornou ativista político. "Foi o que aconteceu, mas as lembranças foram excepcionais. Antes disso, as pessoas nunca tinham imaginado que pudessem protestar contra as ações das autoridades e sair ilesas, sem acabar atrás das grades ou, pelo menos, perder o emprego. O que passou a nos motivar foi a lembrança de uma incrível sensação de estarmos certos, aquela sensação que surge quando estamos no meio de pessoas que pensam como nós, em um espaço público, ouvindo alguém dar voz, de forma convincente e precisa, às ideias que todos compartilhamos. E, acima de tudo, quando sentimos a completa humilhação da suprema desconsideração das autoridades com relação à nossa opinião. Com isso, começou a brotar em nós uma noção de dignidade pessoal, um desejo de afirmar nosso direito de ser ouvidos e de provocar impacto."³

E, assim, a multidão não se dispersou. Na tarde do dia seguinte, várias centenas de pessoas se reuniram diante do hotel Angleterre, agora desaparecido. A cerca que isolava o terreno da demolição foi coberta por cartazes feitos em casa, panfletos, poemas escritos ali mesmo ou simplesmente com o nome de pessoas que tinham participado do protesto e que, com muita coragem, optaram por divulgar a própria identidade.

"Todos nós nos encontramos na praça de Santo Isaac", dizia um artigo premonitório escrito por Zelinskaya, na época com 33 anos, e que foi pregado à tal cerca. "Enveredamos por um caminho difícil... Provavelmente, vamos cometer muitos erros. Alguns de nós decerto vão perder a voz. É provável que não consigamos realizar o que pretendemos, assim como não conseguimos salvar o Angleterre. Na verdade, há muita coisa que não sabemos como fazer. Será possível esperar que alguém cuja opinião nunca foi pedida tenha condições de argumentar de forma efetiva? Será que alguém que, por tanto tempo, foi alijado de qualquer atividade pública pode ter afiado sua competência combativa enquanto ficava sentado lá em seu porão? Será que alguém cujos atos e cujas decisões nunca tiveram consequências tangíveis, nem mesmo para a própria vida, tem condições de calcular a trajetória de suas atividades?"⁴

Centenas de pessoas continuaram reunidas ali por três dias. O protesto que não teria fim ficou conhecido como a Batalha do Angleterre. Mesmo depois, a cerca, com todos aqueles cartazes e artigos, permaneceu no local e, diante dela, formavam-se sempre pequenos grupos. Agora, as pessoas vinham até a praça para saber o que estava acontecendo em sua cidade e em seu país, e passar as informações aos demais; o lugar foi apelidado de Ponto de Informação. As conversas deixaram a cozinha e a sala para sair à rua e a cerca se tornou uma página viva na qual inúmeras publicações *samizdat* saídas dos subterrâneos viam a luz do dia.⁵

Por toda a cidade estavam se formando novos centros de discussão. Em abril, um grupo de jovens economistas de Leningrado fundou um clube.[6] Durante seus encontros, no Palácio da Juventude, abordavam temas até então impensáveis, como a possibilidade de privatização. Antes do fim do ano, um deles aventou a ideia de se privatizarem empresas estatais emitindo ações para cada cidadão soviético adulto. A proposta não foi bem recebida na época, mas, anos depois, foi exatamente o que aconteceu, e a maioria dos membros do tal clube acabou desempenhando papéis fundamentais na instauração da política econômica pós-comunista.

Vista de dentro, a sociedade soviética parecia estar mudando com uma rapidez de tirar o fôlego. Mas, na verdade, o movimento se fazia com dois passos para a frente e um para trás. Em maio, as autoridades interromperam a transmissão de quase todos os programas de rádio ocidentais; no dia 31 daquele mês, o governo da cidade de Leningrado acabou com o Ponto de Informação diante do Angleterre. Em junho, as eleições municipais lançaram uma experiência discreta, mas revolucionária: em 4% dos distritos, em vez do candidato único habitual, apareceram dois nomes na cédula; pela primeira vez em várias décadas, uns poucos eleitores podiam escolher entre dois candidatos, mesmo que ambos fossem do Partido Comunista. No dia 10 de dezembro, Leningrado assistiu a uma primeira manifestação política que não foi dispersada pela polícia.[7] Pelo menos dois dos oradores eram homens que haviam passado algum tempo em campos de prisioneiros por se oporem ao regime soviético.

NO ANO SEGUINTE, O PROCESSO CONTINUOU. Aos poucos, novos grupos de discussão eram formados, e suas atividades se tornavam mais estruturadas. Com o tempo, surgiram líderes efetivos, pessoas conhecidas e dignas de confiança fora do seu pequeno círculo social. Dentro de um ou dois anos, eles viriam a se tornar os primeiros políticos pós-soviéticos.

Na primavera, alguns dos habitantes de Leningrado anunciaram que estavam fundando o que chamavam de "Hyde Park", no Jardim Mikhailov, bem no centro da cidade. Uma tarde por semana, qualquer um podia fazer ali um discurso público.

"As regras eram as seguintes: qualquer pessoa tinha cinco minutos para falar sobre o assunto que quisesse, exceto propaganda de guerra, violência ou qualquer tipo de xenofobia", lembra Ivan Soshnikov, na época um taxista de 32 anos e um dos idealizadores daquele espaço público de debates. "Quer falar sobre direitos humanos? Pois fale! Um sujeito trouxe a Declaração de Direitos Humanos de 1949. Eu já tinha lido o texto em um *samizdat*, mas quem nunca tinha visto aquilo ficou empolgadíssimo. Esses eventos duravam quatro horas, todo sábado, do meio-dia às quatro, com o microfone à disposição. Mas devo dizer que isso foi antes de haver liberdade de imprensa: vários jornalistas apareciam para ouvir os discursos, mas não podiam publicar o que ouviam."[8]

Poucos meses depois, a polícia expulsou o "Hyde Park" do Jardim Mikhailov. Os organizadores levaram, então, o espetáculo para a Catedral de Nossa Senhora de Cazã, uma grande construção na avenida Niévski, a principal via da cidade. Agora, sem a sombra das árvores ou a proteção de uma grade, oradores e ouvintes tinham se tornado ainda mais visíveis do que na localização original. Em vez de afugentá-los, parecia que as autoridades da cidade tinham decidido abafar suas vozes com barulho. Certo sábado, quando os participantes do "Hyde Park" se reuniram em frente à catedral, descobriram que havia uma orquestra de metais tocando bem ali. A orquestra vinha completa, trazendo o próprio público, e as pessoas começaram a gritar para os oradores: "Ei, a banda está aqui para a gente relaxar; isso não é hora nem lugar para fazer discursos." Em um intervalo, Ivan Soshnikov tentou conversar com o maestro, que foi logo dizendo que tinham vindo se apresentar ali a mando de uma autoridade qualquer.

Ekaterina Podoltseva, uma brilhante matemática de 40 anos que tinha se tornado uma das mais famosas — e excêntricas —

ativistas pró-democracia de Leningrado, bolou um plano para enfrentar a orquestra. Pediu a todos os frequentadores habituais do "Hyde Park" que trouxessem limões no sábado seguinte. Assim que os músicos começaram a tocar, todos os ativistas passaram a chupar os limões ou a fingir chupá-los se os achassem azedos demais.[9] Podoltseva tinha lido ou ouvido em algum lugar que, quando alguém vê outra pessoa chupando limão, começa, por um processo de empatia, a produzir uma enorme quantidade de saliva, o que é incompatível com a execução de instrumentos de sopro. E funcionou: a música parou e os discursos continuaram.

Em 13 de junho de 1988, a Suprema Corte da URSS revogou as condenações que deram início ao Grande Terror da era Stalin e que tinham, agora, mais de 50 anos. No dia seguinte, milhares de pessoas se reuniram em Leningrado, em memória das vítimas da repressão política — a primeira manifestação legal em grande escala da história da União Soviética.[10]

No entanto, os acontecimentos mais importantes de 1988 — não apenas em Leningrado, mas por toda a URSS — foram a formação de uma organização chamada Frente Popular[11] e o conflito entre a Armênia e o Azerbaijão. As Frentes Populares surgiram mais ou menos ao mesmo tempo e, aparentemente, de forma espontânea, em mais de trinta cidades de um lado ao outro da União Soviética. Seu objetivo era dar apoio à *perestroika*, que vinha enfrentando oposição crescente dentro do Partido. Mas a função primordial dessas Frentes foi, provavelmente, levar adiante uma experiência inédita, tanto quanto ao seu escopo como quanto à sua escala: em uma sociedade praticamente inexperiente em termos de mudanças sociais ou, na verdade, de qualquer atividade de cidadania que não fosse comandada de cima para baixo, fundar uma organização, e até mesmo uma rede de organizações, representou algo democrático em sua natureza e em sua estrutura.

"Uma organização que vise a democratizar a sociedade precisa ser, ela própria, democrática", proclamava um dos textos de fundação da Frente em Leningrado. "É por isso que os estatutos da Frente Popular vão incluir uma verdadeira barreira contra tendências burocráticas e autoritárias. Para tanto, o conselho coordenador deve ser eleito por voto secreto e pode ser renovado em qualquer assembleia geral. Para tanto, o conselho coordenador não deve ter um presidente permanente, mas sim um rodízio entre os seus membros, que se revezarão na presidência. Para tanto, nenhum membro da Frente Popular falará em nome da organização a respeito de qualquer questão, a menos que ela tenha sido discutida em assembleia geral. Espera-se que todas as decisões tomadas pelo conselho coordenador ou pela assembleia geral sejam recomendações: membros que estejam em minoria não serão obrigados a participar de uma decisão da qual discordem, mas também não terão o direito de contrariar as decisões da maioria, a não ser pelo poder da persuasão."[12] Em outras palavras, o objetivo principal da Frente Popular era não ser o Partido Comunista.

Por incrível que pareça, isso funcionou. Vinte anos depois, um matemático que se tornou ativista no fim da década de 1980 relatava como descobriu a Frente Popular: "Eles iam se reunir no Centro Cultural dos Trabalhadores da Indústria Alimentícia. Qualquer um podia comparecer. Alguns dos que foram até lá não eram exatamente pessoas mentalmente saudáveis. A primeira impressão que tive foi a de um verdadeiro hospício: havia discursos sem nexo. Isso durou uma hora, uma hora e meia, com discussões sobre sabe-se lá o quê e, depois, outras pessoas começaram a ocupar o microfone — mais tarde fiquei sabendo que eram alguns dos líderes do grupo. No fim, quando puseram em votação uma ou outra questão, o texto da resolução saiu bem razoável; algo com conteúdo decididamente político e escrito em bom russo. Deu para perceber que as pessoas que comandavam aquela organização eram gente com quem se podia discutir as coisas."[13] A capacidade de discutir as coisas ainda era a mercadoria mais valorizada na União Soviética.

Quem logo despontou como a liderança evidente e a mais confiável porta-voz da Frente Popular de Leningrado foi uma mulher. Marina Salye era diferente de qualquer político que a União Soviética já tinha visto. Na verdade, tinha muito pouco em comum com políticos de qualquer parte do mundo. Solteira, na casa dos cinquenta (vivera por muitos anos com uma mulher que apresentava como sua irmã), Salye havia passado boa parte da vida adulta nos cantos mais distantes da nação, estudando pedras. Ela era doutora em geologia. Essa era uma opção comum entre os membros da *intelligentsia*: arranjar uma profissão sem qualquer compromisso ideológico e se manter o mais longe possível do centro do poder. Como nunca se filiou ao Partido Comunista, não fazia parte de nenhuma instituição agora desacreditada. Por outro lado, tinha credenciais impecáveis com relação a São Petersburgo. Seu trisavô fora um dos habitantes mais proeminentes da história da cidade: Paul Buhre, relojoeiro do czar, construiu relógios que continuam funcionando e são extremamente valorizados no século XXI. Dois de seus bisavós chegaram a São Petersburgo no século XIX, vindos da França e da Alemanha. Brilhante e falante — daquele estilo que não faz rodeios —, Salye logo inspirava confiança e o desejo de segui-la.

"Com um cigarro pendendo dos lábios, era capaz de comandar uma multidão para cima e para baixo na Niévski e chegava até a parar o trânsito", disse um dos seus adversários políticos, vinte anos mais tarde. "Eu a vi fazer isso uma vez, e foi bem impressionante. Ninguém tinha a menor chance de competir com ela."[14]

EM FEVEREIRO DE 1988, ECLODIU O conflito entre o Azerbaijão e a Armênia,[15] o primeiro de muitos conflitos étnicos que viriam a ocorrer no Cáucaso soviético. Na região relativamente próspera e predominantemente muçulmana do Azerbaijão, a localidade denominada Alto Carabaque, cuja população em sua maioria é de origem armênia, declarou a intenção de se separar do Azerbaijão e se unir à Armênia, uma pequena república pobre da União Soviética de maioria cristã. Excetuando-se uns poucos dissidentes mais visionários, ninguém, naquela época, imaginaria que o império soviético pudesse se desintegrar — muito menos que isso pudesse se verificar tão cedo. Os acontecimentos de Alto Carabaque vieram mostrar que o impensável era possível. E não só isso: eles deixaram bem claro como isso ia ocorrer. A União Soviética se romperia pelas divisões étnicas, e tal processo seria doloroso e violento. De repente, uma grande quantidade de manifestantes pró-independência estava saindo às ruas de Alto Carabaque e, dias depois, irromperam *pogroms* em Sumgait, cidade do Azerbaijão com uma considerável população armênia. Mais de trinta pessoas morreram e outras centenas ficaram feridas.

Assustada, a *intelligentsia* soviética observava aquelas inimizades étnicas e religiosas aflorarem. Em junho, depois que o governo regional de Alto Carabaque declarou oficialmente a sua intenção separatista, mais de trezentas pessoas se reuniram em uma praça de Leningrado em uma demonstração de solidariedade ao povo armênio.[16] Mais para o fim do verão, ativistas pró-democracia de Leningrado conseguiram que crianças armênias de Sumgait fossem para colônias de férias nos arredores da cidade.[17] A antropóloga Galina Starovoitova — cujo assassinato eu cobriria dez anos depois — tornou-se a mais célebre porta-voz das questões armênias. Em 10 de dezembro de 1988, quase todos os membros do Comitê Separatista de Nagorno-Karabakh em Alto Carabaque foram presos.[18]

Dois dias depois, houve uma verdadeira onda de batidas policiais em Leningrado. Todas as cinco pessoas cujos apartamentos foram revistados eram ativistas radicais pró-democracia; entre eles estavam o ex-prisioneiro político Yuli Rybakov e Ekaterina Podoltseva, a matemática que teve a ideia de chupar limão para calar a orquestra de metais. Todos foram indiciados no artigo 70 do Código Penal soviético,[19] que previa de seis meses a sete anos de cadeia por divulgação de propaganda antissoviética (mais ainda no caso de reincidência). Esse seria o último caso de enquadramento no artigo 70 ocorrido na história do país.[20]

Em suma, a transformação da sociedade soviética continuava a se fazer no esquema dois passos para a frente, um passo para trás: manifestações públicas, impensáveis apenas dois anos antes, eram seguidas por batidas policiais, e proferir um discurso errado ainda podia manter alguém na prisão por um bom tempo. A censura vinha sendo gradualmente suprimida: o romance *Doutor Jivago*, de Boris Pasternak, foi publicado na URSS naquele ano, mas Alexander Soljenítsin ainda era um autor banido. Embora autorizado a levar sua vida privada em paz na própria casa, Andrei Sakharov estava sempre deparando com barreiras insuperáveis na vida pública. No verão de 1988, o dissidente e Prêmio Nobel visitou Leningrado; o mais famoso jornalista da TV gravou uma entrevista com ele, mas os censores impediram sua transmissão. Uma produtora resolveu levá-lo a um programa pioneiro sobre questões públicas que ia ao ar tarde da noite e que vinha adquirindo rápida popularidade. Não incluiu o nome de Sakharov no roteiro, pois este seria vetado pelos censores, que acabaram assinando um papel onde havia banalidades do gênero: "Esta noite, vocês vão ver isso em nosso programa." "Não diga!" "E isso também!" "Incrível! É sério?" "É a mais pura verdade!" "Será possível?" Os censores nem desconfiaram que imagens de Sakharov estariam sendo projetadas em uma tela enquanto esse diálogo estivesse acontecendo, não apenas deixando claro o que os produtores pretendiam levar ao ar, mas também dando aos espectadores tempo suficiente para avisar a todos seus conhecidos, avisando para ligarem a televisão.[21]

Ninguém foi demitido por enganar os censores, o que foi, talvez, um dos maiores indícios de que as mudanças que estavam ocorrendo na União Soviética eram profundas e irreversíveis — e que viriam a transformar não apenas a mídia, mas também suas instituições políticas aparentemente intransigentes. No dia 1º de dezembro de 1988, entrou em vigor uma nova lei eleitoral pondo fim ao monopólio do Partido Comunista sobre o poder do Estado.[22]

O ano de 1989 começou com os ativistas pró-democracia se reunindo em Leningrado para organizar o que poucos meses antes parecia impensável: uma campanha eleitoral. Constituiu-se um comitê denominado Eleições-89, liderado, entre outros, por Marina Salye, e esse comitê imprimiu panfletos ensinando as pessoas a votar: "Vai haver dois, três ou quatro nomes na cédula. São candidatos que estão concorrendo uns com os outros. Você precisa escolher *um* único nome e eliminar os demais."[23] Na verdade, o sistema era bem complicado. Por toda a União Soviética, 2.250 candidatos seriam eleitos para o Congresso; entre estes, 750 representando distritos territoriais, 750 representando distritos administrativos, 750 representando o Partido Comunista ou instituições por ele controladas. Fosse como fosse, era a primeira vez que eleitores da maioria das regiões do país poderiam realmente escolher entre dois ou mais candidatos.

Em Leningrado, os funcionários do Partido Comunista sofreram uma derrota fragorosa. A antropóloga Galina Starovoitova foi eleita representante dos armênios no Soviete Supremo. Aliou-se a uma minoria dos recém-eleitos — cerca de trezentos ao todo —, formando uma facção pró-democracia liderada por Sakharov. Uma vez eleito, o ex-dissidente resolveu lutar pelo fim do comando do país pelo Partido Comunista, rejeitando a disposição constitucional que garantia ao partido a primazia na política soviética. Entre os outros membros de destaque do grupo inter-regional estavam o *apparatchik* de Boris Yeltsin e Anatoly Sobchak, um belíssimo e bem-falante professor de direito de Leningrado.

Durante a estonteante campanha eleitoral, que foi muito breve — menos de quatro meses entre a promulgação da lei revolucionária e a eleição propriamente dita —, Sobchak se tornou famoso como orador. Em uma de suas primeiras aparições diante de potenciais eleitores, percebendo que a plateia estava cansada e entediada, deixou de lado o discurso que havia preparado sobre questões locais e nacionais e decidiu encantar os ouvintes com sua oratória.

"Meu sonho", disse ele, "é que a próxima eleição seja organizada, não pelo Partido Comunista, mas pelos eleitores, e que estes sejam livres para se unir e formar organizações. Que os comícios de campanha sejam abertos a quem quiser comparecer, sem que se exijam passes especiais para a entrada. Que qualquer cidadão tenha o direito de se candidatar ou de indicar um candidato e que as candidaturas não tenham de ser submetidas a toda uma série de etapas para que sejam aprovadas, mas sejam simplesmente incluídas nas cédulas desde que haja um número suficiente de assinaturas para apoiá-las."[24] Decididamente, aquela era uma visão utópica.

OS DEPUTADOS DO POVO, COMO ERAM oficialmente chamados os membros do quase parlamento soviético, se reuniram para sua primeira sessão em fins de maio de 1989. Por todo o país, as ruas ficaram desertas durante duas semanas: as famílias se postaram na frente da TV para assistir aos debates políticos que se travavam diante de seus olhos pela primeira vez na vida. Todos ficaram sentados ali, assistindo enquanto se fazia história. A enorme e complexa assembleia logo se polarizou entre duas figuras: Gorbachev, o chefe de Estado, e Sakharov, a suprema autoridade moral da época. Jovem, enérgico e, agora, seguro de sua posição e de sua popularidade, Gorbachev transpirava confiança. Já Sakharov — encurvado, de voz branda, propenso a tropeçar tanto na fala quanto no andar — tinha um aspecto deslocado e impotente. Parecia estar cometendo o maior erro de sua vida quando, no último dia da sessão do Congresso, subiu à tribuna e se lançou em um discurso longo e intricado. Vinha pedir a revogação do artigo 6º da Constituição soviética, que assegurava ao Partido Comunista o governo da nação. Falava do iminente colapso do império — tanto da própria União Soviética quanto do Bloco Oriental — e implorava ao Congresso que votasse pela necessidade da reforma. O imenso salão foi ficando cada vez mais inquieto e agressivo: os deputados do povo começaram a bater os pés no chão, tentando calar Sakharov. O velho dissidente, com o microfone na mão e tentando se fazer ouvir, exclamou: "Mas estou me dirigindo ao mundo!"

Sentado a poucos passos de onde Sakharov tentava fazer seu discurso, Mikhail Gorbachev parecia furioso — aparentemente, tanto por causa do teor das palavras do outro quanto pelo pandemônio que se instalou no plenário. De repente, o velho deputado se calou: Gorbachev havia desligado seu microfone. Sakharov pegou as folhas de cima da tribuna, aproximou-se do secretário-geral e lhe estendeu as mãos trêmulas que seguravam seu discurso. Gorbachev pareceu enojado. "Leve isso para longe de mim", esbravejou.[25]

Gorbachev se excedeu, humilhando Sakharov daquele jeito pela televisão. Seis meses depois, quando morreu de um ataque cardíaco no segundo dia da segunda assembleia do Congresso dos Deputados do Povo — tendo, nesse meio-tempo, presenciado a queda do Muro de Berlim e o desmantelamento do Bloco Oriental, como ele havia previsto —, Sakharov passou a ser visto como mártir, e Gorbachev como seu algoz. Dezenas, talvez centenas de milhares de pessoas, compareceram ao funeral do dissidente em Moscou.[26] As autoridades locais tentaram, como sempre, porém inutilmente, impedir qualquer manifestação fechando as estações do metrô que ficavam perto do cemitério e instalando cordões de isolamento em toda a área; as pessoas andaram quilômetros a pé, enfrentando o frio congelante, e, com toda a calma, iam rompendo os tais cordões.

Em Leningrado, cerca de vinte mil pessoas se reuniram para uma homenagem na tarde em que Sakharov foi enterrado. Como a proposta de realizar o evento no centro da cidade foi rejeitada, o movimento começou em uma das grandes áreas desertas que cercam as cidades socialistas; era um espaço amorfo defronte do Complexo de Esportes e Concertos V. I. Lênin. Vários oradores se sucederam na tribuna para falar de Sakharov. Apesar do frio cortante, a multidão continuava a crescer, mesmo depois que o discreto sol de inverno já tinha desaparecido. Ao anoitecer, aquelas pessoas decidiram, de forma aparentemente espontânea, marchar até o centro da cidade. Milhares de manifestantes formaram uma grande procissão, como se guiados por uma mão invisível, e deram início a uma caminhada longa e penosa.[27]

As pessoas se revezavam indo à frente do grupo, carregando um retrato de Sakharov e uma vela acesa. Durante todo o trajeto, Marina Salye seguiu atrás da foto, simbolizando, por um lado, sua disposição para seguir os passos do grande dissidente e, por outro, a responsabilidade que assumia por aquela marcha ilegal. Menos de seis semanas antes, Salye e seus partidários haviam participado de uma marcha bem diferente, a comemoração anual do aniversário da Revolução de Outubro, realizada no dia 7 de novembro. Cerca de trinta mil pessoas se juntaram ao contingente pró-democracia nesse desfile. A polícia tentou tirar o grupo do alcance das câmeras de TV, mas quando estavam diante do palanque de onde o primeiro-secretário do Comitê Regional do Partido em Leningrado acenava para o povo, os participantes do grupo pró-democracia pararam e começaram a entoar: "Frente Popular! Frente Popular!" Aqueles que formavam o contingente comunista oficial tentaram calar os manifestantes sem perder o passo da marcha. O secretário do Partido continuou sorrindo e acenando, como se nada de estranho estivesse acontecendo. Foi a última vez que ele subiu em um palanque para saudar a multidão no aniversário da Revolução de Outubro.[28]

Nesse 7 de novembro, os manifestantes pró-democracia haviam se contraposto ao disciplinado contingente comunista que contava com a sanção oficial; agora, estavam reivindicando a cidade como sua. A marcha durou várias horas. A multidão suplantou todos os esforços da polícia para dispersá-la. Pararam para fazer pequenas assembleias em vários locais simbólicos ao longo da caminhada. Surgiram velas em todas as mãos. Outros milhares de pessoas foram se unindo a eles durante a marcha. Para Salye, aos 55 anos e acima do peso, aquele era um exercício extenuante. Estava usando um pesado casaco de pele um pouco apertado, o que a obrigava a andar com ele aberto, deixando-a exposta e inadequadamente vestida. A certa altura, ela escorregou e caiu, e, embora não tenha se machucado, se sentiu envergonhada. Ao longo das várias horas de marcha, ficou o tempo todo recebendo notícias dos manifestantes que fechavam a fila: a polícia continuava tentando dispersar a procissão.

"No dia seguinte", contou Salye, muitos anos depois, "estávamos na minha casa, trabalhando na plataforma da Frente Popular, pois planejávamos realizar um congresso, quando apareceu um coronel da polícia com um mandado de prisão contra mim por organizar uma marcha ilegal. O policial nos surpreendeu ao dizer: 'Sabe, eu posso ter chegado aqui e não encontrado ninguém em casa.' Ele foi um amor, mas eu repliquei: 'Não, faça o que tem de fazer.' Recebi o mandado e começamos imediatamente a ligar para os advogados e para a imprensa. Pela manhã, eu me apresentei na delegacia... Eles ficaram tentando me obrigar a dizer quem havia organizado a marcha. E eu só repetia: 'Como vou saber? Não me lembro. Tinha tanta gente lá.'"[29] Na verdade, um de seus companheiros da Frente Popular havia sido o idealizador da manifestação.

"Eles continuaram exigindo uma resposta", prosseguiu ela. "Enquanto estava lá, chegou um telegrama: alguns líderes democráticos de Moscou bastante conhecidos iriam falar em minha defesa. Disseram-me, então, que eu seria levada ao tribunal. Aí segurei firme na mesa e disse: 'Vocês vão ter que me arrastar. Não vou a lugar algum até meu advogado chegar.' Passei o dia inteiro na delegacia. Eles ficaram dando telefonemas, tentando obter instruções sobre o que fazer comigo. No fim, pegaram todos os meus documentos, levaram-me para uma sala com grades nas janelas e me trancaram. Depois, tudo terminou e me deixaram sair sob os gritos de alegria de meus amigos que tinham se reunido diante do prédio."

No dia seguinte, os jornais de Leningrado estampavam na primeira página a manchete "Presa por homenagear Sakharov", e Marina Salye, que já era uma das pessoas mais populares da cidade, tornou-se indiscutivelmente sua líder política. Em dois meses, haveria eleições municipais, e Salye seria a grande vitoriosa. Anos mais tarde, ela declarou que não pretendia se candidatar — tinha planejado coordenar a campanha para outros candidatos da Frente Popular —, mas, depois da prisão pela marcha em memória de Sakharov, precisava da imunidade para evitar o processo.[30]

ESSA SERIA A PRIMEIRA CÂMARA MUNICIPAL eleita na história de Leningrado e, na verdade, o primeiro governo eleito na União Soviética. Como todas as demais cidades, Leningrado era administrada pelo dirigente local do Partido Comunista. Os novos políticos, bem como as novas regras, propuseram que o Partido fosse relegado à condição de partido político e que a cidade fosse governada por um sistema de democracia representativa. A transição foi rápida, sofrida e, por vezes, hilária. Na eleição de março, os candidatos pró-democracia impuseram uma derrota fragorosa aos comunistas, obtendo cerca de dois terços das quatrocentas cadeiras; dessas, cento e vinte ficaram com a Frente Popular. Após a eleição, formou-se um comitê organizador composto por sessenta representantes eleitos para discutir as futuras atividades da Câmara. Boris Gidaspov, o dirigente do Partido em Leningrado, convidou o comitê para uma reunião no Instituto Smolny, prédio histórico que havia sido um estabelecimento de ensino e que, agora, abrigava a sede regional do Partido. Gentilmente, os representantes eleitos sugeriram que Gidaspov viesse vê-los no Palácio Mariinsky, uma construção imponente que fica em frente à praça de Santo Isaac: era ali que funcionava a antiga Câmara Municipal comunista — onde os ativistas da Batalha do Angleterre foram tentar negociar com as autoridades locais — e era ali que a nova Câmara democrática teria sua sede.

Gidaspov, a própria personificação da velha guarda, passara a vida profissional inteira trabalhando no complexo militar-industrial de Leningrado, tendo rápida ascensão e comandando grandes instituições antes de ser indicado para assumir a chefia da seção local do Partido, em 1989. Entrou na sala de reuniões do Mariinsky e foi direto para a cabeceira da mesa. Assim que se sentou, porém, um dos recém-eleitos lhe disse: "Seu lugar não é aí."[31] Estava acontecendo a mudança da guarda.

Outra cena igualmente simbólica se produziu dias depois no salão principal do mesmo prédio, quando a nova Câmara se reuniu para sua primeira sessão. Os quatrocentos novos membros da Casa tomaram os seus lugares no imponente anfiteatro e, olhando para baixo, viram uma mesa pequenina como uma casca de noz onde já havia dois homens sentados. Ambos eram burocratas da velha guarda do Partido, e pareciam saídos da mesma forma que Gidaspov: atarracados, ombros largos, ternos cinzentos, rostos embaçados parecendo estar sempre com a barba por fazer. Um deles se levantou e começou a ler um discurso padrão que se iniciava dando os parabéns aos novos representantes por sua eleição. Um dos que estavam sendo felicitados se aproximou da tal mesa e perguntou: "Quem lhe disse que o senhor comandaria os trabalhos?" O burocrata recuou, confuso, e Alexei Kovalev, o preservacionista que ficou conhecido como "herói da Batalha do Angleterre", pôs-se diante da assembleia sugerindo que os dois visitantes parassem de atrapalhar o andamento da reunião. Os dois homens se levantaram e Kovalev e Salye tomaram seus lugares para assumir o comando da primeira sessão da primeira Câmara democraticamente eleita de toda a União Soviética.[32]

A sessão foi aberta, como planejado pelo comitê coordenador, com três dos seus membros fazendo os comunicados regulamentares. Quando chegaram à frente da sala, ouviram-se gargalhadas por todo lado, pois todos exibiam o aspecto padrão da *intelligentsia* — suéter de gola rulê e barba. "Foi fantástico", recordou um sociólogo que estava presente. "Uma completa transformação de atmosfera: os sujeitinhos de terno saindo com suas canecas e a informalidade chegando."[33]

Acatando o que um deles chamaria mais tarde de "noção aguda de democracia"[34] e que os tinha levado ao Mariinsky, uma das primeiras decisões dos recém-eleitos foi tirar os guardas do palácio para que qualquer cidadão pudesse ter acesso aos gabinetes e ao plenário. "Mariinsky parecia até uma grande estação ferroviária durante a guerra civil russa", escreveria, tempos depois, um dos membros da Câmara. "Dezenas de sem-teto ficavam parados na porta do plenário, segurando os parlamentares pelo braço e tentando lhes enfiar folhas datilografadas nas mãos. Lembro-me de um sujeito barbudo que ficou tentando convencer a Câmara a apreciar uma de suas invenções brilhantes. Votamos pela retirada dos guardas do palácio — e, literalmente, no dia seguinte, fomos obrigados a calcular o preço dos detalhes em bronze que já haviam desaparecido do interior do prédio."[35]

Logo a guarda foi restabelecida, mas as pessoas continuaram frequentando o local.

"Elas tinham esperado tanto tempo para ser ouvidos", observou mais tarde outro membro da Câmara. "Quando os eleitores vinham nos ver, nós nos sentíamos um pouco como padres no confessionário. Dizíamos: 'Não posso conseguir um novo apartamento para você; isso está além dos limites da minha autoridade.' Então, eles replicavam: 'Eu só quero que você me ouça.' Nós ouvíamos, com paciência e atenção. E eles iam embora satisfeitos."[36]

A percepção de que os eleitores não queriam apenas ser ouvidos, queriam também ser protegidos e ter o que comer chegaria poucos meses depois.

EM RESPEITO AOS PRINCÍPIOS da democracia radical, a Câmara Municipal não tinha um presidente formalmente designado. Isso, porém, acabou se revelando nada prático e até mesmo nada político: enquanto os novos membros da Câmara tentavam criar procedimentos parlamentares praticamente do zero, testando e corrigindo questões de ordem na mesma hora — e, muitas vezes, com a sessão sendo transmitida ao vivo pelo canal de TV local —, os eleitores de Leningrado começavam a ficar impacientes. A cidade, o país, a própria vida pareciam estar desmoronando por todo lado e os democratas ficavam ali praticando a democracia sem chegar a nenhum resultado.

Marina Salye, que continuava sendo a política mais popular da cidade, decidiu não concorrer à presidência da Câmara. Vinte anos depois, teve dificuldade em explicar aquela decisão: "Gostaria que alguém pudesse me dar essa resposta", declarou. "Teria sido estupidez, inexperiência, timidez ou ingenuidade? Não sei, mas o fato é que não concorri. E foi um erro."[37]

Com a recusa de Salye, os ativistas da Câmara Municipal decidiram lançar mão do outro herói local da *perestroika*, Anatoly Sobchak, o professor de direito que ficou conhecido em Moscou como o democrata de Leningrado. Sobchak era bem diferente de seus colegas barbudos informais que usavam suéteres: em contraste com o ar contemplativo, em geral modesto desses indivíduos, ele assumia ostensivamente o gosto por se vestir bem — os comunistas viviam criticando-o pelos trajes "burgueses", e, uns bons vinte anos depois, o blazer xadrez que era sua marca registrada ainda é mencionado em reminiscências políticas — e era um orador contundente. Parecia adorar o som da própria voz. Como disse um de seus ex-colegas, Sobchak "podia interromper uma reunião de trabalho fazendo um discurso de quarenta minutos, totalmente de improviso, sobre as vantagens de se construir uma ponte imaginária" e fascinar os seus ouvintes falando sobre coisas sem a menor substância.[38]

Embora pertencesse ao Grupo Inter-regional de Sakharov no Soviete Supremo, era um homem muitíssimo mais conservador do que os informais que o estavam chamando de volta a Leningrado. Como professor de direito que havia lecionado na academia de polícia, ele fazia parte do sistema soviético que sob muitos aspectos estava chegando ao fim. Acabava de se filiar ao Partido Comunista, nitidamente persuadido que, com todas as reformas de Gorbachev, a instituição continuaria a comandar o país. E, em uma cidade dividida, a qual os novos políticos democratas vinham chamando cada vez mais frequentemente pela histórica denominação de São Petersburgo, Sobchak foi contra essa mudança de nome, alegando que Leningrado refletia melhor o valor militar da região.[39]

Sobchak também era muito mais político do que qualquer um dos informais seria capaz. Tinha uma ambição considerável: não tardaria muito a declarar para quem quisesse ouvir que seria o próximo presidente da Rússia. Nesse meio-tempo, em escala municipal, pretendia mandar em toda a Câmara sem a mínima consideração para com os democratas que o tinham chamado ao trono. Para conseguir seu intento, fez às escondidas um conchavo com a facção minoritária do Partido e, para a surpresa de todos, os comunistas votaram nele. Em troca, poucos minutos depois,

Sobchak frustrou todas as expectativas não nomeando Salye ou qualquer outro democrata de destaque como seu vice. Em vez disso, escolheu Vyacheslav Shcherbakov, membro do Partido Comunista e contra-almirante. Os democratas, mesmo desconcertados, não deixaram de honrar o compromisso assumido com Sobchak e votaram confirmando aquela nomeação.[40]

Então, Sobchak fez seu discurso. Explicou "tim-tim por tim-tim" como encarava sua missão: estava ali para ser o patrão, não o líder. A seus olhos, a Câmara Municipal andava entalada nos "procedimentos democráticos para fins dos próprios procedimentos democráticos", como ele descreveu, e queria dar início à tarefa de governar efetivamente a cidade. A cada minuto que passava, sua voz ia soando mais confiante, e Sobchak informou àquela Câmara que as coisas iam começar a mudar.

"Percebemos nosso erro assim que votamos nele", relatou um dos membros da Câmara tempos depois.[41] Sobchak estava decidido a destruir aquilo que a maioria dos eleitos considerava o maior feito obtido nos dois meses de trabalho ali dentro: a criação de um jeito não soviético de fazer as coisas. Os informais voltaram para casa chocados e abatidos.

Já Sobchak foi para o aeroporto embarcar para uma conferência jurídica nos Estados Unidos.

"O PERÍODO QUE ELE PASSOU EM São Petersburgo foi dos mais obscuros", declarou Gevorkyan, referindo-se à biografia que havia escrito com os dois colegas. "Nunca consegui descobrir como ele se aliou a Sobchak."

Em Leningrado, os colegas de Putin na KGB pareciam estar tentando não combater a nova realidade política, mas se adaptar a ela, e, de início, tudo indicava que era isso que ele também teria de fazer: em vez de deixar a KGB em um ímpeto de raiva, ficar ali, mesmo de cara feia, e procurar novos colegas, novos mentores e, talvez, novas formas de exercer alguma influência por trás dos panos.

A frase "Uma vez espião, sempre espião" estava efetivamente correta: a KGB sempre manteve seus homens no cabresto. Mas para onde foram todos aqueles espiões exauridos? A organização tinha um nome e uma estrutura para o inchaço de sua composição: reserva ativa. Na verdade, era uma quantidade incontável — e, talvez até, incontada — de oficiais infiltrados em todas as instituições civis da URSS.

Cerca de um ano depois, quando um liberal chamado Vadim Bakatin foi nomeado por Gorbachev para assumir a KGB com a função de desfazer a instituição, foi a reserva ativa que ele achou mais desconcertante e intratável. "Eram oficiais da KGB regularmente empregados em todas as organizações estatais e cívicas de algum peso", escreveu ele. "Em geral, muitos dos funcionários das tais organizações, senão todos, sabiam que aqueles indivíduos trabalhavam para a KGB. Os homens da reserva ativa realizavam as mais diversas funções: alguns controlavam as autorizações dos sistemas de segurança enquanto outros se dedicavam ao monitoramento dos humores e das conversas do lugar em que trabalhavam, tomando o que consideravam ser a atitude adequada com relação a qualquer dissidente... Existem, decerto, situações em que uma organização de polícia secreta precisa ter alguém infiltrado em uma ou outra instituição, mas o que se esperaria, nesses casos, era que esse tipo de ação fosse secreta. Que serviço secreto é esse cujo pessoal pode ser identificado por qualquer um?"[42]

Bakatin respondeu à própria pergunta: "Tal como era, a KGB não podia ser denominada um serviço secreto. Era uma organização formada para controlar e eliminar toda e qualquer coisa. Parecia ter sido criada especialmente para articular golpes e conspirações, e possuía todo o material necessário para levá-los adiante: suas Forças Armadas especialmente treinadas, a capacidade de rastrear e controlar comunicações, seu pessoal dentro de todas as instituições essenciais, um monopólio da informação e várias outras coisas."[43] Era um monstro que estendia seus tentáculos por toda a sociedade soviética. Vladimir Putin decidiu que ocuparia um lugar na ponta de um desses tentáculos.

Putin disse ao amigo violoncelista que estava pensando em se mudar para Moscou e ingressar na vasta burocracia da KGB na capital. Mas, depois, resolveu ficar em Leningrado e, talvez por ser sempre atraído pelo que lhe era familiar, voltou-se para a única instituição fora da KGB com a qual tivera algum vínculo: a Universidade de Leningrado. Seu novo posto era o de chanceler assistente para relações exteriores. Como todas as organizações da URSS, a universidade estava começando a reconhecer a possibilidade de existência de relações exteriores. O corpo docente e o discente começavam a viajar para o exterior a fim de aprimorar os estudos ou participar de congressos: ainda precisavam enfrentar enormes obstáculos burocráticos, mas a oportunidade de fazer essas viagens, antes reservada a um grupinho seleto, era agora acessível para muitos. Também começavam a chegar alunos e professores vindos de fora: mais uma vez, uma opção que só existia para os estudantes dos países do Bloco Socialista, e um punhado de estudantes ocidentais escolhidos a dedo agora estava disponível para qualquer um. Como milhares de outras instituições soviéticas, a Universidade de Leningrado viu sua verba governamental ser drasticamente reduzida, e tinha esperanças de que as relações exteriores assumissem elas a forma que fosse, pudessem lhe trazer o dinheiro tão necessário. Era um trabalho perfeito para um membro da reserva ativa: não apenas porque os ocupantes de tais postos eram tradicionalmente nomeados pela KGB, mas também porque, de um modo geral, todos acreditavam que ninguém era melhor que eles quando se tratava de procurar e implementar relações com estrangeiros; afinal, eram os únicos que tinham experiência nesse campo.

Putin disse que tencionava escrever uma dissertação e, talvez, ficar definitivamente na universidade.[44] Na verdade, porém, como acontecia com quase tudo na União Soviética naquela época, o tal emprego tinha algo de transitório. E ele acabou ficando ali por menos de três meses.

* * *

A HISTÓRIA DE COMO PUTIN ACABOU trabalhando para Anatoly Sobchak enquanto este foi presidente da Câmara Municipal de Leningrado é conhecida de todos, muitas vezes contada e recontada e, com toda certeza, inverídica em muitos ou em todos os seus detalhes mais divulgados.

Segundo a versão apócrifa, Sobchak, professor de direito e político célebre, estava passando pelos corredores da universidade, viu Putin e o convidou para trabalhar com ele na Câmara. Na versão do próprio Putin, um ex-colega de faculdade conseguiu marcar uma entrevista para ele no gabinete de Sobchak. Segundo Putin, embora houvesse assistido às aulas na faculdade de direito nos anos 1970, não mantinha qualquer relação pessoal com o professor.

"Lembro bem da cena", disse Putin aos seus biógrafos. "Entrei, apresentei-me e contei tudo. Sobchak era um sujeito impulsivo e, então, foi logo dizendo: 'Vou falar com o chanceler. Você começa na segunda. Está decidido. Vou tomar todas as providências e você será transferido.'"[45] No sistema soviético de atribuição de cargos, era comum funcionários serem transferidos como servos, desde que seus donos concordassem. "Não pude deixar de dizer: 'Anatoly Alexandrovich, será um prazer vir trabalhar para você. Estou interessadíssimo. Quero esse emprego. Mas há um detalhe que representará provavelmente um obstáculo à minha transferência.' E ele perguntou: 'O que é?' 'Preciso dizer', prossegui, 'que não sou um simples chanceler assistente. Sou oficial da KGB.' Ele ficou pensativo, pois na verdade não esperava por aquilo. Pensou por uns instantes e, então, exclamou: 'Ah, que se dane!'"

Esse diálogo é decerto uma ficção, e bem medíocre. Por que Putin alega ter "contado tudo" se só foi dizer a Sobchak que era membro da KGB depois que este lhe propôs o tal emprego? Por que mostra Sobchak como um tolo ignorante — todo mundo na Universidade de Leningrado sabia que Putin era agente da KGB — e um sujeito vulgar? Provavelmente porque não havia ensaiado bastante bem aquela mentira quando a contou a seus biógrafos, pois, com toda certeza, acreditava que iriam evitar a delicada e tão óbvia pergunta sobre como um oficial de carreira da KGB acabou indo trabalhar para um dos mais destacados políticos pró-democracia da Rússia.

O próprio Sobchak contou uma ficção diferente. "Não foi a KGB que designou Putin para trabalhar comigo",[46] declarou ele em entrevista a um jornal, na mesma semana em que Putin falava com seus biógrafos — e isso explica a discrepância. "Eu mesmo encontrei com ele e o convidei porque já o conhecia. Lembro bem dele como estudante pelo seu desempenho na faculdade de direito. Por que se tornou meu assessor? Encontrei com ele, por mero acaso, nos corredores da universidade. Logo o reconheci, o cumprimentei e lhe perguntei o que andava fazendo. Fiquei sabendo que ele tinha trabalhado por um bom tempo na Alemanha e, agora, era assistente do chanceler. Putin foi um excelente aluno, embora tenha uma característica: não gosta de se destacar. Nesse sentido, é um homem destituído de qualquer vaidade, de qualquer ambição externa, mas, por dentro, é um líder."

Sem dúvida alguma, Sobchak sabia que Putin era agente da KGB. E mais, foi exatamente por isso que o procurou. Esse era o tipo de político que Sobchak era: tinha um vibrante discurso pró-democracia, mas gostava de poder falar a partir de uma sólida base conservadora. Foi também por isso que escolheu um contra-almirante comunista para ser seu vice na Câmara Municipal. Sobchak não apenas se sentia mais seguro cercado por esses homens saídos das várias Forças Armadas, mas também ficava mais à vontade com eles que com aqueles ativistas superinstruídos, excessivamente falantes, inteiramente centrados no processo pró-democracia, como Salye e os outros do mesmo gênero. Ele tinha lecionado direito na academia de polícia de Leningrado; tinha dado aula para homens idênticos ao que percebia que Putin era: confiáveis, mas não brilhantes, não excessivamente ambiciosos e sempre atentos à hierarquia. Ademais, precisava de Putin pelos mesmos motivos que a universidade tivera para contratá-lo: era uma das pouquíssimas pessoas em Leningrado que já tinha trabalhado no exterior, e a cidade estava precisando de ajuda estrangeira e de dinheiro estrangeiro. Enfim, Sobchak — que havia feito carreira tanto na universidade, onde agora era titular, quanto no Partido Comunista — sabia que era muito mais sensato escolher seu auxiliar da KGB a deixar que alguém fizesse a escolha por ele.

Agora, se Sobchak tinha razão em acreditar que ele mesmo tinha escolhido seu auxiliar é uma pergunta que fica em aberto. Um ex-colega de Putin na Alemanha Oriental[47] me contou que, em fevereiro de 1990, o futuro presidente teve uma reunião com o major-general Yuri Drozdov, chefe da Diretoria de Inteligência Ilegal da KGB, quando o oficial esteve em visita a Berlim. "O único motivo possível de semelhante reunião seria comunicar a Putin seu próximo cargo", disse-me Sergei Bezrukov, que fugiu para a Alemanha em 1991. "Por que outra razão o chefe de um setor iria se reunir com um agente que já tinha data marcada para voltar para casa? Esse tipo de coisa simplesmente não acontece." Bezrukov e outros agentes ficaram se perguntando qual cargo seria esse e que importância teria para que um oficial de tão alta patente se envolvesse na história. Quando Putin foi trabalhar para Sobchak, Bezrukov ficou convencido de que ali estava sua resposta: seu antigo companheiro havia sido chamado de volta para se infiltrar no primeiro escalão da equipe de um dos principais políticos pró-democracia do país. O posto na universidade não passara de um degrau.

Putin comunicou à KGB de Leningrado que estava prestes a mudar de cargo. "Eu disse: 'Recebi uma proposta de Anatoly Alexandrovich [Sobchak] para me transferir da universidade e ir trabalhar com ele. Se for impossível, estou disposto a me demitir.' Eles responderam: 'Não, por que faria isso? Vá para esse novo cargo, não há problema algum.'"[48] Esse diálogo parece mais uma ficção absurda, mesmo no caso muito pouco provável de ele não ter sido impingido a Sobchak pela KGB. Putin não tinha motivo algum para supor que a oportunidade de infiltrá-lo junto ao mais proeminente democrata da cidade não seria recebida com entusiasmo pela organização.

Nessa época, os novos democratas tinham se tornado o foco principal da atenção da KGB. No ano anterior, Gorbachev havia criado a Comissão de Fiscalização Constitucional,[49] um grupo com autoridade legal encarregado de zelar para que as práticas governamentais soviéticas estivessem em conformidade com a própria Constituição do país. Em 1990, a comissão deu início a um combate contra as operações sigilosas da KGB, proibindo qualquer ação baseada em instruções internas secretas, decisão que a KGB simplesmente ignorou.[50] Em vez disso, pôs sob vigilância, 24 horas por dia, Boris Yeltsin e outros democratas de destaque.[51] Grampeou seus telefones, inclusive em quartos de hotel onde se hospedavam. Grampeou também o telefone de seus amigos, parentes, barbeiros e treinadores esportivos. Portanto, é extremamente improvável que Putin tenha dito a verdade quando declarou aos biógrafos que não fazia relatórios para a KGB enquanto trabalhou com Sobchak — o tempo todo recebendo um salário maior pela polícia secreta do que o que recebia pela Câmara Municipal.[52]

Por incrível que pareça, como e quando Putin finalmente cortou seus laços com a KGB — se foi que isso aconteceu — é algo que não foi objeto de registro público ou sequer da criação de algum mito coerente. Putin contou que, poucos meses depois de ter ido trabalhar para Sobchak, um membro da Câmara Municipal começou a chantageá-lo, ameaçando denunciá-lo como agente da KGB. Putin se deu conta, então, de que precisava sair. "Foi uma decisão bem difícil. Já fazia quase um ano que eu tinha parado de trabalhar de fato para o serviço de segurança, mas toda minha vida ainda girava em torno dele. Estávamos em 1990: a URSS ainda não tinha se desagregado, o golpe de agosto ainda não tinha acontecido; portanto, não se podia ver com clareza que rumo o país ia tomar. Sobchak era sem dúvida uma pessoa notável e um político proeminente, mas parecia arriscado vincular meu futuro ao dele. Podia haver uma reviravolta completa em um minuto. E eu nem conseguia imaginar o que faria se perdesse o emprego na Câmara Municipal. Pensei em voltar para a universidade, escrever uma dissertação e pegar um ou outro trabalho. Tinha uma situação estável na KGB e era bem tratado lá dentro. Era bem-sucedido no interior daquele sistema, mas, mesmo assim, resolvi sair. Por quê? Para quê? Eu realmente estava sofrendo. Precisava tomar a decisão mais difícil da minha vida. Refleti por um longo tempo, tentando pôr as ideias em ordem e, depois, me decidi, sentei e escrevi a carta de demissão de uma só vez, sem fazer um rascunho."[53]

Esse monólogo, feito dez anos mais tarde, é de fato um documento notável. Se Putin efetivamente deixou a mais temida e mais assustadora organização da União Soviética, nunca — nem mesmo retrospectivamente — baseou sua decisão em termos ideológicos, políticos ou morais. Dez anos depois do fato, quando ele se preparava para comandar a nova Rússia, admitiu sem hesitação que estava disposto a servir a qualquer amo. E, mais que isso, que adoraria se garantir por todos os lados e servir a todos eles.

E foi o que ele fez. A KGB perdeu a sua carta de demissão — seja por uma manobra inteligente ou porque aquela fosse uma organização cronicamente incapaz de dar conta da própria papelada. Mas, qualquer que tenha sido o motivo, o fato é que Vladimir Putin ainda era um agente em agosto de 1991, quando a KGB finalmente resolveu executar o golpe de estado para o qual parecia ter sido designada.

Cinco

UM GOLPE E UMA CRUZADA

Levei dois anos para conseguir que Marina Salye me recebesse. E, depois, para chegar à casa dela, levei cerca de doze horas dirigindo em condições das mais complicadas, tendo um trecho, de mais ou menos meia hora, em que era quase impossível seguir adiante com o carro. Minhas instruções eram "dirija até onde der e, então, faça o resto do percurso a pé". No fim da estrada, eu devia procurar a bandeira tricolor da Rússia hasteada no alto de uma casa de madeira. Não havia como errar: os russos não têm o hábito de hastear bandeiras em casa.

Salye estava morando em uma aldeia, se é que podemos chamar assim um pequeno aglomerado de 26 casas onde viviam apenas seis pessoas. Como tantas outras aldeias russas, aquela, a centenas de quilômetros da cidade mais próxima e a cerca de trinta quilômetros de qualquer lugar onde se pudesse comprar comida, era um ninho vazio, esquecido, sem futuro. Foi nesse lugar que Salye se instalou, aos 75 anos, junto com a mulher que ela dizia ser sua irmã, porque ali ninguém conseguiria encontrá-las.

A outra mulher, pouco mais moça que ela, e que parecia estar em melhores condições de saúde, levou as caixas com papéis que

Salye havia levado consigo quando resolveu se retirar da vida pública. Ali estava o resultado de meses de buscas incessantes que ela tinha feito após revelar a história do sumiço da carne.

EM 1990, O MUNDO ESTAVA VIRANDO um inferno. Ou, pelo menos, este era o caso da União Soviética. Em 13 de janeiro, irromperam *pogroms* pelas ruas da capital do Azerbaijão, Baku, historicamente a mais diversa de todas as cidades do império russo.[1] Quarenta e oito pessoas de etnia armênia foram mortas e cerca de trinta mil — todo o resto da população armênia local — fugiu de lá. O campeão mundial de xadrez, Garry Kasparov, um armênio de Baku, fretou um avião para resgatar a família, os amigos e amigos de amigos. No dia 19, as tropas soviéticas invadiram a cidade, com o objetivo declarado de restaurar a ordem, e deixaram um saldo de mais de cem civis — em sua maioria do grupo étnico azeri — mortos.

O império soviético estava se esgarçando em todas suas costuras. O centro não tinha condições de mantê-lo unido; seu exército era violento e ineficaz.

A economia soviética também beirava o colapso. A falta de alimentos e produtos básicos tinha atingido proporções catastróficas. Se Moscou ainda tinha a capacidade, por menor que fosse, de mobilizar os recursos de todo o imenso país só para repor o mínimo indispensável ao menos em algumas prateleiras das lojas, Leningrado, a segunda maior cidade da União, refletia toda a extensão do desastre. Em junho de 1989, as autoridades locais tinham começado a racionar chá e sabão. Em outubro de 1990, açúcar, vodca e cigarros vieram aumentar a lista dos produtos racionados. Em novembro do mesmo ano, a Câmara Municipal democrática se viu obrigada a adotar a medida terrivelmente impopular de introduzir cartões de racionamento — reminiscentes daqueles que foram usados durante o cerco à cidade na Segunda Guerra Mundial.[2] Agora, cada habitante tinha direito a um quilo e meio de carne por mês, um quilo de embutidos, dez ovos, meio quilo de manteiga,

250 mililitros de óleo vegetal, meio quilo de farinha e um quilo de cereais ou de massas. Com a introdução dos cartões de racionamento, a Câmara tinha esperanças não apenas de deter a fome — o termo, em toda sua obscenidade, já não era visto como algo pertencente ao passado ou a terras longínquas —, mas também de evitar agitações públicas.

Em duas ocasiões, a cidade se viu perigosamente perto da violência generalizada: durante a revolta do tabaco, em agosto de 1990, e a do açúcar, poucas semanas depois.[3] Os cigarros andavam escassos havia algum tempo, mas as grandes lojas do centro de Leningrado sempre tinham ao menos uma marca em seus estoques. Até que um dia, em fins do mês de agosto, nem mesmo as lojas da avenida Niévski tinham cigarros para vender. Pela manhã, formou-se uma multidão na porta de uma delas, na expectativa de uma remessa que não veio. A loja fechou para o almoço e reabriu uma hora depois, com as prateleiras ainda vazias. Às três da tarde, um grupo de milhares de fumantes enfurecidos havia parado o trânsito na avenida e já se preparava para começar a atirar pedras na vitrine da tal loja. O comissário de polícia ligou para a Câmara Municipal, em pânico: se eclodisse um tumulto, não teriam condições de impedir danos físicos ou materiais. Alguns dos membros da Câmara, liderados por Sobchak, correram para o local com a intenção de acalmar a multidão.

E chegaram bem a tempo. Os manifestantes já haviam arrancado uma imensa jardineira da calçada, além de um pedaço bem grande da grade de um pátio vizinho, e estavam erguendo barricadas no meio da avenida principal. O trânsito ficou parado. A força especial da polícia, formada apenas havia uns dois anos, e já célebre pela truculência usada para interromper manifestações — os seus cassetetes foram apelidados de "democratizadores" —, tinha chegado ao local e se preparava para atacar os fumantes rebelados e suas barricadas. Diferentemente da polícia regular, essas tropas sabiam muito bem o que fazer em caso de tumulto: com certeza haveria sangue. Sobchak e vários outros membros da Câmara igualmente conhecidos tentaram abordar diversos grupos no meio da multidão, escolhendo pessoas que davam sinais de que os reconheciam e conversando com elas. O ex-dissidente e prisioneiro político Yuli Rybakov, agora também membro da Câmara Municipal, dirigiu-se às forças especiais para assegurar ao comandante que um carregamento de cigarros chegaria a qualquer minuto e tudo se resolveria de forma pacífica.[4]

Outro grupo de políticos, liderados por Salye, vasculhava os entrepostos da cidade à procura de cigarros. Encontraram alguns pacotes e, quando já estava escurecendo, entregaram a mercadoria aos manifestantes da Niévskyi. Os fumantes acenderam seus cigarros e se dispersaram, deixando aos membros da Câmara a tarefa de desmontar aquelas barricadas improvisadas e de considerar a possibilidade de que futuros tumultos poderiam não se resolver assim, com relativa facilidade, porque, ao que tudo indicava, a cidade ia acabar desprovida de praticamente tudo.

Semanas depois, no fim do verão, em pleno período de se fazerem as conservas, o açúcar desapareceu das prateleiras.[5] Temendo uma reedição da revolta do tabaco, um grupo de membros da Câmara Municipal resolveu conduzir uma investigação. Descobriram o que julgaram ser uma conspiração do Partido Comunista para desacreditar o novo regime democrático da cidade. Aproveitando-se do fato de que ninguém mais sabia direito quem detinha o poder em Leningrado, funcionários do Partido tinham aparentemente mexido os pauzinhos para impedir que os trens que traziam açúcar para a região fossem descarregados. Marina Salye, a geóloga, convocou alguns de seus colegas para uma reunião de emergência e mandou que eles fossem pessoalmente monitorar a chegada, a descarga e a entrega da mercadoria às lojas. Com isso, foi possível impedir um novo confronto.

A essa altura, Marina Salye havia sido eleita presidente da comissão de alimentos da Câmara Municipal. Todos pareciam acreditar que uma mulher que nunca teve nada a ver com alimentos e comércio varejista e que nunca foi coordenadora de coisa alguma, nem patroa de ninguém, mas que se revelava essencialmente incorruptível e avessa à corrupção, seria a pessoa mais indicada para evitar que a fome se abatesse sobre Leningrado. Por uma questão de lógica, coube à figura local de maior credibilidade a tarefa mais difícil e mais importante da cidade.

EM MAIO DE 1991. SALYE. NO CARGO de presidente da Comissão de Alimentos da Câmara Municipal de Leningrado, viajou para Berlim a fim de assinar contratos de importação de vários carregamentos de carne e batatas. As negociações estavam praticamente concluídas: Salye e um colega de sua confiança iam apenas assinar os documentos necessários.

"Quando chegamos lá", disse-me ela, anos mais tarde, ainda indignada, "a tal *Frau* Rudolf, a pessoa que devíamos procurar, mandou dizer que não podia nos receber porque estava tratando de importantes negociações com a cidade de Leningrado sobre importação de carne. Ficamos boquiabertos. Mas somos a cidade de Leningrado, e viemos até aqui para tratar da importação de carne!"[6]

Os dois ligaram para a comissão de alimentos da administração municipal, uma réplica da própria comissão: a única explicação que lhes passava pela cabeça era que o Poder Executivo pudesse ter, sabe-se lá por quê, se intrometido no contrato. Mas o presidente da comissão lhes garantiu que sequer estava a par daquelas negociações. "Então liguei para Sobchak", prosseguiu ela. "Disse-lhe: Anatoly Alexandrovich, acabei de descobrir — àquela altura já tinham me fornecido os números — que Leningrado está comprando sessenta toneladas de carne. Enquanto eu ainda estava na linha, Sobchak telefonou para o Banco Econômico Exterior — dava para ouvi-lo falando —, deu o nome da empresa, e o banco confirmou que havia efetivamente aberto uma linha de crédito em nome da tal companhia, no valor de 90 milhões de marcos alemães. E, então, Sobchak não me disse mais nada, limitando-se a declarar: 'Não faço ideia do que possa ter acontecido.'"

Salye voltou para casa de mãos abanando, com apenas uma pequena esperança de que as tais sessenta toneladas de carne supostamente compradas efetivamente chegassem à cidade. Mas não chegaram, ou seja, ela nem sequer teve condições de acompanhar a sequência do mistério das carnes, que continuou a intrigá-la. No entanto, três meses depois, o episódio foi engolido por outro acontecimento, muito mais assustador e não menos intrigante — e, para Salye, intrinsecamente ligado à sua desventura alemã.

ESTRANHAMENTE, A CONJUNTURA mais importante na história da Rússia moderna, o momento mais fatídico do país, não foi objeto de nenhum relato coerente. Não existe um consenso nacional sobre a natureza dos acontecimentos que definiram o próprio país, e essa falta de consenso é, sem dúvida alguma, o maior fracasso da Rússia contemporânea enquanto nação.

Em agosto de 1991, um grupo de ministros soviéticos, liderados pelo vice-presidente, tentou derrubar Gorbachev da presidência, com o objetivo declarado de salvar a URSS da destruição. O golpe fracassou, a URSS se desmembrou e Gorbachev acabou perdendo seu poder de qualquer jeito. Vinte anos mais tarde, não existe nenhuma versão universal ou, ao menos, amplamente aceita, desses acontecimentos. O que motivou esses ministros? Por que sua tentativa de golpe fracassou tão rápida e cabalmente? E, afinal, quem saiu ganhando?

A expectativa de um retrocesso linha-dura já estava no ar desde o início do ano. Houve até quem dissesse que sabia de antemão a data em que o golpe ia ser executado; conheço pelo menos um empresário, um dos primeiros russos a enriquecer, que deixou o país porque ficou sabendo do que ia acontecer.[7] Na verdade, não era preciso ter algum contato dentro da KGB nem uma imaginação fertilíssima para esperar que um golpe acontecesse: a sensação de medo e uma fatídica espécie de instabilidade eram palpáveis. Por todo o país, vinham eclodindo conflitos étnicos armados. As repúblicas bálticas — Letônia, Lituânia e Estônia — decidiram romper seus laços com a União

Soviética, e Boris Yeltsin, presidente do Soviete Supremo, lhes deu todo o apoio. Gorbachev enviou tanques para Vilnius, a capital lituana, com o objetivo de reprimir o levante que acontecia por lá. Isso foi em janeiro. Em março, havia tanques pelas ruas de Moscou quando Gorbachev, seja levado pelo desespero de perceber que o país estava fora de controle, seja por se submeter aos linhas-duras do próprio governo, ou por ambas as razões, tentou impedir toda e qualquer manifestação pública na capital soviética. Foi nessa ocasião que vi Galina Starovoitova pela primeira vez: ela liderava centenas de milhares de moscovitas que desafiavam o decreto presidencial e os tanques. Ainda em março, Gorbachev convocou um referendo sobre a manutenção da União Soviética como uma efetiva unidade; em nove das quinze repúblicas que constituíam a URSS, o povo votou a favor, mas seis repúblicas boicotaram a votação. No final do mês, a Geórgia convocou o próprio plebiscito e o povo votou pela separação do país.

Essas repúblicas pararam de pagar taxas ao governo da Federação, exacerbando uma crise orçamentária que já tinha atingido proporções consideráveis. A falta de alimentos e de produtos básicos piorou ainda mais, mesmo quando parecia que nada poderia ficar pior. Em abril, o governo tentou cautelosamente atenuar o controle dos preços; resultado: os preços subiram, mas os produtos continuaram a faltar. Em junho, a Ucrânia declarou sua independência da União Soviética. A Chechênia, que, na verdade, era parte integrante da república russa na URSS, fez o mesmo. Nas eleições presidenciais de junho, a Rússia elegeu Yeltsin como presidente. Tanto Moscou quanto Leningrado instauraram o posto de prefeito, que não existia na época soviética, e, ainda no mesmo mês, Sobchak foi eleito prefeito de Leningrado. Era um cargo bem mais à sua feição que o de presidente da Câmara Municipal: afinal, ele sempre tinha atuado no poder executivo. Putin se tornou vice-prefeito para as relações internacionais.

DURANTE ESSES DOIS ANOS DE constantes mudanças políticas e debates cívicos tumultuados, os cidadãos soviéticos se tornaram dependentes da televisão. Em 19 de agosto de 1991, os que acordaram cedo encontraram a TV calada. Ou quase: ficaram transmitindo sem parar o balé O *lago dos cisnes*. A partir das seis horas da manhã, a rádio estatal começou a divulgar toda uma série de decretos e discursos políticos. Uma hora depois, os mesmos documentos passaram a ser lidos também na televisão.

"Compatriotas! Cidadãos da União Soviética!" Era assim que começava o mais eloquente desses documentos que foram transmitidos ininterruptamente. "Estamos nos dirigindo a vocês em um momento crítico para nossa pátria e todo nosso povo! Nossa grande nação está correndo sério risco! A política de reformas empreendida por M.S. Gorbachev, que pretendia assegurar o desenvolvimento dinâmico do país e a democratização para nossa sociedade, acabou nos levando a um beco sem saída. O que começou com entusiasmo e esperança acabou em perda de fé, apatia e desespero. O governo, em todos os seus níveis, não conta mais com a confiança dos cidadãos. A politicagem se sobrepôs à vida pública, expulsando a preocupação genuína com o destino da pátria e de seus cidadãos. O que fizeram com as instituições do Estado foi um deboche maldoso. Em suma, o país se tornou ingovernável."

A Junta, que incluía o chefe supremo da KGB, o primeiro-ministro, o ministro do Interior, o vice-presidente do conselho de segurança, o ministro da Defesa, o vice-presidente da República, o presidente do Soviete Supremo e os líderes das uniões do comércio e da agricultura, prosseguiu fazendo promessas ao povo:

"A honra e o orgulho do homem soviético devem ser plenamente restaurados."

"O crescimento do país não deve ser construído sobre o baixo padrão de vida de sua população. Em uma sociedade saudável, a norma será o crescimento constante da riqueza."

"Nossa primeira tarefa será encontrar solução para o problema da falta de comida e de moradia. Todas as forças serão mobilizadas no sentido de satisfazer essas que são as principais necessidades do povo."[8]

Para tanto, proclamava outro documento: "Considerando-se as necessidades da população, que exigiu que fossem tomadas medidas decisivas para evitar que a sociedade rume para a catástrofe nacional, para garantir que a lei e a ordem sejam mantidas, será declarado estado de emergência em várias localidades da URSS por um período de seis meses, a começar das quatro horas da manhã, horário de Moscou, do dia 19 de agosto de 1991."[9] Por esse motivo, a Junta se denominava Comissão Estatal para o Estado de Emergência na URSS (GKChP SSSR). Disseram também, repetidas vezes, que Gorbachev estava doente, sem condições de prosseguir no cargo. Na verdade, ele estava em prisão domiciliar em uma casa de férias em Foros, um balneário do mar Negro.

A SEGUNDA METADE DE AGOSTO costuma ser um período morto nas cidades russas. As Câmaras Municipais estavam em recesso; muitos políticos, ativistas e outros cidadãos haviam viajado. Quando as pessoas que estavam na cidade ouviram aquelas notícias, começaram a acorrer aos seus locais de trabalho, na esperança de conseguir alguma indicação sobre o que fazer, alguma informação ou, simplesmente, para vivenciar a dor e o medo na companhia de outros seres humanos.

Os primeiros três membros da Câmara Municipal chegaram ao palácio Mariinsky pouco depois das sete da manhã. Decidiram convocar uma sessão e começaram, então, a dar telefonemas. Por volta das dez, ainda não tinham quórum. Mas, de repente, viram o general Viktor Samsonov, comandante do Distrito Militar de Leningrado, aparecer na televisão, identificar-se como o representante regional da GKChP e declarar estado de emergência na cidade. Em função da ausência de quórum, Igor Artemyev, vice-presidente da Câmara, resolveu convocar ao menos uma reunião.[10] Artemyev, um barbudo, de fala mansa, com 32 anos de idade, doutorado em biologia e nenhuma experiência em termos de coordenação de reuniões, estava despreparado para o que aconteceu a seguir. Deu a palavra à primeira pessoa que pediu para falar; acontece que foi um representante indicado pela GKChP, o contra-almirante Viktor Khramtsov. Mal o militar começou a falar, Vitaly Skoybeda, membro da Câmara de 30 anos e conhecido por sua propensão à agressividade, correu até a tribuna, gritando que Khramtsov devia ser preso, e lhe deu um soco.

O presidente da Câmara, Alexander Belyaev, que estava fora da cidade, chegou nesse exato momento. Impondo ordem no recinto, logo se aproximou do contra-almirante, que ainda estava estirado no belíssimo assoalho do salão, e perguntou se havia algum documento estabelecendo o estado de emergência na cidade.[11] Não havia. Nesse caso, decidiu Belyaev, tampouco havia estado de emergência. Marina Salye chamou a GKChP de "golpe militar", e aquela definição, que ainda não era óbvia, foi recebida pelos presentes como totalmente exata.[12] Os membros da Câmara começaram a elaborar planos de resistência, formaram uma comissão coordenadora e esboçaram um documento declarando sua oposição ao golpe. A questão agora era como fazer essa mensagem chegar ao povo de Leningrado.

O prefeito Sobchak também estava viajando e ninguém sabia como entrar em contato com ele. Mais para o final da manhã ou no início da tarde, quando os presentes acabavam de concluir os debates, ele ligou para a Câmara Municipal.

"Dissemos que estávamos planejando ir à televisão para informar à população, o mais depressa possível, que se tratava de um golpe militar", contou-me Salye, anos depois. "'Não façam isso', replicou ele. 'Só vai servir para instaurar o pânico. Esperem por mim.'"[13]

Apesar disso, vários membros da Câmara, entre os quais Salye, tentaram ir à estação de TV, mas foram impedidos de entrar. Começou então a espera pela chegada de Sobchak.

O prefeito tinha passado a manhã na *dacha* de Yeltsin, nos arredores de Moscou. A essa altura, o presidente russo tinha convocado todas as lideranças democratas à capital. Era um grupo de homens confusos e assustados. Independentemente da lógica, qualquer um poderia entender que Yeltsin deveria ter sido preso; mas ninguém conseguiu descobrir por que isso não aconteceu. Na verdade, um mandado de prisão contra ele havia sido emitido e assinado na véspera, e a prisão devia ter ocorrido pela manhã quando ele chegou de avião a Moscou. Mas, por algum motivo que ninguém soube explicar, nem na época, nem depois, Yeltsin não foi preso.[14] Alguns agentes da KGB haviam sido designados para cercar a *dacha*. Viram-no chegar e, mais tarde, sair, mas não receberam a ordem efetiva para detê-lo; pelo que se soube tempos depois, dois subcomandantes da unidade encarregada da operação teriam feito objeção àquela decisão e acabaram impedindo a execução do mandado. Os agentes da KGB estavam do lado de fora da casa, armados e ociosos, quando Yeltsin saiu para ir até a sede do governo russo no centro de Moscou.

Outros indivíduos que estavam ali com ele, inclusive Sobchak, foram para o aeroporto de onde embarcaram para suas respectivas cidades com a missão de coordenar a resistência local. Antes de deixar Moscou, porém, Sobchak ligou para Leningrado e ordenou que as forças especiais da polícia bloqueassem todas as entradas e saídas da estação de televisão.[15] Nunca ficou claro se ele fez isso antes ou depois de telefonar para a Câmara Municipal. O que ficou bem claro é que esse foi o motivo de Salye e seus colegas serem impedidos de entrar naquele prédio.

Os membros da Câmara ficaram esperando. O avião de Sobchak já devia ter aterrissado há um bom tempo. E tinha mesmo, mas, antes de ir até o palácio Mariinsky — o que toda Leningrado esperava que ele fizesse: diante do prédio, havia uma multidão que ia aumentando a cada hora —, o prefeito foi ao quartel-general do distrito militar da cidade falar com o general Samsonov. "Por que fiz isso?", escreveu ele, mais tarde, em um livro de memórias. "Até hoje não consigo explicar as minhas ações. Deve ter sido alguma intuição, pois, quando cheguei ao quartel-general do distrito, na praça do Palácio, estava acontecendo justamente uma reunião da GKChP no escritório de Samsonov... Nossa conversa se encerrou com o general me dando sua palavra de que, a não ser em casos extremos ou extraordinários, não haveria tropas em Leningrado. Eu prometi manter a segurança na cidade."[16]

Na verdade, o que Sobchak fez foi adotar uma linha de ação diferente da de seus colegas em Moscou e em muitas outras cidades: mais uma vez, decidiu se garantir, criando uma situação na qual ele estaria a salvo se os linhas-duras saíssem vencedores e não perderia suas credenciais de democrata se fossem derrotados.

A CÂMARA MUNICIPAL DE MOSCOU também se reuniu às dez horas da manhã e também decidiu se opor ao golpe.[17] À diferença de seus colegas de Leningrado, os membros da Câmara moscovita contavam com o apoio incondicional do prefeito da cidade, Gavriil Popov, que, entre outras coisas, mandou que cortassem água, luz e telefone de todos os prédios em que houvesse qualquer atividade dos que apoiavam a GKChP, e também que os bancos parassem de liberar dinheiro da Comissão e das organizações a ela ligadas.[18] Juntos, Câmara Municipal e prefeito formaram uma força-tarefa para coordenar o trabalho da resistência. Durante todo o dia 19 de agosto, enquanto tropas vindas de diferentes localidades entravam na cidade, voluntários se reuniam diante da "Casa Branca" de Moscou, o prédio que sediava o governo russo. Quando os representantes da GKChP ligaram para o vice-prefeito Yuri Luzhkov, tentando uma negociação com este que sempre fora mais burocrata que um democrata, soltou um palavrão e desligou o telefone.[19]

Nesse meio-tempo, concluída a negociação com o general Samsonov, Sobchak rumou enfim para o palácio Mariinsky, onde Putin já tinha se instalado e comandava pessoalmente o policiamento reforçado.[20] Por volta do meio-dia, dezenas de milhares de pessoas estavam reunidas na frente do palácio à espera de notícias — ou de uma oportunidade para agir. Sobchak acabou aparecendo na janela do seu gabinete e leu uma declaração — não sua, mas do presidente da Rússia, Boris Yeltsin, e de outros membros do seu governo. "Convocamos o povo da Rússia a reagir de forma adequada aos golpistas e a exigir que eles permitam que o país retome seu ritmo normal de desenvolvimento constitucional."[21] Depois das nove da noite, juntamente com o contra-almirante que era o seu vice, foi enfim ao prédio da TV Leningrado onde leu o próprio pronunciamento — inspirado e eloquente como sempre. Aquele discurso foi particularmente importante porque várias outras cidades do país captavam a emissão daquela estação de TV e, embora a GKChP tenha aparentemente tentado interromper a transmissão assim que Sobchak começou a falar, Leningrado persistiu. O prefeito convocou os moradores da cidade a comparecer a um ato público no dia seguinte. Ele parecia desafiador, mas não era verdade. Aquilo tudo fazia parte de um plano previamente traçado com o general Samsonov, segundo o qual ele se comprometia a manter os manifestantes confinados a um espaço bem definido. Depois desse discurso, Sobchak desapareceu, e Putin foi com ele: o prefeito passou os dois dias que se seguiram a esses acontecimentos escondido em um *bunker* situado no subsolo da maior fábrica de Leningrado, só saindo de lá uma única vez para comparecer a uma entrevista coletiva. Ele estava apavorado.[22]

No dia seguinte ao golpe, a coisa mais estranha aconteceu. Marina Salye estava controlando os telefones no quartel-general improvisado que a resistência havia instalado na Câmara Municipal quando o general Alexander Rutskoy, vice de Yeltsin, ligou e começou a esbravejar: "Que diabos ele fez? Leu um decreto? Que diabos ele leu?"[23] Salye levou alguns minutos para entender do que o general estava falando, e precisou de muito mais tempo para entender o que isso queria dizer. Rutskoy havia baixado um decreto exonerando o general Samsonov do cargo de comandante do Distrito Militar de Leningrado e substituindo-o pelo contra-almirante Shcherbakov, vice de Sobchak. Substituir um linha-dura leal à GKChP por um partidário do prefeito democrata parecia uma atitude lógica, e Sobchak deveria tê-la acolhido com a maior satisfação. Acontece que isso veio transtornar a barreira tão cuidadosamente erguida pelo professor de direito e, em última instância, obrigá-lo a tomar o partido de Yeltsin não apenas em seus discursos, o que ele efetivamente fez, mas também em seus atos. Então, Sobchak, o advogado, adulterou o texto do tal decreto quando o leu na entrevista coletiva, o que acabou por invalidá-lo.

Foi uma verdadeira avalanche de decretos, pronunciamentos, declarações e ordens provenientes de ambos os lados das barricadas. Mais que uma guerra legal, aquela era uma guerra de nervos, pois qualquer organização ou qualquer pessoa só obedecia ao que havia sido ditado pela autoridade por elas reconhecida. Por isso Yeltsin não podia simplesmente ligar para Samsonov e mandar que o general desocupasse o gabinete: Samsonov só respondia à GKChP e não ao presidente. O governo democrático de Moscou viu, então, uma esperança: que ao ler o tal decreto em alto e bom som, Sobchak, com toda sua eloquência e autoridade, investisse o documento de tanto poder que as tropas estacionadas em Leningrado ficariam convencidas de que o contra-almirante Shcherbakov era seu novo comandante. Mas, durante a leitura do decreto, o prefeito da cidade substituiu o título do posto, agora atribuído a Shcherbakov, por algo como "principal chefe militar", expressão que ninguém conhecia, um cargo fictício tirado de algum mundo paralelo que não lançava qualquer dúvida sobre a autoridade do general Samsonov. Era assim que Sobchak ia mantendo sua posição indefinida, porém estável.

E. ENTÃO. O GOLPE FRACASSOU. Depois de passarem dois dias de prontidão no centro de Moscou, a maioria dos soldados acabou não se dirigindo para a Casa Branca, e uns poucos militares armados que tentaram foram impedidos de fazê-lo por um punhado de voluntários desarmados e pelas barricadas que eles haviam construído com pedras das calçadas e ônibus elétricos virados. Três pessoas morreram.

Gorbachev voltou para a capital. E começou o processo incrivelmente rápido de desmantelamento da União Soviética. Ao mesmo tempo, os governos russo e soviético deram início ao desmonte da instituição mais poderosa da URSS, a KGB, embora essa tarefa tenha se revelado muito mais complexa e muito menos eficaz do que se poderia imaginar.

Em 22 de agosto, o Soviete Supremo da Rússia aprovou uma resolução introduzindo o lábaro branco, azul e vermelho como bandeira nacional, em substituição à vermelha com a foice e o martelo da era soviética. Um grupo de membros da Câmara Municipal, liderados por Vitaly Skoybeda — aquele que havia esmurrado o linha-dura três dias antes —, logo tratou de trocar a bandeira em Leningrado. "Ela ficava em uma esquina na avenida Niévski, hasteada sobre a sede do Partido", relatou Yelena Zelinskaya, responsável por uma publicação *samizdat*, em entrevista concedida anos mais tarde. "Era o lugar mais visível da cidade. Ela começou a ser baixada por um grupo que incluía jornalistas e membros da Câmara. Por alguma razão, apareceu uma orquestra por ali; era a orquestra de metais de uma escola militar. E havia uma equipe de TV filmando tudo. Baixaram a bandeira vermelha com todo o cuidado. E, ao som da banda, hastearam a tricolor. O homem que ficou segurando a bandeira vermelha estava parado bem ali, junto de nós, na Niévski. E lá estávamos todos, um grupo de pessoas paradas na rua, com uma orquestra tocando, e aquele homem, tendo nas mãos a bandeira vermelha. De repente nos sentimos inteiramente perdidos, sem saber o que fazer. Naquele local, por oitenta anos, estivera hasteada uma bandeira que era o símbolo do Estado; todos nós o odiávamos, mas também o temíamos. Até que alguém de nossa equipe exclamou: 'Já sei: vamos devolver essa bandeira para eles.' A sede distrital do Partido ficava do outro lado da rua. Ele pegou a bandeira e atravessou a avenida correndo, sem olhar para a direita ou para a esquerda. Os carros pararam. A orquestra tocava uma marcha e ele corria pela Niévski, que é larguíssima. Exatamente no momento em que a banda tocou a última nota, ele atirou a bandeira com toda a força de encontro às portas da sede do Partido. Houve uma pausa. E, depois, a porta se entreabriu bem devagar e, por uma fresta, surgiu a mão de alguém que puxou a bandeira para dentro. A porta se fechou. Esse foi o momento mais importante de minha vida: ver a bandeira russa tremulando sobre a Niévski."[24]

Cinco dias após o início do golpe, Moscou realizou o funeral dos três jovens que morreram tentando deter as tropas. Três políticos de Leningrado, entre os quais Salye, foram de avião para participar da cerimônia. Juntamente com Nikolai Gonchar, democrata proeminente e presidente da Câmara Municipal da capital, encabeçaram o cortejo fúnebre. "A procissão começou a se mover e parou diversas vezes", contou-me Salye. "E, sempre que parávamos, Gonchar se virava para mim e perguntava: 'O que está acontecendo, Marina Yevgeniyevna?' Fez essa pergunta umas dez vezes." No fim do dia, Gonchar tinha conseguido convencer Salye de que o golpe não fora o que parecia ter sido.[25]

Então foi o quê? Por que o golpe, preparado durante tantos meses, fracassou com tanta facilidade? Na verdade, por que nunca aconteceu? Por que os políticos democratas, à exceção de Gorbachev, puderam continuar a circular livremente pelo país e fazer ligações telefônicas? Por que nenhum deles foi preso? Por que, nos três dias em que mantiveram ostensivamente o poder na União Soviética, os linhas-duras não conseguiram se apoderar das principais redes de transporte e comunicação? E por que se renderam sem lutar? Teria o tal golpe sido apenas uma tentativa medíocre por parte de um grupo de fracassados sem qualquer organização? Ou estaria acontecendo alguma coisa mais complexa e mais sinistra? Haveria, como Salye acabou se convencendo, uma engrenagem habilmente montada para que Yeltsin conseguisse afastar Gorbachev e agenciar o fim pacífico da União Soviética, o que também o deixaria definitivamente em dívida para com a KGB?

Pessoalmente, tendo a achar que não foi uma coisa, nem outra — foram ambas. Mesmo enquanto o golpe ainda estava acontecendo, dos dois lados das barricadas pessoas diferentes contavam histórias diferentes sobre ele. Quando terminou, os vencedores nominais — aqueles que lutavam pela democracia na Rússia —

não conseguiram criar ou propor uma história que viesse a se tornar a verdade comum da nova nação. Todos, então, ficaram com suas narrativas individuais. No fim, para alguns, aqueles três dias de agosto de 1991 continuaram sendo uma história de heroísmo e uma vitória da democracia, ao passo que, para outros, eles continuaram sendo — ou passaram a ser — a história de uma conspiração absolutamente cínica. Qual das duas é a correta? Depende de qual delas pertence àqueles que detêm o poder na Rússia. Portanto, a pergunta passa a ser: Qual é a história que Vladimir Putin conta sobre o golpe?

DURANTE AQUELES TRÊS DIAS DE AGOSTO, Putin se tornou ainda menos visível que de costume. Ficou o tempo todo ao lado de Sobchak. Foi a outro assessor do prefeito, Shcherbakov, que coube a posição de visibilidade, pois ele não só atuou como porta-voz ao assumir a linha de frente do gabinete: ficou sentado à mesa do prefeito, dia e noite, enquanto Sobchak, acompanhado por Putin, se escondia no tal *bunker*. Sabemos que este estava jogando de ambos os lados das barricadas; na verdade, elas passavam por dentro do seu círculo mais próximo. No início da crise, Shcherbakov descobriu que alguém havia posto um minúsculo rastreador na sua lapela. Na manhã do dia 21, conta ele, "juntei cinco cadeiras do meu gabinete e me deitei para dormir um pouco. Acordei sentindo que alguém estava me olhando. Anatoly Alexandrovich [Sobchak] tinha voltado. 'Pode continuar dormindo, Vyacheslav Nikolayevich', disse ele. 'Está tudo ótimo, perfeito. Parabéns.' Imediatamente, levei a mão à lapela à procura do dispositivo — ele não estava mais lá. Portanto, alguém bem próximo o tinha instalado e, depois, retirado para que ninguém o encontrasse. Alguém que trabalhava para o outro lado."[26]

Nove anos depois, Putin respondeu às perguntas que os seus biógrafos lhe fizeram sobre o golpe. "Era perigoso sair do prédio da Câmara naqueles dias", relembra ele. "Mas fizemos muita coisa, sempre muito atuantes: fomos à fábrica de Kirov para conversar com os operários que lá estavam e fomos também a outras fábricas, embora não nos sentíssemos exatamente em segurança fazendo isso."

A maior parte do que ele afirmou é mentira: muitas testemunhas independentes disseram que Sobchak, acompanhado de Putin, foi se esconder no *bunker* da fábrica de Kirov e, lá, pode ou não ter feito um discurso antes de se enfiar no subsolo. Não há nenhuma indicação de que os dois tenham ido a outras fábricas ou feito qualquer outra coisa durante os últimos dois dias da crise, a não ser emergir para ir à tal entrevista coletiva.

"E se os linhas-duras tivessem vencido?", indagaram os biógrafos. "O senhor era agente da KGB. Decerto seria levado a julgamento com Sobchak."

"Mas eu não era mais agente da KGB", respondeu Putin. "Assim que foi desencadeado o golpe, soube de que lado ficaria. Tinha certeza de que nunca faria nada que fosse ordenado pelos organizadores do golpe e nunca ficaria do lado deles. E sabia perfeitamente que isso seria considerado, no mínimo, uma infração. Portanto, no dia 20 de agosto, escrevi minha segunda carta de demissão da KGB."[27]

Isso não faz sentido algum. Se Putin sabia que sua primeira carta de demissão, supostamente escrita um ano antes, tinha se perdido, por que não escreveu outra logo em seguida — especialmente se, como ele mesmo alegou, tinha tomado aquela decisão por estar sendo chantageado? Além disso, como teria ficado sabendo do desaparecimento da carta? Presumivelmente, só havia uma maneira: ele continuava a receber um salário pela KGB, o que significava que era, sim, agente da organização quando o golpe foi deflagrado.

Mas, naquele momento, segundo o seu relato, ele tinha mobilizado todos os esforços para romper com a KGB. "Disse a Sobchak: 'Anatoly Alexandrovich, escrevi uma carta de demissão algum tempo atrás, mas ela *sumiu* em algum ponto do caminho.' Então, ele ligou para [o chefe da KGB e um dos líderes do golpe, Vladimir] Kryuchkov e depois para o comandante do meu distrito. No dia seguinte, recebi a comunicação de que minha demissão havia sido assinada."

Essa parte da história parece ser pura ficção. "Não acho que o telefonema a que ele se referiu tenha acontecido no dia 20 de agosto", disse Arseniy Roginsky, historiador e ativista dos direitos humanos de Moscou, que passou cerca de um ano após o golpe passando pente fino nos arquivos da KGB e estudando a organização. "Naquele dia, Kryuchkov simplesmente não teria tratado de uma questão pessoal, principalmente quando ela não dizia respeito a algum oficial de alta patente."[28] Nem é muito fácil imaginar Sobchak, que estava ocupadíssimo jogando em ambos os lados, tomando uma atitude que visava exclusivamente desfazer os próprios vínculos com a KGB. Além disso, não ficou claro como Putin teria conseguido entregar uma carta — a tal que, supostamente, foi assinada em 24 horas — no quartel-general da KGB em um dia como aquele, principalmente se ele nunca se afastou de Sobchak. Enfim, mesmo que parte do que Putin disse seja verdade, isso significaria que sua demissão foi aceita no último dia do golpe, quando já estava evidente que os linhas-duras haviam fracassado.

É muito mais provável que Putin, como seu patrão, tenha passado os dias do golpe "em cima do muro" e, se é que ele se demitiu mesmo da KGB, só fez isso quando tudo já tinha terminado. Diferentemente de Sobchak e de muitos outros, ele nem sequer seguiu o exemplo de Yeltsin meses antes, desligando-se do Partido Comunista: sua filiação ao Partido só expirou duas semanas após o golpe frustrado, quando Yeltsin baixou um decreto dissolvendo a instituição. Portanto, a questão continua a ser: qual foi a história que Putin contou a si mesmo durante o golpe? É possível que ele fosse a pessoa — ou uma das pessoas — da equipe de Sobchak a apoiar ativamente os linhas-duras? A resposta é sim.

OS 90 MILHÕES DE MARCOS ALEMÃES em carne, cuja existência Marina Salye descobriu por acaso no mês de maio, jamais se materializaram em Leningrado, mas ela não esqueceu essa história, nem mesmo durante os dramáticos acontecimentos ocorridos pouco depois.

Indignada e desnorteada com o que aconteceu na Alemanha, Salye continuou tentando desvendar aquele mistério. Depois do golpe fracassado, quando o acesso a todo tipo de registros ficou mais fácil, ela pôde finalmente pôr as mãos em alguns documentos e, em março de 1992, juntou as peças do quebra-cabeça.

Em maio de 1991, o primeiro-ministro soviético, Valentin Pavlov, concedeu a uma empresa de Leningrado, a Kontinent, o direito de negociar contratos comerciais em nome do governo. Dentro de semanas, a Kontinent tinha fechado o tal contrato de importação de carne com a firma alemã. A carne foi entregue.[29] Mas em Moscou, não em Leningrado, e por um motivo muito simples: a futura GKChP, a qual Pavlov liderava, estava tentando garantir os estoques do comércio de gêneros alimentícios da capital para poder abastecer as prateleiras das lojas quando assumisse o poder.

Como se chamava o homem que fez as negociações com os alemães em nome da Kontinent? Vladimir Putin.

Assim que descobriu o que tinha acontecido, Salye tentou tomar alguma providência. Em março de 1992, viajou até Moscou para se encontrar com um velho conhecido do movimento pró-democracia de Leningrado. Yuri Boldyrev, um jovem economista de bigode e bem-apessoado, havia sido eleito para o Soviete Supremo junto com Sobchak; agora, trabalhava como controlador-chefe na administração de Yeltsin. Salye lhe entregou pessoalmente uma carta contendo os resultados preliminares da sua investigação: a curiosa história da carne que, aparentemente, viajou da Alemanha para Moscou. Em poucos dias, Boldyrev já tinha escrito uma carta a um outro economista de Leningrado que era, agora, ministro do Comércio Exterior, pedindo-lhe que reduzisse os poderes de Putin.[30] A tal carta foi ignorada. O que se presume é que Putin tenha criado uma base de riqueza e influência de onde não seria arrancado com tanta facilidade.

Qual era exatamente seu papel no governo da segunda maior cidade da Rússia? Uma mulher que trabalhou no gabinete do prefeito nessa época se lembra dele como um homem que tinha um escritório praticamente vazio: havia ali apenas uma escrivaninha e, em cima dela, um solitário cinzeiro de vidro.[31] E lembra também dos olhos que fitavam por trás da mesa — tão vítreos e sem cor como aquele cinzeiro. Em seus primeiros meses no governo da cidade, Putin impressionou alguns colegas que o acharam perspicaz, curioso e intelectualmente engajado.[32] Agora, cultivava uma aparência impenetrável, desprovida de qualquer emoção. A mulher que trabalhou como sua secretária contou, mais tarde, que teve de dar uma notícia desagradável ao chefe: "Os Putin tinham um cachorro, um pastor-do-cáucaso chamado Malysh (Bebê). O animal vivia na *dacha* da família e estava sempre cavando buracos por baixo da cerca, tentando fugir. Um dia, ele conseguiu escapar e foi atropelado. Ludmila Alexandrovna levou o cachorro de carro a uma clínica veterinária. De lá, ligou para o escritório, pedindo que eu avisasse ao marido que o veterinário não tinha conseguido salvar o animal. Entrei na sala de Vladimir Vladimirovich e disse: 'Teve um problema. Malysh morreu.' Olhei para ele e não vi nenhuma emoção naquele rosto. Nenhuma. Fiquei tão espantada diante da falta de reação que não consegui me impedir de perguntar: 'Alguém já tinha lhe dado a notícia?' E ele respondeu, com toda a calma: 'Não. Você foi a primeira.' Foi aí que percebi que tinha feito uma bobagem ao perguntar aquilo."[33]

A "bobagem" provavelmente era o fato de ela ter perguntado a Putin se alguém já tinha lhe dado a notícia da morte do cachorro. Mas a cena como um todo é digna de nota porque fica evidente a incerteza, e até mesmo o medo, que domina a situação.

Quando seus biógrafos lhe perguntaram sobre a natureza de seu trabalho em São Petersburgo, Putin reagiu com a falta de sutileza que acabou caracterizando suas respostas a perguntas que tocavam pontos sensíveis. Segundo disse, tentou assumir o controle dos cassinos. "Na época, eu acreditava que os cassinos eram um setor sobre o qual o Estado deveria ter o monopólio. Minha posição era contrária à lei dos monopólios, que já havia sido aprovada, mas, mesmo assim, tentei garantir que o Estado, ali representado pela municipalidade, assumisse o controle de toda a indústria do jogo."[34] Para tanto, a cidade formou uma *holding* que adquiriu 51% das ações dos cassinos ali localizados, na esperança de receber dividendos. "Mas foi um erro: eles desviavam dinheiro em espécie e sempre reportavam prejuízos", acrescentou ele, lamentando-se. "Mais tarde, nossos adversários políticos tentaram nos acusar de corrupção porque tínhamos ações dos cassinos. Simplesmente ridículo... Está certo que pode não ter sido a melhor ideia do ponto de vista econômico — e, levando-se em conta que o plano se revelou ineficaz e não atingimos o nosso objetivo, tenho de admitir que a ideia toda não foi bem planejada —, mas, se eu tivesse ficado em São Petersburgo, teria dado um jeito naqueles cassinos. Teria conseguido obrigá-los a dar a nossa parte. E esse dinheiro seria repassado para os idosos, os professores e os médicos." Em outras palavras, o futuro presidente da Rússia declarou que, se a lei interferisse em sua concepção de como as coisas deveriam ser feitas, azar o dela. E isso foi praticamente tudo que ele tinha a dizer sobre seu tempo como vice de Sobchak.

Em princípios de 1992, Marina Salye se dispôs a descobrir o que o homenzinho do escritório quase vazio estaria fazendo. A Câmara Municipal instaurou uma ampla investigação cujos resultados — 22 páginas datilografadas em espaço simples, além de dezenas de anexos — Salye apresentou aos colegas menos de dois meses depois de seu encontro com Boldyrev. Descobriu que Putin, em nome da municipalidade, havia fechado inúmeros contratos, muitos dos quais, senão todos, de legalidade discutível.

O setor sob sua responsabilidade se chamava, agora, Comissão de Relações Exteriores. A maior parte de suas atividades declaradas consistia em providenciar gêneros alimentícios a serem importados de outros países pela cidade. Leningrado não tinha dinheiro para comprar comida, pois o rublo não era uma moeda conversível. O sistema monetário da Rússia, herdado da União Soviética, encontrava-se em desequilíbrio, e os esforços feitos para corrigir esse problema não tardaram em levar à hiperinflação. O país possuía, porém, diversos recursos naturais que poderiam ser negociados, direta ou indiretamente, em troca de comida. Para tanto, o governo de Moscou permitiu que unidades da Federação exportassem recursos naturais.

Salye descobriu que o departamento de Putin era uma das partes de diversos contratos de exportação que, juntos, chegavam a um montante de 92 milhões de dólares. A cidade se comprometia a fornecer petróleo, madeira, metais, algodão e outros recursos naturais que o Estado russo lhe assegurava; as companhias mencionadas no contrato ficariam encarregadas de exportar esses recursos naturais e importar gêneros alimentícios. Mas a investigação realizada por Salye mostrou que cada um daqueles contratos, sem exceção, apresentava alguma falha que os tornavam legalmente inválidos: todos eles careciam de selos ou assinaturas, ou ainda continham discrepâncias graves. "Putin é advogado de formação", escreveu ela anos mais tarde. "Ele tinha de saber que aqueles contratos não teriam validade em um tribunal." Além disso, ele havia violado as regras dessas operações de intercâmbio de importações-exportações estabelecidas pelo governo russo, pois escolhia as empresas exportadoras unilateralmente, sem abrir qualquer licitação.

A comida que, por contrato, devia ser entregue em Leningrado, jamais chegou à cidade, mas, aparentemente, os produtos destinados à exportação foram transportados para o exterior. Na verdade, a investigação de Salye apontava para mais uma irregularidade dos tais contratos: o valor exorbitante das comissões ali incluídas — de 25% a 50% do preço estipulado, o que dava um total de 34 milhões de dólares em comissões. Todas as evidências pareciam demonstrar a existência de um simples esquema de propinas: companhias escolhidas a dedo recebiam contratos lucrativos e, ainda por cima, nem precisavam cumprir com as suas obrigações até o final.[35]

Indagado por seus biógrafos acerca dessa investigação, Putin reconheceu que várias das firmas com as quais assinara contrato não entregaram alimento algum em Leningrado. "Acho que a cidade não fez tudo o que podia, claro", disse ele. "Devíamos ter trabalhado em conjunto com as forças da lei, devíamos ter obrigado a execução dos contratos. Mas não valia a pena tentar processá-las: essas empresas simplesmente desapareceriam, parariam de funcionar, retirariam seus produtos de circulação. No fundo, não tínhamos qualquer alegação contra elas. Não se esqueçam como era aquela época: cheia de negócios escusos, pirâmides financeiras e coisas do gênero."[36] Esse era o mesmo homem que, um ou dois dias antes, deixara claro para seus biógrafos que poderia ser bem duro se alguém desse o mínimo sinal de querer traí-lo; o mesmo homem que se irritava instantaneamente e custava bastante a se acalmar; o mesmo homem que, na lembrança dos amigos, fazia tudo menos arrancar os olhos dos adversários quando se enfurecia. Por que esse homem ficaria de braços cruzados quando várias companhias privadas, uma após a outra, resolveram descumprir os termos dos contratos que ele havia assinado com elas deixando sua cidade privada dos alimentos de que estava tão necessitada?

Porque esse desfecho fraudulento estava previsto desde o começo, como acredita Salye. "O objetivo de toda a operação", escreveu ela, tempos depois, "era justamente este: firmar um contrato legalmente nulo com alguém de confiança; liberar uma autorização de exportação para esse alguém; fazer com que as barreiras alfandegárias se abrissem em função da tal autorização; embarcar as mercadorias para o exterior; vendê-las, e embolsar o dinheiro. Foi exatamente o que aconteceu."[37]

ELA ACREDITAVA, PORÉM, QUE ISSO não foi tudo. Moscou havia realmente dado permissão a São Petersburgo para a exportação de 1 bilhão de dólares em *commodities*; portanto, os doze contratos fraudulentos que ela encontrou representavam apenas um décimo do montante que deve ter passado pelo gabinete de Putin. Qual teria sido o resto da história? Salye acabou encontrando provas de que todos, ou praticamente todos, os produtos — inclusive alumínio, petróleo e algodão — tinham sido exportados, ou, como ela diz, "tinham desaparecido": simplesmente não havia documentação. Mas o relatório que fez à Câmara Municipal se restringia apenas aos doze contratos para os quais havia documentação; quase 100 milhões de dólares em recursos naturais declaradamente trocados por uma comida que nunca chegou.

A Câmara Municipal analisou o relatório de Salye e decidiu encaminhá-lo para o prefeito Sobchak, com a recomendação de que o documento fosse entregue à promotoria pública e que Putin fosse exonerado juntamente com seu próprio assessor, cuja assinatura aparecia em vários daqueles contratos. Sobchak ignorou as recomendações e o próprio relatório. A promotoria não instauraria um inquérito sem sua autorização. Salye já havia entregado pessoalmente a Yeltsin uma carta de três páginas apontando algumas das maiores fraudes e pedindo que elas fossem investigadas.[38] Não houve reação. Só Boldyrev, o controlador-chefe da Rússia, pareceu entender a situação, mandando imediatamente uma carta ao ministro do Comércio Exterior e dando prosseguimento ao caso.

Boldyrev analisou os documentos que recebeu de Salye. A conclusão a que chegou foi exatamente a mesma: alguém tinha roubado o povo de São Petersburgo. Convocou Sobchak a Moscou para se explicar. "Sobchak chegou trazendo consigo todos os seus assessores", relatou ele em entrevista tempos depois. Putin também. "Puseram por escrito a sua própria versão dos fatos... Então, transmiti todos os documentos a Yeltsin."

E nada aconteceu. O gabinete da presidência da Rússia, em Moscou, enviou alguns documentos para sua representação em São Petersburgo — e a história morreu aí.

"ERA APENAS UMA INVESTIGAÇÃO DE ROTINA", declarou Boldyrev muitos anos mais tarde. "Ela revelava transgressões significativas, mas que, no fundo, não eram mais graves que o que estava acontecendo no restante da Rússia. Eram as típicas transgressões que visavam à obtenção de autorização para exportar recursos estrategicamente importantes em troca de gêneros alimentícios que nunca se materializaram. Foi apenas um caso bem característico daquela época."

A nova elite russa estava ocupadíssima redistribuindo a riqueza. O que não significa dizer que essas pessoas agissem como Putin — a escala e a ousadia da falcatrua revelada por Salye é chocante, mesmo para os padrões da Rússia de princípios dos anos 1990, principalmente quando se considera a rapidez com que tudo foi feito —, mas todos os novos mandantes do país tratavam a Rússia como sua propriedade pessoal. Menos de um ano antes, aquilo tudo pertencia a outras pessoas: o Partido Comunista da URSS e seus dirigentes. Mas a URSS já não existia e o Partido estava reduzido a um punhado de aposentados teimosos. Tudo que fora deles era, agora, de ninguém. Enquanto economistas tentavam descobrir como transformar a propriedade estatal em propriedade privada — um processo que ainda não se completou vinte anos depois —, os novos burocratas estavam simplesmente desmontando o velho edifício.

Sobchak começou a distribuir apartamentos no centro de São Petersburgo.[39] Os beneficiários eram seus amigos, parentes e colegas mais chegados. Em um país onde os direitos de propriedade nunca tinham efetivamente existido e onde a elite comunista gozou, por muito tempo, de privilégios de realeza, Sobchak, confortavelmente desfrutando de sua popularidade inicial, não via nada de errado no que estava fazendo.

"E aqui estão os documentos relativos a um condomínio inteiro que Sobchak tentou dar a uma empresa de desenvolvimento qualquer", disse-me Salye, catando várias outras folhas de papel da pilha que tinha nas mãos. "Foi uma das raras ocasiões em que conseguimos impedir que a operação se concretizasse, mas que luta!"[40]

"Mas ele não estava apenas agindo como alguns dirigentes regionais do partido?", indaguei. "Eles viviam distribuindo apartamentos."

"Isso era diferente", replicou ela. "Era diferente porque ele tinha um discurso todo certinho. Sabia perfeitamente que precisava apresentar uma imagem diferente e conseguiu fazer isso. Bancava o democrata quando, na verdade, era um demagogo."[41]

Talvez tenha sido porque Sobchak fosse tão bom nessa história de passar a imagem de um novo tipo de político que Salye e seus colegas acreditaram que ele fosse tomar alguma providência quando lhe apresentaram provas dos atos ilegais que Putin vinha cometendo. Mas por que ele faria isso? Por que faria qualquer distinção entre o seu próprio hábito de distribuir o que era propriedade da municipalidade e o jeito que Putin encontrou para embolsar lucros decorrentes da venda de recursos públicos? Por que daria ouvidos aos democratas da Câmara Municipal? Sobchak não suportava aquela gente — e o que mais o irritava neles era justamente seu idealismo militante, sua absurda insistência em fazer as coisas como elas deviam ser e não como sempre tinham sido. Essa adesão a um código de ética imaginário sempre acaba levando as pessoas a não fazerem nada.

Então, Sobchak não se livrou de Putin. Ele se livrou foi da Câmara Municipal.

NO OUTONO DE 1993, BORIS YELTSIN já não aguentava mais o legislativo russo. Tratava-se de um grupo disparatado: mais de mil indivíduos que haviam sido eleitos a partir de um complicado processo quase democrático, para o Congresso dos Representantes do Povo e, entre eles, 252 que pertenciam ao Soviete Supremo, órgão composto de duas Câmaras que tentavam desempenhar as funções de braço representativo do governo na ausência efetiva de uma legislação pertinente. A Federação Russa ainda não tinha uma nova Constituição, pós-soviética, e os seus códigos Civil e Penal só viriam a ser reescritos anos mais tarde. Entre outras coisas, a lei ainda considerava crime a posse de moeda forte e vários outros atos envolvendo a posse e a venda de propriedade. Nessas circunstâncias, o Congresso dos Representantes do Povo conferia a Yeltsin o direito de baixar decretos relativos à reforma econômica que violassem as leis vigentes — mas cabia ao Soviete Supremo a tarefa de analisar esses decretos, detendo poder de veto. Além disso, o Soviete Supremo tinha um *presidium* constituído por mais de trinta pessoas que, no sistema de governo soviético, atuavam como um chefe de Estado coletivo; no sistema pós-soviético, já que o cargo de presidente havia sido instituído, a função do *presidium* se tornou menos evidente.[42] Na verdade, porém, o Soviete Supremo tinha poder para retardar ou bloquear qualquer ato do presidente. Como as reformas econômicas propostas por Yeltsin estavam elevando cada vez mais os preços — até mesmo quando a falta de alimentos como em um passe de mágica parou de acontecer —, seu governo estava perdendo popularidade a olhos vistos e o Soviete Supremo passou a se opor a quase todas suas iniciativas.

No dia 21 de setembro, Yeltsin baixou um decreto dissolvendo o Soviete Supremo e convocando eleições para formar um corpo legislativo efetivo. O Soviete Supremo se recusou a acatar aquela decisão e se entrincheirou na Casa Branca — exatamente o mesmo prédio onde os partidários de Yeltsin tinham se instalado durante o golpe de dois anos antes. Dessa vez, porém, as tropas abriram fogo, atingindo a Casa Branca e obrigando os membros do Soviete Supremo a deixarem o prédio, o que aconteceu no dia 4 de outubro.

Democratas influentes, entre os quais alguns ex-dissidentes, apoiaram o que ficou conhecido como "a execução do Soviete Supremo", de tão exasperados que estavam por ver o presidente constantemente obstruído. A idealista Câmara Municipal de São Petersburgo ficou praticamente isolada ao se posicionar contra as ações de Yeltsin. Poucas semanas depois da "execução", alguns dias antes de a nova Constituição russa ser promulgada, assinalando o início de uma era de relativa estabilidade legal, Sobchak viajou para Moscou e convenceu o presidente a assinar um decreto dissolvendo a Câmara Municipal de São Petersburgo.[43] A nova eleição só foi convocada para dezembro do ano seguinte, o que deixou a segunda maior cidade do país nas mãos de um único homem por mais de doze meses.

Marina Salye decidiu abandonar a política municipal. Tornou-se coordenadora política profissional e, mais tarde, se mudou para Moscou e foi trabalhar na capital.

SEIS ANOS DEPOIS, NO PERÍODO que antecedeu a eleição de Putin para a presidência da Rússia, talvez a única voz crítica que se elevou no país tenha sido a sua. Salye publicou um artigo intitulado "Putin é o presidente de uma oligarquia corrupta", no qual detalhava e atualizava os resultados da investigação que realizara em São Petersburgo. Em vão, tentou convencer seus colegas liberais a retirarem o apoio a Putin na eleição. Viu-se então cada vez mais marginalizada: contou que, em uma reunião da coalizão da direita liberal, ela e o primeiro primeiro-ministro de Yeltsin, Yegor Gaidar, foram os únicos — entre mais de cem pessoas — que não votaram a favor do apoio a Putin.[44]

Alguns meses após a eleição, Salye foi procurar um dos poucos políticos que ainda considerava um aliado. Conversaram sobre a criação de uma nova organização. Sergei Yushenkov era um militar de carreira que se converteu ao liberalismo durante a *perestroika* e foi um defensor ferrenho das próprias convicções ao longo de toda a década de 1990. Aquele encontro a deixou tão assustada que, mesmo dez anos depois, ainda se recusou a dar uma descrição detalhada.

— Cheguei lá e tinha certa pessoa no escritório dele — disse-me Salye.

— Que pessoa?

— Uma pessoa. Tivemos uma conversa que eu não chamaria de construtiva. Voltei para casa e disse a Natasha que ia morar no campo.

— Ele a ameaçou?

— Ninguém me ameaçou diretamente.

— Então, por que decidiu ir embora?

— Porque eu conhecia aquela pessoa.

— E o que significava vê-la ali?

— Que eu tinha de ir para bem longe, o mais longe possível.

— Desculpe, mas não estou entendendo — insisti, sentindo que Salye estava prestes a me mandar embora do esconderijo.

— Eu sabia do que aquela pessoa era capaz. Ficou mais claro?

— Ficou, sim. Agradeço. Mas o que ela estava fazendo no escritório de Yushenkov? Eles tinham alguma coisa em comum?

— Não. Não sei o que ele estava fazendo ali e, acima de tudo, não sei por que Yushenkov não o mandou sair quando cheguei. Deduzi que Yushenkov não tinha como se livrar dele, embora a conversa que pretendíamos ter não devesse ser ouvida por mais ninguém.

— Entendo.

— E isso é tudo o que vou falar.

Salye juntou suas coisas e se mudou para aquela casa, a doze horas de Moscou, indo por uma estrada péssima, o local onde fui encontrá-la dez anos depois. Durante anos, circularam boatos de que ela estava no exterior, talvez na França (acho que foi o seu sobrenome francês que deu origem a essa fantasia), e que tinha recebido um cartão de Ano-Novo bem ameaçador da parte de Putin. Ouvi várias pessoas citarem o tal cartão imaginário, usando exatamente a mesma formulação: "Desejo que você tenha um Feliz Ano-Novo e saúde para gozá-lo." Salye me disse que esse cartão nunca existiu; como eu desconfiava, aquele boato tão persistente dizia muito mais sobre a imagem que Putin havia criado para si mesmo do que sobre o destino de Salye. Mas, com ou sem cartão, Marina Salye estava apavorada.

Sergei Yushenkov prosseguiu com a carreira política. Em 2002, afastou-se da facção liberal do Parlamento em protesto contra o persistente apoio de seus colegas às políticas de Putin e ao que chamou de "regime policial burocrático".[45] Na tarde de 17 de abril de 2003, quando saía do carro para entrar no prédio onde morava, no setor norte de Moscou, Yushenkov levou quatro tiros no peito.[46] Em seu obituário para o site de comentários políticos que eu editava na época, escrevi: "Às vezes, quando nós, jornalistas, temos medo de dizer algo em uma matéria assinada, procuramos pessoas como Yushenkov. Pessoas que, sem tomar qualquer precaução, dizem palavras claras e previsíveis, mas não menos necessárias. Restam pouquíssimas pessoas assim."[47]

Seis

O FIM DE UM REFORMADOR

Assim que sua biografia foi publicada, em fevereiro de 2000, Putin deixou de ser o jovem democrata reformador que Berezovsky havia concebido; agora, ele era o delinquente transformado em governante com mão de ferro. Acho que nem os autores de sua imagem se deram conta dessa mudança.

Uma pessoa que jamais teria imaginado a transformação pública de Putin de democrata para mão de ferro era Sobchak. Os dois tinham em comum a antipatia pelos processos democráticos, mas, no começo dos anos 1990, a adesão declarada aos princípios democráticos era o preço do ingresso na vida pública — e na boa vida.

Bem no início da década, membros das novas elites empresarial e política estavam desmantelando o velho sistema pelos quatro cantos da Rússia. Sem dúvida alguma — e, aparentemente, sem qualquer remorso —, apoderavam-se de fatias desse sistema e os redistribuíam. Ao mesmo tempo, os mais ousados também estavam articulando a criação de um novo sistema — e mudando junto com ele. Pessoas como Mikhail Khodorkovsky, um funcionário da Konsomol que virou banqueiro e, depois, empresário da área petrolífera; Mikhail Prokhorov, um revendedor de roupas que virou magnata dos metais e, depois, investidor internacional; e Vladimir Gusinsky, um importador que virou banqueiro e magnata da mídia, foram empresários que enriqueceram do zero, lançando mão de esquemas escusos. Mas, conforme sua visão de mundo ia se expandindo e suas ambições iam crescendo na mesma proporção, assumiram a postura não apenas de homens de negócios, mas também de filantropos, líderes cívicos e visionários. Com essa perspectiva mais ampla, passaram a investir dinheiro e energia na construção de um novo sistema político.

Como Sobchak, Putin tinha horror desse novo sistema, e foi por isso que, diferentemente do que aconteceu com a maior parte dos aliados de primeira hora, ele permaneceu ao lado do prefeito depois do golpe fracassado de 1991, do escândalo de corrupção em 1992 e da dissolução da Câmara Municipal em 1993. Não sei ao certo por que Sobchak, que tivera um breve porém intenso caso de amor com políticos democratas, tinha ficado com tanto ódio dos métodos democráticos; acho que, como bom megalômano, ficava profundamente magoado sempre que as coisas não saíam do jeito que ele queria — e com a própria competição política, com a própria possibilidade da discordância. Além disso, ele tinha Putin sempre a seu lado, sempre tentando persuadi-lo das desvantagens do sistema democrático. Foi ele, por exemplo, que convenceu Sobchak — e manipulou alguns dos membros da Câmara Municipal — a instituir o cargo de prefeito da cidade: se não fosse assim, declarou Putin a seus biógrafos, o professor de direito "poderia ser destituído a qualquer momento por esses mesmos membros da Câmara Municipal".[1] Sua oposição à reforma democrática não era menos pessoal que a do prefeito, mas era muito mais profunda.

Como a maioria dos cidadãos soviéticos de sua geração, Putin nunca foi um idealista político. Seus pais podem ter acreditado ou não em um futuro comunista para o mundo todo, no triunfo final da justiça para o proletariado ou em qualquer outro desses clichês ideológicos que já estavam desgastados enquanto ele crescia. A relação com esses ideais foi algo que nunca lhe passou pela cabeça. O jeito como se referiu aos Jovens Pioneiros, grupo do qual foi excluído quando criança, ou ao Komsomol ou ao Partido Comunista, ao qual foi filiado enquanto a instituição existiu, deixa claro que ele nunca atribuiu nenhum significado específico ao fato de pertencer a essas organizações. Como outros membros de sua geração, Putin substituiu a crença no comunismo, que já não parecia mais plausível ou sequer possível, pela fé nas instituições. Sua lealdade era para com a KGB e o império a que ela servia e devia proteger: a URSS.

Em março de 1994, Putin compareceu a um evento da União Europeia em Hamburgo durante o qual haveria um discurso do presidente estoniano Lennart Meri.[2] No início da Segunda Guerra Mundial, a Estônia, bem como as duas outras repúblicas bálticas, tinha sido anexada pela URSS, que a perdeu para os alemães e conseguiu recuperá-la em 1944. Os três Estados bálticos foram os últimos a serem incluídos no império soviético e os primeiros a se emancipar — em boa parte porque havia ali uma população que ainda se lembrava dos tempos pré-soviéticos. Meri, o primeiro governante democraticamente eleito da Estônia em meio século, tivera parte ativa no movimento de liberação de seu país. Naquela ocasião, discursando em Hamburgo, ele se referiu à União Soviética como os "ocupantes" e, quando isso aconteceu, Putin, que estava sentado na plateia entre alguns diplomatas russos, se levantou e saiu da sala. "Foi impressionante", declarou um de seus colegas de São Petersburgo que se tornaria o presidente da comissão federal eleitoral russa sob a presidência de Putin. "A reunião estava sendo realizada no Salão dos Cavaleiros cujo teto tem dez metros de altura e o piso é todo de mármore. Ele saiu andando, no meio do mais absoluto silêncio, e cada passo que dava ecoava sob aquele teto. Para coroar a cena, a imensa porta de ferro fundido se fechou às suas costas com um trovejar ensurdecedor."

O fato de Putin ter sentido a necessidade de quebrar o protocolo diplomático — dando as costas ao presidente de um país vizinho e um importante parceiro comercial da cidade de São Petersburgo — bem demonstra que ele levou a questão para o lado pessoal: o que entendia como ataque à União Soviética o afetava tanto quanto as ofensas pessoais que o deixavam furioso quando mais novo. A exaltação com que o colega relatou o episódio aos biógrafos de Putin mostra como nosso homem estava tocando fundo no tema de uma nostalgia soviética.

Ele adorava a URSS e adorava a KGB. Assim, quando adquiriu algum poder, controlando efetivamente o sistema financeiro da segunda maior cidade do país, quis construir um sistema exatamente como o daquelas instituições. Seria um sistema fechado, um sistema baseado no controle total — especialmente sobre os fluxos de informação e de dinheiro. Um sistema que excluiria a dissidência e trataria de esmagá-la caso aparecesse. Em um sentido, porém, esse sistema seria melhor que o da KGB e o da URSS: ele não trairia Putin. Seria inteligente e forte demais para isso. Então, Putin se pôs a trabalhar com afinco para centralizar o controle não só sobre todo o comércio exterior, mas também sobre os negócios que vinham se desenvolvendo internamente — daí seus esforços para assumir os cassinos que haviam surgido de repente e se expandindo em uma rapidez espantosa. Acabou tratando de administrar também a relação da cidade com a mídia, tanto a impressa quanto a eletrônica, que, por um lado, ele isolou da prefeitura e, por outro, forçou a cobrir certas histórias de determinadas formas.

Sobchak escolheu o braço direito ideal: Putin detestava a lenga--lenga dos democratas mais que o próprio prefeito e era muito melhor que ele quando se tratava de lançar mão da política do medo e da ganância.

POLÍTICOS COMO SOBCHAK geralmente são os últimos a saber que seu brilho já se extinguiu. Quando se candidatou à reeleição, em 1996, a cidade o detestava. Sob seu governo, São Petersburgo havia mudado de forma tão trágica quanto ridícula — embora boa parte disso não tenha acontecido propriamente por culpa do prefeito.

A economia municipal se arrastava: mais de um milhão dos cinco milhões de habitantes da cidade trabalhavam para a indústria militar, que vinha perdendo impulso e estava praticamente estagnada.[3] Como acontecia por toda a Rússia, umas poucas pessoas estavam ficando riquíssimas em um curto espaço do tempo, de início comprando e vendendo tudo e mais alguma coisa (por exemplo, exportando madeira russa e importando guarda-chuvas chineses); depois, aos poucos, privatizando fábricas soviéticas e criando novas empresas. Muitos russos, porém, empobreceram — ou, pelo menos, vinham se sentindo mais pobres: as lojas, agora, tinham muito mais produtos, mas muitos não podiam comprar praticamente nada. Quase todos perderam a única coisa de que dispunham em abundância durante a Era da Estagnação: a certeza inabalável de que o futuro não seria diferente do presente. A incerteza fazia as pessoas se sentirem ainda mais pobres.

Os problemas econômicos de São Petersburgo faziam a maioria das outras regiões do país se sentir relativamente próspera. Três quartos da população da cidade estavam vivendo abaixo da linha de pobreza. A infraestrutura local, já debilitada em fins dos anos 1980 — o que provocou, em parte, o movimento preservacionista informal —, estava agora em ruínas. Fazia tanto tempo que ninguém cuidava da pavimentação que, sempre que chovia ou nevava — coisas bastante comuns em uma cidade litorânea do Norte da Rússia —, as ruas se transformavam em rios de lama. O transporte público estava praticamente paralisado, pois a municipalidade não substituía os ônibus que tinham de ser aposentados. Em uma cidade composta de grandes prédios de apartamentos, elevadores operantes tinham se tornado uma raridade. A luz, no centro, ficava indo e voltando. Nos estudos comparativos sobre padrão de vida, a segunda maior cidade do país vinha sendo regularmente classificada lá pelo vigésimo lugar.[4]

Contra esse cenário, Sobchak insistia em manter a imagem do político desenvolto, sofisticado: sempre cuidadosamente bem-apresentado, de braço dado com a esposa loura, ele circulava de limusine, cercado de guarda-costas. Alexander Bogdanov, um jovem ativista pró-democracia, relembra uma ocasião em que foi destratado pelo prefeito. Foi em 1991, apenas dois meses depois do golpe fracassado, no primeiro Dia da Revolução na Rússia pós-comunista: "Havia um concerto na praça do Palácio. Ninguém sabia se deveríamos festejar ou lembrar aquela data como um dia trágico. Então, haveria uma manifestação à tarde e um baile à noite. Enquanto isso, Sobchak e [sua mulher, Ludmila] Narusova davam um banquete no palácio Tauride, cobrando entradas de quinhentos rublos por pessoa! Antes da hiperinflação, essa quantia era descomunal... E lá estávamos nós, andando ao redor do local do baile, com faixas onde se lia 'Um Dia de Tragédia Nacional', parecendo e nos sentindo uns idiotas. De repente, eu disse: 'Sabem de uma coisa? Por que estamos aqui perdendo tempo? Vamos para o palácio Tauride onde tem o maior banquete!' Quando chegamos lá, eles estavam entrando no carro. Sobchak, de casaca, e Narusova com um vestido lindíssimo e usando um chapéu que era uma espécie de turbante. O prefeito estava com um guarda-costas, que viria a ser o chefe da segurança de Putin, e que tinha a estúpida mania de se aproximar de mim e quase me xingar, dizendo coisas como: 'Você me dá nos nervos! Saia daqui! Desapareça! Estou de saco cheio de você!' Dessa vez, virei-me para Sobchak e perguntei: 'Por que seu guarda-costas vive me ameaçando?' Quem respondeu foi Ludmila Borisovna [Narusova], exclamando: 'E por que você está sempre bancando o idiota?' Sobchak, que estava entrando na limusine todo descontraído, todo cheio de pose, me disse: 'Cale a boca! Foi o povo que me elegeu!' Vou me lembrar dessa frase para o resto da vida. Isso é o que ele era: um grandessíssimo esnobe."[5]

Como vice de Sobchak, Putin exerceu os cargos que a tradição soviética destinava aos homens da reserva ativa da KGB: além de ser responsável pelo comércio exterior, ele também tratava de controlar o fluxo de informação que entrava e saía do governo. Yuri Boldyrev, o controlador-chefe de Yeltsin, que tentara em vão dar continuidade à investigação de Salye, foi senador por São Petersburgo de 1994 a 1995. "Nem uma única vez, durante esse período, me permitiram aparecer ao vivo na televisão de São Petersburgo", relatou ele, anos mais tarde. "Só depois que deixei de ser senador é que pude falar ao vivo. E, mesmo assim, os âncoras ficaram me interrompendo tanto que no fim acabei não dizendo nada."[6]

Sempre que eu ia a São Petersburgo atrás de uma história, a primeira pessoa que procurava era Anna Sharogradskaya: seu escritório ficava na avenida Niévski, bem na esquina da rua da estação ferroviária, e ela sabia de tudo. Dirigia um Centro de Imprensa Independente que arranjava lugar para a realização de coletivas de imprensa para qualquer pessoa que estivesse pretendendo realizar uma — inclusive para aqueles que seriam recusados em qualquer outro local da cidade. Conhecia todo mundo e não tinha medo de ninguém. Na época em que a União Soviética desmoronou, estava beirando os 60 anos e lembrava de um tempo em que as coisas eram muito mais assustadoras. Certa feita, Sharogradskaya organizou uma coletiva que revelou uma prática corrente da administração de Sobchak: pôr escutas nos escritórios de jornalistas e de políticos, mesmo daqueles que trabalhavam para o governo. Muita gente sabia, ou desconfiava, que era o que acontecia, mas só o jornal local em língua inglesa, administrado e redigido por expatriados, ousou divulgar a história. Sharogradskaya sempre acreditou que Putin, em boa parte responsável pelas relações entre a prefeitura e a imprensa, fosse o coordenador dos grampos.

Ainda de acordo com as práticas da KGB, a informação que chegava a Sobchak passava por um trabalho minucioso de edição. Esse foi, decerto, um dos motivos que o levaram a não perceber como tinha se tornado impopular. Alguns espectadores da TV local viram quando o prefeito fez essa desagradável descoberta. "Tinha um programa chamado *Opinião pública*", conta Sharogradskaya. "Era um programa bem popular na época da eleição de 1996. Quando Sobchak viu que sua taxa de aprovação estava em 6%, deu um grito: 'Impossível!'; levantou-se de um salto e saiu do estúdio. Acabaram com o programa. Tamara Maksimova, a apresentadora, foi demitida. O marido dela, Vladimir, que era o diretor, me ligou dizendo que queria dar uma entrevista coletiva. 'Tudo bem', respondi, e marquei tudo para o dia seguinte, ao meio-dia. Na manhã seguinte, Vladimir me ligou, três ou quatro horas antes da tal coletiva, pedindo para cancelá-la. 'Não podemos fazer isso', disse ele, 'porque estamos sendo ameaçados: pode acontecer alguma coisa com a nossa filha.' 'Por favor, diga isso aos jornalistas', repliquei. 'Não posso deixar de explicar o motivo do cancelamento.' Eles apareceram e contaram a todos que estavam sendo ameaçados e que estavam com muito medo. Os jornalistas tentaram lhes fazer perguntas, mas eles não responderam."[7]

Quando Sharogradskaya me contava histórias como essa, que ocorreram nos anos 1990, eu tinha a impressão de que estava falando de outro país. Naquela época, a Rússia era um lugar caótico, quase sempre sem nenhuma lógica, mas eu nunca tinha me sentido em perigo por trabalhar como jornalista — quer dizer, não até começar a escrever em e sobre São Petersburgo. A convite de Sharogradskaya, ministrei um curso sobre reportagens no Centro de Imprensa Independente, indo de trem todo fim de semana para dar aulas a um grupo de universitários que estavam quase se formando em jornalismo. (Ministrei o mesmo curso na Universidade de Moscou, mas a de São Petersburgo não se interessou em fazer qualquer tipo de convênio. Foi por isso que a organização de Sharogradskaya acabou nos recebendo.) No fim de semana da eleição, mandei que os alunos fossem para as ruas observar os postos de votação localizados no centro. Todos voltaram com o nariz sangrando e os olhos roxos; dois jovens chegaram até a precisar de cuidados médicos. Nos dois postos de votação, tinham se apresentado como estudantes de jornalismo; os guardas pediram instruções pelo rádio e, depois, os puseram para fora de lá a bordoadas. Era assim que os políticos de São Petersburgo tratavam os jornalistas da cidade.

Como só percebeu que ia perder a eleição quando já era tarde demais, Sobchak fez algumas tentativas desesperadas para reverter a situação. Chamou Alexander Yuriev, um especialista em psicologia política da Universidade de São Petersburgo — que havia procurado alertar o prefeito sobre sua absoluta impopularidade —, para assumir a coordenação de sua campanha. Poucos dias depois de ter aceitado, Yuriev sofreu um atentado brutal contra sua vida: tocaram a campainha da sua casa e, então, atiraram ácido sulfúrico pelo vão da porta.[8] Como a porta abria para dentro, parte do ácido foi detida pela madeira e parte ricocheteou de volta em cima da pessoa que o atirou. Foi provavelmente por isso que o psicólogo não foi atingido por uma dose letal da substância. Em outra ocasião, atiraram nele — e, mais uma vez, ele sobreviveu, mas levou muitos meses e dois transplantes de pele para se recuperar.

Na reta final, Sobchak também tentou comprar a lealdade da imprensa local, distribuindo empréstimos e subvenções, o que aumentou ainda mais o déficit do orçamento municipal.[9] Mas era tarde demais. A imprensa o detestava, os outros políticos o detestavam e o povo o detestava. Sobchak perdeu a eleição. No fim, seu coordenador de campanha acabou sendo Vladimir Putin.

PARA PREFEITO, SÃO PETERSBURGO ELEGEU o próprio assessor de obras públicas de Sobchak, um homem diferente dele em todos os sentidos: de aparência discreta, sem nenhuma ostentação, Vladimir Yakolev mal conseguia articular duas palavras. Mas, em uma cidade onde o transporte público estava praticamente desativado, os prédios, caindo aos pedaços, e a luz, indo e voltando a todo momento, Yakolev representava, de certa forma, uma ponta de esperança de que tentaria consertar o que precisasse de conserto. Ou, no mínimo, não mentiria a esse respeito. Na verdade, o novo prefeito não conseguiu consertar os males que acometiam São Petersburgo — a cidade continuou empobrecendo, tornou-se mais suja e mais perigosa. Quatro anos depois, porém, Yakolev se reelegeu com facilidade porque a população ainda combatia o tão odiado fantasma de seu ex-prefeito.

Ao perder a eleição, Sobchak não perdeu apenas poder e influência, mas também a imunidade em termos judiciais — coisa que, a essa altura, talvez fosse seu maior medo. Durante quase um ano, uma equipe especial, composta por cerca de quarenta investigadores, enviada pela procuradoria-geral em Moscou, esteve no gabinete do prefeito examinando acusações de corrupção. Uma pessoa, um empresário do ramo imobiliário, já tinha sido presa e estava testemunhando contra as autoridades locais. Essa parte da investigação se referia a um prédio residencial no centro de São Petersburgo que passara por um processo supostamente ilegal de reconstrução com fundos supostamente originários da municipalidade. Quase todos os moradores do tal prédio, entre os quais a própria sobrinha de Sobchak, eram funcionários ocupando altos postos na cidade ou seus parentes próximos.[10]

Agora, era provável que também Sobchak passasse a integrar a lista de suspeitos. A maioria de seus aliados já o tinha abandonado: alguns antes mesmo da eleição, como o assessor que veio a substituí-lo no cargo de prefeito; outros se bandearam para o novo governo quando Sobchak perdeu. Putin recusou um posto na nova administração — a demonstração de lealdade que tanto o fez subir no conceito de Berezovsky — e logo se mudou para Moscou, como que transportado nos ares por uma mão invisível. Segundo a versão que ele contou a seus biógrafos, um velho *apparatchik* de Leningrado, que agora trabalhava no Kremlin, lembrou-se dele e lhe arranjou uma boa colocação na capital.[11] Putin agora era assessor-chefe do Departamento de Propriedades da Presidência, o que mais parece ser outra daquelas funções da reserva ativa. Se isso se deu por obra da polícia secreta, da providência ou por puro hábito, não vem ao caso: mais uma vez, Putin tinha um posto de pouca responsabilidade pública, mas que lhe dava muitas possibilidades de contatos.

O cargo de Putin na época e as suas velhas relações foram obviamente uma bênção para Sobchak, que vivia, agora, sob a constante ameaça da prisão. A procuradoria estava à sua procura, tentando lhe entregar uma convocação para interrogatório. Foi só no dia 3 de outubro de 1997 que ele finalmente se apresentou à procuradoria, e chegou acompanhado da mulher que era membro do Parlamento. Durante o interrogatório, alegou que estava se sentindo mal e Narusova chamou uma ambulância. Bem diante das câmeras da TV, Sobchak foi levado para um hospital e diagnosticado como tendo sofrido um ataque cardíaco. Exatamente um mês depois, Narusova declarou à imprensa que o estado do marido já permitia que ele fosse transferido para outro local, o Hospital da Academia Militar, onde ficaria sob os cuidados de Yuri Shevchenko, um amigo da família Putin que tratara pessoalmente de Ludmila Putina depois de um grave acidente de carro que ela havia sofrido alguns anos antes.

Mais ou menos na hora em que Sobchak estava sendo transferido, Putin pegou um avião de Moscou para São Petersburgo e foi visitar o ex-patrão no hospital. Quatro dias depois, em 7 de novembro — que já não era mais chamado Dia da Revolução, mas continuava sendo feriado —, Sobchak foi levado de ambulância ao aeroporto, onde um avião de evacuação médica finlandês o aguardava para levá-lo a Paris. O plano era perfeito: ninguém percebeu a partida de Sobchak a não ser três dias mais tarde, quando terminou o feriado. Imediatamente, correspondentes russos tomaram de assalto o Hospital Americano de Paris, onde, segundo Shevchenko, Sobchak ficaria internado, mas a direção do hospital declarou que o ex-prefeito não estava entre seus pacientes. No mesmo dia, Narusova disse aos jornalistas que o marido havia sido operado e passava bem. Nesse meio-tempo, autoridades do aeroporto informaram à imprensa que Sobchak parecia perfeitamente bem quando embarcou: a ambulância parou direto na pista e, contrariando todas as expectativas, ele saiu andando — na verdade, quase correndo — até o avião.[12]

Sobchak começou então a levar uma vida de emigrado, em Paris: ficou hospedado na casa de um russo, seu conhecido; passeava muito pela cidade; ocasionalmente, fazia alguma conferência na Sorbonne e escreveu um livro de memórias em que se apresenta como um homem que foi traído diversas vezes; o título era *Dezenas de facas nas minhas costas*. Yuri Shevchenko foi nomeado ministro da Saúde da Rússia em julho de 1999, assim que Putin deu início à sua súbita ascensão ao poder nacional.

O que Putin estava fazendo no Kremlin? Seu novo cargo tinha toda a aparência de ser uma sinecura. Ele teve tempo de escrever e defender uma dissertação, objetivo que tinha estabelecido quando foi trabalhar na Universidade de Leningrado, sete anos antes. Estranhamente, sua dissertação não foi sobre direito internacional, como havia planejado, mas sobre economia dos recursos naturais, e, em vez de defendê-la na universidade, preferiu o quase desconhecido Instituto Montanha, em São Petersburgo. Nove anos depois, um pesquisador do Instituto Brookings, de Washington, resolveu estudar aquela dissertação: disse que o que encontrou foram dezesseis páginas de texto e nada menos do que seis gráficos literalmente copiados de um livro norte-americano.[13] Putin nunca admitiu a existência de qualquer acusação de plágio.

Fossem quais fossem as efetivas responsabilidades de Putin no Kremlin, sua influência devia ser considerável: ocupava um posto-chave e tinha tantas conexões importantes quanto uma pessoa na Rússia pode ter sem ser uma pessoa pública. É perfeitamente possível que tenha sido por isso que a equipe especial da procuradoria nunca conseguiu encontrar muita coisa contra o ex-prefeito e seus aliados mais próximos: as três autoridades indiciadas pelo caso foram absolvidas, e os promotores foram tratar de outros assuntos. Certamente, o fato de o próprio ex-prefeito estar bem longe e não ter testemunhado contribuiu bastante para esse desfecho.

ENCORAJADO PELA ASCENSÃO METEÓRICA de seu ex-assessor, Sobchak resolveu dar por encerrado o exílio em Paris e voltar para a Rússia no verão de 1999. Vinha cheio de esperanças e mais cheio ainda de ambições. Quando ele estava prestes a deixar Paris, Arkady Vaksberg, um especialista forense que tinha se tornado repórter investigativo e escritor, e com quem Sobchak fizera amizade durante os anos que passou na França, lhe perguntou se pretendia voltar a

Paris como embaixador. "Mais que isso", respondeu Sobchak. Vaksberg ficou convencido que o ex-prefeito estava de olho na pasta de ministro das relações exteriores: nos círculos políticos de Moscou, corria o boato que ele presidiria a Corte Constitucional, o mais importante tribunal do país.[14]

Com seu característico excesso de confiança, Sobchak se candidatou de imediato ao Parlamento — e sofreu uma derrota constrangedora. Mas, assim que Putin lançou sua campanha eleitoral, nomeou o ex-patrão seu "representante qualificado" — cargo que, basicamente, autorizava Sobchak a fazer campanha para ele (candidatos podem ter dezenas ou até mesmo centenas de "representantes qualificados"). E foi o que ele fez, parecendo ter esquecido que sua reputação política tinha se construído a partir de suas credenciais de democrata. Chamava Putin de "novo Stalin", prometendo aos eleitores em potencial não exatamente assassinatos em massa, mas mão de ferro — "a única forma de fazer os russos trabalharem", dizia.[15]

Mas Sobchak não se limitava à retórica. Como sempre, falava demais. Exatamente quando Putin ditava aos três jornalistas sua nova biografia oficial, Sobchak mergulhou em reminiscências, diante de perguntas feitas por outros jornalistas, e relatou alguns episódios-chave da carreira do futuro presidente de um jeito que contradizia a narrativa de seu ex-*protégé*.

Em 17 de fevereiro, Putin enviou Sobchak a Kaliningrado, um enclave russo situado entre a Polônia e a Lituânia, para fazer campanha em seu nome. Era coisa urgente: o ex-prefeito tinha que viajar naquele mesmo dia, deixando sua esposa chateada, já que ela não gostava que ele viajasse sozinho.[16] Alegava que precisava vigiar se ele estava tomando os remédios direito. Boa parte dos conhecidos do casal achava que a loura oxigenada de voz esganiçada não confiava no marido e, por isso, não queria perdê-lo de vista. Mas também é possível que ela temesse por sua segurança. Acontece que, naquele dia, ela estava no Parlamento e não podia acompanhar o marido na sua missão de campanha tão urgente. Sobchak viajou com dois auxiliares que também faziam as vezes guarda-costas. No dia 20, ele morreu em um hotel de uma cidade balneária nos arredores de Kaliningrado.

Jornalistas locais logo apontaram algumas estranhas circunstâncias envolvendo a morte de Sobchak. A mais importante foi o fato de haverem realizado duas autópsias no corpo — uma em Kaliningrado e outra em São Petersburgo, no hospital militar dirigido por Yuri Shevchenko, o mesmo médico que havia colaborado na articulação de sua fuga para Paris. Mesmo sendo ministro da Saúde da Rússia, Shevchenko não deixara o cargo naquele hospital. A causa oficial da morte foi um fortíssimo, porém natural ataque cardíaco.

Apesar disso, dez semanas após a morte de Sobchak, a promotoria de Kaliningrado abriu investigação sobre um possível caso de "assassinato premeditado com circunstâncias agravantes". Três meses depois, a investigação foi encerrada sem qualquer resultado.

No funeral do ex-prefeito, realizado no dia 24 de fevereiro, em São Petersburgo, Putin, sentado ao lado da viúva e da filha do falecido, parecia genuinamente abatido. Os espectadores russos nunca o viram tão emotivo. Na única declaração que deu naquele dia, ele disse: "O falecimento de Sobchak não é apenas uma morte, mas uma morte violenta, o resultado de uma perseguição." Com isso, Putin pretendia dizer que, tendo sido injustamente acusado de corrupção, Sobchak havia sucumbido ao estresse antes que seu ex-assessor pudesse reconduzi-lo à grandeza que merecia.

Em Paris, Arkady Vaksberg decidiu investigar por conta própria a morte de seu conhecido. Nunca tinha sido amigo íntimo, nem mesmo um grande admirador do arrogante político russo, mas era um repórter investigativo com experiência forense e faro incrível para uma boa história. Foi Vaksberg quem descobriu o detalhe mais desconcertante envolvendo aquele episódio: os dois auxiliares/guarda-costas, ambos jovens em boa forma física, tiveram de ser medicados por apresentarem sintomas leves de envenenamento logo após a morte de Sobchak. Essa era a marca registrada de mortes encomendadas que usavam veneno: diversos secretários ou guarda-costas também adoeciam quando seus patrões foram assassinados. Em 2007, Vaksberg lançou um livro sobre a história dos envenenamentos políticos na URSS e na Rússia. Nessa publicação, ele aventava a teoria de que Sobchak teria sido morto em virtude de um veneno posto na lâmpada da mesinha de cabeceira, fazendo a substância esquentar e se espalhar pelo ambiente quando a lâmpada fosse acesa.[17] Essa era uma técnica desenvolvida na União Soviética. Poucos meses depois que o livro foi publicado, o carro de Vaksberg explodiu na garagem de seu prédio em Moscou, mas ele não estava dentro do veículo.[18]

Sete

O DIA EM QUE A MÍDIA MORREU

Passei o dia da eleição, 26 de março de 2000, na Chechênia. Queria evitar toda aquela história de ir às urnas em uma eleição que eu via como um deboche, depois de uma campanha que se poderia descrever como uma farsa. Durante os menos de três meses decorridos desde a renúncia de Yeltsin, Putin não havia feito nenhum pronunciamento político — e ele e os que o cercavam pareciam achar que isso era uma virtude: dançar por votos não era coisa digna dele. A campanha consistiu basicamente do livro que revelava sua visão de si mesmo como um delinquente e uma voltinha pilotando um caça, que aterrissou no aeroporto de Grózni, atraindo muita atenção da imprensa uma semana antes da eleição. Toda sua mensagem política parecia ser: "Não se metam comigo."

Então, aceitei um convite da assessoria de imprensa militar para cobrir a votação na Chechênia. Sabia que não poderia circular muito por lá e que teria oficiais russos monitorando cada um de meus movimentos, mas achei que daria para ter uma boa ideia do estado de um lugar que eu havia conhecido bastante bem. A última vez que fui à Chechênia tinha sido uns três anos antes, pouco depois da entrada em vigor do cessar-fogo.

Grózni tinha quase um milhão de habitantes antes da primeira das guerras e cerca de meio milhão quando ela terminou. Eu conhecia bastante bem a geografia da cidade: tinha um tamanho razoável, com algumas colinas e bairros identificáveis, a maioria dos quais com prédios altos o suficiente para ajudar alguém a se localizar. Pouco depois dos bombardeios durante a primeira guerra, observadores europeus a compararam a Dresden, a cidade alemã inteiramente destruída pelos britânicos e pelos norte-americanos já quase no fim da Segunda Guerra Mundial. Achei a comparação bem apropriada — mesmo assim, Grózni conseguira manter sua paisagem fundamental.

Mas, agora, estava tudo acabado. Não dava mais para ver nenhum prédio alto. Não conseguia localizar nenhum monumento, embora houvesse vários ali antes. Cada lugar da cidade parecia idêntico e cheirava igual aos outros: carne queimada e poeira de concreto. E tudo era ensurdecedora e terrivelmente silencioso. Eu ficava olhando os letreiros de uma maneira obsessiva, pois eles eram o único sinal de vida e comunicação humanas na cidade: CAFÉ, INTERNET, PEÇAS PARA AUTOMÓVEIS; TEM GENTE AQUI. Essa frase era o que se lia nas placas que as pessoas tinham pendurado quando voltaram para casa depois da última guerra, na esperança de impedir que o local fosse saqueado ou alvejado.

Dezenas de alto-falantes haviam sido instalados em toda a volta do que antes fora uma cidade, como placas sonoras indicando zonas eleitorais ou postos de distribuição de sopa estabelecidos pelo Ministério Federal das Emergências. As pessoas, em sua maioria mulheres, andavam pelas ruas em grupos de duas ou três, dirigindo-se em silêncio até o som que vinha do alto-falante mais próximo, decerto na esperança de encontrar um prato de sopa e não uma urna eleitoral.

Nós, jornalistas, fomos escoltados por nossos guias militares até um dos nove locais de votação. Ao chegarmos, por volta do meio-dia, deparamos com uma multidão que já estava lá desde o nascer do sol. Mais uma vez, as mulheres eram maioria. Tinham ido na esperança de receber alguma ajuda humanitária: talvez porque alguém tivesse lhes prometido que haveria ali distribuição de comida e roupas ou simplesmente por causa de algum boato. DEMOCRACIA É A DITADURA DA LEI, dizia um cartaz afixado na entrada do pequeno prédio, citando uma declaração de Putin, em um claro ato de violação da lei eleitoral. Não havia sinal de ajuda humanitária.

Uma senhora se aproximou e me pediu para escrever que ela tinha sido levada a morar na rua.

"A senhora votou?", perguntei.

"Votei."

"Em quem?"

"Sei lá", respondeu ela com toda a simplicidade. "Eu não sei ler. Me deram uma cédula e eu marquei."

Um pouco mais tarde, noutra sessão eleitoral, em local diferente da cidade, vi algumas pessoas que vinham se aproximando. Corri até elas antes que meus acompanhantes pudessem me deter, achando que talvez pudesse falar com algum habitante de Grózni longe das urnas. Descobri que eram três pessoas que eu já tinha visto na primeira sessão que visitamos: duas delas eram bem idosas e todas iam puxando uns carrinhos vazios. Disseram-me que, depois que o ônibus com os jornalistas foi embora, os soldados avisaram que não haveria nenhuma ajuda humanitária. E aquela gente levou horas voltando para o que um dia tinha sido seu lar.

Usando os poucos momentos de que dispunha longe de meus guardiães, tentei perguntar àquelas pessoas por que tinham voltado para Grózni. O casal idoso mandou a mulher mais jovem me contar sua história. Ela tentou resistir, dizendo: "Para que falar disso?", mas no fim ela não ousou desobedecer aos mais velhos. "Voltamos para recuperar os corpos de nossos familiares. Eles nos levaram até lá. Todos estavam amarrados com arame. Mas faltou uma cabeça que nunca conseguimos encontrar." Oito membros de sua família estavam entre os milhares que foram detidos e, depois, sumariamente executados pelas tropas russas. A mulher e aqueles parentes próximos haviam deixado a cidade meses antes para ficar na casa de outros familiares em uma pequena aldeia. Os outros oito membros da família não tinham dinheiro suficiente para ir embora: cada vez que alguém passava pelos postos de controle instalados pelo Exército russo, era necessário pagar. Enquanto conversávamos, aproximou-se de nós outra mulher que arrastava atrás de si duas de suas sobrinhas: uma menina pálida, de 8 anos, e uma adolescente emburrada. "O pai delas morreu no bombardeio", disse ela. "A mãe não resistiu e morreu. E a avó delas também. As meninas enterraram os corpos no quintal. Ontem desenterramos o pai, lavamos o corpo dele, mas os homens estão com medo de sair para enterrá-lo. Então, ele está lá em casa mesmo." Pediu à adolescente que confirmasse a história, mas ela começou a chorar e se afastou de nosso grupo.

Aquela gente me disse que tinha votado em uma ativista de direitos humanos que, no fim da eleição, tinha um percentual de votos tão baixo que a maior parte dos anúncios na imprensa não chegava sequer a mencioná-la. Mas também vi diversos eleitores de Putin entre os chechenos. "Não aguento mais guerra", disse-me um homem de meia-idade. "Não aguento mais ficar passando, como um bastão, das mãos de uns bandidos para as de outros." Olhei à minha volta: estávamos em uma área de Grózni formada, em grande parte, por moradias particulares. Agora, só havia ali umas grades separando uma propriedade fantasma da outra. "Não foi Putin que fez isso?", perguntei.

"Já tinha uns dez anos que a guerra vinha acontecendo", respondeu o homem, exagerando um pouquinho: os primeiros conflitos armados na Chechênia datam de 1991. "O que ele poderia ter mudado? Queremos um poder forte; é o poder que une. Somos o tipo de gente que precisa de um árbitro."

Havia um checheno entre os dez candidatos praticamente desconhecidos que não tinham a menor chance de concorrer com Putin. Como era um milionário de Moscou, empresário do ramo imobiliário, o sujeito tinha mandado toneladas de farinha de trigo para os campos de refugiados pouco antes da eleição. "Não adianta votar nele", disse-me o vice-coordenador de um desses campos, nos arredores de Inguchétia. "Eu poderia votar nele, mas ninguém na Rússia vai fazer isso." Seu voto ia para Putin. "Ele é um bom homem. Não fez isso conosco porque quis: havia muitos outros interessados em recomeçar tudo isso de novo."

O chefe do tal homem, um indivíduo de 50 anos, todo enrugado, que se chamava Hamzat, declarou: "Disseram para a gente votar em Putin porque ele vai ser o presidente mesmo." Hamzat tinha passado 29 dias preso pelos russos durante a primeira guerra da Chechênia; ainda tinha duas cicatrizes na cabeça e uma marca permanente na escápula, onde tinha levado uma coronhada de fuzil. Mostrou um retrato do filho, um garoto de 16 anos, lábios grossos e cabelos cacheados, que estava preso pelos russos. O pai descobriu em que campo o filho estava, mas os carcereiros lhe pediram um resgate de mil dólares — prática bastante comum de ambos os lados do conflito. Ele não me disse o que aconteceu depois, mas alguns refugiados me contaram que saiu recolhendo dinheiro ali no campo, mas mal conseguiu reunir um décimo da quantia pedida. O garoto continuava na prisão.

O campo era um terreno cheio de tendas militares e um trem de dez vagões que havia sido rebocado até o local, solução corriqueira para suprir a falta de moradias intactas. Também estava ficando em um trem militar em uma cidadezinha não longe dali. O escritório de Hamzat ficava em um desses vagões. Na porta, pelo lado de fora, estava colado um papel contendo 61 nomes escritos à mão abaixo do título "Levados para a cadeia de Naursk e, mais tarde, transportados para o hospital de Piatigorsk". Ao lado de cada nome, viam-se idades que iam dos 16 aos 52 anos. Aparentemente, eram refugiados que haviam sido levados para um hospital antes que a imprensa fosse visitar a cadeia mais famosa da Chechênia. Um dos residentes fizera aquela lista na esperança de ajudar parentes a encontrar familiares desaparecidos. Junto de um desses nomes, alguém escreveu "morto" com esferográfica azul.

De acordo com os regulamentos militares, eu passava a maior parte do tempo em companhia de russos uniformizados. Teria preferido ficar entre os chechenos — não porque simpatizasse mais com eles, mas porque achava exaustiva a constante atmosfera de medo que reinava do lado russo. Com soldados caindo diariamente em emboscadas, os jovens convocados e seus comandantes não conseguiam relaxar nem mesmo quando tentavam beber até não poder mais, como faziam toda noite, para esquecer os disparos de artilharia que pareciam não parar nunca. Havia tiroteios por todo lado durante o dia também, mesmo no dia da eleição. Quando tentei passear por um bairro de Grózni antes densamente populoso, os meus dois guardiães me imploraram para não fazer aquilo. "De qualquer jeito, não tem ninguém por lá", alegou um deles. "Por que precisa andar por aí? Vão acabar apagando nós todos." Isso significava matar. Supostamente, aquelas tropas — cujos integrantes votaram maciçamente em Putin, a mando do comandante — controlavam Grózni. Mas, nos anos subsequentes, os russos continuariam a perder homens todos os dias.

Um novo comandante de distrito russo recém-nomeado começou a desfiar elogios a Putin. "Um homem de ouro assumiu o poder na Rússia hoje", disse ele. "Um homem firme." Antes da eleição, os comitês organizadores locais haviam percorrido os porões da vizinhança, fazendo uma lista dos eleitores. O número computado foi 3.400, e houve a mesma quantidade de cédulas, mas, ao meio-dia, estas já tinham acabado. "Eu disse que haveria mais gente", reclamava o tal comandante, "mas eles não me deram ouvidos! Mas de onde vieram todas essas pessoas? É claro que não brotaram do chão!"

Na verdade, vários deles tinham, sim, brotado do chão, e não apenas porque agora moravam no porão dos prédios demolidos, mas também porque muitos dos que tinham ido votar — a maioria mulheres idosas — chegaram à sessão eleitoral levando, cada uma, dois ou três passaportes, o próprio e os de seus familiares que ainda estavam vivos — ou pelo menos elas assim esperavam, suponho. Quem tivesse perdido o passaporte podia usar um formulário especial para votar, o que significava que seus documentos poderiam ser usados em outra sessão qualquer. Pude confirmar a minha teoria ao circular de posto em posto de votação: sempre que chegava a um deles, podia votar tranquilamente, usando meus documentos de Moscou ou não usando nada.

Antes do início da segunda guerra, a Chechênia tinha uma população oficial de 380 mil habitantes. Na época da eleição, o total de votantes chegou a 460 mil, aumento que não se devia apenas às tropas russas estacionadas na região, mas também às almas cujos passaportes reais ou imaginários foram usados nas urnas.[1] Pouco menos de 30% votaram em Putin: foi seu pior resultado em toda a Rússia. No cômputo geral, porém, o homem sem rosto, que não tinha plataforma política nem fizera campanha, obteve mais de 52% dos votos, eliminando a necessidade de um segundo turno.[2]

NO DIA 7 DE MAIO DE 2000, Putin foi empossado presidente da Rússia. Em rigor, aquela foi a primeira cerimônia do gênero na história: Yeltsin havia sido eleito para o primeiro mandato quando a Rússia ainda fazia parte da URSS. Assim, Putin pode instituir um ritual. Por sugestão dele, a cerimônia, originalmente planejada para o Palácio Estatal do Kremlin, com seu estilo mais moderno — onde o Partido Comunista realizava os seus congressos e o governo Yeltsin organizou várias conferências — foi transferida para o histórico Grande Palácio, onde outrora viveram os czares.[3] Putin atravessou o salão, pisando em um imenso tapete vermelho, deixando o braço esquerdo pender na lateral do corpo e mantendo o direito estranhamente imóvel, com o cotovelo ligeiramente dobrado, um jeito de andar que logo seria bem conhecido de todos os espectadores de TV da Rússia e que levou um observador norte-americano a aventar a hipótese de que ele talvez tivesse sofrido algum trauma na hora do parto ou até mesmo um derrame intrauterino.[4] Pessoalmente, tendo a achar que esse jeito dele de andar é exatamente o que parece: o de alguém que executa todos seus atos públicos mecanicamente e com relutância, projetando, a cada passo, tanto extrema cautela quanto extrema agressividade. Para os russos, seu andar parecia também afetação de adolescente, assim como o hábito de usar o relógio no pulso direito, embora seja destro. Essa moda logo pegou entre os burocratas de todos os escalões, e a maior fábrica de relógios do país, em Tartaristão, não tardou em lançar um novo modelo, batizado de Relógio Kremlin Para Canhotos, e enviou o primeiro da série para Moscou, de presente para o presidente.[5] Ele nunca foi visto usando aquele relógio barato, de fabricação nacional, embora tenha sido fotografado, nos poucos anos seguintes, usando diversos modelos: mais frequentemente um Patek Philippe Calendário Perpétuo, em ouro branco, que custa 60 mil dólares.[6]

Na cerimônia de posse, havia 1.500 convidados e, entre eles, uma incrível quantidade de pessoas fardadas. Um dos presentes mereceu destaque especial: Vladimir Kryuchkov, ex-diretor da KGB e um dos organizadores do golpe de 1991. Um repórter que estava no local o descreveu como "um velho, de baixa estatura, com dificuldade para ficar de pé e que se levantou uma única vez: na hora da execução do hino nacional".[7] Era fácil reconhecer Kryuchkov ali dentro porque ele ficou sentado a alguma distância dos demais convidados — não era exatamente um membro da elite política contemporânea da Rússia. Mesmo assim, ninguém ousou fazer qualquer objeção explícita à presença de um homem que tentou lançar mão das armas para sufocar a democracia no país. Ele tinha passado dezessete meses na prisão e fora indultado pelo Parlamento em 1994. A maioria dos jornais que cobriu a posse do presidente ignorou completamente essa presença. Dos 34 parágrafos sobre o evento, o *Kommersant*, principal diário comercial do país, dedicou a ele apenas um, o de número vinte. Se os jornalistas tivessem o dom da premonição, é provável que lhe tivessem dado muito mais importância, pois a Rússia comemorava não apenas a mudança de governo, mas também uma mudança de regime, ao qual Kryuchkov viera dar as boas-vindas.

Poucos meses antes, em 18 de dezembro de 1999 — duas semanas antes de ele se tornar presidente em exercício —, Putin tomou a palavra em um banquete com que se festejava a data de criação da polícia secreta soviética, um obscuro feriado profissional que estava destinado a ganhar destaque nos anos subsequentes, com as ruas enfeitadas por faixas comemorativas e transmissões dos festejos pela TV. "Gostaria de comunicar", disse ele, "que os oficiais do FSB enviados para trabalhar infiltrados no governo federal se saíram muito bem no desempenho das primeiras tarefas que lhes foram confiadas".[8] A sala inteira caiu na gargalhada. Mais tarde, Putin tentou minimizar o fato, dizendo ter sido uma piada, mas, no mesmo dia, ele havia reinaugurado uma placa comemorativa no prédio do FSB, lembrando ao mundo que Yuri Andropov, único chefe da polícia secreta a se tornar secretário-geral do Partido Comunista, tinha trabalhado ali.

Uma vez que a campanha para a presidência e Vladimir Putin, o homem propriamente dito, pareciam levar vidas paralelas, tudo que ele fez entre dezembro e a data da posse foram umas poucas ações públicas. Escolheu o primeiro-ministro, um homem cuja estatura imponente, a possante voz grave, o jeitão de galã hollywoodiano e o sorriso revelando dentes branquíssimos contrastavam com sua falta de ambição política. Mikhail Kasyanov parecia ter a burocracia correndo nas veias: depois de fazer carreira nos ministérios soviéticos e de uma suave transição, trabalhando para alguns ministros em vários gabinetes do governo Yeltsin, tornara-se recentemente ministro das Finanças.

"Ele me chamou no dia 2 de janeiro", apenas três dias depois da renúncia de Yeltsin, disse-me Kasyanov. "E expôs as condições para a minha nomeação, dizendo: 'Se você não meter o nariz na minha seara, vamos nos entender.'"[9] Kasyanov, nada familiarizado com esse tipo de linguajar, ficou mais impactado pelas palavras de Putin do que pelo teor de sua declaração. Pela Constituição, o primeiro-ministro tem ampla autoridade sobre as corporações militares; Putin estava dizendo que, se quisesse ocupar aquele cargo, teria que abrir mão desses poderes. Kasyanov aceitou prontamente e, em troca, pediu que o presidente lhe permitisse implementar as reformas econômicas que havia planejado. Putin concordou e o nomeou vice-primeiro-ministro, prometendo fazer dele o primeiro-ministro assim que tomasse posse.

Na verdade, Kasyanov assumiu a tarefa de tocar o governo. Putin se pôs a preparar o que tinha chamado de "sua seara". Seu primeiro decreto como presidente em exercício assegurava a Boris Yeltsin imunidade judicial. O segundo estabelecia uma nova doutrina militar russa, abandonando a velha política de não agressão no que se refere às armas nucleares e enfatizando o direito de usá-las contra agressores "se outros meios de solução do conflito houverem se esgotado ou se revelarem ineficazes". Pouco depois, outro decreto restabeleceu o treinamento obrigatório para os reservistas (todo cidadão russo fisicamente capaz era considerado reservista), algo que havia sido abolido, para alívio de esposas e mães russas, depois que o país se retirou do Afeganistão. Dois dos seis parágrafos do decreto foram classificados como secretos, levando a crer que se poderia descobrir, aí, se os reservistas deviam contar com a possibilidade de ser mandados para a Chechênia. Dias depois, Putin baixou uma portaria concedendo aos quarenta ministros do governo e outras autoridades o direito de classificar informações como secretas, em uma evidente violação à Constituição russa. Também restabeleceu o treinamento militar obrigatório nas escolas secundárias, tanto públicas quanto particulares: essa matéria, que, para os meninos, envolvia desmontar, limpar e remontar um fuzil Kalashnikov (AK-47), havia sido extinta durante a *perestroika*. Ao todo, seis dos onze decretos por ele baixados em seus dois primeiros meses como presidente em exercício se referiam a assuntos militares. Em 27 de janeiro, Kasyanov anunciou que o orçamento destinado à defesa teria um aumento de 50% — isso em um país que ainda não conseguia saldar sua dívida externa e que estava vendo a maioria de sua população afundar cada vez mais na pobreza.[10]

Se alguém, na Rússia ou no exterior, tivesse se dado ao trabalho de prestar atenção, teria percebido que todas as pistas sobre a natureza do novo regime já estavam disponíveis nas semanas em que Putin esteve instalado em seu trono temporário. Mas o país estava ocupado demais elegendo um presidente imaginário, e o resto do mundo ocidental só começaria a questionar sua escolha anos mais tarde.

QUANDO PUTIN TOMOU POSSE, eu estava novamente na Chechênia: considerando o que a política e o jornalismo político tinham virado, eu realmente precisava ser capaz de ver algum sentido no que fazia. Com o sistema político do país desmoronando bem diante dos meus olhos, eu sentia que tinha sorte por ter a chance de pesquisar e publicar as histórias que julgava importantes. Dessa vez, viajava com militares e grupos de voluntários que procuravam soldados russos desaparecidos em combate; àquela altura, já eram cerca de mil, metade dos quais estava desaparecida desde a última guerra.

Voltei da Chechênia no fim de semana da posse. No meu segundo dia no escritório depois da viagem, que também era o segundo dia oficial de Vladimir Putin como presidente, forças da polícia especial invadiram a sede da Media-Most, de Vladimir Gusinsky, empresa proprietária da revista em que eu trabalhava. Vários homens usando uniforme de camuflagem, máscaras de lã preta com fendas para os olhos e armados com fuzis automáticos de cano curto invadiram os escritórios do prédio recém-reformado que ficava bem no centro de Moscou — a cerca de um quilômetro e meio do Kremlin —, agrediram alguns funcionários e jogaram pilhas de papel em caixas de papelão que, depois, foram levadas em furgões. Mais tarde, a promotoria, a administração presidencial e os fiscais da receita fizeram declarações públicas bem confusas e desnorteantes ao tentar explicar a batida. Disseram que havia suspeita de irregularidades fiscais; de conduta imprópria por parte da segurança interna da Media-Most; e de espionagem dos jornalistas pela própria empresa. No entanto, a natureza daquela invasão não era nenhum mistério para quem tivesse qualquer envolvimento com o mundo dos negócios ou mesmo observado como negociações se realizavam na Rússia dos anos 1990: aquilo era uma ameaça. Esse tipo de ação geralmente era orquestrado por grupos do crime organizado para mostrar quem mandava ali e quem tinha mais influência junto à polícia. Sob vários aspectos, porém, o ataque à Media-Most era diferente dos demais: por sua dimensão (uma quantidade enorme de militares, vários furgões carregados de documentos); seu local (o centro de Moscou); seu horário (em plena luz do dia); e seu alvo (um dos sete empresários mais influentes do país). Insólito também era suposto mentor da invasão, que os meios de comunicação da Media-Most identificaram como sendo Vladimir Putin. Ele próprio alegou não ter qualquer conhecimento do ocorrido: na hora da invasão, o presidente estava no Kremlin, num encontro com Ted Turner, relembrando os Jogos da Boa Vontade realizados em São Petersburgo na década de 1990, e discutindo o futuro da mídia.[11]

Os meses que se seguiram ao ataque à sede da Media-Most foram aquele tipo de período difícil de recordar e descrever: o intervalo entre o diagnóstico e o inevitável desfecho, entre o dia em que se fica sabendo como a história vai acabar e o dia em que ela acaba de verdade. Acho que é perfeitamente possível dizer que as quase setenta pessoas que trabalhavam na minha revista e as centenas de funcionários do jornal e do canal de TV de Gusinsky, NTV — o mesmo que havia transmitido a matéria sobre a investigação das explosões ocorridas nos prédios residenciais —, souberam, no próprio dia da invasão, que aquilo era o começo do fim da maior empresa privada de jornalismo da Rússia. Mesmo assim, continuamos a trabalhar praticamente como se não tivesse acontecido nada, como se a história dos problemas da empresa fosse mais uma a ser reportada.

Não lembro como fiquei sabendo da prisão de Vladimir Gusinsky no dia 13 de junho. Devo ter ouvido no rádio do carro, embora isso não me pareça muito provável: o verão de 2000 foi o segundo que passei pedalando por Moscou, o que, na época, era uma novidade em termos de meio de transporte — eu inclusive estava trabalhando numa matéria sobre ciclismo urbano justamente naquele mês. Algum colega deve ter me contado. Ou talvez um amigo tenha me telefonado. Seja como for, a coisa mais importante que ouvi não foi que um dos homens mais influentes do país — e que, por acaso, era quem pagava o meu salário — tinha sido preso, mas que ele tinha sido preso sob acusações ligadas à privatização de uma companhia chamava Russkoye Video. Eu precisava escrever aquela matéria.

A RUSSKOYE VIDEO ERA UMA produtora de programas de TV que pertencera a Dmitry Rozhdestvensky, o homem de São Petersburgo que estava preso havia já dois anos. A sua história foi uma matéria que acompanhei por algum tempo, sem entender nada, e que começou quando fui à cidade escrever sobre o assassinato de Galina Starovoitova.

As minhas fontes ali — entre as quais o assistente de Starovoitova, que tinha sobrevivido aos tiros — insistiram para que eu me encontrasse com um casal mais velho que morava num apartamento amplo e bem mobiliado no canal Griboiedov. Durante os vários encontros que tivemos, ao longo de alguns meses, eles me contaram a história do filho, Dmitry Rozhdestvensky, um produtor de TV de 44 anos, bem-educado, que teve muito sucesso durante o governo de Sobchak (tendo inclusive colaborado em sua campanha à reeleição) e, agora, estava preso.

Aparentemente, alguém havia armado para conseguir pegá-lo. Primeiro, em março de 1997, ele foi submetido a uma auditoria fiscal. Depois, em maio, recebeu uma carta do serviço de polícia secreta local dizendo que o transmissor usado pela estação de TV da qual era sócio representava séria ameaça à segurança do Estado. Mais tarde, Rozhdestvensky foi interrogado diversas vezes a respeito do caso Sobchak.

"A suspeita era de que Dmitry realizasse lavagem de dinheiro para o prefeito", disse-me a sua mãe. "Mas Dmitry teve sorte: Sobchak nunca pagou um tostão à sua empresa, nem mesmo o que lhe devia pela produção e transmissão da sua propaganda eleitoral."

Finalmente, em março de 1998, Rozhdestvensky foi acusado de evasão fiscal. Uma noite, naquele mês, a equipe especial da procuradoria vasculhou os apartamentos de 41 pessoas que tinham alguma relação com a Russkoye Video, inclusive *freelancers*.

"Foi aí que realmente começaram os ataques", disse-me ainda a velha senhora. Quase todo dia o seu filho era intimado a comparecer um interrogatório; seu apartamento, escritório e sua *dacha* foram revistados inúmeras vezes. Em agosto de 1998, a mulher dele teve um derrame. "Estávamos na *dacha*", prosseguiu ela. "Ele tinha que ir para os interrogatórios diariamente e nunca sabíamos se voltaria. Eu conseguia aguentar esse tipo de coisa — o meu pai foi preso três vezes nos tempos de Stalin —, mas Natasha [a esposa de Dmitry] se mostrou bem mais fraca."

Em setembro de 1998, Dmitry Rozhdestvensky foi acusado de sonegação fiscal e levado para a prisão. Conheci seus pais dois meses mais tarde. Durante os vinte meses seguintes, estive com os Rozhdestvenkys e eles iam me pondo a par da situação do filho. Dmitry estava sendo levado de uma prisão a outra, passando por Moscou e, enfim, sendo transferido para uma cadeia da polícia secreta nos arredores de São Petersburgo. As acusações contra ele eram confusas: primeiro, sonegação de um carro; depois, sonegação do dinheiro recebido por contrato publicitário; mais tarde, apropriação indébita de verbas para construir uma casa de veraneio. Pelo que percebi, suas finanças comerciais e familiares eram tão confusamente embaralhadas que os promotores podiam continuar encontrando um jeito de mantê-lo atrás das grades pelo tempo que quisessem. O que eu não entendia era por que alguém queria vê-lo na cadeia.

Os pais de Rozhdestvensky me disseram que aquilo era coisa de Vladimir Yakovlev, o homem que substituíra Sobchak na prefeitura, para se vingar do envolvimento de Rozhdestvensky na campanha para a reeleição do seu antecessor. Mas outras pessoas também haviam apoiado Sobchak. Será que ele estava servindo de bode expiatório, já que outros, como Putin, eram agora tão poderosos que tinham se tornado inatingíveis? Pode ser. Ou será que não era Yakovlev que estava querendo se vingar, mas sim algum dos ex-parceiros comerciais de Rozhdestvensky, entre os quais se encontravam o próprio Putin e várias outras figuras influentes de São Petersburgo as quais, aparentemente, tinham acabado de abrir uma produtora de TV vinculada aos cassinos da cidade? Também pode ser. Ou será que, como acreditava a assistente de Starovoitova, era um caso macabro de chantagem por parte de um empresário que em vão tentara pressionar Rozhdestvensky a vender a sua firma? Mais uma vez, pode ser.

Continuei encontrando os Rozhdestvenskys porque não conseguia descobrir uma maneira de escrever a história do seu filho. Quanto mais coisas aconteciam, menos eu entendia aquilo tudo. O tal empresário que supostamente estaria chantageando Dmitry acabou sendo preso como mandante de vários assassinatos, inclusive o de um vice-prefeito encarregado de incorporações imobiliárias que foi morto a tiros em plena luz do dia na avenida Niévski, em 1997. Uma coisa estava evidente: o que quer que estivesse acontecendo com Rozhdestvensky tinha pouco ou nada a ver com o processo jurídico contra ele e tudo a ver com o jeito como negócios e política eram feitos em São Petersburgo.[12]

Agora, esse caso e essa empresa — de que a maior parte dos russos nunca tinha ouvido falar — haviam, sabe-se lá como, levado Vladimir Gusinsky para a prisão. Como já tinha feito tantas vezes nos últimos dois anos, me sentei e comecei a remexer no arquivo que eu tinha reunido sobre aquela história. Era quase meia gaveta de papéis, em sua maioria acusações legais e documentos que poderiam prová-las. Pela primeira vez, apesar de aquilo começar pela primeira vez a fazer sentido para mim, eu não conseguia ver ali um caso jurídico — aliás, era exatamente como pensavam os eficientíssimos advogados da Media-Most.

"Não existe nenhuma acusação", disse-me, nitidamente desnorteada, uma mulher de meia-idade, muito inteligente, que fazia parte da equipe jurídica. "Não consigo nem mesmo entender qual seria o suposto crime. Não faço ideia de onde tiraram os números que citam aqui. Em um ponto, dizem que a empresa em si foi criada ilegalmente, mas referem-se a uma lei que não diz absolutamente nada a esse respeito. E mesmo que a firma tenha sido criada em desacordo com a lei, a Media-Most não tem nada a ver com isso."[13] O grupo maior tinha comprado a Russkoye Video juntamente com dezenas de outras pequenas produtoras e emissoras regionais quando estava formando uma rede nacional. A firma de São Petersburgo nem era um dos maiores veículos de anúncios da rede: foi comprada principalmente por causa do seu imenso acervo de filmes B que o grupo poderia usar enquanto ainda estava preparando os seus próprios programas.

"Essa história seria cômica se não fosse tão trágica", observou a advogada. "Quem dera todos os crimes na Rússia fossem como esse", ou seja, feitos de, no máximo, ilegalidades.

O crime, na Rússia, não tinha nada disso, mas muitos processos legais no país estavam começando a ficar exatamente desse jeito: uma mistura confusa, cheia de contradições. Percebi que a minha teoria original sobre Dmitry Rozhdestvensky estava certa: tratava-se efetivamente de uma vingança pessoal. Mas o culpado não era nem o atual governante de São Petersburgo, como diziam alguns, nem um chefão mafioso que já estava preso, como acreditavam outros.

Aparentemente, houve algum desentendimento muito sério entre Dmitry Rozhdestvensky e Vladimir Putin, com quem ele tinha trabalhado na fracassada campanha de Sobchak à reeleição. Isso explicava por que, depois de eu ter acompanhado o caso por quase dois anos, o promotor me ameaçou da última vez que lhe telefonei, em 29 de fevereiro de 2000.

"Esqueça isso", disse ele. "Acredite, Masha, é melhor não ir mais fundo nessa história. Ou vai se arrepender." Passei alguns anos escrevendo sobre casos judiciais na Rússia e ninguém — nem mesmo criminosos denunciados e seus comparsas em geral nada agradáveis — jamais falou comigo daquele jeito. O que haveria de tão importante e assustador nesse caso em especial? Apenas que ele estava sendo realizado em nome do homem que era, agora, presidente em exercício do país. O promotor, Yuri Vanyushin, era um ex-colega de faculdade de Putin. Foi trabalhar na promotoria logo que saiu da universidade, assim como Putin foi para a KGB, mas, quando este voltou para Leningrado e trabalhou com Sobchak, Vanyushin se juntou a ele na prefeitura. Na época em que Putin foi para Moscou, seis anos mais tarde, Vanyushin voltou à promotoria, tornando-se investigador especializado em "casos importantíssimos", uma efetiva categoria legal. O processo contra Rozhdestvensky não se enquadrava nos critérios formais para ter tal classificação, mas é claro que era um caso importantíssimo para uma pessoa também importantíssima.

Outra pessoa bem próxima de Putin, Viktor Cherkesov, que havia sido nomeado para chefiar a divisão do FSB em São Petersburgo após muito *lobby* da parte de Putin e de muitos protestos de ex-dissidentes, entrou nessa história quando o caso contra Rozhdestvensky parecia estar apenas começando a tomar forma. Depois que uma auditoria fiscal fracassou na tentativa de obter elementos que justificassem um processo, Cherkesov mandou uma carta a Rozhdestvensky informando que o transmissor que a Russkoye Video estava usando era uma ameaça à segurança nacional. Assim que a empresa parou de usar o transmissor, ele aparentemente deixou de ser uma ameaça e outra companhia o assumiu.[14] Um ano depois, Cherkesov se juntou a Putin em Moscou e tornou-se o primeiro vice-diretor do FSB.

Os pais de Rozhdestvensky tinham esperanças de que o filho fosse libertado tão logo o seu velho amigo Vladimir Putin assumisse a chefia da polícia secreta, depois, a do governo e, finalmente, a do Estado. O que aconteceu, porém, foi que Vanyushin prosseguiu com o caso mesmo quando as acusações pareciam não se sustentar:

ele simplesmente corria atrás de outros motivos igualmente duvidosos para conseguir mantê-lo na prisão. No fim do verão de 2000, um tribunal finalmente levaria em consideração a saúde precária do acusado e permitiria que ele aguardasse o julgamento em liberdade. Rozhdestvensky morreu em junho de 2002, aos 48 anos.[15]

O que eu estava descobrindo agora, enquanto examinava os documentos que tinha guardado por quase dois anos, era a mesma coisa que Natalya Gevorkyan descobriu quando interpelou Putin sobre o jornalista Andrei Babitsky: "Ele é um homenzinho vingativo", nas palavras dela. O caso contra Gusinsky era, assim como o de Rozhdestvensky, uma questão de vingança pessoal. Gusinsky não apoiou Putin na eleição. Tinha boas e significativas relações pessoais e comerciais com o prefeito de Moscou, Yuri Luzhkov, que liderava a coalizão de oposição à Família. Foi o canal de TV de Gusinsky que transmitiu, dois dias antes da eleição, o programa sobre as explosões dos prédios residenciais.

A prisão de Gusinsky não tinha nenhuma conexão com a Russkoye Video. Acontece que o homem que estava por trás dessa prisão conhecia todos os pormenores do caso da produtora de TV — que servia tanto quanto qualquer outro quando tudo que se pretendia era pôr um dos homens mais poderosos da Rússia atrás das grades. Se havia irregularidades nos documentos de criação da empresa, Putin também tinha conhecimento delas: esquadrinhando os meus papéis, encontrei um documento autorizando a constituição da companhia com a assinatura de Vladimir Putin.

Vladimir Gusinsky ficou apenas três dias na cadeia. Assim que lhe foi concedida a liberdade provisória, deixou o país, tornando-se o primeiro refugiado político do regime de Putin — só cinco semanas após a cerimônia de posse.

À DIFERENÇA DO PROPRIETÁRIO da minha empresa, eu ainda estava em Moscou. E, aparentemente, numa situação bem delicada, bem como o promotor Vanyushin havia me avisado. Tinha escrito um artigo sobre o caso da Russkoye Video que foi publicado dias depois de Gusinsky deixar o país e trazia a imagem do documento que eu havia encontrado — aquele assinado por Putin. Não demorou muito para eu notar que havia um homem em cima de uma escada em frente à porta do meu apartamento — 24 horas por dia.

"O que está fazendo aí?", perguntava eu a cada vez que abria a porta e o via ali. "Um conserto", grunhia o homem.

Poucos dias depois, o telefone da minha casa foi desligado. A companhia telefônica insistiu que não tinha nada a ver com aquilo, e demorou vários dias até que voltasse a funcionar. Essas eram algumas táticas típicas da KGB, com o objetivo de me fazer entender que eu nunca estava seguro e nem só: era o mesmo método usado desde os anos 1970, quando esse tipo de capanga ficava postado na escada do prédio de alguém para deixar claro que a pessoa estava sendo observada. Saber disso não facilitava em nada as coisas para mim. Essas táticas invasivas continuavam funcionando tão bem agora quanto trinta anos atrás: não demorou muito e eu estava enlouquecendo de preocupação com algo que não podia identificar.

Aproveitei a oportunidade de uma reportagem para sair do país por umas duas semanas. E decidi procurar outro emprego. O meu tinha sido o melhor do mundo e, enquanto o exercia, arrisquei a vida várias vezes indo à Chechênia, à antiga Iugoslávia e a outras zonas de conflito pós-soviéticas. Mas nada disso havia me preparado para viver sob ameaça constante, por mais indefinida que ela fosse. Havia uma vaga de chefe de redação da revista semanal americana *U.S. News & World Report*, em Moscou, e logo tratei de agarrar essa chance.

Nesse meio-tempo, Gusinsky, vivendo entre a Inglaterra e a Espanha, onde tinha uma casa, estava negociando com o Estado russo o destino de seu império jornalístico. Ele era dono de 60% das ações da empresa; outros 30% pertenciam ao monopólio estatal de gás, Gazprom, e 10% a pessoas físicas, em sua maioria altos executivos da companhia. Gusinsky tinha feito um empréstimo de grande vulto junto a um banco estatal para financiar a instalação da sua rede via satélite. Menos de um ano antes, ainda tinha esperanças de que sua dívida seria perdoada: a sua relação outrora tão próxima com Yeltsin e o papel que desempenhou na campanha para a reeleição do ex-presidente em 1996 faziam essa esperança não parecer absurda, ao menos para Gusinsky.[16] Agora, alguns desses títulos já estavam vencidos e o Estado decidira antecipar a cobrança do restante, pedindo o pagamento em ações e não em dinheiro — pretendendo garantir, assim, que o monopólio estatal de gás assumisse o controle das empresas. Gusinsky vinha tentando renegociar a dívida de forma a evitar que qualquer dos acionistas pudesse ser sócio majoritário, o que preservaria a independência dos veículos de mídia.

À medida que as negociações iam ficando mais belicosas, alguém — cada lado acusava o outro — deixou vazar para a imprensa um documento que Gusinsky havia assinado antes de sair do país. Aparentemente, ele tinha concordado, por escrito, em ceder o controle acionário da companhia à Gazprom em troca da sua liberdade pessoal. Para piorar, o documento trazia não apenas a assinatura de Gusinsky e do diretor da assessoria de imprensa da Gazprom — recriada especialmente para a ocasião —, mas também do ministro da Imprensa, Mikhail Lesin.[17] Em suma, era um típico contrato de crime organizado, formalizando a troca de uma operação comercial em favor da segurança pessoal de alguém — com o Estado como parte. Quando o documento vazou, Gusinsky declarou publicamente que o próprio ministro o tinha ameaçado, obrigando-o a assinar sob coação, "praticamente com uma arma apontada para a minha cabeça".[18] Ele nomeou todo esse processo de "extorsão estatal".

Putin se recusou a comentar o caso.[19] Apesar de tudo, porém, ninguém parecia duvidar de que a ordem para extorquir a empresa de comunicação de Gusinsky tinha partido diretamente dele. Mikhail Kasyanov, seu primeiro-ministro de dentes branquíssimos, pareceu genuinamente surpreso e até chocado com aquelas revelações e repreendeu Lesin publicamente, diante das câmeras de televisão.[20] Três dias mais tarde, Mikhail Gorbatchov surgiu, depois de nove anos afastado da política, para se encontrar com Putin e lhe pedir que resolvesse a situação de Gusinsky. Mas saiu do encontro abatido, declarando à imprensa que o presidente tinha se recusado a intervir. No dia seguinte, o primeiro-ministro iniciou a reunião ministerial repreendendo Lesin mais uma vez. Jornalistas russos e analistas políticos interpretaram o gesto como um claro indício de que Kasyanov estava se sentindo impotente numa situação orquestrada pelo próprio presidente.

Não tardou para que esse tipo de apropriação de empresas privadas, fossem elas grandes ou pequenas, se tornasse algo corriqueiro. Mas o sistema que Yeltsin deixara para trás ainda não estava exatamente pronto para abrigar essas "extorsões estatais". Nos seus sucessivos governos, Yeltsin não conseguiu fazer dos tribunais russos um sistema judiciário eficiente, mas conseguiu plantar neles a semente da ambição. Agora, esses tribunais, especialmente nas instâncias mais baixas, iam recusar algumas das demandas da Gazprom, sendo que uma corte municipal chegou até mesmo a rejeitar inteiramente o caso contra Gusinsky. No fim das contas, o monopólio estatal levou quase um ano para obter o controle do império midiático de Gusinsky. Em abril de 2001, depois de um impasse que se estendeu por praticamente uma semana, durante a qual a equipe da NTV ficou transmitindo ao vivo o processo de apropriação, o pessoal do editorial foi obrigado a sair. Uma semana depois, quando meus ex-colegas da revista *Itogi* chegaram ao trabalho, deram com as portas trancadas e com a notícia de que absolutamente todos os empregados haviam sido demitidos.

EU JÁ TINHA SAÍDO DE LÁ NO VERÃO anterior para ir trabalhar na *U.S. News & World Report*. Antes de começar no novo emprego, tirei um curto período de férias no mar Negro. Mas, depois de apenas um ou dois dias ao sol, tive de pegar um avião e voltar para o Norte: um submarino nuclear estava afundando no mar de Barents, levando consigo 118 tripulantes.

De todas as histórias dolorosas que precisei cobrir e que o povo da Rússia teve de testemunhar, o desastre do *Kursk* foi provavelmente a mais devastadora. Durante nove dias, as mães, as esposas e os filhos dos homens que estavam a bordo — e, junto com eles, a Rússia inteira — conservaram a esperança de que alguns deles ainda estivessem vivos. Todo o país se manteve em vigília enquanto a Marinha e o governo se atarantavam em tentativas de resgate. Equipes da Noruega e da Grã-Bretanha se puseram à disposição, mas foram rejeitadas, supostamente em virtude de cuidados relativos à segurança. E o pior de tudo foi que o novo presidente ficou calado: estava de férias na costa do mar Negro.

O *Kursk* pode facilmente ser considerado uma metáfora da situação pós-soviética. Começou a ser construído em 1990, quando a URSS estava prestes a se extinguir, e ficou pronto em 1994. Apesar de esse ter sido sem dúvida alguma o ponto mais baixo da história militar da Rússia, foi também quando as ambições de ser uma superpotência (temporariamente abandonadas enquanto o império ruía) ressurgiram. Tão imensas quanto o submarino, essas ambições estavam sendo novamente evocadas por Putin, que prometia despachar os inimigos privada abaixo. O *Kursk*, que praticamente não tivera manutenção desde que fora lançado, participou de sua primeira missão no verão de 1999, quando Putin assumiu a presidência, e ia participar da primeira operação importante de treinamento em agosto de 2000.

Mais tarde, ficaria claro que nem o submarino, nem a sua tripulação, nem, na verdade, a Frota Russa do Norte inteira, haviam sido preparados para o tal exercício. Na verdade, a operação não era oficialmente um exercício, ao menos em parte, porque os navios e os seus homens não tinham conseguido preencher as exigências técnicas e legais necessárias para um exercício militar convencional. Portanto, o submarino e as demais embarcações de guerra que foram para o mar no dia 12 de agosto tinham sido convocados para uma "manobra conjunta", expressão inédita e para a qual não existia, portanto, qualquer exigência claramente especificada. O *Kursk* foi lançado ao mar com uma tripulação sem treinamento específico e sem prática, e, para piorar, por ter sido recrutada de vários navios diferentes, seus homens não tinham nenhuma experiência como uma equipe. O submarino havia sido equipado com torpedos de treinamento, alguns dos quais com a data de validade vencida e o resto sem uma verificação adequada. Alguns tinham furos de ferrugem visíveis; outros, anéis de conexão de borracha que já tinham sido usados mais de uma vez, numa nítida violação aos regulamentos de segurança. "A morte está conosco aqui a bordo", disse um dos tripulantes à sua mãe, referindo-se aos torpedos, seis dias antes do acidente.[21]

Foi um desses projéteis que, aparentemente, pegou fogo e explodiu. Houve duas explosões dentro do submarino e a maioria da tripulação morreu na hora. Vinte e três sobreviventes correram para uma área que não havia sido afetada e ficaram esperando socorro. Dispunham do equipamento necessário para sobreviver ali dentro por algum tempo e, portanto, tinham motivos justificados para crer que seriam salvos — afinal, estavam participando de um exercício militar, havia diversos navios nas proximidades e o acidente seria decerto notado quase imediatamente.

Mas, enquanto os tremores provocados pelas explosões foram captados por uma estação sísmica da Noruega, os navios russos que se encontravam muito mais perto do submarino parecem não ter percebido nada. Nove horas se passaram até que a frota noticiasse o ocorrido, e outras tantas transcorreram até que o presidente, que estava de férias, fosse informado. Começaram então as operações de resgate, mas, ao que tudo indica, as equipes de socorro não tinham o treinamento necessário para aquela tarefa e sequer conseguiram se acoplar ao submarino.

É provável que a maior parte dos 23 sobreviventes pudesse ter saído por conta própria — o acidente ocorreu em águas não muito profundas —, mas no compartimento do submarino onde se encontravam não havia, contrariando todos os regulamentos, o duto de emergência necessário à evacuação da tripulação. Aqueles 23 homens ficaram sentados no escuro até que uma das placas de renovação do ar pegou fogo, enchendo o compartimento com uma fumaça letal que matou a todos.

Durante os mais de dois dias em que sobreviveram no submarino imerso, os tripulantes ficaram batendo o sinal de SOS em código Morse, tentando colaborar com as manobras de resgate que, de início, inexistiam e, depois, se revelaram ineficazes. Já no fim, aquelas batidas se tornaram aleatórias e desesperadas. Jamais tiveram resposta para a sua mensagem: obedecendo a uma regra tácita da frota, as equipes de resgate se mantinham em silêncio, possivelmente para evitar que embarcações inimigas pudessem localizá-las. Foi por essa mesma razão que as primeiras ofertas britânicas e norueguesas de enviar mergulhadores para ajudar no resgate foram recusadas. Quando, oito dias depois do acidente, uma equipe norueguesa foi finalmente autorizada a penetrar em águas territoriais russas e descer até onde estava o *Kursk*, não teve dificuldades em abordar o submarino na primeira tentativa. Como não conseguiram abrir a escotilha, os noruegueses tiveram que ir atrás do equipamento necessário e, nove dias após o naufrágio, penetraram no *Kursk* e confirmaram que não havia nenhum sobrevivente.[22]

O país inteiro passou dez dias grudado nos televisores, à espera de notícias do *Kursk*. Ou do novo presidente, aquele que havia prometido restaurar o poderio militar nacional. De início, ele não disse nada. Depois, sem interromper as férias, fez um vago comentário que parecia indicar que, a seu ver, salvar o equipamento a bordo do submarino era mais importante do que resgatar a tripulação. No sétimo dia após o desastre, Putin finalmente concordou em voar de volta para Moscou — e foi devidamente assediado por uma equipe de TV na cidade balneária de Yalta, no mar Negro. "Fiz a coisa certa", declarou o presidente, "porque a chegada de não especialistas de qualquer campo e a presença de altos oficiais na área do desastre não ajudariam em nada e provavelmente só atrapalhariam os trabalhos. É melhor cada qual ficar no seu lugar."

Essa observação evidencia que Putin via a si mesmo como um burocrata — muito importante e poderoso, mas, ainda assim, um burocrata. "Sempre achei que, chegando à presidência, mesmo que apenas indicado para o cargo, a pessoa teria que mudar", observou Marina Litvinovich, a jovem inteligente que havia trabalhado na criação da imagem de Putin antes das eleições. "Se a nação estiver chorando, você tem que chorar junto com ela."

Na época do desastre do *Kursk*, Litvinovich, que ainda estava na casa dos vinte, tinha se tornado membro efetiva do que acabou sendo uma assessoria de imprensa permanente do Kremlin. Uma vez por semana, os diretores das três maiores redes de TV, juntamente com Litvinovich, reuniam-se com o chefe de gabinete de Putin, Alexander Voloshin, para discutir assuntos da atualidade e planejar sua cobertura. Em agosto de 2000, apenas três pessoas compareceram à tal reunião: Litvinovich, Voloshin e o diretor da empresa de rádio e televisão estatal; os demais estavam de férias, como costuma acontecer em Moscou nesse período. "Eu comecei a gritar com Voloshin", disse-me Litvinovich. "Gritei que ele [Putin] tinha de ir até lá. Até que, afinal, Voloshin resolveu passar a mão no telefone e ligar para o presidente, dizendo: 'Algumas pessoas estão achando que você devia ir até lá.' Pensei na hora que quem devia estar ligando e gritando 'Onde está o meu avião?' era ele. E me dei conta de que, se eu não tivesse ido àquela reunião, ele não teria ido para o Ártico."[23]

O PEQUENO PUNHADO DE PORTOS militares onde ficavam as instalações da Frota Russa do Norte é um mundo à parte, fechado e hostil aos forasteiros, mas, em geral, submisso às autoridades e confiante nelas. Não foi permitida a entrada de jornalistas em Vidyaevo, o porto de origem do *Kursk*. As famílias dos membros da tripulação foram embarcadas em ônibus fretados que cruzaram a toda velocidade os postos de vigilância. Em algumas ocasiões, algumas dessas pessoas enfrentaram a trilha de quase cinco quilômetros que separava o local em que estavam alojados, em Vidyaevo (depois que foram deixados lá, não havia mais qualquer meio de transporte disponível), para ir até um desses postos, onde os jornalistas se mantinham em permanente vigília. Um grupo de mulheres queria gravar uma mensagem em vídeo, pedindo que os trabalhos de resgate não fossem interrompidos. Uma mulher pediu aos jornalistas que levassem um outro grupo até a maior cidade da região, Murmansk, pois queriam comprar coroas fúnebres para jogar no mar.

Os habitantes do lugar olhavam para aquelas mulheres aflitas com um misto de piedade e medo. Ali, em cidades repletas de prédios de concreto de cinco andares caindo aos pedaços, sem vidraças nas janelas e, em geral, sem aquecimento central, todos estavam acostumados ao perigo e à deterioração. "Acidentes acontecem", repetiam os marujos e suas esposas para mim. Nesse meio-tempo, mulheres armadas de baldes e vassouras lavavam as calçadas e as praças públicas com água e sabão, na esperança de evitar a radiação que poderia estar vazando do submarino — embora as autoridades tivessem pregado cartazes dizendo que não havia qualquer perigo radioativo para tranquilizar a população.

Dez dias após o naufrágio, parentes da tripulação foram finalmente levados para o auditório de Vidyaevo, na expectativa de ver Putin. Enquanto esperavam — e esperaram por horas —, o comandante da Frota do Norte, almirante Vladimir Kuroyedov, falou aos presentes. O almirante, um homem alto, de rosto abrutalhado e curtido, usou toda a sua habilidade afiadíssima para se esquivar de qualquer pergunta que lhe fizessem. Eis aqui como um dos poucos jornalistas que puderam testemunhar o evento (um dos coautores da biografia oficial de Putin), descreveu a cena:

— O senhor acredita que os homens ainda estão vivos? — perguntaram-lhe.

E sabe o que ele disse?

— Boa pergunta! A minha resposta vai ser tão direta quanto a pergunta. Ainda acredito que o meu pai, que morreu em 1991, está vivo.

Veio então outra pergunta, talvez tão boa quanto a primeira.

— Por que não pediram ajuda estrangeira imediatamente?

— Estou vendo que o senhor assiste mais ao Canal 4 que ao Canal 2 — respondeu ele.

— Quando vocês informaram às autoridades que não tinham o equipamento necessário para salvar os tripulantes?

— Há três anos — foi a resposta.

Achei que alguém ia lhe dar um soco. Mas, não: todos ali meio que se cansaram e perderam qualquer interesse na conversa.[24]

Kuroyedov deixou atrás de si uma plateia frustrada. O vice-premier, Ilya Klebanov, que havia sido encarregado das operações de resgate, estava presente; uma mulher pulou no palco, agarrou Klebanov pela lapela e começou a sacudi-lo, gritando: "Seu filho da mãe! Vá até lá e salve aqueles homens!" Quando Putin finalmente chegou, quatro horas depois do horário estabelecido, usando terno preto e camisa preta em sinal de luto, mas ficando com um certo ar de mafioso como resultado, a multidão também o atacou. A essa altura, o seu biógrafo era o único jornalista autorizado a permanecer no recinto e transcrevo, em parte, a descrição que ele fez da reunião no seu artigo do dia seguinte:

— Cancele o luto oficial imediatamente! — gritou alguém, interpelando-o do outro lado do salão. [O dia seguinte havia sido declarado de luto oficial.]

— Luto? — indagou Putin. — Como vocês, continuei cheio de esperanças até o fim, e ainda estou esperançoso, pelo menos por um milagre. Mas uma coisa é certa: pessoas morreram.

— Cale a boca! — berrou alguém.

— Estou falando daqueles que efetivamente morreram. Com toda certeza, há mortos no submarino. É por eles que decretamos luto. Só isso.

Um dos presentes tentou objetar, mas ele não permitiu.

— Ouçam, ouçam o que eu estou querendo dizer. Apenas me ouçam! Sempre houve tragédias no mar, inclusive na época em que achávamos que vivíamos num país muito bem-sucedido. Sempre houve tragédias. Mas nunca imaginei que as coisas estivessem nesse estado.[...]

— Por que demoraram tanto para pedir ajuda estrangeira? — indagou uma jovem.

Ela tinha um irmão a bordo do submarino. Putin levou um bom tempo dando explicações. Disse que a construção do submarino datava de fins dos anos 1970, bem como todo o equipamento de resgate da Frota do Norte. Disse também que [o ministro da Defesa] Sergeev tinha lhe telefonado no dia 13, às sete da manhã, e, até então, ele não estava sabendo de nada... Disse que países estrangeiros haviam oferecido ajuda no dia 15 e que essa ajuda tinha sido imediatamente aceita...

— Nós não temos mergulhadores como esses? — gritou alguém em desespero.

— Não temos porcaria nenhuma neste país! — respondeu o presidente com fúria.[25]

Segundo o artigo, Putin passou duas horas e quarenta minutos com as famílias dos tripulantes e, no fim, conseguiu acalmar a todos — em boa parte porque passou uma hora explicando em detalhes as medidas compensatórias que lhes seriam destinadas. Concordou também em cancelar a decretação do luto oficial, que, num lance de ironia macabra, acabou sendo respeitado por toda a Rússia, a não ser em Vidyaevo. Mas Putin saiu desse encontro amargo e abatido, pouco disposto a ter que se expor de novo a uma plateia semelhante. Nunca mais aceitou se confrontar publicamente com as vítimas de qualquer outro desastre — e houve vários durante a sua presidência.

LOGO, LOGO ACONTECERAM DUAS COISAS que só fizeram reforçar a sua opinião de que a visita a Vidyaevo havia sido desastrosa. No dia 2 de setembro — três semanas depois do naufrágio —, Sergei Dorenko, âncora do Canal 1, que tinha feito boa parte do trabalho de rua na televisão de Berezovsky durante a campanha para criar o personagem de Putin um ano antes, fez um programa crítico à maneira como o presidente lidou com o caso *Kursk*. Dorenko obteve gravações do áudio da tal reunião e transmitiu alguns trechos que faziam o artigo do biógrafo parecer elogioso em comparação. Num desses trechos, dava para ouvir o presidente esbravejando. "Você viu isso na televisão?", gritava ele. "Pois significa que eles estão mentindo. Estão mentindo! Mentindo! Há gente na TV que passou dez anos trabalhando para destruir o Exército e a Marinha. E agora eles vêm falar como se fossem os maiores defensores dos militares. O que eles querem mesmo é acabar com tudo! Roubaram uma grana e agora podem comprar todo mundo e fazer as leis que quiserem!"[26] E concluiu com um grito meio esganiçado.

Dorenko, um sujeito carismático, com ar de machão e voz bem grave, passou quase uma hora dissecando a atitude de Putin, repetindo passagens que continham suas observações mais inadequadas, exibindo imagens que mostravam o presidente ainda em férias, bronzeado e relaxado, com roupas claras de verão, sorrindo e rindo com os companheiros de *resort*, em sua maioria autoridades de alto escalão. Insistia em mostrar que Putin havia mentido. O presidente alegou que o mar estivera agitado durante oito dias, dificultando os trabalhos de resgate. Na verdade, observou Dorenko, o tempo só estivera ruim nos primeiros dias, mas isso não tinha efeitos na profundidade em que se encontrava o *Kursk*. Comparou Putin a um aluno que chega atrasado à aula. "Não sabemos a que tipo de professor ele pretende contar essas mentiras, mas sabemos o que um professor diz nesses casos: 'Não me importa se você tinha ou não razão, só sei que tem de chegar aqui na hora.'"

Passou então para uma cena de uma entrevista concedida por Putin à televisão estatal no dia seguinte à visita feita a Vidyaevo. Parecendo formal e circunspecto, ele disse que fazia pouco mais de cem dias que tinha aceitado o fardo de governar o país. Na verdade, observou Dorenko, já tinham se passado 390 dias desde que

Putin havia sido nomeado primeiro-ministro e ungido sucessor de Yeltsin, e, antes disso, ele tinha comandado o FSB, "que, supostamente, deve ficar de olho nos almirantes".

— O regime não nos respeita, e é por isso que mente para nós — concluiu o jornalista.

Acho que foi nessa época, um ano depois de sua miraculosa ascensão, cem dias depois da sua posse como presidente, que Putin se deu conta de que agora era responsável por toda a estrutura caindo aos pedaços de uma ex-superpotência. Não tinha mais como se enfurecer contra aquelas pessoas que tinham destruído o poderio militar e o orgulho imperial soviético: ao se tornar presidente, ele agora era uma delas para muitos dos seus compatriotas. Sua transformação não foi diferente da de um político que, depois de anos e anos na oposição, assume o poder — só que Putin jamais fora político; portanto, sua raiva sempre tinha sido privada, mas sua humilhação agora era pública. Deve ter se sentido enganado: as pessoas contra as quais tinha despejado sua fúria lá em Vidyaevo — aquelas que haviam desgraçado os militares na televisão e podiam "fazer as leis que quisessem" — o tinham alçado ao poder para transformá-lo em bode expiatório. E, depois, usavam as suas redes de TV para humilhá-lo ainda mais.

Seis dias depois da transmissão do programa de Dorenko, Putin apareceu no *Larry King Live*, da CNN. Quando King lhe perguntou: "O que aconteceu?", Putin deu de ombros, sorriu — de um jeito malicioso, ao que parecia — e respondeu: "Ele afundou."[27] A frase ficou célebre: soava cínica, desdenhosa e profundamente ofensiva em relação a todos que tinham sido afetados pela tragédia. Só ao rever a transcrição do programa, dez anos mais tarde, percebi o que Putin estava tentando comunicar. Estava indicando que não adotaria a versão que um infeliz profissional de relações-públicas resolveu inventar: que o *Kursk* teria colidido com um submarino americano. "Essa teoria da conspiração maluca não tem nada a ver", era o que ele queria dizer com aquele dar de ombros. "Ele simplesmente afundou."

O mundo inteiro viu algo completamente diferente, e Putin aprendeu uma lição fundamental. A televisão — a mesma que tinha criado esse presidente saído do nada — podia se voltar contra ele e destruí-lo com a mesma rapidez e, evidentemente, com a mesma facilidade.

Então, convocou Berezovsky, o antigo "fazedor de reis" que ainda era responsável pelo Canal 1, e pediu que o oligarca abrisse mão da sua cota na empresa.

"Eu me recusei, na presença de Voloshin [o chefe de gabinete]", relatou-me Berezovsky. "Nesse instante, mudando o tom de voz, Putin disse: 'Então, até logo, Boris Abramovich', e se levantou para sair. E eu retruquei: 'Volodya, isso é um adeus.' Nossa relação terminou nesse clima patético. Quando ele saiu da sala, virei-me para Voloshin e disse: 'O que foi que nós fizemos, Sasha? Trouxemos os velhos coronéis de volta ao poder?'" Voloshin coçou a cabeça e respondeu: 'Acho que não.'" Ao testemunhar, anos depois, num tribunal de Londres, Voloshin não se lembrava de pormenores daquela reunião, limitando-se a dizer que o objetivo do encontro era comunicar a Berezovksy que "o show tinha terminado".[28]

O empresário diz que se sentou, e de imediato redigiu uma carta dirigida ao seu ex-protegido e pediu ao chefe de gabinete que a entregasse.

"Escrevi sobre um jornalista americano que dizia que todo problema complicado tem sempre uma solução simples, e essa solução sempre está errada. Escrevi também que a Rússia era um problema imensamente complexo e que ele estava imensamente errado achando que podia usar métodos simples para resolvê-lo."[29] Ele nunca recebeu qualquer resposta. Em poucos dias, viajou para a França e de lá para a Grã-Bretanha, onde o seu ex-rival, Gusinsky, já vivia em exílio político. Não tardou muito e foi expedido um mandado de prisão contra ele na Rússia, e Berezovsky abriu mão de sua participação no Canal 1.

Três meses depois da posse, dois dos homens mais ricos da Rússia tinham sido privados de sua influência e, na verdade, chutados para fora do país. Menos de um ano depois da subida de Putin ao poder, todas as três redes nacionais de TV eram controladas pelo Estado.

"**SEMPRE DISSE ÀS PESSOAS QUE** não há por que ir para a cadeia voluntariamente", declarou Yelena Bonner, viúva de Andrei Sakharov, a um pequeno grupo de jornalistas em Moscou, no mês de novembro de 2000. Acrescentou que Berezovsky tinha lhe telefonado no verão, pedindo a sua opinião, e ela o tinha aconselhado a ficar fora do país. "No tempo dos dissidentes, sempre preguei a emigração para todos que estavam ameaçados", explicou.[30] Tinha nos convocado para uma entrevista coletiva porque queria anunciar uma subvenção de Berezovsky para o Museu e Centro de Direitos Humanos Sakharov, que estava prestes a ser fechado.

"Que porcaria de época é essa que vivemos para ver", exclamou o ex-dissidente Yuri Samodurov, diretor do museu, "quando temos de lutar em defesa de gente de quem não gostamos nada, como Gusinsky e Berezovsky. Antes, vivíamos num estado totalitário que tinha duas características principais: terror e mentira totais. Espero que o terror total já não seja mais possível no nosso país, mas entramos numa nova era de mentira total."[31]

Oito

O DESMORONAR DA DEMOCRACIA

O sistema mudou tão depressa que até ativistas e analistas políticos precisaram de algum tempo para se situar. Em dezembro de 2000, assisti a uma mesa-redonda na qual cientistas políticos se dedicavam a analisar o que havia acontecido naquele ano, desde que Putin assumira o poder na Rússia.[1]

"Ele congelou o país", disse um deles, um homem dos seus 50 anos, com um belo rosto talhado e óculos de aro fino de metal. "Isso não é necessariamente ruim. É uma espécie de efeito estabilizador. Mas o que vai acontecer a seguir?"

"É como se a revolução tivesse acabado", disse outro, um ex-dissidente com barba e cabelo grisalhos e desgrenhados. Querendo dizer com isso que parecia que a sociedade tinha regressado ao estado pré-pós-soviético. "Os velhos valores culturais, os velhos costumes estão de volta. O país inteiro está tentando aplicar velhos hábitos à nova realidade."

"Acho que ninguém mais está entendendo nada", disse um terceiro, um sujeito baixinho e bastante narigudo, com uma voz bem grave. Para mim, pessoalmente, ele era o mais inteligente de todos — e devia por certo ser o mais bem-informado, pois trabalhava na administração presidencial.

"Mas todas as mudanças do ano anterior aconteceram na área da consciência pública", disse um outro, um cientista político liberal que ficou famoso durante a *perestroika*. "A nação saiu de uma depressão psicológica. Mas essa era política vai ser a mais dura de todas, porque a ideologia nacionalista é sempre mais forte."

"Porém, ele tem de corresponder às expectativas", objetou um intelectual de uma geração mais jovem, um sujeito alto com sobrancelhas pretas espessas.

Era óbvio que ele não tinha se livrado das convicções dos anos 1990, quando a imprensa ou o Parlamento podia pedir prestações de contas ao presidente, como aliás aconteceu diversas vezes: Yeltsin até enfrentou uma tentativa de *impeachment* em 1999. O homem mais velho que havia falado antes dele, o que tinha sido assessor ideológico de Mikhail Gorbatchov, via os anos 1990 como realmente foram: um breve período de quase-democracia, uma visão fugidia, um feliz acaso.

"Eles venceram, meus caros", disse Alexander Tsipko, dirigindo-se aos presentes. "A Rússia é uma nação enorme flutuando num espaço político disforme. E eles tentam preencher esse espaço com o hino nacional, a águia de duas cabeças e a bandeira tricolor. Esses são os símbolos do nacionalismo soviético."

A incerteza da Rússia quanto à própria identidade nos anos 1990 tinha se manifestado, entre outras coisas, pela sua falta de habilidade na escolha dos símbolos do Estado. Depois de garantir a sua soberania em 1991, o país mergulhou quase imediatamente numa espécie de remorso revolucionário que fez do ato de se livrar dos velhos símbolos e introduzir outros, novos, uma tarefa dolorosa que acabou se revelando impossível. A bandeira vermelha soviética foi imediatamente substituída pela branca, azul e vermelha que havia sido o símbolo da Rússia por oito meses, entre a revolução burguesa, de fevereiro de 1917, e a bolchevique, de outubro. No entanto, o brasão do Estado conservou a estrela vermelha, a foice e o martelo e as espigas de trigo, que, ironicamente, significavam a plenitude nos tempos soviéticos. Essa questão do selo foi longamente debatida no Parlamento, mas não se conseguiu chegar a qualquer decisão, a não ser, em meados de 1992, quando se aprovou a substituição da sigla RSFSR (República Socialista Federativa Soviética da Rússia) pelas palavras "Federação Russa". No fim de 1993, Yeltsin criou, afinal, um novo brasão de Estado por decreto: uma águia de duas cabeças, símbolo que a Rússia compartilha com outros Estados modernos, como Albânia e Sérvia e Montenegro. Apenas em dezembro de 2000 o Parlamento de Putin votou a consagração por lei desse símbolo.

O hino nacional representou um desafio ainda mais implacável. Em 1991, o hino soviético havia sido trocado pela *Canção patriótica*, melodia animada do compositor oitocentista Mikhail Glinka. Mas esse hino não tem letra e, além do mais, acabaram descobrindo que era impossível acrescentar uma, porque a linha rítmica ditada pela música era tão curta que todas as tentativas de encaixar palavras russas — que tendem a ser longas — ali lhe davam um ar completamente absurdo. Alguns veículos da mídia organizaram concursos para escolher uma letra para a melodia de Glinka, mas todas as concorrentes que apareciam só serviam mesmo para entreter a equipe editorial. Pouco a pouco, a legitimidade do hino foi se desgastando.

O hino nacional soviético que havia sido substituído pela *Canção patriótica* tinha uma história complicada. A música, escrita por Alexander Alexandrov, surgiu em 1943, com letra de um poeta infantil chamado Sergei Mikhalkov. O refrão louvava "o partido de Lênin, o partido de Stalin / Levando-nos ao triunfo do comunismo". Depois da morte de Stalin, em 1956, seu sucessor, Nikita Khruschchov, condenou o "culto da personalidade", e o refrão não pôde mais ser cantado, fazendo o hino perder a sua letra. A versão instrumental foi executada durante 21 anos, enquanto a União Soviética procurava um poeta e as palavras para expressar sua identidade pós-stalinista. Em 1977, quando eu estava na terceira ou na quarta série, o hino de repente ganhou uma letra, e todos nós estudantes precisávamos aprendê-la o mais depressa possível. Para isso, todo caderno escolar feito na União Soviética naquele ano trazia impressa a nova letra do velho hino na contracapa, onde antes ficavam as tabuadas ou os verbos irregulares. A nova letra tinha sido escrita pelo mesmo poeta infantil que, a essa altura, tinha 64 anos. Agora, o refrão louvava "o partido de Lênin, a força do povo".

No outono de 2000, um grupo de atletas olímpicos russos foi recebido por Putin e se queixou, dizendo que a falta de um hino que pudesse ser cantado os desmoralizava nas competições e esvaziava o sabor das suas vitórias. Nesse quesito, o velho hino soviético era muito melhor. Então, o já reciclado hino stalinista foi mais uma vez tirado da gaveta. O tal poeta infantil, agora com 87 anos, escreveu uma nova letra para substituir a anterior. O refrão passou a louvar "a sabedoria dos séculos, herdada pelo povo". Putin enviou ao Parlamento um projeto de lei, e o novo hino velho foi rapidamente aprovado.

Quando a Duma deu início aos seus trabalhos, em janeiro de 2001, o novo hino velho foi executado pela primeira vez — e todos os parlamentares se levantaram, à exceção de dois ex-dissidentes, Sergei Kovalev e Yuli Rybakov. "Passei seis anos na prisão ouvindo esse hino", disse Rybakov; o hino nacional soviético era tocado diariamente, de manhã e ao anoitecer, pela rádio estatal que estava sempre presente nos campos de prisioneiros. "Fui preso por combater o regime que criou esse hino, que encerrou pessoas nos campos e executou pessoas com esse som ao fundo."[2]

Rybakov e Kovalev foram os únicos entre os 450 membros do Parlamento, uma minoria bem reduzida — como os dissidentes sempre foram. O etos soviético havia sido restaurado. O povo que se considerava parte da revolução de 1991 estava, agora, profundamente marginalizado. Nem o próprio Parlamento, tal como tinha sido constituído nos anos 1990, existiria por muito mais tempo.

EM 13 DE MAIO DE 2000, SEIS DIAS depois da posse, Putin assinou seu primeiro decreto e propôs uma série de projetos, todos visando, segundo ele mesmo declarou, a "fortalecer o poder vertical". Aquilo funcionou como o início de uma profunda reestruturação da composição da Federação, ou, em outras palavras, o início do desmantelamento das estruturas democráticas do país. Um desses projetos substituía os membros eleitos da Câmara Alta do Parlamento por representantes nomeados: dois de cada uma das 89 regiões da Rússia, um deles indicado pelo governador local e um pelo legislativo. Outro projeto permitia que governadores eleitos fossem destituídos do cargo por simples suspeita de infrações, sem necessidade de uma decisão judicial. O decreto determinava sete delegados para sete grandes territórios do país, cada um deles incluindo cerca de uma dúzia de regiões, todas com governador e assembleia legislativa eleitos. Tais delegados, nomeados pelo presidente, teriam por função supervisionar o trabalho dos governadores eleitos.

O problema que Putin tentava enfrentar com essas medidas era real. Em 1998, quando a Rússia deixou de pagar sua dívida externa e mergulhou numa profunda crise econômica, Moscou deu às regiões ampla liberdade para gerir seus orçamentos, cobrar taxas, fixar tarifas e criar políticas econômicas. Por essas e outras razões, a Federação Russa tornou-se uma estrutura excessivamente frouxa, embora continuasse a ser, ao menos nominalmente, um Estado único. Já que o problema era real, os políticos liberais — que ainda acreditavam que Putin era um deles — não se opuseram à solução que o presidente propunha, apesar de ela obviamente contrariar o espírito e talvez até a Constituição de 1993.

Foi Putin que nomeou os sete delegados. Só dois deles eram civis — e um desses dois dava toda a impressão de ter a biografia de um agente infiltrado da KGB.[3] Dois outros eram oficiais da KGB de Leningrado,[4] um era diretor-geral da polícia[5] e, os últimos, generais do Exército[6] que haviam comandado tropas na Chechênia. Putin nomeou generais para fiscalizar governadores eleitos pelo voto popular — e esses governadores ainda podiam ser destituídos pelo governo federal.

A única voz que se ergueu contra essas novas leis foi a de Boris Berezovsky, ou melhor, a do meu velho conhecido Alex Goldfarb, o ex-dissidente emigrado que, apenas um ano antes, estava se deixando encantar por Putin. Ele redigiu uma crítica brilhante ao decreto e aos projetos de lei, que foi publicada com a assinatura de Berezovsky, no *Kommersant*, o diário tão popular de propriedade do oligarca: "Afirmo que o resultado mais importante da presidência de Yeltsin foi a mudança de mentalidade de milhões de pessoas: aqueles que antes eram escravos inteiramente dependentes das vontades do patrão ou do Estado tornaram-se indivíduos livres que dependem apenas de si mesmos. Numa sociedade democrática, as leis existem para proteger a liberdade individual... A legislação que o senhor apresentou vem impor sérias limitações à independência e às liberdades civis de dezenas de milhares de políticos russos de alto nível, obrigando-os a se nortear por uma única pessoa e seguir os seus desejos. Mas nós já superamos isso!"[7]

O texto passou despercebido.

Os projetos passaram facilmente pelo Parlamento. A posse dos tais delegados não provocou protesto algum. O que aconteceu a seguir foi exatamente o que a carta de Berezovsky havia previsto, e os desdobramentos foram muito além das medidas legais introduzidas por Putin. Alguma coisa mudou, de forma instantânea e perceptível, como se as notas do novo/velho hino nacional soviético/russo houvessem assinalado o surgimento de uma nova era para cada cidadão. Aparentemente, os instintos soviéticos entraram em ação por todo o país, e a União Soviética foi rapidamente restaurada em espírito.

É quase impossível avaliar a transformação. Uma brilhante aluna de Doutorado na Universidade de Moscou observou que as formas tradicionais de se fazer críticas às práticas eleitorais, tais como apontar violações à legislação (que vinham crescendo — coisas como votação aberta e voto em grupo tinham se tornado rotineiras) ou tentativas de falsificação de documentos (tarefa quase impossível), eram insuficientes para avaliar algo aparentemente tão efêmero quanto a cultura.[8] Darya Oreshkina criou a expressão "cultura eleitoral especial" para designar as eleições que, embora formalmente livres, são orquestradas pelas autoridades locais que procuram cair nas boas graças do governo federal.[9] Oreshkina identificou seus sintomas estatísticos, como a quantidade anomalamente elevada de votantes e a proporção incrivelmente alta de votos obtidos pelo candidato que lidera a votação. Conseguiu mostrar que, ao longo do tempo, o número de distritos onde a "cultura eleitoral especial" decidia o resultado de uma eleição vinha crescendo continuamente e de forma bem rápida. Em outras palavras, a cada eleição em todos os níveis de governo, os russos iam cedendo às autoridades um pouco mais do seu poder de decisão. "A geografia desapareceu", disse ela mais tarde. Ou seja, o país inteiro, indistintamente, estava se tornando um espaço manipulado.[10]

EM MARÇO DE 2004, QUANDO se candidatou à reeleição, Putin tinha cinco adversários. Todos haviam superado obstáculos extraordinários para concorrer. Uma lei, que entrou em vigor pouco antes do início da campanha, exigia que um tabelião autenticasse a presença e a assinatura de cada um dos participantes da convenção que formalizaria a indicação de um candidato. Já que a lei exigia um quórum mínimo de quinhentas pessoas nessas convenções, elas acabavam durando de quatro a cinco horas; por volta do meio-dia já tinha gente chegando para autenticar a presença e garantir que a convenção pudesse se realizar no início da noite. Uma vez formalizada a sua indicação, o potencial candidato tinha umas poucas semanas para reunir dois milhões de assinaturas. A lei anterior exigia a metade disso e concedia o dobro de tempo para sua obtenção. O mais importante, porém, era que a nova lei especificava a configuração dessas assinaturas nas mínimas vírgulas. Centenas de milhares de assinaturas foram descartadas pelo Comitê Eleitoral Central em função de infrações como escrever "S. Petersburgo" em vez de

"São Petersburgo", ou porque alguém não escrevera por extenso as palavras *edifício* ou *apartamento* na linha destinada ao endereço.

Um dos colegas de Putin do tempo da prefeitura de São Petersburgo me contou, anos atrás, que, no período em que foi vice de Sobchak, Putin havia recebido uma "possante vacina contra o processo democrático".[11] O prefeito e ele próprio acabaram se tornando vítimas da ameaça democrática na cidade e, agora que estava governando o país, Putin tratava de restaurar os falecidos mecanismos de controle soviéticos: estava construindo uma tirania da burocracia. A burocracia soviética era tão pesada, tão incompreensível e tão inacessível que só era possível circular por ela recorrendo à corrupção e lançando mão ou de dinheiro ou de favores pessoais como moeda de troca. Isso fez o sistema se tornar extremamente maleável — e era por isso que a "cultura eleitoral especial" funcionava tão bem.

Quando da eleição propriamente dita, observadores internacionais e organizações não governamentais russas documentaram uma enormidade de infrações: foram apagados das listas mais de um milhão de eleitores em idade avançada e outros votantes improváveis (quando fui votar, pude ver que o nome da minha avó, de 84 anos, não constava da lista; a minha sessão eleitoral também ficava, por coincidência, ao lado de um escritório do partido do governo, Rússia Unida); a entrega de cédulas já preenchidas numa enfermaria psiquiátrica; funcionários das sessões eleitorais chegando à casa de uma eleitora idosa com uma urna portátil e saindo de lá às pressas ao constatar que ela pretendia votar em outro candidato que não Putin; e administradores ou autoridades do sistema escolar dizendo a funcionários ou pais de alunos que os contratos e os financiamentos dependiam do seu voto.[12] É muito provável que nenhuma dessas medidas tenha sido ditada diretamente pelo Kremlin; com toda certeza, foram indivíduos que, seguindo os instintos soviéticos ressuscitados, resolveram fazer o que podiam pelo seu presidente.

Durante a campanha, os candidatos de oposição viviam ouvindo recusas quanto a imprimir seu material de campanha, levar ao ar seus anúncios ou até alugar algum espaço para a realização de eventos. Yana Dubeykovskaya, que coordenava a campanha do economista nacional-esquerdista Sergei Glazyev, contou-me que demorou muitos dias para encontrar uma gráfica que aceitasse o dinheiro do candidato. Quando ele tentou organizar um evento em Ecaterimburgo, maior cidade dos Urais, a polícia apareceu subitamente e expulsou todos que estavam no local, alegando uma ameaça de bomba. Em Níjni Novgorod, a terceira maior cidade do país, faltou luz quando Glazyev estava começando a discursar, e, desde então, todos os eventos de campanha nessa cidade foram realizados ao ar livre porque ninguém se mostrava disposto a alugar nada para aquele candidato pária.

Na época da eleição, entrevistei um conhecido não muito próximo: um homem de 38 anos que era vice-diretor de jornalismo da Companhia Estatal de Transmissão de Rádio e Televisão em Toda a Rússia. Oito anos antes, Yevgeniy Revenko tinha se tornado o mais jovem repórter a trabalhar num canal nacional, o independente NTV, de Gusinsky. Em pouco tempo, ficou conhecido como um dos profissionais mais audaciosos e obstinados do ramo. Agora, o seu jeito de trabalhar parecia muito diferente.

"Um país como a Rússia precisa de um tipo de TV que possa transmitir a mensagem do governo de forma efetiva", disse-me ele. "À medida que o Estado vai se tornando mais forte, precisa transmitir sua mensagem diretamente sem qualquer parcialidade." Descreveu a sua política editorial como sendo bem simples: "Não mostramos histórias negativas — noticiamos um desastre, caso aconteça, por exemplo, mas não saímos em busca deles. Tampouco saímos por aí procurando histórias positivas, mas direcionamos a visão dos espectadores para elas. Nunca especulamos sobre a razão de alguma coisa — digamos, a exoneração de uma autoridade — mesmo que saibamos qual foi. Todas as nossas informações vêm de declarações oficiais do governo. Seja qual for o caso, a lógica é simples. Somos uma companhia televisiva estatal. O nosso Estado é uma república presidencialista. O que significa que não criticamos o presidente." Às vezes, admitiu Revenko diante de uma caneca de cerveja num pub irlandês do centro de Moscou, ele sentia uma pontada do velho impulso criativo. "Mas, aí, digo a mim mesmo: 'É aqui que eu trabalho.'" Revenko cresceu numa família militar e ele próprio teve algum treinamento nas Forças Armadas. Isso decerto ajudava bastante.

O falecido Estado soviético funcionava usando muitos e punindo poucos — e era a KGB que se encarregava destes últimos. Tal sistema tinha sido mais ou menos restaurado agora. Enquanto a vasta maioria andava na fila com entusiasmo, o restante tinha um preço a pagar. Marina Litvinovich, a jovem que havia ajudado a criar Putin e insistira para que ele fosse falar com a família dos tripulantes do *Kursk*, agora coordenava a campanha da sua única adversária liberal, a ex-membro do Parlamento Irina Khakamada, a qual quatro anos antes apoiara o presidente. Durante a campanha, Litvinovich recebeu um telefonema, e uma voz lhe disse: "Sabemos onde você mora e onde seu filho brinca." Ela então contratou um guarda-costas para o menino de 3 anos. Foi assaltada e agredida. Yana Dubeykovskaya, coordenadora de campanha de Glazyev, também foi assaltada e agredida e, uma vez, quando estava dirigindo, descobriu que o freio do seu carro havia sido danificado. Um grau abaixo na escala das perseguições ficavam as invasões a residências. Nos meses que antecederam a eleição, jornalistas e ativistas de oposição, integrantes do Comitê 2008 — grupo que buscava obter uma eleição mais justa em quatro anos —, tiveram seus apartamentos arrombados. Em geral, esses assaltos aconteciam simultaneamente em diferentes pontos de Moscou. O meu apartamento foi invadido em fevereiro. Só levaram o laptop, o HD de um computador de mesa e um celular.

Para a noite da eleição, Khakamada programou uma grande festa da derrota. Seu comitê de campanha alugou um espaçoso restaurante temático, montou uma farta mesa com salmão, lagosta, alcachofras e um *open bar*. Várias bandas de música popular ocuparam o microfone, e o jornalista de rock mais conhecido do país foi o DJ. Não apareceu ninguém. Parecia haver ali mais garçons que convidados, e as alcachofras murcharam. Mesmo assim, os organizadores continuaram a controlar a entrada das pessoas, procurando seu nome numa lista. Os liberais da Rússia ainda lutavam para aceitar a ideia de que tinham se tornado absolutamente marginais.

Observando os convidados, fiquei pensando que era compreensível que aquilo demorasse algum tempo. Em quatro anos de governo Putin, os poucos liberais que haviam passado para a oposição ainda mantinham contatos pessoais com os vários ex-liberais que permaneceram ligados ao *establishment* político. Numa saleta vazia do saguão principal, Marina Litvinovich estava encarapitada na cabeceira de uma imensa mesa de carvalho vazia, junto de Andrei Bystritsky, vice-diretor do conglomerado estatal de rádio e televisão. Bystritsky, um quarentão *bon-vivant* de barba ruiva, reclamava da qualidade do vinho.

"O vinho só não é pior do que o resultado da eleição", retrucou Litvinovich. Imediatamente, Bystritsky mandou vir uma garrafa de vinho de 100 dólares, e, depois, mais uma. Aparentemente, tinha ido até lá para aliviar a própria culpa. Saiu dizendo para quem quisesse ouvir que tinha votado em Khakamada e que até dissera para dois funcionários da equipe de cabeleireiros e maquiadores que votassem nela. Naturalmente, foi ele também que comandou a cobertura de campanha que foi vista em cerca de 45 milhões de lares russos, e disse a essa gente, repetidas vezes, para votar em Putin. Setenta e um por cento dos eleitores realmente votaram.

Fui vê-lo em seu escritório três dias depois da eleição. Nós nos conhecíamos há muito tempo — em meados dos anos 1990, ele havia sido o meu editor na *Itogi* —, portanto, eu não precisava de muitos rodeios para ir direto à pergunta que interessava.

"Então me diga", indaguei, "como coordena a propaganda do governo Putin?"

Bystritsky deu de ombros, constrangido, e resolveu cuidar das preliminares ditadas pela hospitalidade. Ofereceu chá, biscoitos, chocolates, bombons de marshmallow com chocolate e, finalmente, um CD com uma coletânea de discursos, fotos e cenas em vídeo do presidente Putin. Na capa, havia cinco fotos do presidente com diferentes expressões: sério, veemente, impassível, com um sorriso formal e um informal. A primeira fotografia havia sido amplamente difundida: só no dia da eleição, dei com ela na capa de cadernos escolares; já emoldurada, à venda no Correio Central da cidade (uma verdadeira pechincha: 1,50 dólar por uma foto do tamanho de uma folha A4), e em balões cor-de-rosa, brancos e azuis que eram vendidos na Praça Vermelha. A venda de qualquer um desses produtos no dia da eleição infringia a lei eleitoral.

"Não fazemos nenhuma propaganda em especial", respondeu ele, instalando-se numa poltrona de couro. "Veja, por exemplo, na eleição." A legislação russa herdada dos anos 1990 determinava que os veículos da mídia contemplassem todos os candidatos com o mesmo tempo de divulgação para espectadores e leitores. Bystritsky estava com aquilo tudo na ponta da língua e a sua matemática era bem estranha: o presidente, segundo dizia, tinha se dedicado a uma única atividade eleitoral (reunir-se com seus ativistas de campanha), e o encontro de 29 minutos era transmitido na íntegra, três vezes por dia, nos noticiários regulares que, nessas ocasiões, tinham uma duração maior para dar conta da transmissão. Nos outros dias, a TV estatal também mostrava Putin nos noticiários — em geral, na manchete —, mas não em atividade de campanha, esclareceu Bystritsky, e sim no desempenho de suas atividades cotidianas como presidente em exercício. Por outro lado, um estudo exaustivo feito pela União de Jornalistas da Rússia concluiu que Putin teve, por parte do canal estatal, uma cobertura cerca de sete vezes maior do que Khakamada ou o candidato do Partido Comunista; com os outros, foi ainda pior.[13] A cobertura realizada pela outra TV estatal, aquela que antes pertencia a Berezovsky, foi ainda mais desigual, enquanto na NTV, que fora tirada de Gusinsky, Putin teve quatro vezes mais tempo de tela do que seu adversário com uma cobertura mais próxima.

Era isso que Revenko chamava de "transmitir efetivamente a mensagem do governo". As autoridades locais compreenderam perfeitamente essa mensagem e realizaram a eleição de acordo com ela.

NA RÚSSIA. O DIA 1º DE SETEMBRO é denominado Dia do Conhecimento: é quando todos os estabelecimentos de ensino elementar e médio começam simultaneamente o ano letivo. O primeiro dia de aula é uma ocasião bastante solene: os alunos, em especial os das primeiras e das últimas séries de cada segmento, vão para o colégio todos paramentados, levando flores e, em geral, acompanhados dos pais. Há discursos, pronunciamentos de boas-vindas e, às vezes, concertos, orações coletivas e desfiles festivos.

No verão de 2000 — o período em que estive fora do país, depois da prisão de Gusinsky —, adotei um menino chamado Vova (onze meses mais tarde, dei à luz uma menina). No dia 1º de setembro de 2004, levei Vova para seu primeiro dia de aula. Ele estava com um ar seríssimo, usando uma camisa azul abotoada que ficava o tempo todo saindo para fora da calça. Vova presenteou sua nova professora com flores; juntos, ouvimos os discursos e, depois, as crianças foram para as salas de aula. Entrei no carro para enfrentar um bom tempo dirigindo até o trabalho: o Dia do Conhecimento é um dos piores do ano em termos de trânsito. Liguei o rádio e ouvi a seguinte notícia: um grupo de homens armados havia invadido uma escola na Ossétia do Norte e feito reféns centenas de alunos e seus pais.

Embora eu coordenasse a cobertura do fato estando em Moscou — agora era assistente editorial num novo semanário da cidade —, nos três dias subsequentes fiz um dos trabalhos mais difíceis da minha vida. Os três dias de impasse na cidade de Beslan, nos quais reinaram o medo, a confusão e vários momentos de muita esperança, terminaram com as tropas federais invadindo o prédio; mais de trezentas pessoas morreram. Na tarde do dia 1º, quando cheguei ao trabalho, disse aos meus colegas, todos mais jovens e com menos experiência na cobertura de acontecimentos desse tipo: "Vão invadir o prédio. Sempre invadem." Mas, na hora que isso aconteceu de fato, sentei à minha mesa, escondi o rosto nas mãos e chorei. Quando finalmente descobri o rosto, vi uma latinha de Coca que um dos meus jovens colegas tinha posto ali à minha frente, na tentativa de me consolar.

No fim de semana seguinte, fomos para a *dacha* junto com a família da minha melhor amiga. Quando a filha deles, uma menina de 8 anos, saiu do quintal por um instante, nós, os quatro adultos, entramos em pânico. Tive a nítida sensação de que o país inteiro estava igualmente traumatizado.

Foi a esse país em estado de choque que Putin se dirigiu, a seu modo, no dia 13 de setembro de 2004. Reuniu, no seu gabinete, a sua equipe, todos os 89 governadores e conversou com eles a portas fechadas durante duas horas. Depois, o texto dessa reunião foi distribuído aos jornalistas.

"Impossível não chorar quando falamos sobre o que aconteceu em Beslan", dizia o texto. "Impossível não chorar quando pensamos nesse episódio. Mas compaixão, lágrimas e palavras proferidas pelo governo são totalmente insuficientes. Precisamos agir, precisamos aumentar a eficácia do governo no combate ao conjunto de problemas que o país vem enfrentando... Estou convencido de que a unidade nacional é a condição principal para o sucesso na luta contra o terrorismo."[14]

Dali em diante, afirmou ele, os governadores não seriam mais eleitos; ele próprio os nomearia, além de nomear também o prefeito de Moscou. Tampouco os membros da Câmara Baixa do Parlamento seriam eleitos de forma direta, como metade deles havia sido. Agora, os cidadãos russos votariam em partidos que ocupariam as cadeiras do Parlamento de acordo com sua lista de candidatos. O novo processo de registro dos partidos fez o novo processo de registro de candidatos à presidência parecer simplíssimo. Todos os partidos políticos teriam, agora, que voltar a se registrar, o que significava que a maioria seria eliminada. O limite mínimo exigido para se obter uma cadeira no Parlamento seria aumentado, passando de 5% a 7% dos votos. E, finalmente, projetos de lei não passariam por qualquer triagem antes de chegarem à Câmara Baixa: o presidente nomearia pessoalmente uma tal "câmara pública", que ficaria encarregada de examinar todos esses projetos.

Quando tais alterações viraram lei, o que aconteceu no fim de 2004, apenas uma autoridade continuava a ser eleita de forma direta: o próprio presidente.

NA PRIMAVERA DE 2005, UM DOS RUSSOS mais famosos no mundo declarou guerra a Putin. Garry Kasparov, o maior campeão de xadrez de todos os tempos e também ativista político sem muito alarde, convocou uma entrevista coletiva para anunciar que estava se aposentando do xadrez para assumir a tarefa de restaurar a democracia na Rússia. Aparentemente, tinha todas as condições necessárias: fama, dinheiro, uma mente radicalmente lógica aliada a uma grande habilidade oratória — o que lhe permitiria conseguir que a política fizesse sentido para as mais diferentes pessoas —, além de determinação para batalhar sem descanso. Kasparov passou o verão de 2005 em plena campanha e me uni a ele em parte de sua jornada.

Em Beslan, cidade onde havia acontecido a tragédia dos reféns no ano anterior, Kasparov passou uma hora e meia no cemitério. O Novo Cemitério, como o chamavam os habitantes do lugar, era um terreno dividido em 330 lotes retangulares projetados para serem absolutamente idênticos, mas ainda havia operários trabalhando diariamente para cortar as bordas de granito que contornariam as sepulturas, cobri-las com cascalho e colocar lajes de granito rosa sobre elas. A parte da frente do cemitério já estava pronta, e pais e outros familiares tinham colado fotos coloridas das crianças mortas sobre as lápides. A única diferença entre aqueles túmulos era o tamanho: havia alguns simples, alguns duplos, outros triplos e várias sepulturas familiares onde estavam enterrados mãe e três ou quatro filhos, ou duas irmãs e seus cinco filhos. Por todo lado, viam-se garrafas de água, refrigerante ou suco: tinha se tornado tradição trazer garrafas abertas para os parentes, pois todos sofreram de desidratação antes de morrer. Kasparov parou diante de cada túmulo, lendo os nomes e as datas de nascimento e morte (embora todas as pessoas enterradas ali tivessem sido mortas no dia 3 de setembro de 2004), e se abaixava para depositar em cada uma delas um cravo vermelho tirado de uma caixa que um dos seus guarda-costas carregava. O ritmo da visita lembrava o de um político cumprimentando uma fila de eleitores; só que, ali, não haviam mãos a serem tocadas.

Depois, Kasparov foi a um centro cultural — um tipo de local que existe em todas as cidades russas e que serve para reuniões ou festejos — onde daria uma palestra. O prédio estava trancado, mas havia cerca de cinquenta pessoas reunidas na entrada. Boa parte delas eram mulheres de preto, com lenço na cabeça — mulheres de luto ou, como ficaram conhecidas no país inteiro, as Mães de Beslan. Foram elas que se mobilizaram para conseguir transformar o julgamento do único sequestrador sobrevivente numa efetiva investigação sobre o que teria acontecido na escola. Estavam cada vez mais convencidas de que as tropas federais é que eram responsáveis pela morte dos seus filhos, já que se preocuparam mais em matar os sequestradores do que em libertar os reféns — e acabaram matando todos.

"Foram as mentiras que mataram os seus filhos", disse Kasparov, dirigindo-se às mulheres de preto. Durante a crise, as autoridades declararam que havia 354 reféns na escola. Na verdade, havia mais de mil. Segundo o testemunho de alguns sobreviventes, quando seus sequestradores, que estavam na sala dos professores com a TV ligada, viram o número 354, deduziram que o governo estava reduzindo a quantidade de possíveis vítimas para preparar terreno e invadir o prédio. Foi então que eles pararam de lhes dar água, disseram as testemunhas. Outros contestaram as declarações oficiais, entre as quais se afirmava que os sequestradores não chegaram a fazer nenhuma reivindicação: pelas declarações dessas pessoas, havia ao menos uma fita de vídeo e uma carta contendo exigências que poderiam ter servido para o início de alguma negociação. "São as mentiras que constituem a base desse regime", prosseguiu Kasparov. "Se o caso judicial for abafado, se vocês deixarem murchar a investigação, a tragédia de Beslan voltará a acontecer. Eu mesmo não quero chegar ao poder, mas quero que aqueles que estão lá me digam a verdade. Quero obrigar esses canalhas a virem até aqui e percorrerem todo o cemitério", acrescentou ele, com lágrimas nos olhos. "Quero que vejam o resultado de suas mentiras. Mentiras!"

Nesse exato momento, ouviu-se um estampido muito parecido com um tiro, e as mulheres começaram a gritar: "Garry! Garry!" A multidão se dispersou e, meio atarantados, os guarda-costas de Kasparov ficaram tentando protegê-lo, mas também procurando impedir que aquelas pessoas acabassem se pisoteando na ânsia de escapar dali. De repente, descobriu-se que, na frente do prédio, havia um rapaz segurando um frasco de ketchup. Ele tinha sacudido o frasco com bastante força, mirado e apertado o seu conteúdo na direção de Kasparov. O enxadrista estava encharcado: tinha a cabeça, o peito e o ombro direito do casaco azul manchados de vermelho. A essa altura, a porta estava vazia, a não ser por um saco plástico contendo vários ovos quebrados; Ovos esses que haviam batido no alto do portal antes de aterrissar no chão — e esse fora o estampido que ouvimos.

Uma senhora idosa que havia ficado junto conosco tentava limpar o rosto de Kasparov com um lenço. "Me desculpem, me desculpem", repetia ele baixinho, pedindo desculpas por provocar aquele incidente numa cidade já tão abalada. Outra senhora de preto, uma mulher encorpada de uns 40 anos, disse: "Vamos lá para a escola. Lá é mais seguro", e Kasparov foi andando pela rua, cercado pelas mulheres, rumo ao prédio que havia sido praticamente destruído pelo ataque que pôs fim ao episódio dos reféns. Durante os cerca de dez minutos de caminhada, Kasparov falou sobre a inevitabilidade de uma crise política, a importância dos protestos e a necessidade de deixar de lado divergências políticas em nome da dissolução daquele regime. Aos poucos, o grupo foi aumentando, pois as pessoas começaram a sair de casa para acompanhar a marcha.

Elas entraram na escola pelos imensos buracos abertos nas paredes do que antes era o ginásio. No fim dos três dias de impasse, o lugar estava repleto de crianças, e foi ali que a maioria delas morreu. A aparência do local sugeria que o ginásio havia sido atacado por tanques disparando à queima-roupa: viam-se uns buracos gigantescos na grossa parede de tijolos onde antes havia janelas com grades. Lá dentro, estava tudo chamuscado. As Mães de Beslan acreditavam que tivesse havido um incêndio, provocado por um lança-chamas usado pelas tropas russas (o governo admitira o uso de lança-chamas, mas negara a possibilidade de essas armas terem provocado um incêndio).

Kasparov ficou atônito ao entrar ginásio. "Ah, meu Deus! Ah, meu Deus!", murmurava ele. As mulheres se dirigiram a vários pontos do local destruído e começaram a chorar; logo aquele som agudo, mas abafado, enchia todo o espaço ali dentro. Kasparov parecia arrasado: tinha os olhos vermelhos, a boca entreaberta e balançava a cabeça. Era evidente que não seria possível falar ali: o local estava absolutamente saturado de sofrimento. Pediu então para ver o resto da escola, e, durante o trajeto, cercado agora por umas cem pessoas, disse: "Estou andando por essa escola e pensando: como as pessoas lá em Moscou podem sair andando, dizendo coisas e continuando a mentir? A pessoa que deu ordem para as tropas abrirem fogo com certeza está entre elas. Se essa pessoa se safar, será exclusivamente por nossa culpa!"

O resto do dia foi estranho. Kasparov seguiu para Vladikavkaz, capital da Ossétia do Norte, que ficava a meia hora de distância. Tinha uma palestra agendada, mas avisaram ao coordenador daquela viagem que o espaço a ser utilizado não estava disponível porque a cortina do palco havia despencado. Depois de quase quatro semanas em campanha, aquele tipo de notícia já tinha virado costume: pela Rússia inteira, todos os locais que ele alugava acabavam apresentando algum problema. Dessa vez, não era apenas o salão que não podia ser usado: bem diante do prédio, haviam organizado às pressas um evento infantil com música extremamente alta. Kasparov foi até lá assim mesmo e, aos berros, diante de um grupo de umas sessenta pessoas, falou sobre gastos sociais, que constituíam cerca de 15% do orçamento nacional — muito menos até do que nos Estados Unidos. Vários adolescentes estavam circulando por ali. Um deles jogou uma pedra em Kasparov, mas errou. O enxadrista continuou falando. Depois, foi uma avalanche de ovos, dois dos quais o acertaram na cabeça. Os garotos que atiraram os ovos saíram correndo para uns carros da polícia e logo desapareceram: ninguém se preocupou em disfarçar que eles haviam sido trazidos até ali pela própria polícia e agido sob sua proteção. Quando um jornalista alemão que também havia sido atingido por um ovo tentou correr atrás dos garotos, um dos policiais — que, como se soube mais tarde, era o porta-voz local do ministro do Interior — o segurou pelo braço e, com toda a rispidez, mandou que fosse cuidar da própria vida. "O regime deles tem medo de palavras!", bradou Kasparov.

Dois de seus guarda-costas, nitidamente abalados, sussurravam entre si: "Era apenas um garoto. Nem o vi se aproximando", disse um deles. "Eu estava mal posicionado", admitiu o outro que tentou, mas não conseguiu proteger a cabeça de Kasparov. Ovos não são perigosos, mas deixaram muito claro o quanto o enxadrista estava vulnerável apesar do grupo de oito guarda-costas que se revezavam para protegê-lo.

"Previmos tudo o que era previsível", disse-me Kasparov. "Mas, se eu realmente tivesse parado para pensar, não teria seguido adiante." Um dos guarda-costas era encarregado de supervisionar o preparo da comida; Kasparov só bebia água de uma garrafa que trazia consigo e só comia o que viesse para todos na mesa.

Num jantar, pouco antes de seu embarque para a Ossétia do Norte — um evento que durou quase cinco horas durante as quais Kasparov jogou três partidas de xadrez, duas delas com o prodígio local de 7 anos de idade —, Alan Chochiev, um ativista ossetiano que acabara de passar onze meses na prisão por distribuir panfletos contra o governo, fez um brinde: "Ninguém jamais tentou fazer o que você está fazendo", principiou ele. "Você não está falando para quatrocentas mil pessoas em cada cidade. Nem mesmo para quatrocentas de uma vez, reunidas num desses grandes auditórios. Está falando com cinquenta ou sessenta pessoas de cada vez, num país com 145 milhões de habitantes. É uma tarefa maluca. Quero fazer um brinde: Ao homem que escolheu fazer o impossível. Que isso possa se tornar possível!"

Essa era apenas metade da história da missão impossível de Kasparov. Ele não estava só chamando a atenção para a sua visão; estava também tentando obter e difundir informação, tornando-se o substituto humano da mídia que havia sido sequestrada. Procurava tirar o máximo de informação possível de simpatizantes sobre a situação na sua região e, depois, passava essa informação adiante. A sua memória de enxadrista era um instrumento precioso: segundo um dos seus assistentes, ele jamais teve agenda telefônica porque não conseguia deixar de decorar todos os números telefônicos que ouvia. Andava agora o tempo todo acumulando e avaliando mentalmente. Vinha mantendo um registro da porcentagem das taxas locais que cada região podia conservar para si, dos problemas que os ativistas de oposição tinham de enfrentar, além de detalhes de discurso e de comportamento que julgava expressivos. Agora que a mídia, tanto regional quanto nacional, existia exclusivamente para difundir a mensagem do governo, a informação tinha de ser obtida assim, aos pouquinhos.

Em Rostóvia, onde Kasparov falou em frente à biblioteca pública — a palestra seria feita dentro do prédio, mas ele precisou ser fechado por causa de um cano que teria estourado —, um rapaz se aproximou de sua assistente, entregou-lhe um cartão de visitas e disse que gostaria de participar como organizador local. Quando perguntei a ele como se chamava, a resposta foi: "Não posso dizer. Serei imediatamente demitido." Mais tarde, vim a saber pela assistente de Kasparov que o homem dava aulas numa faculdade pública da cidade.

Kasparov tinha fretado um avião para ir ao sul da Rússia, e o plano era usá-lo para viajar de uma cidade a outra. Mas, depois de passar mais de um dia em terra, porque nenhum aeroporto da região lhe dava permissão para decolar, o grupo de treze pessoas — o enxadrista, sua equipe e dois jornalistas — teve de se deslocar de carro. Quando chegamos a Stavropol, descobrimos que as reservas do hotel haviam sido canceladas. Parado no meio do saguão, o coordenador do projeto ligou para todos os hotéis existentes na cidade-dormitório: todos alegaram que estavam superlotados. Foi então que o gerente apareceu.

— Lamento muito — disse ele, nitidamente deslumbrado diante do ídolo. — Precisa entender a posição em que estou. Mas posso tirar uma foto com você?

— Lamento muito — respondeu Kasparov. — Mas você precisa entender a posição em que estou.

O gerente ficou vermelho como um pimentão. Se antes estava amedrontado, agora estava completamente sem graça.

— Que se dane tudo isso! — exclamou. — Vou liberar os seus quartos.

Naquela noite, só um dos diversos convidados que haviam confirmado presença no jantar apareceu. O organizador local, um empresário, disse que todos os convidados haviam recebido ameaças telefônicas, alertando-os para não comparecer ao evento.

No Daguestão, Kasparov tinha sido convidado para entregar os troféus aos vencedores de um torneio infantil de xadrez. Mas, quando o nosso grupo chegou, a única pessoa que estava a nossa espera era um jornalista local, de oposição. Segundo nos disse, o diretor da Federação de Xadrez do Daguestão tinha recebido um telefonema do governador da região, dizendo-lhe que ele seria destituído do cargo se Kasparov comparecesse à tal premiação. Foi por isso que os motoristas, todos policiais — como acabamos descobrindo —, nos levaram para o lugar errado.

Aonde quer que fosse, Kasparov era seguido. Em geral, havia pelo menos dois agentes da polícia secreta, facilmente identificáveis por sua atitude, suas roupas e as típicas câmeras de vídeo. Alguns desses homens filmavam Kasparov, outros se faziam passar por jornalistas — faziam sempre as mesmas perguntas e se recusavam a se identificar — e outros apenas andavam atrás dele. Era impossível dizer se essas medidas de segurança e essa vigilância tão extraordinárias, bem como as obstruções generalizadas, eram ordens recebidas de Moscou ou simples iniciativa das autoridades locais. De uma forma ou de outra, serviam para estimular Kasparov, fazendo-o perceber que o regime estava com medo, e isso só veio a acrescentar ainda mais peso às suas palavras. Mas, ao mesmo tempo, também o marginalizavam: até um gênio globalmente célebre começa a parecer ridículo quando tem de usar roupas manchadas de ketchup, viajar numa van caindo aos pedaços e passar o tempo todo falando para grupos que acabavam tendo de se reunir na rua.

Ele seguiu com a campanha com a mesma obstinação e resistência que demonstrava quando jogava xadrez: fez parte de algumas das partidas mais longas da história do esporte e, como eterno estranho no mundo do esporte soviético, sabia muito bem o que era ter uma partida fraudada. Mas a sua organização política não conseguiu se desenvolver: totalmente ignorado pela TV, sua voz, ao longo dos anos, foi se tornando cada vez mais marginal. No fim das contas, o dinheiro, a fama e a mente de Kasparov se revelaram impotentes diante do regime, mesmo que este tivesse efetivamente medo dele. Depois que as instituições democráticas já tinham sido desmanteladas, era impossível — era tarde demais — tentar se organizar para defendê-las.

Nove

O DOMÍNIO DO TERROR

Em 23 de novembro de 2006, um homem chamado Alexander Litvinenko morreu num hospital de Londres. Tinha 41 anos, era agente do FSB e os seus últimos dias foram transmitidos ao vivo pela mídia britânica e alguns veículos da imprensa russa.

"Há apenas três semanas, era um homem feliz, saudável, com uma vasta cabeleira e que corria regularmente cinco quilômetros por dia", publicou o *Daily Mail* no dia 21 de novembro.[1] Acompanhando o texto, havia uma foto de Litvinenko, esquelético e calvo, com uma daquelas camisolas hospitalares aberta no peito coberto de eletrodos.

"O sr. Litvinenko mal pode erguer a cabeça de tão fracos que estão os músculos do seu pescoço. Tem dificuldade para falar e consegue apenas dizer umas poucas palavras, aos trancos, e com muita dor." No dia seguinte à publicação desse artigo, Alexander Litvinenko entrou em coma. No outro dia, finalmente conseguiram encontrar na sua urina vestígios do veneno polônio, uma substância rara e altamente radioativa que o estava matando. Poucas horas depois, o coração de Litvinenko parou pela segunda vez em dois dias, e ele veio a falecer.[2]

Esse homem foi um exemplo típico de denunciador. Em 1998, ele apareceu com quatro de seus colegas da polícia secreta numa entrevista coletiva televisionada. Declarou que o FSB tinha lhes confiado tarefas ilegais, entre as quais a de matar Boris Berezovsky. A coletiva havia sido organizada pelo próprio magnata que Litvinenko conhecera em 1994, após uma tentativa de assassinato não relacionada que o agente havia investigado. Os dois homens ficaram amigos e, aparentemente, depositavam excessivas esperanças um no outro: Berezovsky acreditava que o fato de conhecer alguém honesto no FSB lhe garantia alguma proteção; Litvinenko estava convencido de que o influente bilionário poderia ajudá-lo a mudar o que estava errado no sistema. O agente estava na carreira desde os 18 anos. Foi o mais jovem tenente-coronel que a polícia secreta russa já teve; era inteiramente dedicado ao sistema que o havia criado, mas pertencia àquela espécie rara dos que são incapazes de aceitar as imperfeições de uma instituição — seja qual for — e absolutamente surdos aos argumentos dos que aceitam as coisas como são.

Vladimir Putin foi nomeado chefe do FSB em agosto de 1998, em meio a alegações de corrupção contra seu antecessor. "Quando ele foi nomeado, perguntei a Sasha quem era aquele homem", disse-me, anos depois, Marina, a viúva de Litvinenko. "Ele respondeu que, segundo alguns, o novo chefe nunca tinha trabalhado nas ruas. O que significava que os outros o desprezavam — era alguém que não tinha feito carreira na organização." Mas Berezovsky conseguiu uma reunião entre o seu protegido, agora no comando da polícia secreta, e o amigo, o denunciador. Isso aconteceu naquela época em que Putin acreditava que o seu ambiente de trabalho era tão hostil que se reunia com Berezovsky no elevador desativado da sede do FSB. Berezovsky pretendia que os dois homens se vissem como aliados. Litvinenko chegou trazendo alguns gráficos que, segundo dizia, revelavam ligações inadequadas entre os departamentos da organização e os caminhos que tanto as instruções ilegais quanto o dinheiro percorriam. Também contou a Putin a história da ordem recebida para matar Berezovsky, fato que tanto ele quanto o próprio oligarca estavam convencidos de que o novo diretor ignorava. Putin, segundo Litvinenko relatou, mais tarde, à esposa e a Berezovsky, não pareceu interessado; o encontro durou menos de dez minutos. Ele voltou para casa abatido, preocupado com o futuro e — como fazem os homens do seu feitio — decidido a agir.

Seu próximo passo foi convocar a coletiva sobre as atividades ilegais do FSB. Além da ordem para matar Berezovsky, ele declarou ter recebido instruções para raptar e espancar alguns destacados homens de negócios. Putin reagiu com um pronunciamento televisionado onde atacava o caráter de Litvinenko, dizendo que ele não pagava a pensão alimentícia que devia à primeira mulher (sua segunda esposa insistia que ela própria realizava os pagamentos todo mês e tinha os canhotos dos cheques para provar).

Três meses mais tarde, Litvinenko foi preso sob a acusação de ter usado força excessiva com um suspeito três anos antes. O caso não foi adiante e, em novembro de 1999, um tribunal militar o inocentou. Mas não permitiram que deixasse a sala do julgamento: oficiais do FSB entraram e o prenderam novamente sob outras acusações. Esse caso foi arquivado sem julgamento, mas logo surgiu um terceiro. No entanto, um juiz militar lhe concedeu liberdade provisória para aguardar o novo julgamento. Mas, quando Litvinenko ficou sabendo que as audiências seriam realizadas numa pequena cidade a cerca de cem quilômetros de Moscou, onde provavelmente poucos jornalistas e observadores externos se aventurariam a ir, decidiu fugir da Rússia.

Em setembro de 2000, disse à esposa que ia a uma cidade do Sul do país visitar os pais já idosos. Quase um mês depois, telefonou dizendo-lhe que saísse de férias. "Eu disse: 'Mas não é a melhor época'", contou-me Marina. "'Tolya, nosso filho, começou as aulas de música, por que tirar férias?', 'Mas você sempre quis sair de férias', respondeu ele. 'Devia ir agora.' E percebi — às vezes ele tinha aquele tom de voz, que me fazia pensar que eu precisava parar de racionalizar e fazer o que ele dizia." Comprou então um pacote de duas semanas na Espanha e embarcou com o filho de 6 anos. Ao cabo dos catorze dias, Litvinenko mandou que ela estivesse no aeroporto de Málaga à meia-noite. Quando Marina chegou lá, apavorada e confusa, foi recebida por um conhecido que levou os dois num jatinho particular, provavelmente de propriedade de Berezovsky, para a Turquia — Alexander estava esperando por eles na cidade balneária de Anatólia.

"Parecia coisa de cinema", disse ela. "Não estávamos acreditando." A diferença era que ninguém tinha escrito o roteiro daquela fuga. O empregado de Berezovsky que trouxera Marina de Málaga tinha de ir embora. Depois de dois dias comemorando o reencontro num hotel da cidade, Alexander e Marina começaram a perceber que eram fugitivos sem ter para onde ir. Berezovsky prometeu ajudá-los financeiramente, mas não fazia ideia de como lhes dar algum auxílio logístico. Por isso, ligou para um amigo em Nova York, Alex Goldfarb, e lhe pediu que fosse à Turquia resolver as coisas. Goldfarb concordou, embora o seu envolvimento na fuga de Litvinenko tenha lhe custado o emprego com George Soros. Ele então levou o russo para a embaixada americana em Ancara, onde o denunciador foi entrevistado e educadamente rejeitado: ele tinha sido agente da polícia secreta, mas não espião, e os Estados Unidos não tinham nenhum interesse nas suas informações. No entanto, indo à embaixada, Litvinenko tinha se arriscado a ser visto pelos agentes russos que, como ele mesmo bem sabia, mantinham o prédio sob vigilância. Apavorado, viu que precisava de uma solução com mais urgência ainda.

Finalmente, Goldfarb concebeu um plano engenhoso: os quatro compraram passagens para um voo que fazia conexão em Londres, onde a família se renderia às autoridades ainda no aeroporto. Foi o que eles fizeram — e se instalaram em Londres, tendo o aluguel e o colégio de Tolya pagos por Berezovsky.

Depois de alguns meses à toa, Litvinenko começou a escrever. Ele e o historiador russo-americano Yuri Felshtinsky, que tinha conhecido durante o breve tempo em que trabalhou no grupo de mídia de Berezovsky em Moscou, escreveram um livro sobre as explosões dos prédios residenciais de 1999. O ex-agente usou a sua experiência profissional para analisar as evidências que já haviam sido examinadas na televisão russa, apontando inúmeras inconsistências existentes na versão oficial do FSB quanto à frustrada explosão de Riazã. Felshtinsky e ele também analisaram as provas descobertas pelos repórteres da *Novaya Gazeta*, um semanário moscovita especializado em jornalismo investigativo. Esses repórteres encontraram dois recrutas que haviam entrado sorrateiramente num depósito da força aérea em Riazã, no outono de 1999, em busca de açúcar para adoçar seu chá. Ali acharam o que procuravam: dezenas de sacas de cinquenta quilos marcadas com a palavra AÇÚCAR. Mas a substância que tiraram daquelas sacas deu um gosto tão estranho ao chá que eles reportaram todo o incidente, inclusive o fato de terem arrombado o tal depósito, entrado e roubado, ao seu superior. O oficial mandou analisar a substância e descobriu que o explosivo era hexogênio. Litvinenko e Felshtinsky também descobriram provas de que o entreposto da força aérea era usado pelo FSB, que, segundo acreditavam, tinha estocado os explosivos.[3]

Aos poucos, começaram a surgir outras evidências.[4] Um parlamentar de oposição, Yuli Rybakov — um dos dois parlamentares que se recusaram a ficar de pé durante a execução do hino russo-soviético —, entregou a Litvinenko a transcrição da sessão da Duma do dia 13 de setembro. O orador interrompeu a sessão, dizendo: "Acabamos de receber a notícia de que um prédio residencial explodiu ontem à noite em Volgodonsk." Na verdade, o prédio de Volgodonsk só ia explodir três dias depois. Ao que parece, o agente do FSB infiltrado no gabinete do parlamentar — que, mais tarde, Litvinenko conseguiu identificar — tinha lhe passado a nota errada na hora errada, mas sabia de antemão que a explosão estava planejada.

Outro denunciador, Mikhail Trepashkin, ex-agente do FSB que participou da fatídica entrevista coletiva de 1998, resolveu participar da investigação. Conseguiu rastrear a ligação entre o FSB e os prédios de Moscou, identificando um empresário cujo nome havia sido usado para alugar um espaço em ambos os edifícios, o agente do FSB que armou o golpe para o tal homem e até os dois sujeitos contratados para organizar as explosões. O mais chocante é que Trepashkin descobriu provas de que o retrato falado de um suspeito havia sido trocado por outro. Dois homens foram presos e Trepashkin, que era advogado de formação, estava pretendendo representar dois sobreviventes e aproveitar a oportunidade para apresentar as suas provas no tribunal. Mas, uma semana antes das audiências, Trepashkin foi preso por porte ilegal de arma, e acabou passando cinco anos na prisão. As audiências não foram abertas ao público; os dois suspeitos foram condenados à prisão perpétua, mas jamais se soube quem eram eles e por que tinham cometido aqueles crimes.

NA NOITE DE 23 DE OUTUBRO DE 2002, um casal de amigos passou lá em casa para um drinque. Eu tinha duas crianças, uma de três e outra de um ano, e, por isso, praticamente não saía à noite. Esses amigos, um dos quais era produtor de TV, sugeriram que ligássemos a televisão para assistir a um novo *talk show* que eu ainda não tinha visto. O programa mal tinha começado quando foi interrompido por um plantão de notícias: estava acontecendo uma crise de reféns num teatro em Moscou. Nessa época, eu editava um pequeno site independente de análise política, o polit.ru. Nos três dias seguintes, dormi um total de três horas: os meus repórteres ficavam se revezando diante do teatro e eu ia postando no site as notícias que eles mandavam.

Passava um pouco das nove da noite quando começou o cerco ao teatro. O musical que estava sendo encenado ali incluía uma cena em que aparecia um avião de verdade da época da Segunda Guerra Mundial. Foi nesse momento que uns homens mascarados armados de metralhadoras subiram ao palco e cercaram todo o salão; por alguns instantes, boa parte do público achou que aquilo fazia parte da peça. Havia cerca de oitocentas pessoas no teatro naquela noite. À exceção de algumas dezenas de crianças e de estrangeiros que os sequestradores liberaram quase de imediato — e alguns atores, entre os quais havia também muitas crianças, que conseguiram fugir pela janela de um camarim —, os demais passaram as 58 horas seguintes naquela sala; com o tempo, foram ficando exaustos, desidratados, aterrorizados e acabaram entrando em desespero. Embora tivessem recebido ordens de entregar os celulares aos terroristas, várias pessoas conseguiram ligar para a principal rádio do país em diferentes momentos; assim, durante todo o episódio, uma cidade paralisada pelo medo e pela ansiedade acompanhava as vozes vindas lá de dentro do teatro.

Por volta das sete da manhã do terceiro dia, várias autoridades governamentais entraram na sala de reuniões de uma faculdade da vizinhança onde parentes dos reféns passaram a maior parte daqueles dias. "Eles estavam felizes e animados", contou uma dessas pessoas, tempos depois. "Foram direto para o microfone. A sala mergulhou num silêncio profundo. Então, disseram essas doces palavras: 'A operação transcorreu sem problemas.' Disseram ainda que os terroristas estavam mortos e que não havia vítimas entre os reféns. A sala irrompeu em aplausos e gritos de alegria. Todos agradeciam às autoridades por terem salvado os seus entes queridos."[5] Tudo naquela declaração triunfal era mentira.

O episódio do teatro de Moscou é, simultaneamente, um dos sequestros mais bem-executados e uma das operações de resgate mais absurdamente atrapalhadas de todos os tempos. Durante todos aqueles dias, os terroristas, que davam a impressão de serem desorganizados e estarem desorientados, deram sequência às negociações com quase todos que entravam ali — e continuaram libertando, pouco a pouco, alguns reféns. Um grupo de médicos de várias especialidades, políticos e jornalistas tiveram permissão para entrar e sair do prédio e negociar condições melhores para as pessoas. Parentes das vítimas, torcendo desesperadamente por uma solução pacífica, se reuniram no segundo dia e redigiram uma petição que foi apresentada com mais de 250 assinaturas:

Caro Presidente,

Somos filhos, parentes e amigos dos reféns que estão presos no teatro. Estamos apelando para sua razão e sua misericórdia. Sabemos que o prédio está cheio de explosivos e que o uso da força vai causar uma detonação. Temos certeza de que nenhuma concessão é grande demais quando se trata de salvar a vida de setecentas pessoas. Vimos lhe pedir que não deixe essas pessoas morrerem. Continue as negociações! Aceite algumas das exigências deles! Se os nossos entes queridos morrerem, não poderemos mais acreditar que o nosso Estado é forte e que o seu governo é real. Não nos deixe órfãos![6]

Poucas horas depois, um dos nossos repórteres ligou dizendo que um hospital bem ao lado do teatro tinha sido evacuado. *Os militares estavam dando início à invasão do prédio*, pensei, e *trataram de abrir espaço para possíveis vítimas.*

Às 5h30 da manhã de sábado, terceiro dia do sequestro, duas reféns ligaram para a Echo Moskvy, a maior estação de rádio da capital. "Não sei o que está acontecendo", disse uma delas, soluçando. "Tem um gás. Estamos todos sentados. Por favor, espero que isso aqui não seja outro *Kursk*." Sem conseguir mais falar, passou o telefone para a amiga, que disse: "Parece que estão começando a usar a força. Por favor, não nos abandonem se houver alguma chance. Nós imploramos." Com isso, fica dolorosamente evidente que nem os reféns nem os seus amigos e parentes que estavam do lado de fora confiavam nas Forças Armadas do país para salvá-los. A referência ao *Kursk* deixou isso muito claro: eles não acreditavam que o governo tivesse qualquer consideração pela vida humana.

Na verdade, o plano de resgate era brilhante: forças especiais, usando passagens subterrâneas, encheriam o teatro com um gás que faria todos ali dentro adormecerem. Assim, seria possível evitar que os terroristas detonassem os explosivos instalados ao redor da sala — mulheres vestidas de preto e, aparentemente, carregando explosivos sob as roupas, estavam postadas por todo lado. Os terroristas adormecidos seriam então presos e os reféns, libertados pelas tropas que penetrariam no prédio pelas mesmas passagens subterrâneas e portas da frente.

Mas nada saiu como planejado. Os terroristas levaram uns bons minutos para adormecer. Ninguém sabe dizer ao certo por que não detonaram os explosivos e começaram a surgir especulações de que não havia explosivo algum. Os reféns, há dias sem dormir e seriamente desidratados — ao menos em parte porque as duas unidades especiais estacionadas ao redor do teatro não permitiram a entrada de água e suco que os terroristas tinham aceitado —, adormeceram imediatamente e precisaram de atendimento médico para voltar a acordar. Em vez de receber assistência médica imediata, todos foram carregados para fora do teatro e deitados nas escadas do prédio, muitos de barriga para cima, e não de lado, como deveria ser. Vários morreram ali mesmo, sufocados pelo próprio vômito, sem chegar a recobrar a consciência. Depois, os mortos e os que estavam simplesmente desmaiados foram transportados para uns ônibus onde, mais uma vez, os puseram sentados. Vários outros reféns morreram ali, sufocados quando sua cabeça tombou para trás. Em vez de serem levados para o hospital ao lado, os reféns foram transportados, em sua maioria de ônibus, para hospitais do centro de Moscou, onde os médicos não tiveram condições de atendê-los porque as autoridades militares e policiais se recusaram a revelar o nome do produto químico havia sido usado na operação. Diversos reféns entraram em coma e morreram no hospital, alguns já uma semana depois do fim do sequestro. Ao todo, foram 129 mortos.

Para o governo, o desfecho foi uma vitória. Fotos dos terroristas, alguns deles sumariamente executados pelas tropas russas enquanto dormiam, estavam sempre aparecendo na TV: homens e mulheres caídos nas poltronas ou em cima de mesas, com nítidos ferimentos a bala na cabeça. Quando escrevi um artigo sobre o descaso pela vida humana que o governo havia demonstrado ao declarar vitória diante de 129 mortes desnecessárias, recebi uma série de ameaças de morte: o triunfo sobre o terrorismo não era coisa a ser questionada. Isso aconteceu meses antes de alguns ativistas de direitos humanos ousarem assinalar que a Rússia havia violado diversas convenções internacionais, além das próprias leis, ao utilizar gás e recorrer à força quando os terroristas ainda se mostravam dispostos a negociar. Poucos russos vieram a saber que os terroristas, liderados por um jovem de 25 anos que jamais havia saído da Chechênia, haviam feito exigências ridiculamente fáceis de serem aceitas, o que poderia ter salvado a vida de todos os reféns. Pediram que o presidente Putin declarasse publicamente que queria pôr fim à guerra na Chechênia e demonstrasse sua boa vontade ordenando a retirada das tropas de todos os distritos da república separatista.

Mas, na aparente simplicidade de suas exigências, os terroristas estavam pedindo a Putin que agisse de uma forma que contrariava sua própria natureza. O garoto que não conseguia parar de brigar — que só parecia se acalmar para logo voltar a se enfurecer e atacar novamente —, e que agora era o presidente que havia prometido "despachar o inimigo privada abaixo", decerto ia preferir sacrificar 129 dos seus cidadãos a declarar publicamente que queria a paz. E ele não fez tal declaração.

Duas semanas antes desse episódio, Putin esteve em Bruxelas para uma cúpula Rússia-União Europeia principalmente dedicada a discutir a ameaça internacional do terrorismo islâmico. Numa entrevista coletiva concedida ao final do evento, um repórter do jornal francês *Le Monde* fez uma pergunta sobre o uso de artilharia pesada contra civis na Chechênia. Parecendo tranquilo, e até ostentando um ligeiro sorriso, Putin respondeu: "Se você está disposto a se tornar adepto radical do Islã e preparado para ser circuncidado, está convidado a vir para Moscou. Somos um país de vários credos. Temos especialistas nisso. E eu recomendaria que a operação fosse realizada de tal forma que nada voltasse a crescer no local." O intérprete não ousou traduzir aquela resposta na íntegra e tampouco ela saiu na edição do *New York Times* do dia seguinte: o jornal traduziu discretamente a última frase como "Você será bem-vindo, pois tudo e todos são tolerados em Moscou."[7] Mas o vídeo que mostra Putin disparando sua grosseria contra o repórter ainda era muito acessado no RuTube nove anos depois — e demonstrava sua extrema inabilidade mesmo para fingir que pretendia buscar uma solução pacífica para o conflito na Chechênia.[8]

ALEXANDER LITVINENKO MORAVA agora numa casa geminada na região norte de Londres e, do outro lado da rua estreita, morava Ahmed Zakaev, um ex-ator de Grózni, a capital chechena, que, em fins dos anos 1990, tornou-se o rosto inteligente e encantador de uma Chechênia independente. Zakaev tinha sido peça-chave no governo checheno do pós-cessar-fogo e representava o seu país no Ocidente. Em 2000, saiu da Chechênia para buscar tratamento médico após um ferimento, e acabou pedindo asilo político na Grã-Bretanha. Vivia no norte de Londres recebendo um ordenado de seu antigo parceiro de negociações, Boris Berezovsky — exatamente como Litvinenko, que passara boa parte da segunda metade dos anos 1990 na Chechênia, integrando as tropas russas. Para os seus antigos companheiros que haviam sobrevivido à guerra, Zakaev era o primeiro-ministro checheno vivendo no exílio.

Juntos, Litvinenko e Zakaev esmiuçaram documentos e gravações em vídeo do episódio do teatro e fizeram uma descoberta espantosa: um dos terroristas não foi morto; na verdade, ele parecia ter deixado o prédio pouco antes da invasão pelas tropas. Identificaram o homem como Khanpash Terkibaev, um ex-jornalista que, acreditavam, vinha trabalhando há tempos para a polícia secreta russa.[9] No dia 31 de março de 2003, Zakaev viu Terkibaev em Estrasburgo, aonde ambos tinham ido para participar de uma assembleia do Parlamento Europeu como representantes do povo checheno — Terkibaev com a aprovação de Moscou e Zakaev, sem. No início de abril, Litvinenko foi procurar Sergei Yushenkov, o coronel liberal com quem Marina Salye havia trabalhado antes de fugir de Moscou e que, agora, estava empenhado numa investigação parlamentar sobre o episódio do teatro, e lhe passou todas as informações que havia obtido com Terkibaev.[10] Duas semanas depois, Yushenkov foi morto a tiros em Moscou, em plena luz do dia. Litvinenko tinha certeza de que a sua morte foi consequência direta da tal investigação.

Mas Yushenkov já tinha passado os documentos que recebeu de Litvinenko para outra pessoa. Anna Politkovskaya era uma jornalista de uns quarenta e tantos anos que passara a maior parte da sua vida profissional de forma relativamente obscura, escrevendo artigos confusos e com pesquisas descomedidas sobre todo tipo de doenças sociais. Durante a segunda guerra na Chechênia, ela despontou como uma repórter incansável e corajosa que passou várias semanas na região, desconsiderando aparentemente as restrições militares impostas pela Rússia, documentando denúncias de abusos e crimes de guerra. Em um ou dois anos, tinha se tornado, sem sombra de dúvida, a russa em quem os chechenos mais confiavam. De óculos e cabelos grisalhos, mãe de dois filhos já adultos, ela não parecia em nada uma caçadora de escândalos ou repórter de guerra, o que provavelmente lhe valeu a própria segurança em diversas ocasiões. Durante o episódio do teatro, Politkovskaya teve permissão para entrar no prédio e tentar negociar com os terroristas e, aparentemente, foi quem conseguiu que eles concordassem com a distribuição de água e suco para os reféns.

A jornalista procurou Terkibaev — que ela reconheceu, segundo disse, por tê-lo visto no tempo que passou dentro do teatro — e fez uma entrevista com ele. O rapaz se revelou de uma vaidade quase ridícula e Politkovskaya não teve dificuldade em fazê-lo se vangloriar de ter estado dentro do teatro durante a crise, levado os terroristas até lá, conseguido fazê-los passar dentro de várias vans repletas de armas pelos postos de controle na Chechênia e por outros tantos nas proximidades de Moscou, e estado de posse de um mapa detalhado do prédio, coisa que nem os próprios terroristas, nem as tropas federais tinham. Para quem estava trabalhando? Para Moscou, disse ele.[11]

Politkovskaya foi bem cautelosa nas conclusões que tirou dessa entrevista. Era óbvio que Terkibaev mentia muito. E havia também os fatos: ele estava efetivamente entre os sequestradores, continuava vivo e circulava livremente, até mesmo como membro de delegações oficiais no exterior. Sua alegação de que trabalhava para um dos serviços secretos parecia ser verdadeira. E ele revelou ainda outra coisa importante: os terroristas não acionaram os explosivos, mesmo quando sentiram que o local estava se enchendo de gás — prelúdio inconfundível de um ataque ao prédio —, porque *não havia* explosivo algum. As mulheres que ficaram paradas junto às poltronas, de olho nos reféns e com o dedo num botão, estavam usando dinamite falsa. Se isso fosse verdade — e havia boas razões para se achar que era —, então todas as pessoas naquele teatro tinham morrido em vão. E, já que Khanpash Terkibaev deixou o prédio antes de as forças especiais darem início à invasão, é provável que o Kremlin também soubesse disso.

EM 3 DE JULHO DE 2003, MORREU outro membro de uma comissão independente que investigava as explosões de 1999. Yuri Shchekochikhin, um político liberal sem papas na língua e um jornalista sempre pronto a desencavar escândalos — ele era o vice-editor da *Novaya Gazeta* e, como chefe da equipe investigativa, o superior imediato de Politkovskaya —, havia sido hospitalizado duas semanas antes, apresentando uns sintomas misteriosos: queixava-se de uma sensação de queimação por todo o corpo e estava vomitando. Em uma semana, entrou em coma, sua pele começou a descascar e o cabelo, a cair. Shchekochikhin morreu de falência múltipla dos órgãos causada por uma toxina desconhecida.[12] Os médicos do hospital mais bem-equipado de Moscou, que o diagnosticaram como portador de uma "síndrome alérgica", não foram capazes de retardar o avanço daquele mal ou amenizar de forma significativa as dores que sentia.

Shchekochikhin vinha trabalhando em tantas investigações que os seus amigos e colegas que, em sua maioria (se não todos) achavam que tinha sido assassinado, não sabiam dizer qual das suas missões suicidas efetivamente o levou à morte. Zakaev estava persuadido de que o assassinato do jornalista visava a impedir que ele publicasse informações que tinha conseguido obter sobre o episódio do teatro: mais precisamente, provas de que algumas das terroristas eram criminosas condenadas que, no papel, ainda estavam cumprindo pena em prisões russas na época do atentado. Em outras palavras, a sua soltura havia sido provavelmente conseguida por alguém com poderes extralegais — e, mais uma vez, esse era um detalhe que indicava o possível envolvimento da polícia secreta na organização desse ato de terror.[13]

EM 1º DE SETEMBRO DE 2004. ASSIM que chegou a notícia do cerco à escola de Beslan, Politkovskaya, como era de se esperar, correu para o aeroporto a fim de embarcar para a Ossétia do Norte. Vários outros jornalistas fizeram o mesmo, até o outro repórter famoso na Chechênia, Andrei Babitsky — o homem que havia sido sequestrado pelas tropas russas bem no início do reinado de Putin. Ele foi detido no aeroporto de Moscou, declaradamente sob a suspeita de estar transportando explosivos. Como não encontraram nada, Babitsky foi liberado, mas não conseguiu ir para Beslan. Politkovskaya, inscrita na lista de passageiros de três voos consecutivos, todos cancelados antes do embarque, conseguiu enfim um lugar num avião que ia para Rostóvia, a maior cidade do sul do país, a cerca de 650 quilômetros de Beslan. Ela pretendia percorrer o resto do trajeto num carro alugado. Seu plano era atuar não apenas como repórter, mas também, na medida do possível, como negociadora, exatamente como havia feito dois anos antes, no caso do teatro em Moscou.[14] Antes de deixar a capital, conversou longamente com Zakaev, em Londres, insistindo para que ele mobilizasse todo e qualquer líder checheno para conversar com os terroristas e negociar a libertação das crianças. Sugeriu que talvez alguns líderes rebeldes pudessem sair dos seus esconderijos para desempenhar essa função, sem estabelecer qualquer condição pessoal. Zakaev concordou.

Sempre cuidadosa — a essa altura, Politkovskaya vinha sendo alvo de constantes ameaças de morte e tinha visto o seu editor morrer envenenado —, levou a própria comida para o avião e pediu apenas uma xícara de chá. Dez minutos depois, desmaiou. Quando o avião aterrissou, ela já estava em coma. Na opinião dos médicos que a atenderam em Rostóvia, foi um verdadeiro milagre ter sobrevivido. Os médicos de Moscou, para onde a jornalista foi transportada dois dias depois, acabaram concluindo que ela tinha sido envenenada por uma toxina não identificada que causou sérios danos aos seus rins, fígado e sistema endócrino.

POLITKOVSKAYA, QUE LEVOU DOIS MESES para se curar e nunca mais recuperou a saúde por completo, foi efetivamente impedida de cobrir e investigar a tragédia de Beslan. Outras pessoas assumiram esse desafio. Entre elas, estava Marina Litvinovich, que havia sido responsável pela criação da imagem de Putin anos antes. Depois do episódio do teatro, ela deixou o emprego no núcleo de consultoria política do Kremlin, nem tanto por discordar da maneira como o FSB conduziu o processo, mas por ter sido excluída da equipe que trabalhou na crise. Andou ciscando pela oposição até esta deixar efetivamente de existir; foi trabalhar para o oligarca Mikhail Khodorkovski, que logo foi preso; e então foi até Beslan procurando um jeito de pôr em prática suas habilidades e conexões consideráveis.

"Fiquei com medo de ir", disse-me ela. "Nunca tinha estado no Cáucaso." Estava constrangida demais para me contar exatamente o que esperava da viagem, mas me parecia que a sua expectativa era justamente o produto de dez anos de propaganda de guerra que ela própria havia ajudado a criar: a última coisa que Litvinovich esperava encontrar num lugar tão perto da Chechênia era gente como ela mesma. "Fomos de família em família, de casa em casa onde pessoas tivessem perdido filhos, e aonde quer que fôssemos nos empurravam um golinho de vodca *in memoriam*. E todos choravam, e eu chorava, chorava... chorei tanto que fiquei com os olhos vermelhos. Aquela gente simplesmente me contava a sua história, chorava e pedia ajuda. Àquela altura, todos na Rússia pareciam já ter esquecido Beslan; por isso eles pediam ajuda a quem aparecesse por lá. Não sabiam dizer que tipo de ajuda e, no começo, eu também não sabia. Fiquei lhes dizendo coisas banais, disse-lhes que precisavam se organizar. Era estranho dizer aquilo a mulheres que tinham passado a vida inteira cuidando da casa — que, se trabalhassem fora, talvez fosse na loja da família. Aos poucos, fui ficando por lá, trabalhando numa coisa ou noutra. Criamos uma organização. Depois, começamos a reunir testemunhas oculares. E, então, começou o julgamento."

Como aconteceu no caso do teatro, a maioria dos sequestradores havia sido sumariamente executada pelas tropas russas. Pelas contas oficiais, restava um único sobrevivente — mas que dessa vez foi levado ao tribunal. As audiências se estenderiam por dois anos e o depoimento desse homem e, ainda mais importante, os depoimentos de testemunhas oculares traçaram mais um quadro lamentável da forma como o governo russo lidou com a questão e do seu possível envolvimento no episódio. Realizado na pequena Beslan e em presença, principalmente, dos tão traumatizados habitantes do lugar, o julgamento poderia perfeitamente ter passado despercebido se Litvinovich não tivesse feito uma coisa bem simples. Cuidou para que o áudio de todas as sessões fosse gravado e postou as suas transcrições num site que ela batizou de A Verdade sobre Beslan.

Usando os testemunhos prestados em juízo, Litvinovich conseguiu reconstituir o que aconteceu naquela escola, hora a hora e, no último dia, quase minuto a minuto. Descobriu que houve duas tentativas de resgate desencontradas: uma, local, coordenada pelo governador da Ossétia do Norte, Alexander Dzasokhov (o seu título oficial era presidente da Ossétia do Norte) e outra coordenada pelo FSB de Moscou. Nas primeiras horas do sequestro, os criminosos divulgaram uma nota com o número do seu celular e uma exigência: citavam cinco pessoas, entre as quais Dzasokhov, que deveriam entrar para negociar com eles. O governador tentou entrar na escola, mas foi impedido pelas tropas sujeitadas ao FSB. Ele, porém, conseguiu que o ex-dirigente da vizinha Inguchétia, Ruslan Aushev, entrasse no prédio; Aushev saiu de lá levando consigo 26 reféns, todos mulheres com bebês de colo. Levou também uma lista de exigências endereçada a Vladimir Putin: eles queriam a independência da Chechênia, a retirada das tropas e o fim da ação militar na região. No segundo dia, Dzasokhov entrou em contato com Zakaev, em Londres, e este conseguiu que o presidente da autoproclamada república da Chechênia, Aslan Maskhadov, concordasse em ir a Beslan negociar com os terroristas — acordo que Politkovskaya já havia intermediado, mas que o governador teve de retomar do zero.

Tudo indicava que os terroristas estavam dispostos a negociar. Na maioria dos países, isso teria significado que o impasse ia se arrastar enquanto houvesse alguma chance de salvar um refém. Mas, como no sequestro do teatro, Moscou não esperou até que as possibilidades de negociação se esgotassem; na verdade, a deflagração da ação militar parece ter sido ajustada especificamente para impedir um encontro entre os terroristas e Maskhadov que representava uma boa chance de se chegar a uma solução pacífica.

À uma da tarde do dia 3 de setembro, poucos minutos depois de os empregados do ministério das Emergências terem chegado ao prédio para recolher os corpos de vários homens mortos pelos terroristas no início da crise — foi Aushev que conseguiu negociar isso —, duas explosões sacudiram a escola. A essa altura, a maioria dos reféns já estava amontoada no ginásio havia mais de dois dias. Estavam desidratados — muitos começaram a beber a própria urina — e aterrorizados. Sabiam que o ginásio estava minado pois os explosivos haviam sido instalados bem à vista de todos, e dois dos terroristas se mantinham de guarda, com o pé no pedal que acionaria o detonador.

Mas as duas explosões, separadas por um intervalo de poucos segundos, aconteceram fora do prédio. Litvinovich conseguiu descobrir que ambas foram resultado de granadas lançadas pelas tropas russas diretamente naquele ginásio lotado.

"Foi como se algo tivesse entrado voando, uma gigantesca bola de fogo", declarou uma das ex-reféns. Como a maioria dos adultos que se encontrava no ginásio, ela era uma mãe que tinha ido levar o filho à escola. "Olhei ao meu redor", disse outra ex-refém, "e vi que onde antes ficava a porta do pátio havia agora um buraco enorme no teto, e esse buraco estava pegando fogo numa rapidez impressionante."

"Quando recobrei os sentidos, havia corpos em cima de mim", declarou uma terceira dessas mulheres. "Tudo estava pegando fogo", disse outra. "Eu estava deitada em cima de cadáveres. E havia também cadáveres sentados nos bancos." Outra dessas testemunhas disse: "Olhei para o lado e vi que minha filha estava sem cabeça, e o seu braço e o seu pé tinham sido completamente esmagados."

Os reféns passaram dois dias no inferno e, agora, esse inferno estava virando de cabeça para baixo. Os terroristas pareciam em pânico — a essa altura, tentavam salvar a vida dos reféns. Levaram os que podiam andar para a cantina da escola, que não corria o risco de um incêndio imediato. Mandavam que os que ficaram no ginásio aparecessem nas janelas e mostrassem às tropas russas que o lugar estava cheio de reféns e que eles estavam atirando em mulheres e crianças. As tropas continuaram usando tanques, foguetes lança-granadas e também lança-chamas, mirando primeiro o ginásio e, depois, a cantina, tudo à queima-roupa. Repetidas vezes, os terroristas tentaram levar mulheres e crianças para locais onde eles estariam a salvo do incêndio. Lá fora, a polícia local tentava em vão convencer as tropas russas a parar de atirar. Morreram ao todo 312 pessoas, entre as quais dez oficiais não ligados ao FSB, vitimadas pelo incêndio enquanto procuravam salvar os reféns.[15]

Por ocasião do segundo aniversário da tragédia de Beslan, em setembro de 2006, Litvinovich reuniu uma brochura contendo as suas descobertas. Politkovskaya, sem condições físicas, escreveu pouca coisa sobre o episódio, mas a sua contribuição foi decisiva: apresentou um documento da polícia provando que um homem detido quatro horas antes do ataque tinha alertado a polícia sobre o plano. O aviso foi ignorado: sequer reforçaram a segurança na escola naquele Dia do Conhecimento.[16]

COMO ENTENDER ISSO? UNS TINHAM certeza de que Beslan havia sido planejado e executado pela polícia secreta, do início ao fim, assim como as explosões dos prédios residenciais. O fato de Putin vir com aquela decisão de cancelar as eleições para governador apenas dez dias após a tragédia e apresentá-la como uma resposta ao terrorismo reforça essa teoria. Já Zakaev estava convencido de que o FSB tinha negociado com um grupo de bandidos da Chechênia para eles se apoderarem da sede do governo local — o que daria a Putin uma desculpa para instituir o controle direto do governo federal sobre as administrações regionais —, mas algo saiu errado e os terroristas acabaram atacando a escola.

Acho que a realidade é mais complicada. Parece quase não haver dúvida de que as explosões dos prédios residenciais foram obra da polícia secreta — na falta de oportunidade de examinar todas as evidências disponíveis ou não. Os casos do teatro e de Beslan me parecem menos operações bem-planejadas que o resultado de uma série de atitudes erradas, alianças infames e planos fracassados. Parece estar provado que parte dos oficiais do FSB mantinha relações duradouras com terroristas ou potenciais terroristas da Chechênia. Pelo menos algumas dessas relações envolviam troca de serviços por dinheiro. É evidente que alguém — provavelmente a polícia, mas também poderia ser a polícia secreta — precisava ajudar os terroristas a circular pela Rússia. Enfim, todos os indícios levam a crer que o governo de Putin não trabalhava nem para evitar ataques terroristas nem para resolver de forma pacífica as crises que porventura ocorressem. Além disso, o presidente vinha cada vez mais, e de forma mais consistente, baseando sua reputação não apenas na sua própria determinação de "despachá-los" em qualquer circunstância, mas também em como a desumanidade dos terroristas era percebida.

Será que isso significava a existência de uma série de planos cuidadosamente traçados para fortalecer a posição de Putin num país que responde melhor à política do medo? Não necessariamente ou não exatamente. No início, creio eu, os organizadores dos ataques ao teatro e à escola, bem como aqueles que tornaram isso possível, tinham motivações diferentes: ao menos, alguns dos rebeldes chechenos queriam amedrontar a Rússia, levando-a a compreender o pesadelo que era a guerra que enfrentavam; quanto aos russos, alguns dos que os ajudaram a executar seus atos provavelmente agiram por puro lucro; para outros, de ambos os lados, aquilo era um ajuste de contas; outros ainda estavam efetivamente engajados em importantes esquemas políticos que podiam ou não envolver o topo da pirâmide. Mas uma coisa é certa: quando os sequestros aconteceram, as forças do governo, agindo sob a supervisão direta de Putin, fizeram tudo que estava a seu alcance para que o desfecho fosse o mais aterrador possível — para justificar a continuação dos conflitos na Chechênia, aumentar a repressão à mídia e à oposição na Rússia e, finalmente, abafar qualquer crítica eventual por parte do Ocidente, que, depois do 11 de Setembro, havia sido obrigado a considerar Putin um aliado na guerra contra o terrorismo islâmico. Há um motivo para as tropas russas, tanto em Moscou quanto em Beslan, terem provocado o maior derramamento de sangue possível: seu alvo efetivo era intensificar o medo e o horror. Esse é o *modus operandi* clássico dos terroristas, e, nesse sentido, é perfeitamente possível dizer que Putin e os terroristas estavam agindo em consenso.

EM 20 DE MARÇO DE 2006. MARINA Litvinovich saiu do trabalho pouco depois das nove da noite. Agora, estava trabalhando para Garry Kasparov, o campeão de xadrez que se tornara político. Estavam discretamente instalados no centro de Moscou, num local sem qualquer placa na porta — atrás da qual ficavam sempre dois dos oito guarda-costas permanentes do enxadrista. À noite, Kasparov e seus seguranças iam embora no seu carro, um utilitário esportivo, e o restante da pequena equipe se dispersava, de carro, a pé ou pegando o metrô. Litvinovich, que morava perto, geralmente ia a pé.

Cerca de uma hora depois de sair do escritório, Litvinovich abriu os olhos e descobriu que estava deitada em cima da marquise de um porão, com alguém lhe perguntando se ela estava bem. Não estava. Aparentemente havia desmaiado em consequência de uma ou mais pancadas na cabeça. Tinha sido brutalmente espancada: estava cheia de hematomas e perdera dois dos dentes da frente. A seu lado, estava a sua bolsa com o *notebook*, o celular e o dinheiro.

Litvinovich passou três ou quatro horas no atendimento de emergência aquela noite e, no dia seguinte, outras tantas na delegacia. Os policiais foram de uma delicadeza incomum, mas insistiam em dizer que ela não havia sido espancada. Quem sabe aquela mulher de 31 anos não tinha simplesmente desmaiado na rua e caído de um jeito tão estranho que acabou ficando toda machucada? A jornalista retrucou, dizendo que estava com um hematoma bem grande numa das pernas e que os médicos tinham dito que ele devia ter sido causado por uma pancada com um bastão de borracha. Então, não teria sido um carro? Litvinovich respondeu que suas roupas estavam tão limpas que ela estava usando a mesma calça e o mesmo casaco da véspera e, portanto, não poderia ter sido atropelada por um carro. Além do mais, esse era um dos vários indícios de que aquele ataque havia sido obra de profissionais: devem tê-la segurado enquanto a espancavam e, depois, deitaram-na com todo o cuidado no lugar onde voltou a si.

O ataque foi um recado. A execução impecável e o fato de os objetos de valor não terem sido tocados só vinham reforçar essa tese. Outro jovem consultor político, um ex-colega de Litvinovich que fizera uma carreira brilhante trabalhando para o governo Putin, repetiu esse mesmo recado com todas as letras no seu blog: "Mulheres não deviam trabalhar nesse ramo... Marina entrou na guerra e ninguém disse que essa guerra seria conduzida de acordo com as regras",[17] ou seja, era isso que aconteceria com aqueles que lutassem contra o Kremlin.

NO SÁBADO, 7 DE OUTUBRO DE 2006, Anna Politkovskaya chegou ao prédio onde morava, no centro de Moscou, e foi morta a tiros no elevador.

Quem poderia ter feito isso? Qualquer pessoa. Politkovskaya podia ser extremamente desagradável: lado a lado com sua personalidade extraordinariamente compreensiva, parecia haver uma outra, dada a perder as estribeiras diante da menor provocação. Essa é uma característica perigosa para uma jornalista cujas fontes incluíam uma boa quantidade de homens bem armados, habituados à violência e nem um pouco acostumados a ver uma mulher enfrentá-los. Podia ser bem grosseira com suas fontes, como foi com Khanpash Terkibaev, a quem mostrou como um sujeito vaidoso e imbecil depois de ele ter feito de tudo para genuinamente impressioná-la. Ela tomava partido, algo muito perigoso em tempos de guerras de clã. Mas, acima de tudo, era conhecida como crítica do regime de Putin. Alexander Litvinenko tinha certeza de que foi isso que a matou. "Anna Politkovskaya foi morta por Putin": esse foi o título do obituário que postou naquele dia. "Às vezes, discordávamos e chegávamos a discutir", escreveu ele, referindo-se à sua relação com a jornalista. "Mas nos entendíamos perfeitamente a respeito de um ponto: ambos acreditávamos que Putin é criminoso de guerra, que é culpado pelo genocídio do povo checheno e que devia ser julgado por um tribunal aberto e independente. Anya tinha consciência de que Putin podia matá-la por causa das suas convicções e, por isso, ela o desprezava."[18]

No dia em que Politkovskaya morreu, Putin estava completando 54 anos. Os jornalistas começaram imediatamente a denominar o assassinato seu presente de aniversário. O presidente não se manifestou sobre aquela morte. No dia seguinte, mandou votos de feliz aniversário a um patinador no gelo que fazia 60 anos e a um ator conhecido que completava 70, mas continuou absolutamente calado com relação a um assassinato que tinha abalado a capital e o país. Três dias depois do crime, ele foi a Dresden, cidade onde vivera tempos atrás, para um encontro com a chanceler alemã Angela Merkel. Quando desceu do carro, topou com um grupo de cerca de trinta pessoas que portavam cartazes onde se lia "Assassino" e "Assassinos não são mais bem-vindos por aqui".[19] Na entrevista coletiva que se seguiu ao encontro, jornalistas e, ao que parece, também a própria Merkel — forçaram-no a fazer enfim um pronunciamento público sobre a morte de Politkovskaya. Mais uma vez, Putin mostrou que, pressionado a falar em público sobre algum assunto que provoque comoção, ele não sabe como se portar. Quando falou, parecia furioso:

"Essa jornalista de fato fazia duras críticas ao atual governo russo", disse ele. "Mas acho que os jornalistas sabem — os especialistas decerto têm conhecimento disso — que a influência política que ela tinha no país era extremamente insignificante. Era conhecida no meio profissional, entre os ativistas dos direitos humanos e também no Ocidente, mas, na Rússia, a sua influência era mínima. O assassinato de uma pessoa assim — o assassinato a sangue-frio de uma mulher, de uma mãe — é, por si só, um ataque ao nosso país. Esse crime prejudica muito mais a Rússia e o seu atual governo e o atual governo da Chechênia que qualquer artigo que ela tenha escrito."[20]

Ele tinha razão: Politkovskaya era mais conhecida nos países da Europa Ocidental, como a França e a Alemanha — onde seus livros eram traduzidos e amplamente divulgados —, do que na Rússia, onde há muito estava banida da TV (em outros tempos, havia sido frequentadora assídua de *talk shows*); onde os jornais para os quais trabalhava eram considerados marginais e, acima de tudo, onde artigos investigativos que seriam verdadeiras bombas se a Rússia ainda fosse uma democracia que funcionava, mesmo que precariamente, eram simplesmente ignorados. O governo nunca reagiu à entrevista que ela fez com Khanpash Terkibaev ou à reportagem denunciando que a polícia havia ignorado o aviso recebido em Beslan. Nem um funcionário subalterno sequer da polícia foi demitido. Não aconteceu absolutamente nada, como se ninguém tivesse dito aquilo ou como se ninguém lhe tivesse dado ouvidos. E o seu assassinato, que colocou Putin na posição de ter de provar a própria inocência, causou certamente muito mais prejuízos a ele mesmo e ao seu governo que qualquer coisa que Politkovskaya tenha feito em vida.

E o seu pronunciamento foi tão tosco e mostrou de forma tão clara a visão que ele tem dos jornalistas que tendo a acreditar que ele estava sendo sincero.

NO DIA 1º DE NOVEMBRO DE 2006, apenas três semanas depois do assassinato de Politkovskaya, Alexander Litvinenko ficou doente. Sempre atento à possibilidade de ser envenenado, tratou imediatamente de beber um litro de água na tentativa de limpar o que quer que estivesse prejudicando seu organismo. Não adiantou nada: em poucas horas, ele estava vomitando loucamente. E sentia também uma dor lancinante: parecia que sua garganta, seu esôfago e seu estômago haviam sido queimados; era impossível comer ou beber e, quando vomitava, era uma verdadeira agonia. Depois de três dias de sintomas persistentes, ele foi hospitalizado.

De imediato, disse aos médicos que devia ter sido envenenado por agentes do governo russo; o resultado foi que lhe trouxeram um psiquiatra. Litvinenko decidiu então guardar a sua teoria só para si. Os médicos disseram à sua esposa, Marina, que estavam procurando alguma bactéria pouco conhecida que, segundo acreditavam, estaria provocando os sérios sintomas do seu marido. Por algum tempo, ela acreditou naquilo e esperou pacientemente que o marido melhorasse. No entanto, quando aquele sofrimento já se estendia havia uns dez dias, ela reparou que Alexander tinha piorado visivelmente. Notou também que a camisola hospitalar estava cheia de cabelos. "Acariciei a cabeça dele", disse-me ela tempos depois. "Eu estava usando luvas de borracha, e o cabelo dele saiu na minha mão. 'Sasha, o que é isso?', perguntei. 'Não sei', respondeu ele. 'Parece que o meu cabelo está caindo todo.' Foi então que, parada ali, junto da cama, eu comecei a gritar: 'Vocês não têm vergonha?' Até aquele momento, eu tinha tentado ser paciente, mas ali foi quando percebi que não podia aguentar mais. O médico responsável apareceu imediatamente. 'O senhor sabe o que está acontecendo? Pode me explicar o que está acontecendo?', perguntei. Eles então chamaram alguém da oncologia e um outro especialista e começaram a examiná-lo. 'Vou levá-lo para a minha enfermaria', disse o oncologista, 'porque ele parece que está sendo submetido a terapia com radiação.' Levaram Alexander para a outra enfermaria, mas, mesmo assim, não conseguiram descobrir nada."

Mais uma semana se passou até que os médicos de Litvinenko, a imprensa britânica e a polícia de Londres enfim se convenceram que ele tinha sido envenenado. Encontraram, na sua urina, vestígios de tálio, um metal pesado historicamente utilizado como veneno para ratos, mas há tempos proibido nos países ocidentais. A descoberta trouxe esperança para Litvinenko, sua esposa e seus amigos: ele começou a tomar um antídoto e a se recuperar. "Achei que ele pudesse ficar inválido — estava preparada para isso", disse Marina, "mas não achava que ele pudesse morrer. Pensava nos tratamentos que teríamos de procurar." A descoberta também deu à mídia britânica motivos para escrever uma matéria sobre o "espião russo", como insistiam em chamá-lo, que estava morrendo em Londres, e à Scotland Yard motivos para começar a interrogar Litvinenko. O ex-denunciador, enfraquecido, incapaz de engolir — ele recebeu alimentação intravenosa durante todo o período em que esteve internado — e sentindo dores pavorosas quando falava, passou cerca de vinte horas prestando depoimento nos seus últimos dias de vida. Mas o diagnóstico também causou estranheza num célebre toxicologista que Goldfarb havia chamado: a seu ver, os sintomas de Litvinenko não pareciam os sintomas de envenenamento por tálio.

Um ou dois dias antes de entrar em coma, Litvinenko ditou uma declaração e pediu que ela fosse divulgada se ele morresse. Quem escreveu foi Alex Goldfarb. O texto começa com três parágrafos de agradecimento aos médicos, à Grã-Bretanha e a Marina, e prossegue:

> Deitado aqui, sinto nitidamente a presença do anjo da morte. Ainda é possível que eu consiga lhe escapar, mas temo que os meus pés já não sejam tão ágeis quanto antes. Acho que chegou a hora de dizer umas poucas palavras ao responsável pela minha condição atual.
>
> O senhor pode ser capaz de me obrigar a ficar calado, mas vai pagar um preço por esse silêncio. Provou, agora, que é exatamente o bárbaro desumano que seus críticos mais duros disseram que era.
>
> Demonstrou que não tem respeito pela vida humana, pela liberdade ou por outros valores da civilização.
>
> Mostrou que não merece o posto que ocupa e não merece a confiança de gente civilizada.
>
> O senhor pode ser capaz de calar um homem, mas o ruído dos protestos pelo mundo afora vai ressoar nos seus ouvidos, sr. Putin, até o fim da sua vida. Que Deus o perdoe pelo que fez, não apenas a mim, mas à minha amada Rússia e ao seu povo.[21]

Os médicos acabaram finalmente identificando a causa do envenenamento de Litvinenko, mas isso aconteceu poucas horas antes da sua morte. Era polônio, uma substância que só existe na natureza em quantidades ínfimas, mas pode ser manufaturada. Os seus parentes e amigos receberam essa informação pela polícia pouco depois de Alexander ter morrido.

CINCO ANOS DEPOIS DE CONHECER Litvinenko e ajudá-lo em sua fuga, Goldfarb resolveu escrever um livro sobre aquele homem, com a colaboração de sua viúva, Marina. No ano seguinte, a obra, intitulada *Morte de um dissidente: O envenenamento de Alexander Litvi-*

nenko e a volta da KGB, seria publicada em vários idiomas. Cientista, ativista político de longa data e naturalmente cético, Goldfarb conseguiu reconstituir a história do assassinato de Litvinenko e foi ainda mais convincente porque nunca acreditou no que chamava "teorias da conspiração" de Litvinenko e Politkovskaya. Mas a sua própria teoria deixou as deles no chinelo.

Na época em que ocorreram os dois assassinatos, a política russa com relação à Chechênia vinha sofrendo uma transformação. Sem admitir a derrota ou sequer uma negociação franca — pois, para Putin, ambas eram humilhantes —, a Rússia estava retirando suas tropas da região e dando liberdade de ação, além de extraordinários subsídios financeiros, ao jovem líder checheno escolhido a dedo Ramzan Kadyrov, em troca de lealdade e da ilusão de paz e vitória. Para os outros senhores da guerra, grandes e pequenos, isso significava o fim da linha: Kadyrov era impiedoso tanto com inimigos quanto com rivais. Com base em inúmeras provas circunstanciais e algumas entrevistas extraoficiais bem significativas, Goldfarb concluiu que um desses senhores da guerra mandou matar Politkovskaya na esperança de incriminar Kadyrov — e desacreditá-lo aos olhos do governo russo. Era público e notório que a jornalista fazia críticas ferrenhas ao líder checheno e chegou até a insultá-lo, mas Goldfarb acreditava que os verdadeiros responsáveis pelo assassinato eram chechenos de um clã rival.

Então, sugere ele ainda, Putin se viu obrigado a tentar provar que não tinha cometido o crime — e ficou com a sensação de ter caído numa armadilha. Só que, graças em parte aos seus assessores, ele não achou que fosse uma armação de Kadyrov, mas sim algo montado pelo grupo de Berezovsky, em Londres. A pessoa mais em evidência desse grupo era, sem dúvida alguma, o agente traidor do FSB, Litvinenko, que estava efetivamente acusando o presidente pelo assassinato. Por isso, Putin mandou matá-lo.[22]

Do ponto de vista da lógica, a teoria de Goldfarb é impecável; todos têm motivo e meios para a execução das ações. Eu, porém, acho que ela é complicada demais ou, talvez, específica demais. O assassinato de Alexander Litvinenko foi sem dúvida obra do governo russo e autorizada pelo topo: o polônio-210, a substância que o matou, é manufaturado exclusivamente na Rússia. Sua produção e sua exportação são rigorosamente controladas pelas autoridades nucleares federais, e a extração da dose necessária da cadeia de manufatura exigiria uma intervenção de ordem superior num dos estágios iniciais de todo o processo. A autorização para semelhante intervenção teria de vir do gabinete do presidente. Em outras palavras, Vladimir Putin ordenou a morte de Alexander Litvinenko.

Depois que o veneno foi identificado, a polícia britânica não encontrou dificuldades em identificar suspeitos: o polônio, embora inofensivo se não for ingerido, deixa vestígios de radiatividade por onde quer que passe. Foi isso que permitiu que a polícia chegasse aos homens que haviam transportado o polônio até Londres, além do lugar e da hora exatos em que o envenenamento havia ocorrido. Os dois sujeitos foram identificados como Andrei Lugovoy, ex-chefe da segurança do sócio de Berezovsky, que construiu uma lucrativa firma de segurança privada em Moscou, e seu sócio, Dmitry Kovtun. Por questões que a polícia britânica não revelou, Lugovoy foi apontado suspeito do assassinato e Kovtun, testemunha. A Rússia negou o pedido de extradição de Lugovoy; além disso, ele se tornou membro do Parlamento, o que lhe garante imunidade com relação a processos judiciais, incluindo pedidos de extradição. Por sua vez, a Grã-Bretanha tratou o caso como um crime comum e não houve qualquer intervenção política para pedir a extradição de Lugovoy.

Nenhum outro assassinato da longa lista de crimes contra jornalistas e políticos tem uma história tão definida e óbvia. De fato, é possível que Anna Politkovskaya tenha sido vítima da luta pelo poder na Chechênia. É possível que Yuri Shchekochikhin tenha sido morto por algum homem de negócios ou político cuja roupa suja ele havia lavado em público. É possível que Sergei Yushenkov tenha, como a polícia veio a alegar, sido assassinado por um rival político. É possível que Anatoly Sobchak tenha morrido por um ataque cardíaco. Mas todas essas possibilidades, consideradas em separado, parecem improváveis e, juntas, parecem quase absurdas. A verdade pura e simples é que a Rússia de Putin é um país onde rivais políticos e críticos declarados são, muitas vezes, mortos e, pelo menos de vez em quando, a ordem vem diretamente do gabinete do presidente.

Dez

AMBIÇÃO INSACIÁVEL

Escrevendo agora sobre os primeiros anos de Putin na presidência, me impressiona o quão rápido e categoricamente ele age. Mesmo quando eu estava cobrindo a história em tempo real, tudo parecia se mover a uma velocidade espantosa. Putin mudou o país rapidamente e essas mudanças, embora muito profundas, foram assimiladas de forma natural. Ele pareceu reverter a evolução histórica do país em um instante. E, por um tempo aflitivamente longo, ninguém deu sinal de perceber isso.

Ou quase ninguém. Depois da eleição parlamentar de dezembro de 2003, em que o partido de Putin, Rússia Unida, conseguiu praticamente metade das cadeiras — o resto foi dividido entre o Partido Comunista, o absurdamente nacionalista Partido Democrático Liberal (cujo nome era uma afronta), e um novo partido ultranacionalista chamado Rodina (Mãe Pátria), enquanto todos os outros, liberais e democratas, perderam as que tinham —, a Organização para Segurança e Cooperação na Europa (OSCE) declarou que as eleições "descumpriram vários dos compromissos da OSCE e do Conselho da Europa, pondo em dúvida a disposição da Rússia para se alinhar aos padrões europeus de eleições democráticas".[1] O *The New York Times* noticiou coisa bem diferente, publicando um editorial intitulado "Os russos avançam rumo à democracia", que, apesar do tom condescendente, era nitidamente positivo.[2] No dia da eleição, o conceituado jornal não mencionou a crítica dos observadores internacionais, mas, no dia seguinte, publicou outro artigo a esse respeito. Já o *Washington Post* e o *The Boston Globe* simplesmente ignoraram as críticas em sua cobertura. O *Los Angeles Times* foi ainda mais longe: num artigo longuíssimo, conseguiu minimizar a tal ponto a conclusão da OSCE que esta acabou parecendo dizer justo o contrário.[3] O jornal citava uma autoridade desse órgão que dizia que "a votação foi bem organizada e não percebemos nenhuma grande irregularidade". O texto elogiava, ainda, o controle agora indiscutível de Putin sobre o Parlamento russo, o que representaria uma chance de o presidente poder "implementar reformas adicionais, inclusive pondo fim à tão enraizada corrupção".

Fora dos Estados Unidos, a imprensa foi mais crítica. Na véspera da eleição, o *National Post*, do Canadá, publicou uma nota que, já no título, trazia a matéria inteira: "Racistas, assassinos e criminosos concorrem à Duma: eleições parlamentares. Duas décadas depois da decadente era Yeltsin, a corrupção grassa na Rússia."[4] *The Economist* declarava a morte da democracia no país num editorial publicado um mês antes da eleição e, depois, noticiou o evento com uma reportagem especial que chamava o novo Parlamento de "pesadelo dos democratas" e acentuava a influência crescente dos ultranacionalistas.[5]

Mas a mídia mais influente do mundo, que possuía sem dúvida alguma o maior número de correspondentes em Moscou, tinha dormido no ponto. Por quê? Em parte porque a política dos Estados Unidos tinha prioridade. No outono de 2000, quando Putin estava nacionalizando a televisão, a imprensa americana estava exclusivamente voltada para a disputa eleitoral entre Bush e Gore. Nessa época, fui trabalhar na *U.S. News & World Report* e passei os primeiros meses no novo emprego sem ter o que fazer: não havia espaço para a Rússia na revista.

Quando a eleição enfim terminou, a mídia americana se viu às voltas com as sequelas da "bolha da Internet" que vinha provocando cortes nos orçamentos e reduções de preços que se estenderiam por mais de uma década. Muitos veículos de imprensa fizeram cortes em suas equipes de cobertura internacional, inclusive na Rússia — às vezes até começando pela Rússia. Teve início, então, uma história que se autossustentava: depois de dizer ao público e a si mesma que o país estava entrando num período de estabilidade política e econômica, a mídia americana definitivamente matou a história da Rússia, cortou os recursos disponíveis para a sua cobertura e, com isso, qualquer possibilidade que tivesse de acompanhar essa história. A ABC, que tinha dezenas de funcionários ocupando um prédio inteiro no centro de Moscou, simplesmente fechou o escritório local. Nos demais veículos, os cortes não foram tão dramáticos, mas foram igualmente drásticos: escritórios inteiros foram substituídos por *freelancers* trabalhando em meio expediente. Apenas uns poucos jornais — o *The New York Times*, o *Wall Street Journal* e o *Los Angeles Times* — mantiveram seus escritórios completos com repórteres contratados e equipes de apoio.

Em junho de 2001, George W. Bush encontrou Putin pela primeira vez, ocasião em que proferiu a célebre frase "Olhei nos olhos daquele homem e pude ver a sua alma". Em seus exuberantes relatos desse fato, a imprensa praticamente ignorou que Putin não apenas estava visivelmente menos entusiasmado com o novo amigo, mas ainda alertou os Estados Unidos, dizendo que o período de hostilidades iniciado com o bombardeio da Iugoslávia pela Otan em 1999 estava longe de poder ser considerado encerrado.[6] Então, veio o 11 de Setembro e, de repente, a luta da Rússia na Chechênia passou a ser vista como parte da guerra travada entre o mundo ocidental e o terrorismo dos fundamentalistas islâmicos — contra todas as evidências disponíveis que incluíam, entre outras coisas, a revogação, por parte Putin,[7] de um acordo concluído durante o governo Yeltsin, segundo o qual o país pararia de vender armas ao Irã e aos Estados Árabes, resultando num montante de vários bilhões de dólares por ano.[8] E, por uma circunstância geográfica, os principais órgãos da imprensa norte-americana começaram a ver Moscou não tanto como a capital da Rússia, mas principalmente como base para reportagens a serem realizadas no Afeganistão e, mais tarde, no Iraque. O desejo por relatos de guerra era insaciável, e a Rússia foi relegada àquele tipo de história que os jornalistas noticiavam de passagem, entre trabalhos realmente importantes. O que enviavam da Rússia aos seus jornais eram artigos que só serviam para confirmar a narrativa já existente, criada por aqueles que haviam inventado a imagem de Putin como o jovem e enérgico reformista liberal.

O fato de não haver muito para contar sobre esse enredo em particular não parecia preocupar em absoluto a maior parte dos jornalistas e editores norte-americanos. Eles enfeitavam a nacionalização da mídia, retratavam a nomeação de delegados federais para supervisionar governadores eleitos como uma tentativa de ordenar o caos, ignoravam inteiramente os retrocessos na reforma do judiciário e centravam cada vez mais as notícias em tópicos econômicos. Diferentemente de Yeltsin, que parecia sempre estar dando dois passos para a frente e um para trás na reforma econômica, num constante esforço para apaziguar a oposição, Putin encheu tanto a sua equipe quanto a assessoria econômicas de liberais confessos. O seu premiê era o ex-ministro das Finanças, um *apparatchik* impregnado da tradição burocrática soviética, mas genuinamente comprometido com as reformas de fato instituídas nos anos 1990 e (o que foi bem conveniente para Putin) a tal ponto concentrado na sua tarefa que não tinha olhos para qualquer outro setor do governo. Mesmo antes de se tornar presidente — enquanto ainda era o mero sucessor indicado —, Putin formou uma equipe encarregada de criar um plano para o desenvolvimento econômico do país e, para coordená-la, indicou um economista liberal, que havia trabalhado para Sobchak.[9] Depois da eleição, o tal coordenador tornou-se ministro do desenvolvimento Econômico, posto criado especialmente para ele.

E, acima de tudo, Putin nomeou Andrei Illarionov seu assessor econômico. Este foi o primeiro nome indicado pelo presidente eleito e foi um gesto que visava provocar impacto. As opiniões de Illarionov eram conhecidíssimas: membro do clube dos economistas de São Petersburgo nos anos 1980, tornou-se, com o passar do tempo, um liberal radical, consumado e articulado. Nos Estados Unidos, Illarionov seria chamado ultraconservador (e, nada mais adequado, acabou assumindo um posto no instituto Cato, um *think tank* radicalmente liberal sediado em Washington), mas, na Rússia, a sua visão o situava no lado politicamente liberal do espectro. Illarionov não acreditava no aquecimento global e acreditava no ilimitado potencial autorregulador do mercado livre. Também era conhecido por sua brilhante mente analítica e pelo temperamento irascível que o deixou à margem da maioria dos acontecimentos-chave dos anos 1990. Sua indicação surpreendeu a todos, inclusive ao próprio Illarionov.

NA TARDE DO DIA 28 DE FEVEREIRO DE 2000, Illarionov estava trabalhando no seu escritório entulhado num minúsculo *think tank* que dirigia em Moscou. Situado na Praça Staraya (Velha), defronte dos escritórios da administração presidencial e a menos de um quilômetro do Kremlin, o Instituto de Análise Econômica não podia estar mais longe do poder, considerando-se que Illarionov ainda estava muito ligado à maioria das pessoas que vinha se ocupando da política econômica havia anos. De vez em quando, convidavam-no para fazer uma palestra para quem tinha algum poder de decisão — como aconteceu, por exemplo, às vésperas do calote de 1998, quando ele alertou a todos sobre o profundo desastre —, mas, aparentemente, os seus conselhos eram considerados exercícios acadêmicos. Por anos a fio, o seu *status quo* foi a frustração: tinha o respeito dos seus pares poderosos, mas nenhuma influência sobre eles.

Mas, às quatro da tarde do dia 28 de fevereiro, menos de um mês antes da eleição presidencial, o telefone tocou, chamando-o para um encontro com Putin naquela noite. A reunião durou três horas. A certa altura, um assistente entrou para informar ao futuro presidente que as tropas federais tinham acabado de ocupar a cidade de Shatoy, na Chechênia. "Putin ficou tão feliz", disse Illarionov, tempos depois. "Gesticulava, empolgado, dizendo: 'Nós lhes demos uma lição. Acabamos com eles.' E, já que eu não tinha nada a perder, disse tudo que pensava sobre a guerra na Chechênia. Que achava que as tropas russas estavam cometendo um crime sob o seu comando. E Putin continuou dizendo que todos eles eram bandidos, que ia dar cabo deles e que estava ali para garantir a integridade da Federação Russa. As palavras que me disse em particular foram exatamente as mesmas que sempre usou falando em público sobre essa questão: a sua posição era sincera. E a minha posição sincera era de que aquela guerra era um crime." A conversa durou vinte minutos ou meia hora e foi esquentando. O nada diplomático Illarionov sabia exatamente como aquilo ia acabar: nunca mais voltaria a ser chamado e era mais uma porta que se fechava, porque, como sempre, com a sua intransigência apaixonada, ele não conseguia se ajustar às situações.

Foi então que aconteceu algo notável. Putin se calou por um segundo, mudou a expressão facial, eliminando qualquer sinal de paixão do rosto, e disse: "Chega. Não vamos continuar discutindo sobre a Chechênia."[10] Durante as duas horas seguintes, os dois homens falaram sobre economia — ou melhor, Putin permitiu que Illarionov lhe desse uma verdadeira aula. Quando se despediram, o futuro presidente sugeriu que os dois voltassem a se encontrar no dia seguinte. Imediatamente Illarionov deu mais duas mancadas: disse não e mencionou a razão da sua recusa — tinha um compromisso, festejar o aniversário da chegada à Rússia de sua esposa americana e, como ela havia chegado a Moscou num ano bissexto, aquela data só poderia ser comemorada a cada quatro anos. Em vez de se ofender com aquela recusa ou com a justificativa para ela, Putin simplesmente propôs outra data. Mais uma vez, Illarionov lhe deu uma aula sobre economia e, duas semanas depois da eleição, em 12 de abril de 2000, ele foi indicado para a assessoria da presidência.

Illarionov estava absolutamente seduzido. Durante anos, achou que as reformas econômicas do país estavam sendo conduzidas de forma errada e talvez até prejudicial, mas se vira impotente diante da política. Agora, teria acesso irrestrito ao chefe de Estado, que parecia genuinamente interessado no que ele tinha a dizer — e nem de longe afugentado pelo seu estilo de comunicação. Como acontece com a maioria das pessoas, quando Illarionov encontrava nos outros características que ele próprio carecia, tendia a interpretá-las como manifestações de alguma capacidade notável. Ao falar comigo sobre sua indicação, onze anos depois, Illarionov insistia em afirmar que Putin era "um homem extraordinário" e mencionava como principal evidência disso a sua habilidade em controlar as emoções. A esse respeito, já existia uma quantidade considerável de evidências do contrário, havendo até várias situações que mostram Putin perdendo o controle em público. Mas, sendo alguém intrinsecamente incapaz de guardar as próprias opiniões para si mesmo, Illarionov continuava impressionado com a capacidade que teve o presidente de simplesmente "desligar" a conversa sobre a Chechênia — e, aparentemente, até mesmo com a apatia de Putin. No fundo, Illarionov padecia imaginando que podia ser sistematicamente enganado, e foi exatamente isso que lhe permitiu ser enganado por um bom tempo.

Por sua simples presença, Illarionov e os outros economistas mais próximos a Putin mandaram um recado claro à imprensa dos Estados Unidos. Mas, aparentemente, os jornalistas norte-americanos não se deram conta da essência da história de Putin porque algumas das suas fontes mais importantes não estavam percebendo — ou talvez estivessem ignorando voluntariamente — a história. O grande capital estava feliz com Putin. A economia vinha crescendo a passos firmes depois de ter chegado ao fundo do poço em 1998, quando o rublo caiu tanto que a produção doméstica, ineficaz como era, finalmente se tornou lucrativa. No início dos anos 2000, os preços do petróleo começaram a subir, embora não o suficiente para tornar a produção doméstica irrelevante (o que viria a acontecer mais tarde). Isso estava começando a proporcionar belos resultados para investidores que haviam entrado no mercado russo quando ele estava no seu nível mais baixo.

ENTRE ESSES INVESTIDORES, uma figura-chave era William Browder, neto de um ex-dirigente do Partido Comunista dos Estados Unidos e casado com uma russa. Browder era um verdadeiro ideólogo: fora para a Rússia construir o capitalismo. Acreditava piamente que, fazendo os seus investidores ganharem dinheiro, estava criando um brilhante futuro capitalista para um país que amava por herança.

A sua estratégia de investimento era direta e eficaz. Comprava uma quantidade pequena, mas significativa, de cotas de uma grande empresa, como, por exemplo, a estatal do gás ou uma gigante do petróleo. Depois, realizava uma investigação que acabava invariavelmente por revelar ilegalidades corporativas e, então, lançava uma campanha pela reformulação da companhia. A corrupção era generalizada e facílima de ser demonstrada. A maior parte das grandes corporações era de conglomerados de empresas privatizadas nos últimos três ou cinco anos, cujos administradores agiam segundo interesses conflitantes, quase sempre abertamente hostis aos novos proprietários. Os chamados dirigentes vermelhos roubavam os seus empregadores sob o regime soviético e não viam motivo para agir de outra forma agora; alguns dos novos proprietários assumiram uma abordagem predadora com a nova propriedade. As revelações de Browder encontravam vários níveis de resistência; na maioria das vezes, porém, ele conseguia operar ao menos algumas modificações. Com isso, o valor das ações, compradas invariavelmente por preços irrisórios, subia de forma considerável.

A nova administração se interessou vivamente pelas investigações de Browder. Não foram poucas as vezes que os seus homens se viram convocados a comparecer ao Kremlin, onde as apresentações em PowerPoint jamais deixavam de impressionar. Browder tinha certeza de que estava com tudo... A cada vez que a decisão de um tribunal ou de uma empresa de auditoria obrigava uma companhia russa a prestar mais atenção à lei, havia comemoração no escritório da organização que ostentava o pomposo nome de Hermitage Fund. "O espírito de equipe não se parecia com o de nenhum outro escritório em que já estive", disse-me ele anos depois, desolado, "porque é raríssimo conseguir ganhar dinheiro e fazer o bem ao mesmo tempo".[11] No seu auge, o fundo, que havia começado com um investimento de 25 milhões de dólares, tinha 4,5 bilhões investidos na economia nacional, o que fazia dele o maior investidor estrangeiro na Rússia. Browder tinha tamanha confiança na sua estratégia e no país que até quando o homem mais rico da Rússia foi preso — *principalmente* quando o homem mais rico da Rússia foi preso — ele comemorou: a seu ver, aquilo demonstrava que o novo presidente não se deteria diante de nada para estabelecer a lei e a ordem.

O HOMEM MAIS RICO DA RÚSSIA estava em turnê. Mikhail Khodorkovski, nascido em 1963, tinha uma característica em comum tanto com Illarionov quanto com Browder, a qual fazia desses três homens extremamente diferentes de Putin e vulneráveis a ele: agiam guiados por ideias. Os pais de Khodorkovski, dois engenheiros moscovitas que passaram a vida inteira trabalhando numa fábrica de instrumentos de medição, escolheram não demonstrar o próprio ceticismo político para o filho único. Esse era um dilema bem comum entre os pais: dizer abertamente o que pensavam da União Soviética e correr o risco de ver o filho sofrer, ficando dividido entre duas opiniões e tendo de usar de subterfúgios, ou fazer dele um conformista satisfeito. O resultado dos seus esforços, porém, ultrapassou em muito qualquer expectativa: conseguiram criar um comunista fervoroso e um soviético patriota, um membro de uma espécie que parecia quase extinta. Depois de se formar em engenharia química, Mikhail Khodorkovski optou por trabalhar no comitê Komsomol. Ele não tinha nenhuma outra intenção por trás dessa escolha, mas, na segunda metade dos anos 1980, sua opção profissional o deixou em excelentes condições para tirar proveito de oportunidades quase oficiais e muitas vezes ilegais de ingressar nos negócios. Aos vinte e tantos anos, Khodorkovski já tinha se arriscado no ramo comercial, importando computadores para a União Soviética e, principalmente, no das finanças, concebendo formas de extrair dinheiro do Beemonte não monetário que era a economia planificada soviética.[12] Trabalhou como assessor econômico no primeiro governo de Yeltsin, quando a Rússia ainda fazia parte da União Soviética. Durante o fracassado golpe de agosto de 1991, esteve nas barricadas diante da Casa Branca russa, ajudando pessoalmente a defender o seu governo.

Em outras palavras, no início da década de 1990, o ex-funcionário do Komsomol estava inteiramente mudado. Com um amigo e sócio, um ex-engenheiro de *software* chamado Leonid Nevzlin, escreveram um volumoso manifesto capitalista intitulado *Um homem com um rublo*. "O objetivo de Lênin era aniquilar os ricos e a riqueza em si — e criar um regime que baniria a própria possibilidade de se enriquecer", escreveram eles, desmascarando a ideologia que Khodorkovski prometera defender em outros tempos. "Quem quisesse ganhar dinheiro seria equiparado aos criminosos comuns. Já é hora de parar de viver de acordo com Lênin! A luz que nos guia é o Lucro, obtido de forma estritamente legal. Nosso senhor é Sua Majestade, o Dinheiro, pois só Ele pode nos conduzir à riqueza como norma de vida. É hora de abandonar a Utopia e nos dedicarmos aos Negócios — o que trará a riqueza!"[13] Na época em que o livro foi publicado, em 1992, Khodorkovski tinha o próprio banco e, como outros novos empresários, estava comprando títulos de privatização com o intuito de assumir o controle de várias companhias que antes eram propriedade do Estado.

Nos anos de 1995 e 1996, o governo pediu empréstimos aos homens mais ricos do país, alavancando as cotas majoritárias das maiores companhias russas — que, pelo acordo, passariam às suas mãos no caso de o governo não conseguir saldar a dívida, como era de se esperar. O resultado foi que Khodorkovski tornou-se dono da Yukos, um conglomerado petrolífero recém-criado cujas reservas estavam entre as maiores do mundo.

Sua segunda reviravolta aconteceu em 1998. Naquele ano, a crise financeira havia obrigado o banco de Khodorkovski a cessar suas atividades. A companhia petrolífera enfrentava sérios problemas: o preço do barril no mercado mundial estava em 8 dólares, mas o equipamento obsoleto da Yukos fazia o custo de produção se elevar a 12 dólares por barril. A empresa não tinha dinheiro para pagar suas centenas de milhares de funcionários. "Fui para as nossas plataformas petrolíferas", escreveu ele mais de dez anos depois, "e ninguém sequer gritou comigo. Não iam fazer greve: eram pessoas compreensivas. Só que estavam ficando famintas. Principalmente os mais jovens, que tinham filhos pequenos e não tinham sua própria horta em casa. E havia ainda os hospitais — antes disso, comprávamos os remédios, mandávamos as pessoas para serem tratadas onde fosse necessário, mas, agora, não tínhamos mais dinheiro. O pior de tudo, porém, eram aqueles rostos compreensivos. Era como se aquela gente simplesmente estivesse dizendo: 'Nunca esperamos nada de bom. Já estamos gratos por você vir aqui falar conosco. Vamos ter paciência.'"[14]

Aos 37 anos de idade, um dos homens mais ricos da Rússia descobriu o conceito de responsabilidade social. Na verdade, é provável que achasse que o tinha inventado. Acabou percebendo que o capitalismo por si só podia tornar as pessoas não apenas ricas e felizes, mas também pobres, famintas, infelizes e impotentes. Então, Khodorkovski resolveu criar uma sociedade civil na Rússia. "Até então", escreveu ele, "eu encarava os negócios como um jogo. Um jogo em que você queria ganhar, mas onde perder também era uma opção. Era um jogo no qual centenas de milhares de pessoas vinham trabalhar de manhã para jogar comigo. E, no fim do dia, voltavam para casa — o que já não tinha mais nada a ver comigo".[15] Era uma meta extremamente ambiciosa, mas para um dos poucos homens que acreditavam que haviam criado um mercado econômico a partir do nada, não era absurdamente ambiciosa.

Khodorkovski instituiu uma fundação e a batizou de Otkrytaya Rossiya, Rússia Aberta. Inaugurou cibercafés no interior para que as pessoas pudessem aprender coisas e se comunicam umas com as outras. Criou centros de treinamento para jornalistas pelo país afora e patrocinou viagens de estudos a Moscou com um mês de duração para os mais talentosos jornalistas de TV. Fundou um colégio interno para crianças carentes — depois da tragédia de Beslan, várias dezenas de sobreviventes foram estudar no seu estabelecimento. Em pouco tempo, estava ocupando o espaço deixado pela retirada das fundações ocidentais e do governo; afinal, agora a Rússia era considerada uma democracia estável. Havia quem dissesse que ele financiava mais da metade das organizações não governamentais existentes na Rússia; havia quem dissesse que financiava 80% desse total. Em 2003, a Yukos prometeu uma doação de cem milhões de dólares, ao longo de dez anos, para a Universidade Estatal Russa de Humanidades, a melhor escola de artes liberais do país — era a primeira vez que uma empresa privada doava uma quantia tão significativa a uma instituição educacional.

Khodorkovski começou a se preocupar também com a ideia de transformar sua companhia numa corporação gerida de forma adequada, transparente. Contratou a McKinsey & Company, a gigante mundial do ramo da consultoria empresarial, para reformular a sua estrutura administrativa, e a PricewaterhouseCoopers, outra gigante global, para criar a sua estrutura contábil do zero. "Antes da chegada da Pricewaterhouse, tudo que os contadores da Yukos sabiam fazer era esbravejar e roubar um pouquinho de cada vez", disse-me o ex-advogado tributarista de Khodorkovski. "Tiveram de aprender tudo."[16] Os seus sócios ficaram resmungando — todo aquele esforço de Khodorkovski parecia descabido —, mas ele estava determinado a fazer da Yukos a primeira corporação multinacional russa. Com esse intuito, contratou uma firma de relações públicas com sede em Washington. "A gente agendava cinco entrevistas em Nova York e ficava o dia inteiro indo de uma para a outra", foi o que contou o consultor que trabalhou com ele. "São poucos os executivos que perderiam tanto tempo com isso. Conseguimos uma reportagem de capa na *Fortune*. Ele virou o garoto-propaganda do que as pessoas esperavam que viesse a acontecer com a Rússia."[17] O capital social da Yukos cresceu vertiginosamente, graças apenas em parte ao aumento do preço do petróleo; em parte aos sistemas de perfuração e de refino recém-modernizados (o que reduziu de forma drástica o custo de produção), e, em parte, à nova transparência que a empresa havia adquirido. Khodorkovski era o homem mais rico da Rússia e tinha tudo para se tornar o homem mais rico do mundo.

Em 2 de julho de 2003, Platon Lebedev, presidente do conselho da empresa-mãe da Yukos, o Grupo Menatep, foi preso. Semanas depois, o chefe de segurança da Yukos, um ex-agente da KGB, também estava atrás das grades. O próprio Khodorkovski foi alertado — por quem tinha algum conhecimento de causa, mas também por quem simplesmente seguia a óbvia lógica dos acontecimentos — de que a sua vez não tardaria. Alguém chegou até a escrever uma receita para evitar a prisão; o tal documento, encomendado por um dos seus relações-públicas, jamais foi visto por Khodorkovski porque outro funcionário do mesmo setor o rasgou, enfurecido. Fosse como fosse, uma coisa era evidente: Khodorkovski, precisava deixar a Rússia. Foi exatamente o que fez o seu sócio e coautor do livro *Um homem com um rublo*, Leonid Nevzlin: mudou-se para Israel. Khodorkovski passou algum tempo nos Estados Unidos, mas logo voltou — e saiu em turnê pelo país.

Ele vinha ministrando uma palestra havia pouco mais de um ano. Fui assisti-la uma vez, quando ele foi falar para um grupo de jovens escritores reunidos a seu pedido.[18] O tema da tal palestra era que a Rússia devia se integrar ao mundo moderno: parar de administrar as suas empresas como, na melhor das hipóteses, feudos medievais e, na pior, prisões; transformar a sua economia baseando-a na exportação de conhecimento e tecnologia, em vez de baseá-la na exportação de petróleo e gás; valorizar o seu povo inteligente e instruído — como nós, escritores — e remunerá-lo bem pelo trabalho. Khodorkovski não era um bom orador: em geral, assumia uma postura rígida e a sua voz era macia e estranhamente aguda para um homem da sua altura, aparência e fortuna. Mas tinha a seu favor a força da convicção e o peso da sua reputação — as pessoas normalmente queriam saber o que ele tinha a lhes dizer.

Então em vez de deixar a Rússia ou se ajoelhar diante de Putin — pois era exatamente este o conselho escrito na tal receita rasgada —, Khodorkovski decidiu criar seu próprio circuito de palestras. Contratou Marina Litvinovich, ex-marqueteira do presidente, para treiná-lo a falar em público. Ela lhe disse que ele costumava se estender sobre uma ideia mesmo depois que o público já havia sido fisgado e que isso o fazia perder o ritmo da argumentação. Khodorkovski, alguns auxiliares e oito guarda-costas começaram então uma jornada de vários meses vivendo a bordo de um jato fretado. Ele rodou o país todo falando para estudantes, trabalhadores e, certa vez, até para um grupo de recrutas (embora esse evento pareça ter sido um erro por parte de um organizador). Litvinovich ficava sentada na primeira fila com uma folha de papel ofício na qual estava escrita a palavra "ritmo": sempre que o homem mais rico da Rússia retomava o seu velho hábito, ela erguia o papel para que ele o visse.

No fim de semana de 18 de outubro de 2003, a equipe de Khodorkovski estava em Saratov, cidade às margens do Volga. Nevava nesse dia, o que não é comum nessa época do ano, e a neve se acumulava no chão. Por algum motivo que ninguém entendeu muito bem ou, pelo menos, que ninguém explicou, o grupo todo saiu à rua e foi andar por aquela vastidão branca. Quando voltaram ao hotel, Khodorkovski lhes deu boa noite meio de repente e desapareceu; em pouco tempo, os demais ficaram completamente bêbados. Na manhã seguinte, Khodorkovski mandou que Litvinovich voltasse para Moscou: fazia semanas que ela não via o filho de três anos, e o empresário poderia dar conta do próximo compromisso sem a sua presença.[19]

O telefone tocou nas horas mais escuras que antecederam o amanhecer de 25 de outubro: Khodorkovski havia sido preso no aeroporto de Novosibirsk às oito da manhã, ou cinco, no fuso de Moscou. "Então foi por isso que ele me mandou voltar para casa", pensou Litvinovich. Anton Drel, advogado do empresário, recebeu um recado misterioso da parte de terceiros: "O sr. Khodorkovski pede para lhe informar que ele foi preso. Disse que o senhor saberia o que fazer." *Bem típico de Khodorkovski*, pensou Drel, que não tinha ideia do que fazer. Mais para o fim da manhã, o advogado recebeu outra ligação: "Aqui é Mikhail Khodorkovski. Será que o senhor poderia vir à procuradoria-geral agora mesmo?", perguntou ele com sua característica formalidade. Pelo visto, já tinha sido transferido para Moscou. Horas mais tarde, Khodorkovski era indiciado sob seis acusações, entre as quais fraude e evasão fiscal.

DEZOITO MESES DEPOIS. Khodorkovski foi declarado culpado não de seis, mas de sete acusações, e sentenciado a nove anos numa colônia penal. Bem antes do término dessa sentença, ele foi indiciado por outras tantas acusações e, dessa vez, condenado a quatorze anos atrás das grades. Em ambas as ocasiões, Lebedev, o ex-presidente do grupo, também foi julgado pelas mesmas acusações. Outros indivíduos ligados à Yukos, entre os quais o ex-chefe de segurança, alguns advogados e diversos gerentes não apenas da própria Yukos, mas de várias das suas subsidiárias, também foram processados e condenados a penas igualmente severas; outros tantos fugiram do país. Até a Anistia Internacional, de início abertamente relutante em assumir o caso de um bilionário, acabou por declarar Khodorkovski e Lebedev prisioneiros de consciência. Depois de certo ponto, ninguém — ao que parece, nem mesmo seus carcereiros — duvidava que o empresário havia sido preso injustamente, mas, mesmo oito anos após sua prisão, ninguém sabia dizer o que exatamente Khodorkovski teria feito que lhe custara a liberdade e a fortuna.

O próprio Khodorkovski e vários dos seus auxiliares achavam que ele estava sendo punido por denunciar a corrupção. Em fevereiro de 2003, Putin tinha se reunido com os empresários mais ricos da Rússia para uma rara discussão à qual a mídia teve acesso. Khodorkovski chegou com uma apresentação em PowerPoint: eram oito slides simples contendo fatos que todos os presentes conheciam muito bem, embora alguns decerto tentassem fingir ignorá-los. O sexto slide era intitulado "Corrupção custa à economia russa mais de $30 bilhões por ano" e citava quatro estudos diferentes que chegavam mais ou menos à mesma quantia. O oitavo se intitulava "A criação de uma nova geração" e continha um gráfico comparando três instituições de educação superior: uma que formava gerentes para a indústria petrolífera, outra que treinava fiscais da receita e uma terceira, que preparava funcionários públicos civis. A concorrência para ingressar nesta última era de quase onze candidatos por vaga; para os aspirantes a inspetor da receita, eram cerca de quatro candidatos por vaga e os futuros gerentes da indústria petrolífera só precisavam superar menos de duas pessoas por vaga — embora o piso salarial dessa categoria fosse de duas a três vezes maior que o do setor público.[20] Mas isso, frisou Khodorkovski, eram apenas números oficiais: os estudantes do ensino médio estavam escolhendo a carreira contando com a renda proveniente da corrupção.

Enquanto falava, Khodorkovski também mencionou a recente fusão da Rosneft, gigantesca estatal do ramo petrolífero, com uma empresa privada bem menor. "Todo mundo acha que a negociação teve, digamos, uma segunda camada", disse ele, fazendo alusão ao preço flagrantemente elevado que a Rosneft havia pago. "O presidente da Rosneft está aqui — talvez ele queira fazer algum comentário."[21] O presidente da Rosneft não fez questão alguma de comentar o assunto, o que pareceu uma constrangida e pública admissão de culpa.

Quem respondeu a Khodorkovski foi o próprio Putin. Exibia no rosto o mesmo sorriso meio torto que se viu naquela entrevista coletiva em que sugeriu que o jornalista francês fosse castrado — a expressão facial que indicava que ele estava encontrando dificuldade para conter a raiva.[22] "Algumas companhias, inclusive a Yukos, têm reservas extraordinárias. A questão é: como elas conseguiram isso?", indagou ele, movendo-se na cadeira e erguendo o ombro direito num gesto que o fazia parecer maior. No rosto, o sorriso de bandido deixava claro que aquilo era uma ameaça, não uma pergunta. "A sua própria empresa teve lá os seus problemas com impostos. E, justiça seja feita, a sua direção deu um jeito de acertar as coisas e sanar todos os seus problemas com o Estado. Aliás, quem sabe não é por isso que há tanta concorrência para ingressar na escola de fiscais da receita?" Em outras palavras, Putin acusou Khodorkovski de ter subornado os fiscais da Fazenda e ameaçou sua companhia com uma intervenção.

Havia, pois, aqueles que pensavam que os motivos da prisão de Khodorkovski eram políticos: ele se metia demais. Fez doações a partidos políticos, inclusive ao Partido Comunista. Logo depois da detenção de Lebedev, em julho, Khodorkovski pediu ao primeiro-ministro Kasyanov, com quem mantinha uma relação distante, porém cordial, que tentasse descobrir o que havia acontecido. "Precisei fazer umas três ou quatro investidas", disse-me Kasyanov. "Putin continuava dizendo que a procuradoria-geral sabia o que estava fazendo. Mas, finalmente, ele me disse que a Yukos andava financiando partidos políticos, não só os [pequenos partidos liberais] que ele havia sido autorizado por Putin a financiar, mas também os comunistas, o que não havia sido autorizado."[23] Oito anos mais tarde, Nevzlin — o sócio da Yukos que deixou o país — insistia em afirmar que as doações feitas pela empresa ao Partido Comunista "evidentemente" tinham sido aprovadas pelo Kremlin.[24] Algumas pessoas mais chegadas a Khodorkovski começaram a chamar essa história do financiamento aos partidos de "duplo jogo duplo". A seu ver, Khodorkovski havia caído numa cilada armada por alguém do círculo mais próximo de Putin, próximo o bastante para comunicar ao empresário — mentindo — que o governo aprovara seu financiamento ao partido comunista. Todas essas discussões aconteceram na largada para a eleição parlamentar de dezembro de 2003 — aquela depois da qual o *New York Times* escreveu: "Os russos avançam rumo à democracia."

Um terceiro grupo de observadores tinha a mais simples de todas as explicações para o destino de Khodorkovski. "Pelo amor de Deus, ele não foi preso por sonegação de impostos ou por roubar petróleo", disse-me Illarionov sete anos e meio depois do ocorrido. "Ele foi preso porque era — e continua sendo — um ser humano independente. Porque se recusou a se curvar. Porque continuou sendo livre. Este Estado pune as pessoas por serem independentes."[25]

Mas, em outubro de 2003, quando surgiu a notícia da prisão, a sua natureza sombriamente absurda estava longe de ser óbvia para todos. William Browder, por exemplo, comemorou. Num artigo de opinião para *The Moscow Times*, publicação em língua inglesa distribuída entre os investidores, ele escreveu: "Devíamos [...] dar pleno apoio [a Putin] na tarefa de recuperar o controle do país que está nas mãos dos oligarcas."[26]

NO DIA 13 DE NOVEMBRO DE 2005, Browder chegou a Moscou, voltando de Londres. Já fazia nove anos que ele morava na Rússia e, embora não falasse o idioma, sentia-se tão à vontade na cidade quanto qualquer um dos seus habitantes. O dinheiro lhe garantia um nível de conforto familiar aos ricaços de países produtores de petróleo: a partir do momento em que aterrissava em Moscou, ingressava num luxuoso percurso paralelo, sendo carregado rapidamente pelas formalidades do aeroporto e depois pego pelo motorista, um ex-policial que ainda usava a antiga credencial, o que fazia dele o rei do trânsito sem lei da capital. Dessa vez, porém, Browder se viu preso na sala VIP do aeroporto: aparentemente, seu passaporte ficara retido no controle. Poucas horas mais tarde, foi levado à área de detenção: uma sala vazia, com umas cadeiras de plástico frias e várias outras pessoas detidas, cada uma delas prisioneira do seu próprio destino incerto. Quinze horas depois de desembarcar, Browder foi posto num avião de volta a Londres: seu visto russo havia sido revogado.

Só podia ser um grande mal-entendido. Browder ligou para os ministros e assessores do Kremlin que haviam gostado tanto das suas apresentações em PowerPoint. Todos foram vagos, evasivos, reservados. Depois de vários telefonemas, começou a se afigurar que aquela história do visto não seria resolvida assim tão depressa. A despeito de toda a confiança que tivesse nas boas intenções de Putin, uma coisa de que Browder tinha certeza era que nenhum negócio podia ficar abandonado na Rússia. Começou então a transferir suas operações para Londres. Os analistas foram embora; o fundo se desfez de 4,5 bilhões de dólares em ações de companhias russas, sem que ninguém parecesse perceber isso. No fim do verão de 2006, as empresas russas do Hermitage Fund eram simples cascas com um pequeno escritório em Moscou visitado de vez em quando por uma secretária.

E lá estava ela, junto com um funcionário da equipe de Londres, quando vinte e cinco fiscais da Receita apareceram e reviraram o escritório inteiro. Não tardou muito e o mesmo número de fiscais, liderados pelo mesmo coronel que comandou a primeira inspeção, entrou nos escritórios da empresa jurídica do Hermitage Fund, aparentemente em busca de selos, estampilhas e documentos de registro de três *holdings* por meio das quais o fundo de Browder gerenciava seus investimentos. Quando um advogado objetou, dizendo que eles não haviam levado os mandados de busca necessários, foi levado para uma sala de reuniões e espancado.

Quatro meses mais tarde, Browder recebeu de um tribunal de São Petersburgo a notificação da condenação multimilionária das suas companhias. A revogação do visto o havia deixado em alerta e ele ficara assustado com as intervenções dos fiscais da Receita, mas agora estava absolutamente aterrorizado perante uma sequência de acontecimentos que não tinham qualquer explicação sensata. Por que os fiscais da receita precisariam de registros, selos e estampilhas de companhias que não passavam de fachadas? Como poderia haver condenações contra essas companhias se os seus representantes sequer sabiam da existência de processos ou de audiências judiciais? Browder pediu que seus advogados em Moscou investigassem a situação.

Mas não foi um advogado e sim um jovem contador que, depois de mais de um ano de investigações, conseguiu enfim reconstituir uma sequência de acontecimentos inteiramente absurda, quase inacreditável, mas, pelo menos, lógica. Sergei Magnitsky descobriu que as três empresas de fachada haviam sido novamente registradas em nome de outras pessoas, todos criminosos condenados. Depois, foram processadas por outras firmas que apresentaram contratos supostamente comprovando que as empresas roubadas lhes deviam dinheiro. Três tribunais em cidades diferentes da Rússia realizaram audiências às pressas e condenaram as ex-companhias de Browder a pagar o total de um bilhão de dólares, quantia que correspondia exatamente ao lucro declarado ao imposto de renda pelas três empresas. Em seguida, os novos proprietários das firmas requereram às autoridades da receita a devolução de todos os impostos pagos por eles: a justificativa apresentada era o fato de, no papel, as companhias não gerarem mais lucro. Tal devolução, totalizando 230 milhões de dólares, foi efetivada num único dia, em dezembro de 2007 — a quantia foi transferida para os novos proprietários das tais firmas e desapareceu do sistema bancário russo.

Ao que tudo indica, Magnitsky descobriu um esquema fraudulento que envolvia tanto autoridades da receita quanto tribunais em pelo menos três cidades: se os juízes não estivessem implicados na história, não teriam sacramentado condenações com tanta facilidade e rapidez. E a receita não teria processado a devolução com tamanha urgência (o mais provável é que não tivesse sequer admitido tal devolução, considerando-se que os advogados de Browder já haviam apresentado seis queixas diferentes, alegando o roubo das empresas) se o esquema todo não tivesse sido orquestrado nos altos escalões daquele órgão ou bem perto deles.

Browder, o ideólogo de sempre, viu uma brecha na situação. A essa altura, achava que o seu banimento da Rússia tinha sido uma decisão vinda do topo: embora ainda não soubesse exatamente por quê, podia acreditar que alguém, em cujo calo tivesse pisado, poderia ter conspirado para convencer o presidente, ou alguém bem próximo a ele, de que Browder era *persona non grata*. Mas, agora, ele tinha uma chance de salvar a Rússia outra vez. "Não é possível que o presidente do país permita que 230 milhões de dólares em dinheiro público sejam roubados", ponderou ele. "Quer dizer, o crime tributário foi de um cinismo tão grande... Se fosse feito um filme sobre isso, as pessoas iriam dizer que era exagerado demais para ser verdade. A gente esperaria ver equipes da SWAT e helicópteros descendo do céu para capturar todos os vilões."

Magnitsky redigiu quinze queixas diferentes com o objetivo de denunciar a fraude e dar início a uma investigação. Mas, em vez de as equipes da SWAT descerem dos céus, começaram a chover investigações criminais sobre os especialistas que Browder havia contratado. Sete profissionais de quatro escritórios diferentes foram notificados de que estavam sendo investigados sob várias acusações. Foi o bastante para Browder oferecer a todos refúgio na Grã-Bretanha. "Sabe, estudei para ser analista financeiro", disse-me ele, alguns anos mais tarde, em parte tentando explicar como todo o processo tinha sido difícil para ele, em parte tentando justificar por que tinha levado tanto tempo para compreender a gravidade da situação. "Eu não era soldado. Não me ensinaram que as pessoas estariam pondo a própria vida em risco. Procurei cada um daqueles advogados e disse: 'Lamento muito que isso esteja acontecendo. Não era minha intenção deixar você em situação de risco e não é minha intenção permitir que continue sob ameaça; quero que deixe a Rússia por minha conta, que venha para Londres por minha conta e que se instale aqui por minha conta.' Não foi fácil ter essa conversa com nenhum deles. Todos tinham mais de 40 anos, estavam no auge da carreira, alguns não falavam uma palavra de inglês. E eu estava lhes pedindo que abandonassem a própria vida, a profissão, toda a sua comunidade e, de uma hora para a outra, fossem viver no exílio para se protegerem do perigo."

Seis dos sete representantes de Browder aceitaram a proposta e se mudaram para Londres. O único que recusou foi Sergei Magnitsky, o contador de 36 anos, o mais jovem do grupo — e esse era o motivo que Browder usava para explicar a recusa do rapaz para si mesmo. "Sergei era de uma geração que acreditava que a Rússia estava mudando. Havia uma nova Rússia, talvez imperfeita, mas que estava melhorando. Os princípios fundamentais da lei e da justiça existiam — essa era a sua premissa. 'Não estamos em 1937', disse-me ele. 'Não fiz nada de errado e conheço a lei. Não existem meios legais para eles me prenderem.'"

No dia 24 de novembro de 2008, Sergei Magnitsky foi preso, acusado de envolvimento no esquema de fraudes que tentou denunciar. Como acontecera com o seu cliente três anos antes, de início ele teve certeza de que se tratava de um mal-entendido que logo seria esclarecido com o auxílio dos seus advogados. Na primeira audiência a que compareceu, alegou que devia ser solto, entre outras razões porque seu filho estava com uma forte gripe; era evidente que o rapaz estava certo de que aquelas provações seriam coisa de uns poucos dias.[27] Mas não só ele não foi solto, como as condições de sua detenção pioraram bastante, pois ficou sendo transferido de lá para cá, entre duas cadeias de Moscou. Não permitiram que visse a esposa nem a mãe. Adoeceu e qualquer atendimento médico lhe foi taxativamente negado. Em 16 de novembro de 2009, Sergei Magnitsky morreu na prisão, aos 37 anos.

Depois da sua morte, a penitenciária deu à família os cadernos onde ele havia copiado meticulosamente todas as queixas, apelações e requerimentos que redigiu: quando percebeu que sua prisão não era um mal-entendido, engajou-se numa feroz batalha unilateral, escrevendo 450 documentos nos 358 dias que passou encarcerado. Criou uma verdadeira enciclopédia de todos os abusos que sofreu. Descreveu as celas superlotadas onde ficava reduzido a comer e escrever sentado na cama onde dormia. Numa dessas celas, as janelas estavam sem vidros e a temperatura ali dentro beirava o ponto de congelamento. Em outra, o vaso sanitário — ou melhor, o buraco no chão que servia de sanitário — transbordou, inundando o lugar com dejetos. Relatou também que lhe negavam sistematicamente refeições quentes e, muitas vezes, qualquer alimento por dias a fio. E, o que era ainda mais atroz, negavam-lhe cuidados médicos mesmo quando suas dores abdominais crônicas ficaram tão fortes que ele não conseguia dormir, e isso apesar de ele escrever cartas documentando seus sintomas e alegando seus direitos legais a receber tratamento. Magnitsky morreu de peritonite.

Browder e seus especialistas em investimentos estavam enfim destinados a se tornar soldados. Lançaram uma campanha extremamente visível, alardeada e efetiva que denominaram "Justiça para Sergei Magnitsky". Recolheram inúmeras provas contra as pessoas ligadas ao encarceramento e à tortura de seu colega e contra todos os envolvidos no esquema de fraude que ele havia revelado. Em poucos meses, projetos proibindo a concessão de vistos e congelando quaisquer bens que aquelas pessoas pudessem ter nos locais visados tramitavam no Congresso norte-americano, no Parlamento Europeu e nos parlamentos dos países-membros da União Europeia.

A ESSA ALTURA, a história dominante da Rússia tinha, enfim, mudado na mídia norte-americana. Foi só mais para o fim do segundo mandato de Putin que a narrativa se modificou: aos poucos, "democracia emergente" deu lugar a "tendências autoritárias" e foi evoluindo até traçar um quadro daquilo que se tornara praticamente uma tirania criminosa. Em 2003, quando Khodorkovski tentou falar com Putin sobre corrupção, a organização Transparência Internacional classificou a Rússia como mais corrupta que

64% das nações do mundo: no ranking anual, o país aparecia como ligeiramente mais corrupto que Moçambique e um pouco menos que a Argélia. No relatório de 2010, a organização situou a Rússia como mais corrupta que 86% dos países do mundo: agora, ela figurava entre a Papua Nova Guiné e o Tadjiquistão.[28]

O país finalmente perdeu sua *bona fides* aos olhos do mercado e da imprensa internacionais. Browder estava passando o seu tempo criticando o regime russo, não apenas nos parlamentos do mundo inteiro, mas também em eventos como o grande Fórum Econômico Mundial realizado anualmente em Davos, na Suíça. Andrei Illarionov tinha pedido exoneração do seu cargo. "Todos tiveram o seu momento decisivo", disse-me ele. "O meu foi Beslan. Foi aí que me dei conta de que se tratava de um *modus operandi*. Havia a possibilidade real de salvar vidas e, em vez disso, ele [Putin] optou por matar inocentes, ao matar os reféns. Quer dizer, eu estava no trabalho, e podia ver e ouvir, e pude ver tudo aquilo bem de perto. Podia perceber que, se o impasse continuasse por mais algumas horas que fossem, vidas seriam salvas, todas elas, ou pelo menos a maioria. Não haveria ataque, e as crianças, seus pais e seus professores teriam se salvado. E, se esse era o caso, só podia haver uma explicação para atacar o prédio da escola naquela hora. Para mim, tudo ficou claro naquele dia 3 de setembro de 2004."[29]

Illarionov renunciou ao cargo de *sherpa* (representante pessoal de Putin) no Grupo dos Oito — um dos seus maiores feitos havia sido justamente conseguir a admissão da Rússia como membro de pleno direito do G8. "Ser assessor é uma coisa", disse ele. "Ser assessor é ser assessor: é um cargo importante, mas não é o mesmo que representar pessoalmente alguém. E eu disse ao meu chefe que, naquelas circunstâncias, eu não podia mais exercer a função de seu representante pessoal."

Seis meses depois, Illarionov se exonerou também da função de assessor do presidente. "Aquilo tudo tinha ficado simplesmente ridículo. Ninguém dava ouvidos aos meus pareceres sobre economia ou o que quer que fosse. O trem do Estado russo estava correndo a toda, seguindo uma linha férrea inteiramente diferente."[30] Ele começou então a escrever uma série de artigos duríssimos definindo essa "linha férrea diferente". "A Rússia", escreveu Illarionov, "tornou-se o contrário de uma economia liberal: um Estado beligerante, sem liberdade, comandado por um grupo corporativo". Como Browder, ele era agora um crítico incansável que circulava por toda parte expressando abertamente a sua visão do regime de Putin.

Mikhail Kasyanov, o primeiro-ministro, também deixou o governo. Para ele, o momento decisivo foi a prisão de Khodorkovski. "Antes, havia alguns indícios", disse-me ele. "Houve a apropriação da televisão e a maneira como a crise dos reféns no teatro foi conduzida — tudo isso eram indícios —, mas eu não achava que fosse um plano. Achava que eram erros que poderiam ser corrigidos. Continuei pensando assim até que Lebedev e Khodorkovski foram presos. Foi então que me dei conta de que aquelas ações não eram erros fortuitos — tratava-se de uma política; esse era o entendimento geral que ele tinha da vida."

Kasyanov tinha cumprido rigorosamente a determinação de Putin para que ele "não se metesse na sua seara", ou seja, nas questões políticas. Na verdade, cumpriu tal determinação tão à risca que se tornou voluntariamente cego para a vida política do país. Assim, no verão de 2003, quando Putin lhe disse que a perseguição contra Lebedev e Khodorkovski era uma punição por eles terem feito doações ao Partido Comunista, Kasyanov ficou chocado. "Não conseguia acreditar que algo absolutamente legal exigisse permissão especial do Kremlin." O conflito entre Putin e seu primeiro-ministro logo se tornou público. Kasyanov criticou abertamente as detenções, chamando-as de medida extrema e infundada. Era evidente que aquele premiê sem papas na língua não seria mantido no segundo mandato, mas, aparentemente, a paciência de Putin se esgotou antes disso: em fevereiro de 2004, um mês antes da eleição, ele exonerou o seu gabinete.[31]

Depois de exonerar Kasyanov, Putin pretendia mantê-lo numa posição de menos evidência. Fez-lhe então três propostas, cada uma delas com mais insistência que a anterior: havia a opção de chefiar o conselho de segurança ou administrar um novo empreendimento bancário relacionado ao Estado, oferta esta que Putin repetiu duas vezes. Quando Kasyanov finalmente disse não, o tom de voz do ex-chefe passou de sedutor a ameaçador. "Eu já estava na porta quando ele disse: 'Mikhail Mikhailovich, se você vier a ter algum problema com a Receita, pode pedir ajuda, mas é imprescindível que venha a mim pessoalmente.'" Kasyanov interpretou essas palavras de despedida tanto como uma ameaça quanto como a proposta de deixar uma porta aberta. E os problemas tributários convenientemente começaram: a firma de consultoria de Kasyanov, que ele criou logo depois da exoneração, sofreu uma auditoria. O ex-premiê optou por não pedir ajuda, o que acarretou não apenas uma investigação fiscal que se arrastou por dois anos (ambas as partes finalmente conseguiram se acertar sobre a infração insignificante: o lançamento inadequado na declaração de uma caixa de papel de carta), mas também em Kasyanov se tornando *persona non grata* na política russa. Nos anos que se seguiram à sua exoneração, ele tentou se candidatar e registrar um partido político — segundo consta, conseguiu até reunir o número absurdamente elevado de assinaturas exigidas para isso —, mas os seus papéis foram invariavelmente recusados pelas autoridades competentes. Sem acesso à TV e aos jornais de ampla circulação, Kasyanov passou das altas esferas à marginalidade mais depressa que qualquer outro político da história.

O CASO KHODORKOVSKI foi a julgamento no tribunal Basmanny de Moscou em meados de 2004 e se arrastou por dez meses, apesar de quase todas as petições apresentadas pela defesa terem sido negadas, reduzindo-se drasticamente o número de testemunhas e de acareações. Quando já se aproximava o momento do veredicto, Igor Shuvalov, advogado e um dos novos assessores de destaque de Putin, disse: "O caso Yukos foi um julgamento encenado para servir de exemplo a outras empresas que recorrem a vários esquemas no intuito de diminuir sua carga tributária. Se não fosse a Yukos, seria outra companhia qualquer." Até a imprensa da capital, acostumada a escrever sobre os políticos mais cínicos do planeta, ficou chocada com a utilização escancarada de uma abordagem do tempo de Stalin para expressar mais ou menos o que Stalin teria expressado: que os tribunais existiam para cumprir as determinações do chefe de Estado e sair distribuindo as punições que ele considera apropriadas para aqueles que considera que devem ser punidos.

Na verdade, só sete das acusações contra Khodorkovski eram relativas a supostas sonegações de impostos, e o que aconteceu no tribunal de Moscou foi muito mais uma encenação que um julgamento. A defesa chamou poucas das suas testemunhas — não só porque o tribunal indeferiu tantas das suas petições, mas também porque o caso apresentado pela promotoria parecia tão inconsistente que mal sustentava uma defesa efetiva, principalmente num caso em que ser testemunha de defesa parecia acarretar um risco considerável. Dez associados da Yukos, entre os quais duas advogadas, já tinham sido presos, e outros nove evitaram a prisão fugindo do país. Em pouco tempo, esses números pareceriam insignificantes, já que dezenas de pessoas iriam parar na prisão e centenas tratariam de fugir.

Vendo-se no meio de um julgamento kafkiano, a defesa adotou um estilo destacadamente contido. Em seu discurso final, Genrikh Padva, o principal advogado de Khodorkovski e talvez o mais famoso advogado de defesa do país, mais parecia um professor de escola primária que um apaixonado participante de uma disputa judicial. Durante os três dias de audiências, Padva leu os seus argumentos, listando metodicamente todos os erros da procuradoria. Visava mostrar, com isso, que os promotores não haviam apresentado qualquer documento que sequer chegasse a provar que os réus estariam envolvidos de qualquer forma com algumas das companhias arroladas nas acusações, e menos ainda que eles fossem de fato culpados dos crimes apontados. "Não vou nem mesmo mencionar o fato de as acusações se basearem em leis que entraram em vigor anos depois de os supostos fatos ocorrerem", foi um dos seus típicos apartes. Pelo seu tom, deduzia-se que Padva não alimentava qualquer ilusão quanto à sua capacidade de convencer as juízas de coisa alguma, mas, no interesse da história e de futuras apelações a instâncias jurídicas internacionais, precisava ter todos os seus argumentos devidamente registrados. As juízas, três mulheres obesas com seus 40 anos, todas ostentando cabelos lustrosos bem penteados para trás, em forma de capacete, ficaram sentadas ali imóveis, com os lábios contraídos, numa idêntica demonstração de desagrado. Sua postura parecia querer dizer: "A decisão já foi tomada há algum tempo, e a sua insistência em dar seguimento ao processo e ao debate é uma afrontosa perda de tempo para todos nós."

Tanto Khodorkovski quanto Lebedev foram condenados a nove anos em colônia penal; três meses depois, uma corte de apelação reduziu essas sentenças em um ano. Os dois foram levados para colônias diferentes, cada qual mais distante e inacessível que a outra. Para visitar seu cliente, os advogados de Khodorkovski tinham de viajar nove horas de avião e outras quinze de trem.[32] A legislação russa determinava que os condenados fossem alocados em prisões a uma distância relativamente próxima do seu local de residência — portanto, a lei precisou ser alterada, retroativamente, para acolher o caso de Khodorkovski.

Durante os seis primeiros meses em que esteve preso, Khodorkovski tentou administrar sua empresa da cadeia. Quando compreendeu enfim que a situação era insustentável, transferiu as suas cotas para Nevzlin, o sócio que tinha ido embora para Israel. A companhia, porém, bombardeada por penhoras e processos, com os seus bens bloqueados por todo território nacional, estava desmoronando. Cerca de um ano depois da prisão de Khodorkovski, a maior e mais bem-sucedida empresa petrolífera da Rússia, que em outros tempos era responsável por 5% de todos os impostos recolhidos pelo governo federal, enfrentava os trâmites da falência.

O item mais atraente de todo o seu patrimônio, uma companhia chamada Yuganskneftegaz, proprietária de algumas das maiores reservas de petróleo da Europa, foi a leilão. O monopólio estatal do gás, agora administrado pelo ex-vice de Putin em São Petersburgo, parecia prestes a vencer a concorrência.[33] Para evitar que isso acontecesse, os advogados da Yuko deram entrada no processo de falência num tribunal do Texas e, depois, trataram de obter um efeito suspensivo para a venda da companhia. É claro que a Gazprom, a estatal russa, não ia acatar a decisão de um tribunal americano nesse caso, mas acontece que ela pretendia comprar a Yuganskneftegaz com fundos originários de empréstimos de bancos europeus e norte-americanos. O financiamento foi negado e, por um momento, pareceu que a fusão poderia ser temporariamente impedida. Foi então que, do nada, surgiu uma firma recém-registrada, a Baikalfinansgrup, que se inscreveu para participar do leilão. A imprensa logo tratou de verificar o endereço do registro em Tver, uma cidadezinha esquecida que fica a cerca de três horas de Moscou. O que se descobriu foi que o local era um pequeno prédio usado como endereço legal por 150 companhias e, aparentemente, nenhuma delas possuía qualquer patrimônio físico.

Era o caso da Baikalfinansgrup. Segundo os documentos, registrados duas semanas antes do leilão, o capital da empresa era de dez mil rublos ou, aproximadamente, 300 dólares. Mas, sabe-se lá como, a estatal de petróleo Rosneft — aquela cujo presidente se recusara a responder às perguntas de Khodorkovski sobre corrupção no ano anterior — emprestou à companhia desconhecida mais de 9 bilhões de dólares para a compra da Yuganskneftegaz: quantia que correspondia a menos da metade do valor estimado da empresa a ser leiloada. O leilão, realizado em 19 de dezembro de 2004, durou, ao todo, dois minutos.[34]

Ao falar na Alemanha, dois dias após o leilão, Putin se enfureceu com a sugestão de que os bens da Yukos haviam sido comprados por uma entidade desconhecida. "Conheço os acionistas dessa companhia, e são pessoas", disse ele. "Pessoas que vêm trabalhando no ramo da energia há muito tempo." Passaram-se mais dois dias e a Rosneft, a estatal petrolífera, comprou a Baikalfinansgrup, assumindo o controle do patrimônio da Yukos, mas também se garantindo contra qualquer processo judicial pela acusação de ter comprado esse patrimônio num leilão manipulado.[35]

Apenas um ano depois da detenção de Khodorkovski era evidente que a Rússia tinha atingido duas metas importantes. Com os ex-ricos do país atrás das grades, ninguém, nem mesmo os ricos e poderosos, podia se permitir fazer o que quisesse. E, com o patrimônio das maiores empresas privadas do país roubado em plena luz do dia, Putin assumira o seu lugar como chefão da máfia que comandava a nação. Como todos os chefões mafiosos, ele praticamente não fazia distinção entre a sua propriedade pessoal, a do seu clã e a daqueles que tinham obrigações para com o clã. Como todos os chefões mafiosos, acumulava riqueza por meio de roubos deslavados, como aconteceu com a Yukos, cobrança de pretensas dívidas e pondo seus cupinchas onde quer que houvesse bens ou dinheiro a serem desviados. No fim de 2007, ao menos um especialista em política — alguém que, ao que se dizia, tinha acesso ao Kremlin — estimava a fortuna pessoal de Putin em 40 bilhões de dólares.[36]

A CIFRA DE 40 BILHÕES DE DÓLARES não pode ser nem confirmada nem desmentida, mas há uma história que eu podia relatar em detalhes. É algo que lança alguma luz não apenas sobre o montante da fortuna pessoal de Putin, mas também sobre os mecanismos adotados para acumulá-la. Foi preciso a minha sorte de repórter e um homem corajoso para contá-la.

Em princípios dos anos 1990, Sergei Kolesnikov foi um dos inúmeros cientistas soviéticos a se tornarem empresários russos. Sendo ph.D. em biofísica, ele começou produzindo equipamentos médicos e, depois, passou a importar esses produtos. Sob a administração de Sobchak, Kolesnikov formou uma *joint venture* com a municipalidade e criou um negócio de sucesso fornecendo equipamentos para as clínicas e hospitais de São Petersburgo. Após não conseguir se reeleger, Sobchak comprou as cotas pertencentes à municipalidade e deu prosseguimento à mesma linha de negócios com a companhia agora privada.

Assim que Putin se elegeu presidente, Kolesnikov foi procurado por um antigo sócio do tempo de São Petersburgo que lhe apresentou um esquema: alguns dos homens mais ricos da Rússia doariam quantias significativas destinadas à compra de equipamentos para instalações médicas russas. Kolesnikov usaria a sua experiência para fornecer o equipamento por preços significativamente reduzidos. A diferença entre a tabela de preços que seria apresentada ao doador e o dinheiro efetivamente gasto não poderia ser menor que 35%. Se Kolesnikov conseguisse um desconto ainda maior, poderia ficar com o lucro. Os 35% teriam de ser depositados numa conta bancária num país da Europa Ocidental e, mais tarde, seriam usados para investimentos na economia russa.

Kolesnikov não teve escrúpulos em aceitar aquele esquema. Como Browder, ele achava que estaria vivendo bem e, ao mesmo tempo, contribuindo para o bem da Rússia: o tão necessário equipamento médico era de qualidade inquestionável; além do mais, seus novos associados estariam investindo quantias vultosas na economia do país. Evidentemente eles estavam ficando com a melhor parte — mais de um terço do dinheiro doado —, mas estavam investindo na Rússia e não apenas enchendo o próprio bolso. E também "sabíamos que aquele dinheiro não era resultado de um trabalho árduo. Ninguém aparece com esse tipo de dinheiro honestamente".[37]

O primeiro doador foi Roman Abramovich, um reservado oligarca russo e futuro proprietário do Chelsea Football Club. Sua doação foi de 203 milhões de dólares: deste total, 140 milhões de dólares serviram para comprar equipamento para a Academia Militar de Medicina de São Petersburgo (administrada pelo amigo de Putin, o Ministro da Saúde que, no passado, havia ajudado Sobchak a escapar do Ministério Público e a fugir da Rússia) e mais de 60 milhões de dólares foram parar numa conta bancária na Europa. Essa doação foi seguida por outras menores. Por volta de 2005, cerca de $200 milhões haviam sido acumulados na tal conta bancária. Kolesnikov e seus dois sócios — o que já vinha com ele desde São Petersburgo e o que lhe apresentou esse novo ramo de negócios — criaram uma nova empresa chamada Rosinvest, uma subsidiária integral de uma companhia suíça, que fazia seus negócios por meio de uma terceira firma, também suíça, cujos proprietários eram titulares de ações ao portador. Em outras palavras, quem quer que estivesse de posse física daquelas ações seria o proprietário legal da empresa. Cada um dos três ganhou 2% das ações; os 94% restantes foram entregues ao próprio Putin.

A empresa recém-constituída tinha dezesseis projetos diferentes de investimentos, quase todos no ramo da produção industrial. Eles haviam sido selecionados a dedo, concediam naturalmente uma variedade de benefícios legais e isenções fiscais, e davam um belo lucro — 94% do qual pertenciam a Putin. E havia também aquilo que Kolesnikov considerava um pequeno projeto pessoal de Putin, uma casa no Mar Negro, avaliada em 16 milhões de dólares. "Mas ele estava sempre acrescentando coisas ao projeto", disse-me Kolesnikov. "Um elevador para a praia, uma marina, uma linha de alta tensão separada, uma tubulação de gás especial, três novas estradas que levavam diretamente ao palacete e três heliportos. O prédio em si também estava sofrendo modificações: acrescentaram um anfiteatro e, depois, um teatro para o inverno. E havia ainda a decoração: móveis, obras de arte, pratarias. Aquilo tudo estava saindo muito caro!" Duas vezes por ano, Kolesnikov viajava até a costa do Mar Negro para monitorar a execução do projeto; quando esteve lá pela última vez, na primavera de 2009, o que antes era uma casa tinha se tornado um conjunto de vinte construções, e o orçamento total já tinha ultrapassado em muito a cifra de um bilhão de dólares.

Tinha acontecido ainda outra coisa poucos meses antes. No período que se seguiu à crise financeira mundial, o sócio de Kolesnikov lhe informou que a Rosinvest não faria mais nenhum investimento: o seu único objetivo agora era a conclusão da obra no Mar Negro. Kolesnikov, que não era exatamente um ferrenho defensor da legalidade, mas alguém que se orgulhava muito do seu trabalho e acreditava de verdade que estava gerando riqueza para o seu país, ficou profundamente ultrajado. Fugiu da Rússia, levando consigo a documentação da companhia, e pagou uma fortuna a um escritório de advocacia em Washington para que os papéis fossem analisados e a sua história confirmada. Então, foi a público relatar a história, que ficou conhecida como "Palácio de Putin". O caso, porém, embora tenha atraído bastante atenção quando escrevi a seu respeito na Rússia, praticamente não provocou qualquer reação por parte do governo: o primeiro assessor de imprensa do presidente a descartou como sendo um monte de bobagens e, mais tarde, quando a *Novaya Gazeta* divulgou cópias do contrato de alguns dos prédios, o Kremlin confirmou a existência do projeto.[38]

SERIA LEGÍTIMO presumir que o esquema do palácio fosse apenas um dos tantos semelhantes para alguém enriquecer à custa da Rússia. Mas a pergunta é: qual é a natureza, o princípio motivador, por trás desses esquemas? Em outras palavras, a questão que se coloca é, mais uma vez: quem é o sr. Putin?

Há a história do Putin burocrata que não aceita suborno — um elemento-chave para explicar por que Berezovsky se encantou com ele, o que, por sua vez, foi um elemento-chave no processo para fazer dele o presidente. O braço direito de Berezovsky, Yuli Dubov, que vivia há tempos exilado em Londres, contou-me uma das histórias mais impressionantes relativas à probidade de Putin. Certa ocasião, em princípios da década de 1990, Dubov estava tendo problemas com a documentação para a oficina mecânica que Berezovsky estava abrindo em São Petersburgo. Precisava, então, que Putin desse um telefonema para facilitar o processo e, portanto, marcou um almoço com ele para lhe pedir isso. Dubov chegou cedo à prefeitura e, contrariamente ao seu hábito, Putin também. Enquanto esperavam a hora marcada para sair para almoçar, Dubov abordou o assunto do telefonema. De imediato, Putin cuidou do assunto, mas, depois, se recusou a ir almoçar: "Ou você tem a minha ajuda com os seus negócios, ou me leva para almoçar", disse ele.[39] É óbvio que essa não era apenas a atitude de um burocrata que não aceita suborno; era a atitude de um burocrata cuja identidade inteira se baseia na sua incorruptibilidade.

E, depois, surgiu o Putin sob cuja responsabilidade desapareceram contratos no valor de 100 milhões de dólares, como Marina Salye documentou. O que essa história tem de mais notável não é o roubo em si — é público e notório que ocorreram roubos por toda a Rússia naquele período e em situações similares, razão pela qual as revelações de Salye não provocaram maior impacto —, mas sim que *todo* o dinheiro tenha sido aparentemente roubado. Desconfio que, se Putin tivesse se apoderado de 5, 10, 20 ou até mesmo 30% da quantia, não teria ganhado um inimigo para o resto da vida, como foi o caso de Salye — exatamente como Kolesnikov não teria lançado sua campanha se o palácio houvesse continuado a ser apenas um projeto paralelo muito caro.

Mas é como se Putin não conseguisse resistir à tentação de se apoderar de tudo. E acho que isso é rigorosamente verdade. Em diversas ocasiões, uma delas pelo menos constrangedoramente pública, Putin agiu como cleptomaníaco. Em junho de 2005, ao receber um grupo de empresários norte-americanos em São Petersburgo, ele embolsou um anel com 124 diamantes que Robert Kraft, dono do New England Patriots, recebeu pela conquista de seu time no Super Bowl.[40] Putin pediu para ver o tal anel, experimentou, supostamente disse "Eu poderia matar alguém com isso", o enfiou no bolso e saiu da sala bruscamente. Depois de toda uma série de artigos publicados na imprensa dos Estados Unidos, Kraft acabou declarando, dias mais tarde, que o anel tinha sido um presente, impedindo, assim, que aquela situação constrangedora tomasse proporções que escapassem ao controle.

Em setembro de 2005, Putin era convidado especial no museu Guggenheim, em Nova York.[41] A certa altura, seus anfitriões mencionaram uma curiosidade que um outro convidado russo dera de presente ao museu: uma réplica em vidro do fuzil AK-47 cheia de vodca. Esse suvenir de mau gosto custa cerca de 300 dólares em Moscou.[42] Putin fez um aceno de cabeça para um dos seus guarda-costas que pegou o AK-47 de vidro e saiu da sala, deixando todos os presentes boquiabertos.

A extraordinária relação de Putin com a riqueza material já era evidente nos seus tempos de faculdade, ou quem sabe até antes disso. Quando ele aceitou o carro que os pais haviam ganhado na loteria, embora o valor do veículo pudesse ter sido usado para melhorar as condições de vida da família, ou quando gastou quase todo o dinheiro que ganhou durante o verão comprando um casaco escandalosamente caro — e um bolo para a mãe —, estava agindo de forma totalmente fora do comum, atitude que beirava o inadmissível para um jovem da sua geração e do seu meio social. Aquelas exibições de ostentação de riqueza poderiam ter atrapalhado seus planos de fazer carreira na KGB, e ele sabia disso. A história contada pelo ex-radical da Alemanha Ocidental — Putin pedindo presentes enquanto morava em Dresden — vem completar o quadro. Para um homem que baseou boa parte do seu capital social no respeito à norma, esse comportamento era particularmente digno de nota: parece que ele efetivamente não conseguia se conter.

É provável que o termo ideal para descrever tal comportamento não seja o tão conhecido *cleptomania* — que se refere ao desejo patológico de possuir coisas que, em geral, não têm qualquer serventia —, mas sim outro, mais exótico: *pleonexia*, o desejo insaciável de possuir o que, por direito, pertence a outros. Se Putin sofre dessa ânsia irrefreável, isso pode ajudar a explicar a sua aparente dupla personalidade: ele compensaria a sua compulsão criando a imagem de um servidor público honesto e incorruptível.

Andrei Illarionov descobriu isso menos de um mês após tornar-se assessor econômico do presidente: poucos dias depois da posse, Putin assinou um decreto fundindo 70% das indústrias de álcool da Rússia numa única companhia e nomeando um velho conhecido de São Petersburgo para administrá-la.[43] Nessa época, os preços do petróleo ainda não tinham disparado e o álcool era sem dúvida um dos negócios mais lucrativos do país. Como Illarionov acabou descobrindo, nenhum dos membros da equipe econômica havia sido consultado a esse respeito ou sequer informado daquela decisão. Durante os meses seguintes, Illarionov foi se acostumando a esse sistema: Putin continuava a falar de projetos econômicos consistentes para o público e a imprensa, e continuava a dar a impressão de ouvir a sua seleta equipe de assessores liberais; mas ao mesmo tempo não cessava de atropelá-los com decisões que consolidavam todos os recursos do país nas mãos dos seus cupinchas.

Foi isso que aconteceu com Khodorkovski? Será que Putin mandou que o prendessem porque queria se apoderar da sua empresa e não por razões políticas ou competição pessoal? Não exatamente. Ele pôs Khodorkovski atrás das grades pela mesma razão que aboliu as eleições ou mandou matar Litvinenko: no seu projeto de transformar o país num modelo em grande escala da KGB, não há lugar para dissidentes ou sequer para atores independentes. Mas, então, os atores independentes são em parte inconvenientes porque se recusam a aceitar as regras da máfia. E, uma vez que Khodorkovski estava na cadeia, a oportunidade de roubá-lo se apresentou espontaneamente. Ao aproveitá-la, Putin, como de costume, não conseguiu fazer distinção entre ele mesmo e o Estado que comandava. A ambição pode não ser o seu instinto mais forte, mas é aquele ao qual nunca consegue resistir.

Onze

DE VOLTA À URSS

No dia 2 de outubro de 2011, Boris Berezovsky saltitava pelo escritório, empolgadíssimo. Eu estava em Londres para cobrir um julgamento de uma ação que ele mesmo havia impetrado para tentar reaver parte dos seus bens mais de dez anos depois de ter ido viver no exílio. Pediu que eu fosse ao seu escritório no domingo anterior ao início das audiências, porque queria me revelar o que andava pensando sobre a situação política na Rússia.

"Está entendendo?", principiou ele. "O regime russo não tem ideologia, nem partido, nem política — não passa do poder de um único homem." Ele estava pintando o retrato de uma espécie de Mágico de Oz e, evidentemente, não via necessidade alguma em admitir que ele é que havia inventado aquele homem. "Tudo que se precisa fazer é desacreditá-lo — ele, como pessoa." Berezovsky tinha até um plano, ou mais de um, mas, neste ponto, tive de jurar guardar segredo.

Fui embora achando divertido ver aquele homem que não desistia de bancar o fazedor de reis, mas tinha de admitir que a sua análise estava correta. Todo o edifício do regime russo — que, aos olhos do mundo, já passara do "mostrar tendências autoritárias" ao autoritarismo declarado beirando a tirania — estava assentado nesse único homem, aquele que Berezovsky achava que tinha escolhido para o país uma década atrás. O que significava que o atual regime russo era essencialmente vulnerável: a pessoa — ou as pessoas — que quisessem derrubá-lo não teriam de suplantar a força de uma ideologia enraizada — bastaria simplesmente que demonstrassem que o tirano tinha pés de barro. Isso significa também que, na Rússia, o ponto crítico era tão imprevisível quanto em qualquer tirania — poderia acontecer em meses, anos ou décadas, talvez provocado por um evento de pequeno porte, muito provavelmente um erro do próprio regime que, de repente, evidenciasse sua vulnerabilidade.

Vi algo semelhante acontecer na Iugoslávia onze anos atrás: Slobodan Milošević, que se aferrava ao poder usando o terror, por um lado, e explorando o fervor nacionalista, por outro, convocou uma eleição antecipada, certo de que sairia vencedor — mas perdeu e, quando compreendeu que estava perdendo, era tarde demais para reprimir a onda crescente de protestos. E, em 2011, vimos ditadores árabes caírem como pedras de dominó, derrubados por multidões que, de repente, perderam o medo, graças ao poder das palavras e ao exemplo de terceiros. O problema da Rússia, porém, era que o imenso país estava mais fragmentado que nunca. As políticas de Putin haviam destruído efetivamente o espaço público. Ao longo dos últimos dez anos, a Internet se desenvolveu na Rússia, como em outros países, mas assumiu a forma peculiar de uma série de bolhas de informação. Os pesquisadores norte-americanos que "mapearam" as blogosferas mundiais descobriram que, à diferença da de seu país — e, aliás, também da do Irã —, que formava uma série de círculos interconectados, a blogosfera russa consistia de círculos discretos, cada um deles separado dos demais.[1] Era uma antiutopia da era da informação: um número infinito de câmaras de eco. E isso não se aplicava apenas à Internet. O Kremlin assistia à sua própria TV; o mundo dos grandes negócios lia seus próprios jornais; a *intelligentsia* lia seus próprios blogs. Nenhum desses grupos estava a par da realidade dos outros, o que fazia com que qualquer tipo de protesto de massa parecesse muito improvável.

NA ELEIÇÃO DE 2000, Putin obteve quase 53% dos votos, ao passo que cada um dos seus dez adversários teve entre um e 29% do total. Quando se candidatou à reeleição, em 2004, conseguiu 71% — um típico resultado de regimes autoritários —, e cada um dos seus cinco adversários obteve entre 0,75 e 14% dos votos. Em 2007, com a aproximação do fim do segundo mandato de Putin, os grupos politizados da Rússia começaram a se perguntar o que poderia acontecer. O presidente modificaria a Constituição para se reeleger por mais dois mandatos consecutivos? Trilharia o caminho de Yeltsin e levaria o país a votar num candidato escolhido a dedo? Por algum tempo, Putin deu a impressão de estar privilegiando o ministro da Defesa, Sergei Ivanov, um ex-colega da KGB. Mas, em dezembro daquele ano, a televisão transmitiu uma reunião entre o presidente e os líderes dos quatro partidos fantoches e juntos declararam que queriam indicar o primeiro vice-primeiro-ministro, Dmitri Medvedev, para a presidência. Por coincidência, Medvedev estava presente àquele bem-orquestrado evento. Em março de 2008, Medvedev obteve mais de 70% dos votos, enquanto os seus três adversários tiveram entre 0% e 17%. Assim que foi empossado, Medvedev indicou Putin para primeiro-ministro.

Medvedev, com 42 anos de idade, fazia Putin parecer carismático. Tendo pouco mais de um metro e meio (sua altura exata era um segredo guardado a sete chaves, mas os boatos corriam soltos, assim como as charges mostrando o presidente sentado num travesseiro ou subindo num banquinho para alcançar o microfone), ele também fazia Putin parecer alto. Era advogado de formação, tinha trabalhado na prefeitura de São Petersburgo e nunca havia ocupado um posto de chefia ou administrado o que quer que fosse, muito menos um país. Imitava o jeito robótico que Putin tem de articular as palavras com uma diferença: Putin fazia cada sílaba soar ameaçadora, ao passo que Medvedev mais parecia um sintetizador de voz. E, também à diferença do seu antecessor, o novo presidente não fazia piadas vulgares. Isso — e talvez uma necessidade desesperada de depositar esperança em alguém — foi o bastante para que ele caísse nas boas graças dos intelectuais.

Pela primeira vez desde que Putin liquidou com a mídia e calou os políticos russos, o homem do Kremlin se dirigia ao público pensante do país. Medvedev falava daquilo que os redatores dos seus discursos passaram a chamar de "Quatro Is": *Instituições, Infraestrutura, Investimento* e *Inovação*. Exibindo um iPhone e, depois que eles surgiram, um iPad, Medvedev parecia tentar impregnar o seu denso vocabulário com um espírito moderno, ocidental. A *intelligentsia* mordeu a isca. Quando ele chamou ativistas dos direitos humanos, analistas políticos liberais e gente de várias outras categorias pensantes para fazer parte de um recém-formado conselho presidencial, todos aceitaram o chamado, dispostos a sacrificar o seu tempo escrevendo textos que, obviamente, nunca foram lidos. Quando jornalistas da mídia de oposição ousavam criticar, não apenas Putin, mas também Medvedev, os editores cortavam os seus artigos.[2] Quando Medvedev disse a um grupo de historiadores ativistas que ia finalmente aprovar o projeto há muito engavetado de se construir um museu nacional em memória das vítimas do terror stalinista, os historiadores pararam tudo o que andavam fazendo e começaram a traçar planos, preparar documentos e executar o trabalho que deveria estar sendo feito pelos burocratas federais; tudo isso para que Medvedev pudesse assinar o tal decreto — coisa que nunca aconteceu. O que ele fez foi continuar discursando, prometendo combater a corrupção e modernizar o país enquanto nada mudava. Mikhail Khodorkovski foi levado a julgamento pela segunda vez. Sergei Magnitsky morreu na prisão. E Vladimir Putin não só construiu o seu palácio no Mar Negro, mas continuou a mandar no país.

O papel de Medvedev era quase exclusivamente cerimonial, mas, quando se dirigiam ao público, os dois líderes dividiam e conquistavam o país. O presidente, com sua dicção refinada, conversa de inovação e suas promessas de combate à corrupção, dirigia-se à minoria de ativistas e intelectuais e conseguia tranquilizá-la. Para a maioria, Putin produzia mais e mais das suas vulgaridades memoráveis. Depois de duas explosões fatais no metrô de Moscou, em março de 2010, ele refez a promessa de "despachá-los privada abaixo" feita contra os terroristas em 1999: "Sabemos que, agora, eles estão escondidos", disse ele. "Mas cabe às forças da lei desencavá-los do seu esconderijo lá no fundo do esgoto."[3] Em julho de 2009, respondendo ao presidente Barack Obama, que declarou que o primeiro-ministro tinha "um pé no velho jeito de fazer negócios e um pé no novo", Putin disse: "Nós não abrimos as pernas."[4] Em julho de 2008, quando o sócio majoritário de uma indústria de metais e carvão não compareceu à reunião em que Putin planejava lhe passar uma descompostura, este reagiu dizendo: "Compreendo que doença é doença, mas o meu conselho é que Igor Vladimirovich [Zyuzin] melhore o mais depressa possível, senão vou ter de mandar um médico ir vê-lo e resolver o problema de uma vez por todas."[5] Em agosto de 2010, ele declarou ao repórter de um jornal que os ativistas de oposição os quais vinham realizando manifestações não autorizadas (na época, praticamente todas se enquadravam nesse caso) deviam contar com "umas bordoadas na cabeça".[6] Essas tiradas de marginal eram o seu jeito de continuar angariando popularidade, assim como a grande quantidade de fotos suas, sem camisa,[7] de férias na região norte de Tuva, no sul do país, e, mais tarde, mergulhando no Mar Negro[8] e emergindo com duas ânforas do século VI que uns arqueólogos já haviam plantado ali com esse fim.[9] Era a típica campanha de um ditador, alguém que não tolera nem oposição, nem escrutínio, mas aprova a cuidadosa orquestração.

Putin fazia campanha para continuar sendo o líder indiscutível do país — meta espantosamente fácil de ser atingida diante de um presidente inexpressivo — e, como consequência natural da sua óbvia popularidade contínua, voltar à presidência assim que terminasse o mandato de Medvedev, em 2012. Na verdade, em seis meses de governo, Medvedev apresentou — e o Parlamento aprovou — uma medida para alterar a Constituição e aumentar o mandato presidencial de quatro para seis anos.[10] O objetivo era, evidentemente, que Medvedev cumprisse os seus quatro anos sem fazer nada, mas falando bonito e, depois, cedesse o trono a Putin, dessa vez para dois mandatos consecutivos de seis anos cada. No entanto, por mais cristalino que fosse esse plano, persistiam as esperanças de que Medvedev estivesse sendo sincero nas suas intenções ou que, depois de ser chamado de presidente por alguns anos, ele talvez desenvolvesse efetivas ambições presidenciais — ou, simplesmente, que o sistema criado por Putin pudesse desmoronar, como sempre acaba acontecendo com todo sistema fechado.

A maior vulnerabilidade do sistema estava centrada na pleonexia de Putin e dos que o cercavam mais de perto: aquele desejo insaciável de ter o que pertence aos outros por direito e que, por dentro, exercia uma pressão cada vez maior de dentro do próprio regime. A cada ano, a Rússia caía um pouco mais no Índice de Percepção da Corrupção estabelecido pelos observadores da Transparência Internacional, chegando ao 154° lugar num ranking de 178 países, no ano de 2011 (a partir dos números relativos ao ano de 2010).[11] Nesse mesmo ano, os ativistas dos direitos humanos estimavam que 15% da população carcerária da Rússia se compunham de empresários que haviam sido atirados atrás das grades por concorrentes bem-relacionados que usavam o sistema judiciário para se apoderar do patrimônio alheio.[12] Em meados de 2010, um advogado de 34 anos chamado Alexei Navalny estava atraindo dezenas de milhares de acessos diários ao seu blog a partir do qual, esquadrinhando sites do governo em busca de evidências de excessos escondidos à plena vista, ele monitorava os inúmeros abusos de uma burocracia absolutamente inexplicável. Aqui, era a região de Voronej fazendo uma licitação para a compra de cinco relógios de ouro no valor de 15 mil dólares.[13] Ali, era a cidade de Krasnodar, no sul da Rússia, propondo pagar cerca de 400 milhões de dólares por documentação técnica para a realização de um cruzamento entre uma ferrovia e uma rodovia.¹⁴ Lá, havia duas camas e duas mesinhas de cabeceira folheadas a ouro 24 quilates que o Ministério do Interior estava comprando.¹⁵ Navalny apelidou aqueles que comandavam a Rússia de "Partido dos Ladrões e dos Escroques" — um nome que pegou imediatamente. No outono de 2010, a revista que eu editava publicou uma entrevista longa e detalhada com Navalny, e a escrevi no subtítulo "A Rússia de repente descobre um político de verdade".¹⁶ Outras revistas fizeram o mesmo, estampando o belo rapaz louro na capa, movimento que culminou com o seu perfil publicado na *The New Yorker*, em abril de 2011.¹⁷

No dia 2 de fevereiro de 2011, Navalny anunciou que estava tornando pública sua campanha de um homem só contra a corrupção e pediu contribuições para a organização que acabava de fundar. Em três horas, tinha os seus primeiros 5 mil dólares em doações que iam de 5 copeques (menos de um centavo de dólar) ao equivalente a 500 dólares. Em 24 horas, atingiu o seu primeiro milhão de rublos (aproximadamente 30 mil dólares) — rapidez que foi recorde absoluto em termos de doações pela Internet para qualquer causa no país.¹⁸ Esse era o indício mais evidente possível de que os russos já não aguentavam mais ser enganados e estavam dispostos a pagar pela mudança. Mas outra coisa também era evidente: que um combatente isolado como Navalny não podia fazer essa transformação sozinho. Como o campeão de xadrez Garry Kasparov já tinha aprendido, ter dinheiro, ser popular e estar certo não habilitavam alguém de fora a causar mossa no sistema. Só uma pessoa que já estivesse lá dentro poderia fazer o monólito desmoronar.

DE REPENTE, pareceu que tal pessoa surgiu em cena, em maio de 2011. Surpreendendo a todos, inclusive a si mesmo, Mikhail Prokhorov, agora o segundo homem mais rico da Rússia, anunciou que estava entrando para a política. A história de vida daquele magnata de 46 anos era semelhante à de outros russos riquíssimos: entrou para o mundo dos negócios ainda no fim do curso universitário, começou a ganhar dinheiro em fins dos anos 1980, comprando e vendendo o que quer que lhe caísse nas mãos, fazendo fortuna na década seguinte, sabendo aproveitar as privatizações, sendo astuto nos investimentos e reformulando todas as empresas que havia adquirido. À diferença de Gusinsky, Berezovsky e Khodorkovski, manteve-se longe do Kremlin durante quase toda a sua carreira, preferindo restringir sua participação ativa à administração dos negócios e deixando a política para o seu sócio.

Entrar para a política não foi exatamente ideia sua — embora alegasse que sim. Tinham lhe pedido, em nome do presidente e do primeiro-ministro, para assumir as rédeas de um partido liberal de direita já praticamente inexistente. Isso era algo comum àquela altura: em todo ano eleitoral, o Kremlin ungia um partido de direita e um de esquerda que poderiam figurar nas cédulas e participar, juntamente com o Rússia Unida, partido de Putin, daquele simulacro de eleição. Já os verdadeiros partidos políticos, com líderes e agendas efetivos, teriam o seu registro negado com base nas complexas leis e regulamentações adotadas no princípio dos anos 2000. Portanto, Prokhorov havia sido escolhido para funcionar como testa de ferro de um partido de direita adormecido que teria uma breve ressurreição, bem a tempo de concorrer na eleição parlamentar de dezembro de 2011. O que se esperava do magnata era que ele desempenhasse o seu papel, fizesse talvez algumas declarações descuidadas de milionário — o que ajudaria a angariar mais apoio para seu adversário bem mais certinho — e, depois, voltasse para o seu canto, quando fosse instruído.

Mas achei que, dessa vez, os marionetistas do Kremlin talvez tivessem adquirido confiança em excesso e cometido um erro fatal. Eu conhecia Prokhorov superficialmente: durante os últimos três anos, tinha editado uma revista da qual ele era o principal investidor. Aquele homem me parecia constitucionalmente incapaz de ser um testa de ferro. Além do mais, vinha procurando um campo a que pudesse se dedicar plenamente. Já havia realizado tudo que se propusera a fazer em termos de negócios na Rússia, andava deprimido com o estado em que se encontrava o país e chegava até a considerar a hipótese desalentadora de vender seus bens e ir viver em Nova York, onde tinha comprado um time da NBA que viria a se tornar o Brooklyn Nets. Agora, havia uma opção: em vez de deixar a Rússia, poderia consertá-la. Ia se dedicar ao trabalho, dominar sua nova empreitada exatamente como conseguira dominar a metalurgia e as complexidades da gestão de um chão de fábrica quando se tornou proprietário do gigante dos metais, a Norilsk Nickel, que se orgulhava de ter reformado por completo, angariando o apoio dos trabalhadores para as várias mudanças que implementou. Prokhorov era brilhante; com mais de dois metros de altura, ele era, literalmente, um gigante, e eu acreditava que seria capaz de derrubar o sistema.

Durante os poucos meses que se seguiram, vi Prokhorov operar uma notável transformação. Recebeu treinamento especializado: deixou os ternos azul-marinho da Brioni e passou a usar outros, bege e cinza, feitos sob medida. Abandonou o seu jeito aspergiano de responder a qualquer pergunta com parágrafos completos, impecáveis do ponto de vista gramatical, que soavam invariavelmente certos, aprendendo a temperar a própria fala com qualificativos e outros modificadores nem sempre bem-colocados. Acima de tudo, reuniu dezenas de especialistas em política, economia e mídia para ajudá-lo a desenvolver posições diversificadas no panorama político da Rússia e começou a formar uma base de poder. Cobriu as maiores cidades do país com cartazes que exibiam o seu rosto e slogans como "Planeje o seu futuro". Dinheiro não lhe faltava, não apenas para comprar todo espaço disponível para publicidade, mas também para repor qualquer cartaz assim que as autoridades locais, chocadas com tamanha audácia, mandavam arrancá-los — o que não aconteceu em poucos lugares.

Quem quer que tivesse tido a ideia de usar Prokhorov como figurante para a oposição obviamente não contava que ele fosse levar a tarefa tão a sério. Vladislav Surkov, um assessor de Putin que, ao longo dos anos, criou fama de ser o comandante-chefe dos fantoches do Kremlin — ocupando de fato o lugar deixado vago por Berezovsky —, começou a convocar o magnata para conversas quase diárias. Prokhorov, que não estava habituado a prestar contas a ninguém, submeteu-se, apesar de tudo, a um ritual que achava estranho e nitidamente humilhante: apresentar a Surkov um relatório completo de suas atividades políticas. Surkov, por sua vez, lhe fazia sugestões e, ao menos numa ocasião, sugeriu que ele eliminasse alguém das fileiras do partido. Prokhorov ignorava tais sugestões e continuava fazendo o que julgava certo — até o dia 14 de setembro de 2011, quando se viu excluído do congresso agendado por seu próprio partido. Muitos dos ativistas que ele havia recrutado durante os três meses anteriores também foram proibidos de participar, e um grupo inteiramente diferente elegeu uma liderança inteiramente diferente. Quem quer que tenha dado o partido a Prokhorov agora tinha resolvido tomá-lo de volta...

Ver um dos homens mais ricos e mais altos da Rússia se sentir absolutamente desnorteado, confuso e traído era uma cena dolorosa. Ele convocou, então, uma entrevista coletiva para denunciar a exclusão como ilegal. Em seguida, marcou um congresso alternativo para o dia seguinte e, nessa ocasião, fez um discurso. Prometeu que ia tomar providências para que Surkov perdesse o cargo. Prometeu lutar. Prometeu também que estaria de volta em dez dias para expor um plano detalhado para uma batalha política.

É claro que Surkov — se é que foi ele mesmo — não tinha sido o único a errar nos cálculos. Vivendo na bolha de informação constituída pela experiência que tinha nos negócios, a uma distância segura do Kremlin, Prokhorov havia extrapolado de forma catastrófica. Nos dias que se seguiram aos congressos, ele recebeu inúmeros recados sobre o que aconteceria a ele próprio e aos seus negócios com a intenção de forçar sua desistência da ideia de ser um político. Prokhorov jamais apresentou seu plano de batalha; na verdade, ele praticamente desapareceu da vida pública.

Ao que tudo indica, a pessoa que escolheu Prokhorov como adversário de Putin cometeu um erro clássico de excesso de confiança — mas conseguiu reparar isso a tempo.

NO DIA 24 DE SETEMBRO DE 2011, realizou-se o congresso do Rússia Unida. Dmitri Medvedev discursou para os presentes.

"Acredito que o melhor a fazer seria apoiar a candidatura de Vladimir Vladimirovich Putin para presidente", declarou ele. Todos na sala aplaudiram de pé. Quando a multidão finalmente se acalmou, Medvedev disse, na maior espontaneidade, que ele e Putin haviam feito um trato na época em que ele próprio assumiu a presidência. E, agora, quando Putin voltasse a ocupar o cargo, ele seria o seu primeiro-ministro.[19]

Em poucas horas, a blogosfera russa estava repleta de imagens de Putin retocadas para fazê-lo parecer mais velho e mostrando nítida semelhança com Leonid Brejnev, o líder soviético que morreu depois de 18 anos no comando do país, praticamente imobilizado e incapaz de qualquer atitude coerente. Putin, diziam os blogueiros, teria 71 anos no fim do seu segundo mandato de seis anos.

E, com isso, o retorno da Rússia à URSS estava, para todas as intenções e propósitos de Putin, completo.

EPÍLOGO:
UMA SEMANA EM DEZEMBRO

Sábado, 3 de dezembro de 2011

Estou indo com minha família ver uma dessas comédias americanas bem bestas num shopping de luxo no centro de Moscou. A neve está atrasada esse ano e a cidade parece mergulhada numa umidade sombria que não tem fim. Nem a iluminação exagerada do Anel dos Jardins, a avenida de oito pistas que contorna todo o centro, consegue mudar essa impressão. Mas uma gigantesca estrutura iluminada chama minha atenção. Poderíamos chamá-la de cartaz ou outdoor, mas nenhuma descrição faria justiça ao tamanho daquela coisa. Está situada no alto de um prédio de dois andares que data do século XVIII e parece maior que o próprio edifício. É fortemente iluminada por trás e no entorno, e parece uma espécie de King Kong em forma de foto digital. Na imagem, Putin e Medvedev, um de gravata vermelha, o outro de gravata azul; ambos olhando para o além em cima de uma legenda gigantesca: RÚSSIA UNIDA. JUNTOS VENCEREMOS.

A eleição parlamentar é amanhã, o que faz do dia de hoje, por força da lei, um "dia de silêncio", ou seja, toda e qualquer campanha fica proibida — inclusive os cartazes de rua. Paro num cruzamento, tiro uma foto daquela monstruosidade com o celular e trato de postá-la no Facebook. Em uma hora, a foto já atraiu dezessete comentários — não era nenhum recorde mundial, mas era mais do que eu esperava em um sábado à noite. O mais surpreendente, porém, era que os comentários não haviam sido feitos pela minha turma habitual de amigos politicamente engajados. "Porcos!", escreveu um gerente de marketing. "A gente acha que já viu de tudo, mas essas coisas ainda dão vontade de vomitar, não é mesmo?", escreveu um ex-repórter político que abandonou o jornalismo catorze anos atrás.

Já fazia mais de dez anos que eu não votava nas eleições parlamentares, porque as leis sancionadas por Putin tornaram tudo aquilo sem sentido: os partidos políticos não podiam ter os seus candidatos na cédula sem a aprovação do Kremlin, os membros do Parlamento não eram mais eleitos de forma direta e, de um modo ou de outro, os resultados eram manipulados pelas autoridades da justiça eleitoral.

Meses antes, porém, quando um grupo de liberais, composto por artistas, escritores e ativistas políticos bem conhecidos, convocou o povo para ir às urnas e escrever alguma obscenidade na cédula, critiquei a ideia pela Internet dizendo que era uma tática derrotista. O governo tinha feito das eleições uma verdadeira caricatura, mas, argumentei, não poderíamos querer ser mais cínicos que um cínico. O que precisávamos mesmo era de uma alternativa significativa para aquele deboche ridículo — como, por exemplo, um motivo para votar. Várias publicações se manifestaram e palpite vai, palpite vem, umas poucas pessoas apontaram motivos concretos para ir às urnas: em primeiro lugar, para garantir que o Partido dos Ladrões e dos Escroques não vote em nosso nome; em segundo lugar, para votar num dos partidos de quase-oposição constante da cédula e, assim, impedir que o Rússia Unida obtenha uma maioria constitucional no Parlamento. Por incrível que pareça, essas exortações enfadonhas dos internautas viralizaram.

Tendo feito a sua tese sobre eleições, minha namorada, por uma questão de princípios, sempre vota. Outro dia, acordou e perguntou:

— Será que eu sonhei ou você disse que ia votar?

— Vou, sim.

— Por quê? — indagou ela.

— Não sei muito bem — respondi. — Mas tenho a sensação de que está para acontecer alguma coisa.

Disse isso porque, nos últimos dias, tinha conversado muito com uns amigos que também iam votar: ficamos tentando decidir qual pseudopartido escolher. E milhares de pessoas, inclusive vários amigos meus, haviam se registrado e participado do treinamento para serem observadores voluntários, tanto por conta própria, quanto integrando um movimento denominado Cidadão Observador, organizado por um proeminente cientista político, Dmitry Oreshkin (que vem a ser o pai da minha namorada). Todos eles vão passar o dia de amanhã nas sessões eleitorais, buscando impedir qualquer tentativa de fraude. E ainda teve aquela gente discutindo a história da foto de Putin e Medvedev na minha página do Facebook como se, de repente, todos realmente se importassem.

Domingo, 4 de dezembro

Cheguei à sessão meia hora antes do fechamento, seguindo o conselho do pessoal da Internet, pois, assim, poderia pegar os fraudadores de eleições com a boca na botija caso já tivessem usado o meu nome para votar. Mas não, nem eu nem a minha avó de 91 anos, registrada no mesmo domicílio, tínhamos votado. Também não notei nenhuma outra violação. Votei tranquilamente, fotografei a cédula e postei a foto no Facebook para o caso de ser preciso provar fraudes na contagem dos votos (mais uma ideia da Internet). Depois, fui para a festa de aniversário de 40 anos de um ex-colega.

Na festa, tinha um pouco de tudo: gente do mercado editorial, jornalistas, designers e pelo menos um industrial rico — o meu amigo é do tipo que parece conhecer todo mundo. E só se falava da eleição. Um pessoal na faixa dos trinta chegou dizendo: "Votei pela primeira vez na vida!" Não demorou muito e já dava para prever que todos que tinham atingido a maioridade depois de Putin assumir o poder iam dizer aquela frase assim que passassem pela porta. Um casal que tinha trabalhado como observador voluntário nos brindou com relatos de fraudes: jovens que foram pagos para esconder cédulas já preenchidas dentro da roupa e depositá-las na urna junto da que tinham recebido para votar; funcionários da justiça eleitoral que retiraram observadores do local assim que a contagem dos votos começou. (No dia seguinte descobriríamos que muitos deles simplesmente forjaram um resultado final, sem levar em conta as cédulas existentes nas urnas.)

Nada disso é novo para mim ou para Darya.

A novidade mesmo é o fato de estarmos falando disso numa festa, tarde da noite. E de todos nós termos votado. Mas há ainda outra coisa: os observadores nos contaram que, entre os que estavam trabalhando com eles, havia uma professora primária, a esposa de um homem de negócios que chegou num Range Rover, e outras pessoas que... bem, não são como nós. Alguma coisa mudou, e não apenas para nós, viciados em mídia que vivem grudados nas páginas do Facebook.

"O que você acha que precisa acontecer para as pessoas irem para as ruas?", perguntou Vladimir, um jovem repórter inteligente que trabalhava no principal jornal de negócios cobrindo a eleição presidencial, dirigindo-se aos que estavam reunidos na cozinha.

"Não sei ao certo", respondi. "Mas sinto que tem alguma coisa no ar."

Segunda-feira, 5 de dezembro

Quando estava levando as crianças para a escola, ouvi no rádio as parciais do resultado. Aparentemente, o Rússia Unida tinha pouco menos de 50% dos votos. Sei que não é uma cifra exata, mas é consideravelmente mais baixa que a das últimas eleições parlamentares igualmente fraudadas, quando o partido do governo teria obtido 66% do total. Quem sabe dessa vez os verdadeiros números fossem tão baixos que alguns funcionários da justiça eleitoral tenham achado que não podiam levar a mentira adiante? Como acabei descobrindo mais tarde, nesse mesmo dia, algumas sessões eleitorais tinham resistido à pressão de adulterar seus resultados. Os quinhentos participantes do movimento Cidadão Observador, espalhados por 170 sessões em Moscou, não constataram qualquer violação importante no processo de votação em 36 delas. Computando-se apenas os resultados dessas urnas, o Rússia Unida vinha em segundo lugar, com pouco mais de 23% dos votos, ficando atrás do Partido Comunista.[1] Assumindo-se que essa quantidade de sessões eleitorais era representativa, veríamos que a contagem oficial havia mais que duplicado os números reais. O Cidadão Observador também relatou que 49% dos indivíduos em condições de votar compareceram às urnas — muito mais que em qualquer outra eleição recente na Rússia.

Há um protesto marcado para hoje à noite, e pretendo estar lá, embora não queira fazer isso: os protestos em Moscou são deploráveis ou perigosos, ou ambos. Do jeito que as coisas estão agora, quem quer que esteja planejando organizar qualquer tipo de manifestação ou demonstração pública precisa notificar as autoridades com dez ou quinze dias de antecedência; a municipalidade pode, então, dar ou não permissão para o evento se realizar num local designado e com um número específico de participantes. Se a manifestação não for autorizada e acontecer mesmo assim, é provável que os presentes sejam presos e sofram violência policial. Se ela for autorizada, a polícia faz cordões de isolamento, delimitando o espaço a ser ocupado por um número determinado de manifestantes e instala detectores de metal em todo o perímetro. As pessoas têm de se submeter a uma revista por vezes desagradável e só então podem se juntar aos outros atrás do cordão de isolamento, onde ficam praticamente falando sozinhas. Acho essas manifestações autorizadas ainda piores que as ilegais, mas sinto que devo comparecer a algumas delas, ao menos umas duas ou três vezes por ano. Hoje é uma dessas vezes.

Minha amiga Ana me mandou uma mensagem com trechos do artigo publicado hoje no *The New York Times* sobre a eleição na Rússia. Ana, que conheci no Kosovo, passou anos em Moscou como correspondente estrangeira e, atualmente, mora em Haia. "'A democracia está em ação', declarou o sr. Medvedev no comitê central de campanha do Rússia Unida, onde estava ao lado do sr. Putin. Ambos pareciam um tanto abalados." E ela acrescentou:

— Se não fosse tããão triste, seria bem engraçado.[2]

— É mesmo — respondi. — Tem alguma coisa acontecendo, mas não vai dar em nada.

Então, fui ao tal protesto. A temperatura ainda estava bem razoável para Moscou, o que significava que estava fazendo frio e o tempo está horrível: temperatura em torno de zero grau e chuva. Quem enfrentaria um tempo assim para lutar nesse combate desesperançado pela democracia?

Todo mundo.

Ao menos, todo mundo que conheço. Junto com dois amigos, Andrei e Masha, fui me dirigindo ao parque onde foi marcado o protesto e, durante o percurso, outras pessoas foram se juntando ao nosso pequeno grupo. Um dos irmãos mais moços de Andrei e, depois, mais outro. Dois dos meus ex-repórteres — aqueles que ficavam se revezando para me ligar da porta do teatro por ocasião da tragédia de nove anos atrás. Um deles, Anton, agora era um ativista radical no campo das artes e passou um bom tempo na cadeia por encenar protestos. O outro, Grisha, acabara de se demitir do trabalho editorial depois de uma discussão sobre censo pré-eleitoral: ele recebeu instruções para excluir qualquer artigo crítico da sua coletânea de textos da imprensa estrangeira que cobria o pleito na Rússia. Chegando mais perto, mal podíamos avistar os detectores de metal no meio da multidão. Começaram a dizer, então, que a área delimitada pelo cordão de isolamento já estava lotada e a polícia não estava mais deixando ninguém passar. O que significava que havia pelo menos quinhentas pessoas ali e isso, para os padrões moscovitas, era uma enormidade.

Saímos andando pela rua que contorna o parque, espiando por cima de uma cerca baixa. Não havia centenas, mas milhares de pessoas ali. De repente, estávamos no meio de uma fileira informal de umas dez colunas. A rua inteira estava tomada pelos ônibus que tinham levado os policiais e pelos carros de transporte de prisioneiros em espera. "Estamos bloqueando o trânsito", disse Andrei. "Vão nos prender." Os guardas ficaram só olhando, indiferentes, quando uns dez de nós pulamos a grade para nos juntar aos manifestantes. Continuava a chover. O meu cabelo já estava encharcado e parecia que os meus pés iam cair. E fico feliz da vida por estar ali, congelando, e cumprimentando a todo instante amigos que não paravam de chegar, vindo de todo lado.

Ali estava o meu amigo fotógrafo, com quem viajei pelas zonas de guerra nos anos 1990. Lá, chegando sozinho, o filho dele, um garoto que já estava na universidade e que tinha nascido um ano depois do colapso da União Soviética. E também Tatyana, que tinha sido minha editora havia mais de quinze anos. "Sabe que não consigo mais?", disse-me ela. "Lembra que, nos anos 1990, a gente contava o número de participantes de uma manifestação dividindo mentalmente a multidão em quadrantes? Pois agora não estou conseguindo." Eu também não: não lembrava mais da técnica e tampouco tinha condições de distinguir o que quer que fosse no meio de tanta gente, debaixo de chuva e no escuro. Mas tinha certeza de que havia mais de cinco mil pessoas ali — as estimativas falarão em mais de dez mil —, e isso fez dessa manifestação o maior protesto realizado na Rússia desde o começo dos anos 1990.

Quando a manifestação terminou, convidei um grupo para ir até o meu apartamento que ficava a um quarteirão dali. As mulheres aceitaram o convite, mas os homens disseram que iam se unir à passeata que se dirigia à sede do Comitê Central Eleitoral. É óbvio que aquela passeata era ilegal e fiquei com medo que eles fossem presos. De fato, houve violência e cerca de trezentas prisões. Mas teve outra coisa também: mais ou menos uma hora depois, quando eu estava preparando um jantarzinho e as pessoas estavam tomando conhaque, ainda tentando se aquecer, Grisha postou no Twitter que Andrei tinha simplesmente arrancado os dois irmãos menores de um camburão, puxando-os pelo colarinho. Pouco mais tarde, seis rapazes — Grisha, Andrei e os dois irmãos, e mais dois sujeitos que eu não conhecia — chegariam ao meu apartamento, descabelados e satisfeitos da vida, contando e recontando a história do resgate dos prisioneiros, enfeitando-a de um jeito romântico e revolucionário.

Já vi esse filme antes, penso eu. É nessas horas que o medo desaparece. Alguém entra num camburão para resgatar os dois irmãos, e o batalhão de choque se afasta para deixá-lo passar. É um ínfimo instante de grande transformação.

Depois de comer, os rapazes foram embora para os distritos policiais onde estavam detidos os seus amigos menos afortunados.

Terça-feira, 6 de dezembro

Ao levar as crianças para a escola, escolho um trajeto que me faz passar por um distrito policial para onde foram levados alguns dos detentos de ontem à noite. Vejo uma pequena multidão diante do prédio: umas cem pessoas passaram a noite ali, no frio e na chuva, pedindo em vão que autorizassem a entrada de advogados.

Outro protesto ilegal foi convocado para esta noite. Passo o dia inteiro pensando se vou ou não e, finalmente, decido não ir. Já participei de manifestações ilegais e sempre dei um jeito de conseguir escapar (uma vez literalmente rastejando por entre as pernas de um policial). Mas a minha namorada está com sete meses de gravidez e me parece uma ideia particularmente infeliz correr o risco de passar quinze dias em prisão administrativa, que é o que geralmente acontece com muitos desses detentos.

Resolvo tratar da minha vida com uma sensação bem estranha. Vou à academia e, depois, a um café para me encontrar com o diretor-geral da agência de publicidade onde começo a trabalhar na próxima semana. O café não fica longe da praça onde deveria acontecer o tal protesto à noite e, por causa disso, o sinal do meu celular ficou péssimo, indício de que a telefonia celular estava sendo bloqueada. No caminho de volta para casa, cruzei com blindados e ônibus da polícia que, agora, pareciam estar estacionados em todas as praças do centro. Segundo o noticiário do rádio, dezenas de milhares de policiais tinham sido deslocados para Moscou a partir de outras cidades.

Não sei ao certo como fiquei sabendo — por intermédio de algum amigo, pelo Facebook ou pelo rádio —, mas havia outro protesto legalmente sancionado marcado para sábado. Isso fazia as tropas e a interferência na telefonia parecerem mais empolgantes do que ameaçadoras: o protesto da segunda-feira não havia sido um acaso fortuito. Talvez aquilo tudo fosse dar em alguma coisa afinal...

No entanto, uma coisa me preocupa: a revolução que está se armando não tem nenhum símbolo unificador, nenhum lema nitidamente formulado. Às 2h43, um executivo da publicidade, chamado Arsen Revazov, postou o seguinte texto no Facebook:

A Revolução da Neve ou Uma Nova Chance
Quando (e se) milhões de pessoas puserem uma fita branca no braço ou no carro, na bolsa, na lapela etc., vai ser impossível forjar ou falsificar o que quer que seja. Porque tudo vai estar evidente e público e todos vão ficar sabendo.

Vai nevar. A cidade inteira vai ficar branca. Cidadãos usando uma fita branca. De início, serão 10% da população, depois 30%, 50%, 75%. Quando forem mais de 30%, ninguém mais vai ter medo. E, de repente, todo mundo — ou quase todo mundo — passa a amar e a respeitar os outros por causa disso...

Precisamos persistir até março. Então, Deus vai decidir. Estou convencido de que, se milhões de pessoas usarem as fitas brancas (ou até mesmo guardanapos de papel) na nossa cidade, tudo vai mudar para a melhor, em pouco tempo e sem violência.

Em poucas horas, cerca de mil pessoas "curtiram" aquela postagem e mais de setecentas a compartilharam. Além disso, descobriu-se que uma outra corrente pregando a fita branca tinha se manifestado poucas horas antes. Agora, a revolução tinha um símbolo.

Mais trezentas pessoas foram detidas no protesto ilegal. Um amigo criou um grupo no Facebook para coordenar um movimento de ajuda aos presos. Decido participar, como outras centenas de pessoas. A partir de amanhã vai haver entrega regular de comida, cortesia do café onde tive meu encontro de trabalho hoje, e sacos de dormir e cobertores vão ser comprados e entregues a todos os prisioneiros que, sem isso, serão obrigados a ficar sentados em bancos duros ou até de pé. O nome do grupo é SOS-Revolução, e às três da manhã estou com muito orgulho por terem me escolhido para ser uma das pessoas responsáveis pela administração do grupo no Facebook.

Quarta-feira, 7 de dezembro

Ontem à noite, antes de ir me deitar, a quantidade de gente que tinha clicado em "Eu vou" na página do Facebook, com relação à manifestação de sábado beirava três mil. Hoje pela manhã, já tinha ultrapassado os cinco mil. O ex-presidente Mikhail Gorbatchov, de 80 anos, pediu a convocação de novas eleições.[3] No blog do *International Herald Tribune*, para o qual contribuo regularmente, contei como foi o protesto da segunda-feira e tentei descrever com palavras a sensação, agora inequívoca, de que houve uma virada na Rússia.

O problema do regime soviético — e daquele que foi criado por Vladimir Putin à sua imagem e semelhança — é que se trata de um sistema fechado cuja destruição é imprevisível. Não existe relação óbvia de causa e efeito entre protestos de rua e a efetiva queda do regime porque não há mecanismos que obriguem o governo a se justificar perante o povo.

Até a mais evidente das situações paralelas recentes, a Revolução Laranja na Ucrânia, em 2004, não pode ser tomada como modelo. Lá, o impasse criado entre os manifestantes das ruas e o governo que havia fraudado uma eleição foi decidido pela Suprema Corte, que ordenou a recontagem de votos e a convocação de novas eleições. Mas a Rússia não tem um sistema judiciário independente do Poder Executivo. E, ainda pior, não adiantaria sequer realizar uma recontagem ou novas eleições, já que, há tempos, a legislação foi manipulada para garantir que só figurem nas cédulas partidos que tenham a sanção do Kremlin.

Portanto, as pessoas que protestam contra a fraude eleitoral estão, na verdade, exigindo a derrubada de todo o sistema. E isso, na falta de comparação melhor, nos leva de volta à queda da URSS.[4]

Aquele processo durou cinco anos e se fez no ritmo "dois passos para a frente, um passo para trás". Protestos eram permitidos, depois, proibidos e, mais tarde, permitidos outra vez. Dissidentes eram libertados, mas os seus apartamentos eram revirados pela polícia. A censura ia e voltava de forma intermitente. No auge do movimento de protesto, centenas de milhares de pessoas saíam às ruas desafiando não apenas a polícia, mas também os tanques e, mesmo assim, era impossível identificar se os seus atos teriam consequências diretas — porque, exatamente como acontece agora, o povo não dispunha de mecanismos que obrigassem o governo a lhe prestar contas.

Mas, relembrando agora, uma coisa fica evidente: uma vez que o processo estava em andamento, o destino do regime estava selado. Quanto mais ar quente ele bombeava na bolha em que vivia, mais vulnerável também ia se tornando por causa da pressão externa cada vez maior. É exatamente isso que está acontecendo agora. Pode levar meses ou até mesmo alguns anos, mas a bolha de Putin vai estourar.

E depois? O Kremlin parece agitado. Ontem, dezenas de milhares de jovens trazidos de ônibus de outras cidades foram levadas ao centro de Moscou para uma comemoração da vitória do Rússia Unida. Deram a todos roupas vistosas e tambores azuis que eles jogaram fora sem a menor cerimônia quando o evento terminou. Os blogs se encheram de fotos dos tais tambores amassados, manchados, encharcados formando pilhas nas calçadas. Pareciam um símbolo perfeito do regime: muito barulho e muita pompa, e depois o abandono inglório no escuro e sob a chuva gélida. Quais são as outras opções do governo? A maior parte dos que foram detidos na segunda e na terça-feira continua nas celas da polícia, e sobrecarregaram a capacidade dos tribunais e das instalações prisionais: detenções em massa no protesto de sábado simplesmente não são uma opção. A violência é possível, mas parece incerta, já que desconfio que Putin ainda não compreendeu como a sua situação é desesperadora. O mais provável é que tentem abrandar os manifestantes atirando-lhes um osso qualquer. Vladislav Surkov, o chefe dos fantoches do Kremlin, já sugeriu a criação de um novo partido para apaziguar "as comunidades urbanas enfurecidas".[5] Putin e os que o cercam mais de perto parecem não perceber que o país inteiro está enfurecido com eles; portanto, devem estar pensando que permitir a presença de um simulacro de candidato de oposição nas cédulas da eleição presidencial de março vai funcionar como válvula de escape para reduzir a pressão. Os protestos têm que continuar até que aqueles que estão no poder compreendam que são uma minoria ínfima e desprezada — e, então, vão agir como um animal acuado. O que será que vão buscar no seu repertório tão limitado? Um ataque terrorista que permita a Putin decretar estado de emergência? Esse recurso não vai salvar seu governo, mas pode retardar sua queda em um ou dois anos.

No início da noite, vou a uma reunião do Rus Sidyashchaya (Rússia Atrás das Grades), organização criada há alguns meses por Olga Romanova, ex-redatora comercial que passou a se dedicar em tempo integral à luta pelos direitos dos prisioneiros desde que o marido empresário foi detido e condenado a oito anos de prisão por fraude. Depois que o suborno se revelou ineficaz para libertá-lo, Romanova tratou de investigar o caso por conta própria e acabou descobrindo provas de que o marido havia sido condenado com base em documentos forjados — fornecidos, segundo ela crê, pelo seu ex-sócio que, até o ano passado, era também senador. A mulher recorreu então à Suprema Corte, que revogou a sentença — e, quando o tribunal da cidade de Moscou ignorou essa decisão, ela recorreu novamente à Suprema Corte, que, mais uma vez, revogou a sentença. Romanova então voou até uma colônia penal bem afastada para buscar o marido que já cumpria pena havia mais de três anos. O vídeo do reencontro do casal logo viralizou na Internet.

A Rus Sidyashchaya se reúne num café no centro, um daqueles lugares onde rapazes e moças sofisticados escolhem o que beber entre dezoito tipos diferentes de excelentes chás antes de seguir para uma entre poucas marcas de vinho medíocre. Mas a maioria das pessoas que comparecem a esses encontros das quartas à noite são mulheres que parecem contadoras ou gerentes de um setor qualquer. A diferença é que estão empenhadas em tirar os "prisioneiros empresários" com quem são casadas da cadeia. Sento a uma mesa com Svetlana Bakhmina, ex-advogada do departamento jurídico da Yukos que passou quatro anos e meio na prisão, e uma moça tímida, de óculos, que me disse que o marido havia sido condenado sob a alegação de fraude.

"E aqui vem Irek Murtazin!", exclama Romanova, uma mulher de 45 anos, corpulenta e de cabelo pintado de vermelho.

Quem entrou foi um homem magro, de uns quarenta e tantos anos. É um ex-executivo da TV do Tataristão que foi demitido em outubro de 2002 depois da cobertura que fez do episódio dos reféns no teatro em Moscou. Murtazin tornou-se um blogueiro muito popular e, em 2009, foi preso sob a acusação de estar difamando o presidente de seu país. Foi condenado a 21 meses de prisão por difamação e, segundo declarou o tribunal, por "instigar a inimizade contra um grupo social específico"; no caso, as autoridades do governo.[6]

"Tenho uma notícia boa e outra ruim", disse ele. "A notícia ruim é que um juiz do Tataristão, que atropelou e matou um rapaz quando dirigia bêbado no verão passado, foi absolvido."

Ouviram-se suspiros por todo cômodo: essa má notícia nem chegava a ser novidade, já que acidentes envolvendo autoridades e a sua consequente absolvição eram a coisa mais comum do mundo.

"A boa notícia", prosseguiu Murtazin, "é que quase metade dos juízes de paz encarregados dos casos das pessoas detidas nos protestos de segunda e terça-feira não foi trabalhar hoje por motivo de doença. São oitenta juízes gripados".

Isso, sim, era novidade. E ficamos sabendo que, por causa da superlotação das cadeias, alguns dos detentos haviam sido soltos com a determinação de se apresentar ao tribunal em data posterior. No entanto, Alexei Navalny, que tanto combatia a corrupção, tinha comparecido perante um juiz naquele dia mesmo e sido condenado a quinze dias por liderar a passeata ilegal da última segunda-feira.

Uma das mulheres presentes à reunião saiu distribuindo fitas brancas para todo mundo. Em menos de 24 horas, o símbolo da revolução tinha se tornado oficial.

Quando cheguei em casa, o número de pessoas que tinham clicado na opção "Eu vou" no evento do Facebook, referindo-se ao protesto de sábado, já ultrapassava dez mil.

Quinta-feira, 8 de dezembro

Mais de vinte mil usuários do Facebook pretendiam comparecer ao protesto do sábado.

Converso com alguém que está em contato diário com membros da administração presidencial e do Governo Federal. "Eles estão histéricos", diz ele. "Ninguém sabe o que fazer. Estão tomando decisões baseadas no humor que acordam pela manhã. Ontem,

Medvedev queria tirar do ar a Dozhd [o canal independente de TV a cabo]. Quase não conseguimos impedi-lo." Poucos dias depois, fiquei sabendo que os provedores de acesso à TV a cabo tinham recebido telefonemas mandando que cortassem o acesso da Dozhd, mas se negaram a aceitar a determinação alegando obrigações contratuais. Ninguém ficou mais espantado com tudo isso que o proprietário e diretor da Dozhd. Nesse meio-tempo, o presidente Medvedev deixou de seguir o canal de televisão no Twitter.

Operários da prefeitura foram enviados às pressas para fazer umas obras na praça da Revolução, onde aconteceria a manifestação de sábado — uma clássica tática para afastar os manifestantes na última hora.

Sexta-feira, 9 de dezembro

A ansiedade toma conta de mim. Levando as crianças para a escola, vou ouvindo o rádio com preocupação — até mesmo quando anunciam que mais de 25 mil pessoas planejam comparecer à manifestação de sábado. É como aquele momento, ainda no início de uma relação apaixonada, quando todas as palavras são ditas do mesmo jeito que na véspera, mas, de algum modo, o ardor parece ter diminuído um pouquinho. Deixo as crianças na escola, volto para casa e vou dormir de novo.

Mas, quando acordo, poucas horas depois, a revolução ainda está se armando e as paixões estão no alto nível em que precisam estar. A questão preocupante agora é que, apesar de tecnicamente legal, o protesto de sábado previa trezentos participantes segundo o pedido de autorização apresentado pelos organizadores dez dias antes. No passado, todos além desse número seriam detidos. Mas, agora, seria impossível deter um excedente de milhares ou dezenas de milhares de pessoas, o que podia significar violência policial.

Dois dos organizadores — um político de carreira e o editor de uma revista — foram à prefeitura de Moscou tentar uma negociação.

No meio da tarde, o editor, Sergei Parkhomenko, postou o resultado dessa negociação na sua página do Facebook: a prefeitura propôs um novo local para o evento, concedeu autorização para trinta mil participantes e estendeu a duração do protesto de duas para quatro horas. E, pouco depois, também concordou em liberar o acesso de todos aqueles que fossem parar na praça da Revolução para o novo local designado, que ficava a cerca de meia hora a pé. A única má notícia nisso tudo era que, em vez de acontecer num lugar com o fabuloso nome de praça da Revolução, o protesto ia se realizar na praça Bolotnaya (pantanosa). Um amigo, o célebre poeta e comentarista político Lev Rubinstein, logo batizou a troca de "desafio linguístico".

O mais querido escritor de sucesso do país, Grigori Chkhartishvili, que escreve romances policiais sob o pseudônimo de Boris Akunin, escreveu em seu blog:

Não consegui ficar parado
Por que tudo neste país tem de ser assim?
Até a sociedade civil tem de acordar no momento mais inconveniente para o escritor.
Viajei para o interior da França em busca de algum sossego para escrever o meu novo romance. Mas, agora, não estou podendo me concentrar. Acho que vou voltar para casa. São quinhentos quilômetros ao volante — e, então, desejem-me sorte para conseguir um voo.
Espero que dê tudo certo e que eu consiga ver esse momento histórico com meus próprios olhos, e não pelo YouTube.
Mas o motivo de eu estar escrevendo este post é que me pediram para avisar a todos que ainda não estejam sabendo:
O PROTESTO VAI SER NA PRAÇA BOLOTNAYA (e não na da Revolução).[7]

Na reunião de pais e professores aquela noite, vi que vários outros pais de alunos estavam usando fitas brancas.
Quando pus a minha filha na cama, ela me perguntou se podia ir ao protesto comigo no dia seguinte.

"Não, sinto muito, mas não acho uma boa ideia levar crianças. Ainda não."

"Mas é um protesto legal, não é?" Ela sabe que, se não fosse esse o caso, eu poderia ir para a prisão.

Digo que, sim, e que não deve me acontecer nada de mau. "É provável que eu vá a muitos protestos nos próximos meses", acrescento, "e é provável que não possa levar você comigo. Mas no último eu levo, quando formos comemorar."

"Quer dizer, quando não tiver mais Putin?", pergunta ela, ofegante, como se aquela ideia fosse boa demais para sequer ser imaginada. A minha filha tem 10 anos; nasceu depois que Putin subiu ao poder e passou a vida inteira ouvindo conversas sobre ele. Quando os meus filhos eram pequenos, fizeram de Putin uma espécie de vilão doméstico, o bicho-papão que viria pegar quem se comportasse mal à mesa. Acabei com essa história e, quando cresceram um pouco, tentei lhes dar uma ideia de política que não fosse tão simplista, mas talvez tenha esquecido de dizer que ninguém fica no poder para sempre.

Sábado, 10 de dezembro

Voltando da *dacha*, onde Darya e as crianças iam ficar enquanto eu estaria no protesto, liguei o rádio e fui me enchendo de aflição. E daí que 35 mil pessoas tenham declarado no Facebook que iam participar do protesto? Já ouvi falar de gente que recebeu setecentas confirmações de presença num evento qualquer e, na hora, não apareceu absolutamente ninguém. Afinal, é fim de semana: uns vão ficar com preguiça, vão querer dormir até mais tarde ou ficar nas suas *dachas*, e vão acabar achando que não tem problema não ir, já que tantas outras pessoas vão estar presentes.

Quando vou me aproximando da praça Bolotnaya, vejo gente se encaminhando para lá, vindo de todas as direções: em grupos, aos pares, sozinhas; jovens, velhas, de meia-idade. Gente usando fitas brancas, lenços brancos, chapéus brancos, até mesmo calças brancas, levando nas mãos balões ou cravos brancos. Como ainda não começou a nevar, todo aquele branco que as pessoas usam ou carregam tem de compensar.

Encontro um grupo de amigos, entre os quais estão Andrei e dois dos seus irmãos. Nos detectores de metal, os guardas estão tranquilos e se mostram educados. Lá dentro, esquadrinhamos a praça à procura de rostos conhecidos. No protesto de segunda-feira, dava para reconhecer as pessoas porque eu podia ver todo mundo; hoje, sei que estão todos aqui porque não dá para distinguir ninguém no meio da multidão. Até mandar alguma mensagem se mostra impossível, já que a capacidade das redes de telefonia celular de Moscou está sobrecarregada.

Ficamos boquiabertos ao ver os cartazes improvisados que algumas pessoas fizeram. Um deles exibe um gráfico dos resultados oficiais divulgados pelo Comitê Central Eleitoral e, por cima dele, uma curva mostrando coisa bem diferente: como ficaria o tal gráfico com a distribuição normal dos votos obtidos pelo Rússia Unida. "Não confiamos em vocês, confiamos em Gauss", era a legenda, referindo-se a Carl Friedrich Gauss, o matemático que deu ao mundo essa curva estatística em forma de sino.

"Não votei nesses babacas", proclamava outro cartaz carregado por um rapaz de barba ruiva. "Votei em outros babacas. Exijo a recontagem."

"Tem tanta gente aqui!", gritou ao celular um garoto bem jovem. "E são todas pessoas normais! Já ouvi milhares de piadas, e todas eram bem engraçadas!"

Se você passou anos achando que só uns poucos amigos mais chegados pensavam como você, estar cercado por dezenas de milhares de pessoas que pensam de modo semelhante dá efetivamente a sensação de estar ouvindo um milhão de piadas ao mesmo tempo.

A certa distância, há um palanque. Não consigo vê-lo e mal posso ouvir o que dizem os oradores. Uma das minhas amigas lembrou de um estratagema usado no início dos anos 1990, quando as pessoas levavam rádios portáteis para as manifestações e os usavam para ouvir os discursos. Ligou então o rádio do celular (o serviço de telefonia estava sobrecarregado, mas essa praça tem rede wi-fi) e passou para nós os destaques dos discursos. Ficamos olhando para aquela multidão e, de vez em quando, clamávamos junto com ela: "Novas eleições!", "Liberdade!", "Rússia sem Putin!"

Entre os oradores estava Boris Akunin (que conseguiu chegar do Sul da França a tempo), um âncora de TV adorado pelo público, que há tempos figurava na lista de indesejados do sistema, e diversos ativistas. O pai de Darya falou sobre fraude eleitoral. Nenhum daqueles que se dizem políticos de oposição — "os outros babacas" — está presente. Eles ainda não entenderam que o poder se afastou do Kremlin. Como Navalny ainda está preso, um jornalista lê o seu discurso para os manifestantes. E Mikhail Prokhorov, bilionário que interrompeu a carreira política dois meses atrás, continua calado. Na segunda-feira, ele iria anunciar sua candidatura à presidência, mas, a essa altura, já será tarde demais para conseguir alguma credibilidade junto à multidão revolucionária: Prokhorov será imediatamente tachado de embuste de Putin.

Estou usando segunda pele térmica, dois casacos e botas de neve; não há como se vestir direito para ficar parado ao ar livre no inverno russo. Depois de umas duas horas, meus amigos e eu resolvemos ir embora. Ainda tinha gente chegando. Já a alguma distância, paro numa ponte de pedestres para olhar a multidão. Tem bem mais de 35 mil pessoas ali; mais tarde, o número de participantes vai ser estimado em 150 mil.

Pegamos uma mesa grande num restaurante que, como todos os outros lugares onde se pode comer pelas vizinhanças, está repleto de manifestantes tentando se aquecer tomando vinho quente com especiarias. Conhecidos e estranhos gritam as últimas notícias de uma mesa a outra. Andrei foi o primeiro a ler umas linhas do site de uma estação de rádio: "O protesto está chegando ao fim. Um representante da polícia subiu ao palanque. 'Hoje, agimos como a força policial de um país democrático. Obrigado', disse ele. E foi aplaudido." Na nossa mesa, houve uns instantes de silêncio. De repente, todos começamos a dizer "Isso é ótimo", entreolhando-nos, incrédulos. "Isso é ótimo!" Há quanto tempo nenhum de nós conseguia dizer, com toda a sinceridade, "Isso é ótimo" com relação a alguma coisa que estivesse acontecendo na nossa cidade?

Deixei meus amigos no restaurante e voltei para a *dacha*, onde estava a minha família. Passei pela Grande Ponte de Pedra — a maior das pontes sobre o rio Moscou — no exato momento em que a polícia vinha saindo da praça Bolotnaya. De uma ponta a outra, eram centenas e centenas de homens, andando ao longo da calçada em grupos de quatro ou cinco. Que eu me lembre, foi a primeira vez que não senti um bolo no estômago ao ver policiais do batalhão de choque. Um caminhão limpa-neve cor de laranja impede a minha passagem. Como ainda não nevou, não sei muito bem o que aquele caminhão está fazendo na rua, mas vejo que há um balão branco amarrado numa das pontas da guilhotina.

Hoje foram realizadas manifestações em 99 cidades do país e diante dos consulados e embaixadas da Rússia em mais de quarenta cidades mundo afora.[8]

À noite, o secretário de imprensa de Putin, Dmitry Peskov, disse aos jornalistas que o governo não tinha nada a declarar sobre os protestos e prometeu divulgar para a imprensa qualquer comunicado oficial que viesse a ser emitido.[9]

Poucos minutos depois, a NTV, o canal de televisão que havia sido tomado de Vladimir Gusinsky dez anos antes e inteiramente dilapidado, transmitiu uma excelente reportagem sobre o protesto. Vi o programa pela Internet — há anos que não tenho uma TV que funcione em casa — e reconheci algo que havia observado em outros países quando estive cobrindo as suas revoluções. Chega um dia em que ligamos a TV e os mesmíssimos capangas que, na véspera, sentados nos mesmíssimos estúdios com o mesmíssimo cenário, estavam nos cuspindo pura propaganda na cara, começam a falar língua de gente. Mas, agora, esse momento me causa atordoamento porque lembro perfeitamente desses jornalistas antes de eles se tornarem paus-mandados; lembro quando falaram língua de gente pela última vez, uns bons dez anos atrás.

Quando estou quase chegando à *dacha*, começa a nevar. Pela manhã, o campo estará todo coberto de branco.

POSFÁCIO

Em 1º de março de 2012, este livro foi publicado nos Estados Unidos, na Grã-Bretanha e em muitos outros países fora da Rússia — por lá, uma editora confessou ter medo demais de chegar perto dele. Três dias depois, Putin declarou vitória no primeiro turno da eleição presidencial, com 63% dos votos. Com o monopólio quase total das cédulas de votação, da mídia e das próprias pesquisas, ele poderia ter reivindicado qualquer porcentagem — poderia até ter optado por menos da metade dos votos e escolhido encenar um segundo turno, para tentar desarmar seus críticos com uma demonstração de democracia —, mas preferiu ganhar de lavada e dar um tapa na cara do Movimento por Eleições Justas, que manteve a pressão durante o inverno com intensos protestos.

Senti um tipo estranho de satisfação quando os resultados das eleições foram anunciados: por mais desanimadores que fossem para o movimento de protesto e por mais desesperançado que fosse o futuro que prometiam para o meu país, eles também eram uma parte integrante da história que eu estava escrevendo. Putin e o regime que ele havia construído eram, como sempre, pouco flexíveis e sutis. Alguns cientistas políticos e autores de editoriais sugeriram que Putin instituiria reformas leves em resposta aos movimentos de protesto, talvez permitindo que a mudança ocorresse gradualmente de dentro do sistema. O Putin que eu havia estudado — o protagonista que descrevi neste livro — nunca permitiria isso, não apenas porque abominava qualquer manifestação do que ele percebia como fraqueza, mas também porque havia sido profundamente traumatizado pela *perestroika*, que havia começado com as reformas leves de Gorbatchov e terminado com o colapso da União Soviética.

Assistindo à eleição presidencial russa do meu poleiro enquanto fazia a turnê de divulgação do meu livro pelos Estados Unidos, eu me sentia desconfortável e impotente. Amigos me consolavam com garantias de que falar sobre a Rússia para o Ocidente era um uso melhor do meu tempo do que estar fisicamente em um protesto de rua em Moscou. E senti que tinha cumprido bem essa tarefa ao prever, com precisão, que Putin seria irredutível diante da resistência — o que significava que a repressão era inevitável. As coisas piorariam muito antes de melhorar.

Mas havia uma deformação na história que eu estava contando que me deixava um pouco desconfortável. Estava relatando que trabalhar como jornalista na Rússia havia se tornado praticamente impossível: meus colegas haviam sido mortos, mutilados e ameaçados; o governo trabalhava de maneiras misteriosas, a portas fechadas, transformando o trabalho de descrever a política russa, na melhor das hipóteses, em adivinhação: reportagens haviam se tornado perigosas e, ao mesmo tempo, sem sentido. No entanto, minha própria vida profissional parecia contradizer essa história: consegui manter meu emprego na Rússia, ascendendo, na época da turnê de divulgação do meu livro, à chefia de edição de uma editora que publicava livros para um nicho do mercado e duas revistas mensais, uma das quais eu também editava. A pegadinha era que a editora era especializada em divulgação científica e guias de viagem. Eu amava esse trabalho — muito do meu jornalismo ao longo dos anos e dois dos meus livros haviam sido de divulgação científica, e meus colegas e eu acreditávamos que, ao educar nossos leitores, tornávamos o país melhor. No entanto, a lacuna crescente entre minha escrita política e meu trabalho diário às vezes fazia eu me sentir uma farsa ou, pelo menos, alguém com dupla personalidade. Durante a turnê, eu ia em programas de entrevistas para falar sobre o regime de Putin e o movimento de protesto, e depois voltava para o meu hotel para editar uma história sobre escalada vertical no reino animal. Em algum lugar ao longo do caminho, sem perceber, eu tinha feito o que a *intelligentsia* soviética da geração de meus pais havia feito: recuado para áreas de pesquisa obscuras o suficiente para escapar da atenção do regime. Ao mesmo tempo, eu mal podia reclamar: tinha um trabalho que eu amava, podia contratar pessoas de quem eu gostava e as quais respeitava (vários deles também antigos jornalistas políticos), e ganhava bem para isso.

QUANDO VOLTEI para Moscou depois da turnê, a repressão havia começado. Uma marcha legal e pacífica em 6 de maio, véspera da posse de Putin, terminou em confrontos com a polícia de choque quando eles decidiram impedir que as pessoas se juntassem ao comício no final da rota: 650 pessoas foram presas e dezenas feridas, incluindo vários policiais. Darya, eu e nosso bebê, fomos separados da minha filha de dez anos e ela acabou no meio da violência — no fim das contas, ela não se machucou, mas acabou ficando aterrorizada e traumatizada. Em junho, a Duma começou a aprovar indiscriminadamente os projetos de lei que vinham aos montes do Kremlin. Um projeto de lei expandiu de maneira significativa a capacidade do governo de proibir protestos e punir os manifestantes. As autoridades agora podiam declarar a interdição perpétua de áreas para manifestantes; as pessoas não podiam mais participar de manifestações usando máscaras faciais (incluindo cirúrgicas) ou qualquer coisa que pudesse ser usada para cobrir o rosto; os organizadores individuais podiam ser multados em 300 mil rublos (pouco menos de 10 mil dólares) por quaisquer violações — incluindo exceder o número máximo de participantes permitido pelas autoridades. O governo também se reservou o direito de determinar ele mesmo quem eram os organizadores, em vez de continuar a responsabilizar as pessoas que tinham peticionado às instâncias locais por uma autorização de manifestação. As prisões começaram logo depois: mais de uma dezena de pessoas, aparentemente escolhidas de forma aleatória entre os manifestantes, foram jogadas na prisão e acusadas de incitar a desordem pública em 6 de maio — elas seriam em seguida condenadas a mais de quatro anos de prisão. Em julho, a Duma aprovou leis que efetivamente proibiam as organizações não governamentais russas de aceitar financiamento estrangeiro. Em agosto, um tribunal de Moscou condenou três jovens mulheres que se autodenominavam Pussy Riot a dois anos atrás das grades por uma performance anti-Putin de quarenta segundos dentro de uma catedral em Moscou. Em setembro, a Duma aprovou emendas às leis sobre alta traição e espionagem, basicamente tornando possível condenar qualquer pessoa por qualquer crime, com sentenças até de prisão perpétua. Em 1º de outubro, a Agência dos Estados Unidos para o Desenvolvimento Internacional, que vinha financiando algumas organizações cívicas na Rússia, incluindo aquelas que forneciam ajuda essencial a pequenos jornais independentes, foi sumariamente chutada para fora do país. O espaço para qualquer tipo de atividade independente estava diminuindo rapidamente.

Fui à Austrália para o Festival de Escritores de Sidney a fim de divulgar este livro e escrevi uma matéria sobre a Ponte da Baía de Sydney para a minha revista. Com amigos e conhecidos lidando com prisões e buscas em apartamentos, me sentia cada vez mais em um estado conflitante em meu paraíso da divulgação científica — especialmente porque tinha começado a participar de reuniões infinitas com representantes de uma organização chamada Sociedade Geográfica Russa. Era uma organização sem fins lucrativos, mas com um porém: tinha mais de 150 anos de idade e tinha sido praticamente esquecida ao longo de grande parte de sua história — até que algumas pessoas poderosas se interessaram por ela. Agora seu presidente era o Ministro de Emergências, Sergei Shoigu, e o presidente do conselho era Vladimir Putin. Isso significava que a organização não governamental poderia ter qualquer coisa que quisesse — como, por exemplo, um prédio de quatro andares a poucos passos do Kremlin, que estava sendo reformado para abrigar a sede da Sociedade. Em algum momento, a SGR decidiu que queria ter sua própria revista e a *Vokrug Sveta*, a revista que eu editava, parecia uma boa candidata: também tinha 150 anos de idade (a revista mais antiga a ser continuamente publicada no país), e seu nome significava "ao redor do mundo", o que parecia combinar com uma revista de uma sociedade geográfica.

Quando uma organização patrocinada pelos homens mais poderosos da Rússia se interessa por um negócio, geralmente termina com uma aquisição. Sergei Vasilyev, dono da *Vokrug Sveta*, sabia bem disso: ele havia sido coagido a vender sua grande empresa de publicidade, onde agora era um gerente contratado. Negociou com a SGR por alguns meses e depois colocou as palavras "Revista da Sociedade Geográfica Russa" na capa. Embora Vasilyev continuasse sendo oficialmente dono da revista — e tendo total responsabilidade financeira por ela — agora tínhamos a obrigação de publicar pelo menos uma matéria relacionada à SGR em cada edição.

Eu tinha minhas próprias preocupações sobre a SGR. Uma delas era que Vasilyev seria forçado a se livrar de mim: ele e eu tínhamos discutido os riscos políticos que ele estava correndo ao me contratar e eu tinha prometido sair caso meu nome ou meu posicionamento político se tornasse um problema. Mas ninguém exigiu minha demissão. Na verdade, de repente eu parecia ser capaz de cruzar fronteiras: como representante da *Vokrug Sveta* afiliada à SGR, me convidavam para a televisão e rádio estatais, onde fazia anos eu era alvo de malquerença. Nunca mais aceitei o convite, mas um dos nossos editores usou uma transmissão ao vivo da rádio pública para defender o Pussy Riot — e ninguém me disse uma palavra. Será que alguém pelo menos sabia? Acionei meus contatos e logo descobri que o secretário de imprensa de Putin, Dmitry Peskov, que estava trabalhando no projeto SGR/*Vokrug Sveta* mais de perto, não sabia que eu era editor-chefe no momento em que a parceria foi anunciada — pelo próprio Putin. Só várias semanas depois Peskov descobriu, por um conhecido nosso.

Eu me perguntava o que ele faria agora. Iria até Putin e diria a ele que tinham uma questão com a revista que o próprio presidente tanto havia elogiado? Como ele definiria a questão? Será que Putin sabia que eu existia — ou ainda que eu havia escrito este livro, que recebeu bastante atenção da imprensa no Ocidente? Eu estava começando a suspeitar fortemente que não. Para ele saber, alguém teria que ter lhe dito — tornando-se o portador de más notícias. E agora a notícia era duplamente ruim: Peskov teria que dizer a Putin que ele não havia feito sua lição de casa sobre a *Vokrug Sveta* e que eu tinha escrito este livro. Tive a sensação de que ele não havia feito e não iria fazer isso. E do meu novo poleiro acidental eu estava tendo uma visão que confirmou minha suspeita anterior: que Putin havia realizado seu sonho de recriar a KGB do final do período soviético, uma organização que coletou e produziu montanhas de papelada inútil, mas foi pega de surpresa por Mathias Rust, o piloto amador de 19 anos da Alemanha Ocidental que pousou seu avião na Praça Vermelha em maio de 1987, depois de ter cruzado ilegalmente o espaço aéreo soviético vindo da Finlândia.

MINHA OUTRA PREOCUPAÇÃO COM a SGR era profissional. Para produzir as matérias mensais, nossos jornalistas iam junto em expedições da SGR, que eram muitas, exóticas e extravagantemente financiadas. Por um lado, essas expedições nos proporcionaram oportunidades de ir a lugares onde poucos jornalistas podem chegar, como as Ilhas da Nova Sibéria, por exemplo. Por outro, os representantes da SGR eram geralmente pressionados a explicar o propósito real de suas expedições, fazendo-me suspeitar que a SGR funcionava como qualquer instituição da burocracia russa, gastando dinheiro apenas porque podia.

E eu tinha outra preocupação — ou melhor, um temor. O próprio Putin estava cada vez mais interessado nas atividades da SGR e nos esforços de preservação da natureza em geral. Ele havia, por exemplo, colocado pessoalmente uma coleira de rastreamento via satélite em um tigre-siberiano selvagem em 2008 — mas quatro anos depois, blogueiros ambientalistas relataram que o tigre havia sido levado do zoológico de Khabarovsk para que Putin pudesse ser fotografado realizando tal feito.[1] Quando repórteres da *Vokrug Sveta* começaram a ir em expedições da SGR, voltavam com outras anedotas parecidas. Houve um tempo, em 2010, quando Putin colocou uma coleira de rastreamento em um urso polar — habitantes do local disseram ao nosso repórter, dois anos depois, que o urso havia sido capturado com vários dias de antecedência e fortemente sedado em antecipação à visita de Putin. E eles disseram que houve uma época em que Putin queria ser fotografado em um parque nacional do Extremo Oriente, mas seu serviço de segurança traçou uma rota através de uma parte do parque que já havia sido desmatada. Guardas florestais criativos arranjaram troncos de árvores e os amarraram nos tocos para a sessão de fotos.

Mas tudo isso eram boatos. Nossos repórteres não testemunharam nada disso e, como uma revista de divulgação científica, não tínhamos obrigação de investigar essas alegações. Se uma coisa estava evidente, era que os esforços de preservação da natureza de Putin tinham pouco a ver com ciência, de qualquer tipo. Na chefia da edição, eu odiava assumir esta posição: em todos os meus anos como repórter de política, nunca tinha me esquivado de investigações, incluindo as de alto risco. Eu não contava com a necessidade de tomar decisões éticas angustiantes em uma revista de divulgação científica. Tinha levado vários jovens editores a bordo comigo quando fui para a *Vokrug Sveta*, e, com o passar do verão de 2012, passamos mais horas no jardim da editora tendo essa conversa, bastante familiar da era soviética, sobre se as concessões que estávamos fazendo ou que talvez fizéssemos eram justificáveis. Conversávamos sobre a sensação de que aquilo estava lentamente apodrecendo; nos virávamos para olhar o nosso prédio com nostalgia, como se já tivéssemos perdido a revista.

Na manhã de 1º de setembro, sábado, recebi a ligação do meu editor: Peskov estava solicitando uma equipe de fotógrafos e escritores da *Vokrug Sveta* para acompanhar Putin em um voo de asa delta para soltar grous da Sibéria Ocidental de volta na natureza. Senti um aperto no coração. Tinha certeza de que o jornalista testemunharia algo na mesma linha de tigres emprestados de zoológicos ou árvores amarradas a tocos. Senti que seríamos obrigados a escrever sobre isso, e então haveria problemas: na melhor das hipóteses, me demitiriam, e, na pior, a aquisição da revista se tornaria hostil.

Recusei, e a demissão veio na mesma hora.

NA SEGUNDA-FEIRA SEGUINTE, fui ao escritório da editora, assinei os papéis necessários, fiz um anúncio à equipe e, no fim da tarde, tuitei que estava deixando meu emprego. Usei uma *hashtag* que tinha sido tendência ano anterior: as pessoas escreviam pequenos poemas onde a primeira linha rimava com a frase "e você pode agradecer a Putin por isso"; era uma alusão a uma tradição da época de Stalin, quando o ditador era frequentemente agradecido, em verso, por qualquer coisa que ia de uma infância feliz a um dia de sol. Escrevi "Estou deixando a *Vokrug Sveta* #youcanthankPutinforthat", que em russo rimava. Recebi várias ligações da imprensa, dei algumas declarações e fui para casa comemorar minha demissão com dois dos meus amigos mais próximos.

Cedo, na manhã seguinte, peguei um avião para Praga a fim de fazer uma entrevista de emprego. Eu estava em um táxi, com o cansaço, a ressaca e um pouco de atordoamento me consumindo, quando meu telefone tocou. Uma voz masculina me pediu que aguardasse. Escutei o silêncio por dois minutos, irritado. Uma outra voz masculina surgiu:

— Não desligue. Estou transferindo a ligação.

Eu explodi.

— Não pedi para me transferirem para ninguém! Por que eu tenho que aguardar? Para quem vocês estão me transferindo? Você quer se apresentar?

— Putin, Vladimir Vladimirovich — disse a voz do presidente do outro lado da linha.

— Ouvi dizer que você foi demitido — continuou ele, enquanto eu me esforçava para formular algum tipo de resposta que ao mesmo tempo deixasse no ar minha dúvida de que aquilo poderia ser uma pegadinha. — E que eu involuntariamente fui a razão para isso. Mas você deve saber que meus esforços para preservar a natureza não têm nada a ver com política. Infelizmente, para uma pessoa na minha posição é difícil separar os dois.

Esse tipo de frase era puro Putin: pedindo simpatia enquanto sutilmente difamava o cargo de presidente — algo que eu sempre pensei que um líder genuinamente eleito não faria.

— Então, se você não tiver objeções, proponho que nos encontremos e conversemos sobre isso — disse ele.

— Não tenho objeções. Mas como vou saber que isso não é uma pegadinha?

Putin prometeu que eu receberia uma ligação organizando a reunião e que ele apareceria, demonstrando, assim, que o telefonema não tinha sido uma pegadinha. Bem nesse ponto da conversa, meu táxi passou pelo túmulo de Franz Kafka.

Passei a semana seguinte com a preocupação de que a reunião fosse cancelada. Afinal, havia passado anos estudando aquele homem, examinando tudo o que ele já disse, rebobinando e assistindo seus sorrisos e caretas dezenas de vezes — e nunca tinha estado fisicamente no mesmo espaço que ele. Secretamente, eu sentia que o tinha inventado.

Ao mesmo tempo, como seria possível essa reunião acontecer? Eu sabia que era malquisto: nos últimos doze anos não consegui nem credencial para uma conferência de imprensa do Kremlin. A relação com a SGR havia mudado muito disso, mas eu ainda sentia que aquilo estava acontecendo em uma realidade paralela: não acreditava que pudesse adentrar as paredes do Kremlin antes que alguém se lembrasse de quem eu era e por que eu estava na lista de *persona non grata*, para início de conversa. Peskov não acharia necessário contar ao chefe dele sobre o meu livro? E, tendo ele contado ou não, como poderia manejar a reunião? Se eu tivesse razão sobre o estado de decadência da administração presidencial, Peskov não avisaria Putin e só pensaria na reação da mídia à nossa reunião depois de ter acontecido.

Uma semana depois do telefonema, eu estava esperando Putin no Kremlin. No dia anterior, tinha recebido nada menos que oito ligações de pessoas diferentes da administração e da assessoria de imprensa: primeiro, eles estavam abertamente competindo pela responsabilidade de acertar os preparativos para minha visita e, depois, não conseguiam descobrir por qual portão eu deveria entrar no Kremlin e continuaram ligando de volta para mudar o combinado. A funcionária da assessoria de imprensa que me encontrou no portão perguntou se eu já tinha ido ao gabinete do presidente antes e ficou arrasada ao saber que não: ela não conhecia o caminho. Andamos pelo Kremlin pedindo informações aos policiais. Até ali, minha teoria parecia estar correta.

Esperei no café no fim do corredor, a algumas portas do escritório do presidente. Tinha tantas coisas folheadas a ouro quanto a Catedral de Cristo Salvador, e cheirava a *borsch*: parecia um restaurante do início da era pós-soviética, a ideia de riqueza de alguém sem imaginação. Também era fortemente inflacionado: um expresso duplo custava 15 rublos (cerca de 0,5 de dólar), ou um décimo de seu preço na rua em Moscou. Eu sabia que teria que aguardar muito tempo: o tempo médio de espera era de quatro horas, mas seis ou mais horas de espera não seriam algo inédito. Eu havia levado um livro para ler. Queria dar meu próprio livro de presente a Putin, mas meus amigos e familiares me imploraram para não fazer isso — um apelo de um colega em forma de mensagem de texto à meia-noite finalmente me convenceu. Estava lendo o brilhante livro de Peter Matthiessen sobre grous, *The Birds of Heaven*. Na Introdução, Matthiessen cita um vizinho de Long Island que perguntou a ele: "Quem se importa com grous?" Ele explica: "Como muitas pessoas em muitos continentes, eu me importo muito com grous e tigres, não apenas como criaturas magníficas e inspiradoras, mas como arautos e símbolos de tudo o que está se perdendo."

Eu tinha planejado usar o tempo de espera para encontrar as palavras que diria a Putin: presumi que teria tempo apenas para uma única declaração. Meu problema com o aparente interesse de Putin por grous e tigres — e também por ursos polares e leopardos-das-neves — era que ele parecia interessado neles como símbolos de seu próprio poder: ele escolheu os maiores predadores e os maiores pássaros voadores para dominar diante das câmeras, para mostrar que não era apenas presidente, mas também o rei da selva. Apesar de seu interesse declarado em projetos destinados a salvar grous-siberianos, tigres e leopardos-das-neves, a Rússia sob seu comando fez do desrespeito ao meio ambiente questão de política de Estado. Entre outras coisas, Putin havia sancionado pessoalmente a reabertura da fábrica de papel que vinha poluindo o Baikal, o lago de água doce mais antigo e profundo do mundo: o presidente o visitou a bordo de um minissubmarino e disse que parecia limpo o suficiente. Mas será que ele entenderia uma acusação de hipocrisia?

A espera foi de duas horas — bastante curta para os padrões de Putin, como seu secretário de imprensa mais tarde comentaria. Uma funcionária sênior da assessoria da imprensa me acompanhou até o escritório dele.

— Qual é o formato do encontro? — perguntei.

— Como assim? — perguntou ela, aparentemente surpresa. — Você quer dizer se é público ou privado?

— Isso — respondi. — Se posso gravar ou não, qual a duração prevista, qual é a pauta?

— Eu não tenho ideia — respondeu ela com um sorriso.

Mais um ponto para a minha teoria de que aquilo era como um ônibus desgovernado. Além disso, agora eu estava livre para escrever sobre a reunião.

Sergei Vasilyev, meu ex-editor, também tinha sido convidado, e aparentemente tinha esperado no gabinete de imprensa. O secretário de imprensa agora o acompanhava até a porta.

Putin estava sentado à mesa quando entramos — um gesto clássico de poder burocrata russo, que força o visitante, que talvez esperasse ser recebido na porta, a se aproximar da escrivaninha. O escritório não tinha mudado muito do Kremlin da década de 1990, que, por sua vez, tinha sido uma versão melhorada do Kremlin da URSS: móveis burocratas de madeira polida dos anos 1960, uma grande escrivaninha e uma mesa de conferência. Os telefones de plástico sem botão da era soviética — o equivalente do Kremlin a discagem direta — ficavam na escrivaninha e na mesa.

Em perfeita conformidade com este protocolo de poder, Putin esperou que chegássemos ao meio da sala antes de se levantar para nos cumprimentar. Ele apertou nossas mãos e nos mostrou a mesa de conferência: ele se sentaria à cabeceira e, em cada um dos lados, Vasilyev e eu. Vasilyev estava corado e suando, e eu achei penoso olhar para ele. Putin parecia inchado de uma maneira que sugeria excesso de cirurgias plásticas, então olhar para ele também era difícil.

— Antes de começarmos — disse ele. — Quero ver se essa conversa faz sentido. Você gostava do seu trabalho? Ou você talvez tenha outros planos e o status de jornalista perseguido vai ser bom para a sua carreira?

Ele claramente não tinha sido informado. Não tinha ideia de quem eu era — além do fato de ter sido demitido do cargo de editor-chefe de uma revista de divulgação científica da qual ele agora se considerava dono. Não sabia do livro, ou do meu papel no movimento de protesto, ou dos muitos artigos sobre ele e sua administração que eu havia escrito na imprensa russa. E, ao que parece, não havia pedido qualquer informação antes do nosso encontro — mais uma evidência de que ele havia se tornado tão isolado e solipsista quanto apenas um ditador pode ser. Ele havia se interessado por mim apenas porque agora se considerava dono da revista, gostava do jeito que era, e não gostava que alguém demitisse o editor-chefe sem consultá-lo. Eu tinha ido encontrar meu nêmesis, mas ele estava apenas convocando uma reunião com um membro de sua vasta equipe.

— Eu gostava muito do meu trabalho — disse a ele honestamente. — E não acho que minha carreira esteja precisando de um impulso.

— Que bom — ele sorriu. — Então podemos conversar. Eu gosto de gatinhos, cachorrinhos e animaizinhos.

Ele disse que sentia que seus esforços públicos em prol de espécies ameaçadas ajudaram a chamar a atenção para problemas importantes.

— E fui eu mesmo que criei o projeto dos grous-siberianos.

Isso era novidade para mim. O projeto para recuperar a população de grous-siberianos remonta ao final da década de 1970. Pedi a ele que elucidasse o que queria dizer ao reivindicar a autoria da ideia. Putin explicou que havia ouvido falar do programa há vários anos e soube que haviam perdido financiamento, logo havia sido ideia dele financiar o projeto novamente.

— Então — disse Putin, dirigindo-se a mim —, tenho certeza de que você nos contará seus motivos para se recusar a enviar um repórter, mas você não tinha razão. E você — disse ele, dirigindo-se ao meu ex-chefe — também tinha razão para abrir fogo assim. Evidentemente, deve haver disciplina em uma revista, assim como deve haver no exército.

Aparentemente, agora era minha chance de entregar minha mensagem.

— Vladimir Vladimirovich, concordo com tudo o que você disse sobre a importância de chamar a atenção para essas questões e sobre o potencial que o chefe de estado tem de influenciar os programas de preservação da natureza — eu disse. — Mas, infelizmente, a maneira como as coisas funcionam neste país fazem com que, assim que o senhor se envolve, sua pessoa se torna mais importante do que a causa. O senhor provavelmente está ciente de que aquele tigre-siberiano no qual colocou uma coleira de rastreamento tinha sido na verdade emprestado do zoológico de Khabarovsk. E quando colocou uma coleira no urso polar, aquele animal havia sido capturado dias antes e mantido sob forte sedação até que o senhor chegasse...

— Há excessos, claro! — Putin me interrompeu bastante alegre. — E eu repreendi algumas pessoas por isso. Mas é muito mais importante que eu chame atenção para essas questões! Claro, o leopardo tinha sido sedado — disse ele (eu não tinha dito nada sobre um leopardo). — Mas o importante é que fui eu quem criou todo o projeto dos leopardos! E dos tigres. Depois que fiz isso, vinte países diferentes que têm tigres também começaram a trabalhar no problema. Claro, há excessos — repetiu ele. — Como daquela vez que mergulhei para pegar as ânforas.

Eu não podia acreditar que era ele quem estava fazendo a analogia com o fiasco das ânforas quando, cerca de um ano antes, Putin havia posado para as câmeras, emergindo do fundo do Mar Negro, com duas ânforas antigas, que, como rapidamente se descobriu, haviam sido plantadas lá para ele encontrar.

— Então todos começaram a escrever que as ânforas haviam sido plantadas. Claro que foram plantadas! Eu não estava mergulhando para conseguir abrir minhas guelras — disse ele, creio eu, querendo fazer referência a algum tipo de criatura marinha que equivalesse a autoengrandecimento.

— Estava mergulhando para chamar a atenção para a história daquele lugar. E então todos começaram a escrever que eu tinha surgido com ânforas plantadas feito um idiota. Mas algumas pessoas realmente começaram a se interessar por história.

A palavra russa que ele usou para "idiota" — *mudak* — era uma daquelas palavras que os russos consideram totalmente de mau tom para se usar com mulheres. Como a piadinha com "guelras", era um vulgarismo típico de Putin, mas também uma gafe indigna de um homem que já se imaginou um recrutador treinado pela KGB. Seu discurso estava todo desafinado em relação a mim e à ocasião.

Putin se virou para Vasilyev novamente e exigiu saber se ele estava disposto a me oferecer o emprego de volta. O editor disse que sim.

— Mas mais uma coisa — eu disse, quando Putin se virou de volta para mim. — O senhor disse que uma revista deveria ser administrada como um exército. Não deve.

— Depende do exército — Putin deu uma piscadela. Mais uma bola fora.

— Não, não depende. Uma revista não deve ser como exército algum. — Eu estava prestes a citar a lei da Rússia sobre meios de comunicação, que proíbe explicitamente os donos de editoras de interferir na política editorial, mas Putin de repente limpou o sorriso fino do rosto e se levantou.

— Tenho experiência suficiente com isso — disse ele friamente. — Discutiremos esse assunto outra hora.

A reunião estava terminada.

O QUE EU TINHA APRENDIDO? Que a pessoa que descrevi neste livro — superficial, egocêntrica, não especialmente perceptiva e aparentemente muito mal-informada — era realmente a pessoa que dirigia a Rússia, se é que a Rússia fosse dirigida.

Em vez de ir embora com uma sensação de satisfação, sentia desapontamento. Eu realmente amava meu trabalho. Fiquei com o coração partido por Vasilyev, que havia sido humilhado por se esforçar demais, mas que, com exceção do episódio dos grous, tinha sido um chefe ideal: inteligente, encorajador, e que geralmente não se intrometia. Fui de bicicleta até um café próximo, onde um pequeno grupo de amigos e colegas estavam esperando para me interrogar. Virei um copo de Jameson e recontei a conversa palavra por palavra; Andrei gravou.

— O que devo fazer? — perguntei no final.

— Você pirou? — perguntou minha amiga Vera, editora de ciências humanas da *Vokrug Sveta*.

Isso foi o suficiente para me fazer recobrar os sentidos. Os editores-chefes de muitas publicações russas eram nomeados pelo Kremlin, e eu não queria trabalhar em nenhuma dessas publicações — especialmente como editor-chefe. Fui para casa e escrevi a Vasilyev uma carta dizendo que se ele ainda me quisesse de volta após uma mudança de regime, eu estaria disponível para voltar para trabalhar na limpeza. Mas não antes disso.

— Espero que tenhamos a chance de trabalhar juntos em breve — respondeu ele.

PÓS-ESCRITO: ABRIL DE 2014

Se Vladimir Putin fosse o tipo de homem capaz de se inspirar, então poderíamos suspeitar que na primavera de 2012 ele havia sido abençoado com um arroubo de inspiração. Mas ele não é e não era, e o que parece ter acontecido na primavera de 2012 foi um golpe de sorte que só poderia ser chamado de burro — burro e enorme. Putin deu um passo político primitivo que desencadeou uma série de acontecimentos que, em apenas um ano e meio, o faria passar do político pós-ideológico por excelência para um homem com uma missão, um aspirante a general em uma nova guerra cultural no mundo.

Na primavera de 2012, Putin decidiu implicar com os gays. No período que antecedeu as eleições de março de 2012, diante de protestos em massa, Putin entrou brevemente em pânico e remodelou sua equipe, demitindo seu principal ideólogo, Vladislav Surkov, e o substituindo por Vyacheslav Volodin. Surkov era um esnobe, um intelectual, um esteta — e, o pior de tudo, um poeta e romancista — que tinha tendência a esquemas complicados e intrigas intermináveis: ele gostava de criar movimentos, como a Nashi, a organização juvenil pró-Putin; flertar com a oposição, tal como era; se intrometer na definição de políticas editoriais para as emissoras de televisão e se envolver pessoalmente em conflitos entre personalidades da mídia ou políticos. Quando os protestos eclodiram, em dezembro de 2011, o consenso furioso em torno do Kremlin era de que Surkov, com sua propensão à intriga, era o culpado: ele havia permitido que as coisas ficassem complicadas demais — ele simplesmente havia sido permissivo demais.

Volodin era o exato oposto, incapaz de qualquer sutileza de pensamento ou linguagem. Suas decisões políticas eram diretas. Quando Putin supostamente concorreu à reeleição (contra mais quatro nomes irrelevantes espremidos na cédula), foi provavelmente Volodin quem decidiu decretar uma vitória definitiva com 63% dos votos. O estilo de Surkov teria sido chegar mais perto dos fatos e do bom gosto alegando só pouco mais de 50%. E, diante do movimento de protesto, a nova equipe do Kremlin foi atrás do instrumento mais tosco que pôde encontrar: chamou os manifestantes de homossexuais.

Os próprios homossexuais não sabiam que isso estava acontecendo. Os manifestantes, incluindo aqueles que eram de fato gays, como eu, não tinham o hábito de assistir à televisão controlada pelo estado. Vivíamos em uma pequena bolha feliz onde as pessoas comiam e bebiam bem, se vestiam ainda melhor, trabalhavam em escritórios bonitos e bem localizados no centro fazendo algo no mínimo vagamente criativo, sendo criteriosos com suas férias e, raras vezes, se é que alguma vez, nos deparando com homofobia enquanto fazíamos alguma dessas coisas. Enquanto isso, em abril de 2012, um conhecido âncora de telejornal, Dmitry Kiselev, que também era um executivo com um alto posto no monopólio da transmissão estatal, esbravejava: "Não é suficiente proibir a propaganda da homossexualidade! Devemos proibir as doações de sangue e esperma deles, e se eles morrerem em acidentes de carro, devemos queimar seus corações ou enterrá-los, pois eles não servem para salvar a vida de ninguém."[1] O comentarista mais conhecido do maior canal de TV, Maxim Shevchenko, gravou uma série de colunas de opinião em que explicava que gays e lésbicas *eram* o Anticristo.[2] Enquanto a campanha ganhava fôlego, o patriarca da Igreja Ortodoxa Russa entrou na onda, dizendo que a tendência internacional de legalização do casamento entre pessoas do mesmo sexo era um sinal de que o apocalipse se aproximava.[3] E no outono de 2013, quando a campanha anti-gays se tornou um dos pilares da política russa, uma reportagem investigativa de uma hora e meia sobre o tema foi ao ar em horário nobre. Ela explicava que os homossexuais estavam conspirando para derrubar o governo russo e destruir a família russa. Alegava também que o meteoro que tinha caído na cidade de Chelyabinsk no início daquele ano tinha sido a ira de Deus contra os sodomitas.[4] Era uma retórica de guerra clássica: os gays eram retratados ao mesmo tempo como extremamente perigosos — e menos do que humanos.

Em 2013, a campanha anti-gays tinha furado minha bolha de informação. Os meios de comunicação nos Estados Unidos e na Europa Ocidental também notaram a campanha, que parecia particularmente bizarra no verão de 2013, no contexto da decisão da Suprema Corte no caso "Estados Unidos *vs*. Windsor" de defender o direito ao casamento entre pessoas do mesmo sexo. Enquanto muitas pessoas nos Estados Unidos comemoravam a decisão como a vitória definitiva do movimento pelos direitos LGBTQIA+, a Rússia estava indo em direção à Idade Média, uma mudança que de repente garantiu uma grande cobertura da imprensa. O consenso da mídia ocidental era que a campanha anti-gays do regime de Putin era uma distração com objetivo de desviar a atenção da economia sinistramente lenta do país.[5]

Mas não era. A campanha anti-gays do Kremlin era uma expressão rústica e franca da visão de mundo de Putin, como qualquer outra que o mundo já viu. Quando Putin tomou ciência dos protestos, ele soube imediatamente que estava lidando com o inimigo, não apenas de seu regime, mas da própria Rússia — pois há muito havia esquecido que havia uma distinção. Se eles eram o inimigo, então eles não eram russos de verdade. Eles eram o

Outro. E não há ninguém que represente o Outro melhor do que os gays.

Para Putin aquilo era ouro publicitário. Ele e Volodin (e mais quem quer que possa ter ajudado a tramar a campanha anti-gays) acreditavam que os gays eram a única minoria na qual poderiam bater com impunidade — isto é, sem incorrer em quaisquer custos diplomáticos. Isso acabou se revelando falso: o mundo reagiu devagar, mas com força. A essa altura, no entanto, a campanha estava funcionando bem demais para ser revertida. Havia um grão de verdade no coração da propaganda anti-gays: não havia uma população gay na Rússia antes do colapso da União Soviética. Havia homens que amavam homens e mulheres que amavam mulheres, mas a identidade gay e sua política foram de fato uma importação ocidental pós-soviética. E isso realmente fazia dos gays o agente estrangeiro por excelência. Bater nos gays poderia unir a nação.

Mas havia mais. Pela primeira vez, enquanto Putin olhava melancolicamente para a URSS, como sempre fizera, ele também se viu — meio acidentalmente — olhando para o futuro. A solitária ideia nostálgica de se esconder atrás da Cortina de Ferro foi substituída pela visão radical de cavar um novo abismo, iniciando uma guerra contra o Ocidente.

Para começar esta nova guerra, em vez de simplesmente recriar a antiga aliança soviética, a Rússia iria formar uma nova aliança. Poderiam se juntar a ela não apenas muitos membros do antigo bloco soviético, mas nações africanas, países muçulmanos e alguns latino-americanos. Podiam até ocorrer rupturas no Ocidente e aliados poderiam ser encontrados lá também. Países da antiga União Soviética começaram a adotar uma legislação anti-gays que copiava a lei de "propaganda homossexual" aprovada na Rússia: Cazaquistão, Quirguistão, Armênia, Geórgia, Moldávia — que recuou após ameaça de ter sua adesão à UE negada — e Lituânia, que já era um país-membro da união e, portanto, não tinha medo. Países como Uganda e Nigéria, que aprovavam uma legislação anti-gays cada vez mais criativamente brutal, agora acenavam para a Rússia:

se até uma nação ocidental como a Rússia não engolia a agenda gay, certamente eles estavam no caminho certo. E países como Equador e Malásia se juntaram ao novo bloco informal de "valores tradicionais" da Rússia nas Nações Unidas, que conseguiu levar adiante três resoluções anti-gays diferentes no equivocadamente chamado Conselho de Direitos Humanos.

Nessa crescente aliança internacional, uma rica fonte de retórica se abriu para o Kremlin e foi importada por evangélicos de extrema-direita que se sentiam cada vez mais marginalizados nos Estados Unidos. Na Rússia, Paul Cameron, um ex-psicólogo expulso pela Associação Americana de Psicologia, dirigiu-se a membros da Duma, fornecendo estatísticas mirabolantes do tipo que o levaram a ser censurado por associações profissionais nos Estados Unidos (por exemplo, alegou que a maioria dos gays é a favor de sexo com crianças).[6] O Congresso Mundial das Famílias, uma organização internacional anti-gays, garantiu um plano para realizar sua conferência anual em Moscou — tanto no Salão de Congressos do Kremlin quanto na gigantesca Catedral de Cristo Salvador.[7]

Em Moscou, citar os "valores tradicionais" era de novo uma deixa para a plateia aplaudir, e a ciência barata importada por Cameron e outros, como o desacreditado sociólogo americano Mark Regnerus, formou a base de longos tratados datilografados pela nova geração de burocratas russos. Por sua vez, esses documentos foram usados para apoiar a legislação não apenas proibindo a "propaganda homossexual", mas também "protegendo as crianças de informações prejudiciais", o que significava, em primeiro lugar, qualquer menção à homossexualidade, mas também qualquer menção a morte, violência, suicídio, abuso doméstico, infelicidade e, na verdade, à própria vida.

O mais importante é que essa retórica de "valores tradicionais", alguns deles recém-importados e alguns recentemente redescobertos nos escritos dos pensadores eslavófilos russos do início do século XX, deu origem a uma ideologia do Kremlin — algo que não existia de verdade há quase um quarto de século. Em dezembro de 2013, em seu discurso anual sobre o estado da nação perante o parlamento, Putin delineou essa ideologia. Foi inédito: por 14 anos, como presidente e primeiro-ministro, Putin manteve-se pragmático em seus discursos, colocando-se como alguém que resolvia problemas, mas nunca como um líder. Agora ele dizia: "Vamos nos esforçar para sermos líderes." Ele se referia a si mesmo e à Rússia, que agora tinha uma nova relação com o mundo.

Reivindicar a liderança, disse Putin, "é absolutamente concreto e compreensível para um Estado como a Rússia, com sua grandiosa história e cultura, com muitos séculos de experiência não da agora chamada tolerância, sem gênero e sem filhos, mas da vida orgânica e real de diferentes povos que existem juntos no âmbito de um único Estado". Na versão em inglês do discurso, os tradutores do Kremlin optaram por escrever "castrada e estéril" em vez de "sem gênero e sem filhos" — uma versão mais poética que jogou um sutil véu sobre a homofobia da declaração.[8] O que Putin estava realmente dizendo, no entanto, é que o novo papel da Rússia no mundo era proteger a si mesma e aos outros de cair na armadilha ocidental da imoralidade, da decadência e, evidentemente, da homossexualidade.

"Hoje, muitas nações estão revendo seus valores morais e suas normas éticas, corrompendo tradições étnicas e diferenças entre povos e culturas", continuou ele. "A sociedade agora é obrigada não apenas a reconhecer o direito de todos à liberdade de consciência, visões políticas e privacidade, mas também a aceitar sem questionar a igualdade do bem e do mal, por mais estranho que pareça, conceitos que são opostos em seu significado." Durante séculos, se dizia aos russos que a homossexualidade era algo errado, os estrangeiros eram maus e o império estava certo; então, com o colapso da União Soviética, eles foram convidados a mudar de ideia sobre todas essas coisas. Não mais! Era hora de resistir a esse flagelo de tolerância e diversidade que vinha do Ocidente, afirmava Putin. "Sabemos que há cada vez mais pessoas no mundo que apoiam a nossa posição na defesa dos valores tradicionais", afirmou. O papel da Rússia era "impedir o movimento para trás e para baixo, para as trevas caóticas e o retorno a um estado primitivo".

Era uma mistura perfeita de alarmismo antiocidental eslavófilo e alarmismo antiliberal ocidental, uma doce poção para um país que sempre atraiu força e união pela propagação do medo. A Rússia e a União Soviética sempre foram uma fortaleza sob cerco, um país que derivou sua identidade nacional do senso de ataque e catástrofe iminentes. Os Estados Unidos e seus aliados eram o inimigo desde meados do século XX, mas por um quarto de século, havia um buraco aberto onde antes a identidade nacional costumava estar. Em meados da década de 1990, Yeltsin até formou uma comissão especial para preenchê-lo, a fim de formular a "ideia nacional", mas nenhuma se materializou. Agora, um novo nêmesis oportuno havia sido finalmente nomeado. "Tolerância castrada e estéril" era o inimigo.

Eu era o inimigo.

Darya e eu fizemos as malas e deixamos o país com nossa família. No fim das contas, não foi uma decisão difícil: não havia o que decidir. Em junho de 2013, a Duma aprovou uma interdição sobre a "propaganda homossexual" e outra sobre as adoções por casais do mesmo sexo — uma lei que poderia ser usada para anular a adoção de nosso filho mais velho — e anunciou sua intenção de criar um mecanismo para tirar também filhos biológicos de famílias do mesmo sexo (tínhamos dois deles). Em algumas das discussões, os políticos mencionaram nominalmente a mim e a minha família.[9] O autoproclamado líder de um "movimento ativista ortodoxo russo" — uma gangue de bandidos que se especializou em espancar manifestantes LGBTQIA+ bem na cara da polícia e das câmeras de televisão — se voluntariou para adotar meus filhos. A única coisa que sobrou para decidirmos era quando deixaríamos o país. Definimos nosso prazo para o fim do ano letivo de 2013/2014 (já tínhamos pago as mensalidades) e, algumas semanas depois, mudamos para dezembro de 2013, um mês antes do vigésimo aniversário da minha estadia em Moscou na vida adulta.

Nas últimas semanas, nosso apartamento em Moscou — aquele que eu estava reformando no início deste livro, um pequeno tesouro arquitetônico que há muito tempo era minha reivindicação de segurança e lar — se transformou em uma contínua venda de garagem. E, durante essas mesmas semanas, manifestantes ficaram na praça principal de Kiev, exigindo a renúncia do presidente Viktor Ianukovytch, que havia renegado o compromisso de formar uma aliança mais próxima com a União Europeia. A Duma finalmente decidiu aprovar uma resolução sobre o assunto — e, antes disso, o chefe do comitê de relações exteriores, Alexey Pushkov (um ex-diplomata de carreira bastante viajado, que se tornou redator dos discursos de Mikhail Gorbatchov e, depois, colunista de assuntos estrangeiros e, finalmente, político) alertou que se a Ucrânia pendesse para o Ocidente, isso levaria a "uma ampliação da esfera da cultura gay, que se tornou a política oficial da União Europeia"[10]. Nos meses seguintes, a imagem da ameaça ocidental que intimidava a Ucrânia se expandiu para incluir não apenas os gays, mas também os norte-americanos, para os quais os gays sempre foram um substituto de qualquer forma.

Estávamos morando em Nova York quando a Rússia anexou a Crimeia em março de 2014. Pelo que pude perceber, a invasão era muito popular. As taxas de aprovação de Putin subiram para mais de 70%. Até mesmo muitos dos políticos da oposição há muito marginalizados elogiaram o que chamaram de vitória dele. Meus amigos em Moscou se sentiam menores e mais isolados do que nunca. Foi um inverno longo e extraordinariamente frio em Nova York, mas no dia depois de Putin anunciar a anexação da Crimeia, enfim ficou quente o suficiente para colocar um casaco leve. Enfiei a mão no bolso e encontrei algumas notas fiscais. Elas eram da Ucrânia: na última vez que eu o vesti, alguns meses antes, vários dos meus colegas mais próximos e eu tínhamos feito uma das nossas visitas periódicas a Kiev a fim de conduzir um workshop sobre reportagens. Era algo que nunca mais aconteceria, por tantas razões ao mesmo tempo, mas na verdade porque um único homem havia desencadeado uma guerra contra minha gente — os gays — e minha outra gente — os jornalistas — e também contra a Ucrânia.

No discurso que fez ao parlamento anunciando a anexação da Crimeia, Putin alertou não apenas para ameaças externas, mas também para uma interna: "Algum tipo de quinta coluna e traidores nacionais de vários tipos." O "nacional" em traidores pretendia chamar a atenção dos nacional-socialistas, remontando à época dos maiores medos e do maior triunfo militar da União Soviética, a vitória contra a Alemanha nazista: os "traidores nacionais", o inimigo interno, estavam do lado de um inimigo externo tão maligno e perigoso quanto Hitler. Algumas semanas depois, um cartaz gigante apareceu em uma vitrine no centro de Moscou, com retratos de cinco conhecidos performers e ativistas políticos que tinham criticado a invasão à Ucrânia. A QUINTA COLUNA. ESTRANHOS ENTRE NÓS, dizia a legenda.

Enquanto isso, o Ministério da Cultura estava rapidamente elaborando a nova Política de Cultura do país, tão essencial em tempos de guerra. O documento resultante continha doze seções, com uma epígrafe de um discurso de Putin e extensas aspas de Putin em todas, exceto em uma. "Em seus discursos recentes, V. V. Putin apontou distinções significativas entre tendências culturais que dominam o Ocidente e valores tradicionais da Rússia", dizia o texto, e em seguida citava o presidente. "A política deve listar os valores que caracterizam a cultura russa", continuava o documento, citando Putin cinco vezes seguidas, para criar uma lista exaustiva dos valores russos. Estes pareciam ser: proteger os direitos da maioria; resistir à pressão da tolerância; proteger "valores tradicionais"; defender o conservadorismo; garantir que qualquer cultura promovida fosse nacional por natureza. Em suma, dizia o documento, o novo credo do país é "a Rússia não é a Europa". O documento, publicado integralmente no jornal *Izvestia*,[11] assim como todos os documentos importantes da era soviética, resumia as duas coisas mais importantes sobre a situação da Rússia na primavera de 2014: era agora um país que se autodefinia em oposição ao Ocidente; e cada nuance de sua nova identidade era ditada diretamente e pessoalmente por seu líder supremo.

No fim de março de 2014, o presidente Barack Obama se reuniu com outros líderes da OTAN em Bruxelas para discutir sobre a Rússia e a Ucrânia e, então, fez um de seus discursos claros e persuasivos. "Não estamos entrando em outra Guerra Fria", disse ele. "Afinal, ao contrário da União Soviética, a Rússia não lidera nenhum bloco de nações, nenhuma ideologia global."[12]

Ele estava tragicamente enganado. Obama havia perdido a transformação de Putin de um burocrata que acidentalmente recebeu um enorme país em um ditador megalomaníaco que acreditava estar em uma missão civilizacional — e que aparentemente tinha o apoio do povo de seu enorme país neste aspecto. Essa transformação tinha sido drástica e repentina — a mente coletiva da política externa norte-americana, deliberativa e colaborativa como é, acabara de aprender a pensar em Putin como um governante autoritário, mas essa visão já estava desatualizada. Muito mais importante agora era que ele havia perturbado toda a ordem mundial do pós Segunda Guerra Mundial e se sentia justificado e inspirado em sua agressão.

Pela primeira vez, era o presidente norte-americano quem estava olhando para trás ao descrever a situação do mundo — e de Putin nele — como havia sido alguns anos ou até alguns meses atrás, antes de Putin descobrir e apresentar sua ideologia. Era o presidente russo que estava ansioso para desencadear uma guerra cultural total contra o Ocidente e seus valores. Ele terá muitas vitórias nesta guerra, e causará muito mais baixas, antes que a plena gravidade e o perigo da transformação de Putin se tornem evidentes para os políticos ocidentais. Mas a baixa definitiva será a própria Rússia, um país no qual o flerte com o progresso e a democracia nos anos 1990 será lembrado como uma anomalia, se é que será lembrado, e cuja aposta para o futuro é, de novo, combater o mundo ocidental e se isolar dele.

Agradecimentos

Agradeço imensamente a Cullen Murphy, primeira pessoa a sugerir que eu escrevesse um artigo sobre Vladimir Putin para a *Vanity Fair*, e a minha agente, Elyse Cheney, que percebeu que esse artigo ansiava virar um livro. Minha editora, Rebecca Saletan, tornou esse livro infinitamente melhor do que ele teria sido sem ela. Muitas outras pessoas me ajudaram ao longo do trabalho e espero que muito em breve eu possa agradecer a todas elas publicamente, sem temer que essa identificação possa lhes causar algum dano. Vocês sabem quem são e espero que saibam também o quanto lhes agradeço. No entanto, não posso deixar de mencionar duas pessoas: o meu amigo e colega Ilya Kolmanovsky, cujas pesquisas e ideias tiveram importância crucial no início deste projeto; e a minha companheira, Darya Oreshkina, que me faz feliz e me incentivou a produzir como nunca.

Notas

PRÓLOGO
1. O texto da lei, na íntegra, está disponível em <http://www.shpik.info/statya.html>. Acessado em 14 de julho de 2010.
2. Marina Katys, "Polozhitelny itog: Interviews deputatom Gosudarstvennoy Dumy, sopredsedatelem federalnoy partii Demokratischeskaya Rossya Galinoy Starovoitovoy". *Professional*, 1º de julho de 1998. <http://www.starovoitova.ru/rus/main.php?i=5&s=29>. Acessado em 14 de julho de 2010.
3. Decisão do Tribunal Constitucional citando esse decreto e revogando suas disposições mais importantes. <http://www.panorama.ru/ks/d9209.shtml>. Acessado em 14 de julho de 2010.
4. Na verdade, o que aconteceu foi um duplo golpe: o gabinete decretou a proibição e, logo em seguida, Gorbatchov baixou um decreto criando uma força policial especial para reforçar tal proibição. Ambos foram declarados inconstitucionais pelo governo russo cuja autoridade Gorbatchov, por sua vez, não reconhecia.
5. Andrei Tsyganov, "Seleznev dobilsya izvineniya za statyu Starovoitovoi", *Kommersant*, 14 de maio de 1999. <http://www.kommersant.ru/doc-rss.aspx?DocsID=218273>. Acessado em 15 de julho de 2010.

CAPÍTULO UM. O PRESIDENTE ACIDENTAL
1. Andrei Shleifer e Daniel Treisman, "A Normal Country: Russia After Communism", *Journal of Economic Perspectives*, vol. 19, nº 1 (Inverno de 2005), p. 151-74.
2. David Hoffman, *The Oligarchs: Wealth and Power in the New Russia* (Nova York: Public Affairs, 2002).
3. Entrevista minha com Berezovsky, junho de 2008.

4. "Volodya," "Vova," "Volod'ka" e "Vovka" são diminutivos de Vladimir, listados aqui em ordem crescente de intimidade.
5. Hoffman.
6. Não se sabe ao certo se Berezovsky era efetivamente dono de 25% da Sibneft e de 49% da ORT, o grupo do Canal 1: no momento em que este livro está indo para a gráfica, um tribunal de Londres tenta estabelecer exatamente isso. Uma coisa, porém, é incontestável: ele era o único responsável pela gestão da empresa televisiva e obtinha rendimentos significativos da companhia petrolífera.
7. Natalia Gevorkyan, Natalia Timakova e Andrei Kolesnikov, *Ot pervogo litsa: Razgovory s Vladimirom Putinym*.
8. Blog de Tatyana Yumasheva (Dyachenko), postagem datada de 6 de fevereiro de 2010. <http://t-yumasheva.livejournal.com/13320.html#cutid1>. Acessado em 23 de abril de 2011.
9. A Constituição russa permitia que Yeltsin exigisse três votações para a confirmação do primeiro-ministro antes de dissolver o Parlamento.

CAPÍTULO DOIS. A GUERRA ELEITORAL

1. Número de vítimas referido segundo a sentença do Tribunal da Cidade de Moscou no caso contra A. O. Dekushev e Y.I. Krymshahalov. <http://terror1999.narod.ru/sud/delokd/prigovor.html>. Acessado em 5 de maio de 2011.
2. Discurso de Sergei Yushenkov, membro da Duma, Kenna Institute, Washington D.C., 24 de abril de 2002. <http://terror99.ru/commission/kennan.htm>. Acessado em 5 de maio de 2011.
3. Putin, na TV, em 24 de setembro de 1999.
4. Memorando não publicado que chegou às minhas mãos através de membros da equipe de Berezovsky, em novembro de 1999.
5. Entrevista minha com Marina Litvinovich, em 1º de julho de 2008.
6. Pronunciamento de Boris Yeltsin, em 31 de dezembro de 1999. Vídeo: <http://www.youtube.com/watch?v=yvSpiFvPUP48&feature=related>. Acessado em 6 de maio de 2011.
7. Pronunciamento de Vladimir Putin, em 31 de dezembro de 1999.
8. Entrevista minha com Natalya Gevorkyan, em junho de 2008.
9. Pavel Gutiontov, "Zauryadnoye delo".
10. Transcrito de noticiário da NTV do dia 9 de fevereiro de 2000. <http://www.library.cjes.ru/online/?a=con&b_id=426&c_id=4539>. Acessado em 7 de maio de 2011.
11. Andrei Babitsky, *Na voine*, transcrição de registros dos originais em russo de um livro que está sendo preparado para uma editora francesa.
12. Transcrito da entrevista coletiva de Andrei Babitsky em 1º de março de 2000. <http://archive.svoboda.org/archive/hr/2000/ll.030100-3.asp>. Acessado em 8 de maio de 2011.
13. Oleg Panfilov, *Istoriya Andreia Babitskogo*, Capítulo 3. <http://www.library.cjes.ru/online/?a=con&b_id=426&c_id=4539>. Acessado em 8 de maio de 2011.
14. Panfilov, id.
15. Comissão de Governadores para Radiodifusão FAQ.
16. Relatório do Serviço de Pesquisas do Congresso, "Chechnya Conflict: Recent Developments", atualizado em 3 de maio de 2000.
17. Entrevista minha com Natalya Gevorkyan em junho de 2008.

18. No que se refere à cronologia do que ocorreu em Riazã, baseei-me principalmente em Alexander Litvinenko e Yuri Felshtinsky, *FSB vzryvayet Rossiyu*, 2. ed. (Nova York: Liberty Publishing, 2004), p. 65-108, texto que relaciona várias reportagens aos relatos originais, e em *Ryazanski sahar: Nezavisimoye rassledovaniye s Nikolayem Nikolayevym*, programa da NTV transmitido em 24 de março de 2000.
19. "13 sentyabrya v Rossii — den' traura po pogibshim ot vzryvov", matéria não assinada publicada na *Gazeta.ru*, 10 de setembro de 1999. <http://gazeta.lenta.ru/daynews/10-09-1999/10mourn.htm>. Acessado em 8 de maio de 2011.
20. ITAR-TASS, citado por Litvinenko e Felshtinsky, *FSB vzryvayet Rossiyu*.
21. *Ryazanski sahar*.

CAPÍTULO TRÊS. A AUTOBIOGRAFIA DE UM DELINQUENTE

1. Michael Jones, *Leningrad: State of Siege* (Nova York: Basic Books, 2008).
2. Ales' Adamovich e Daniil Granin, *Blokadnaya kniga*. <http://lib.rus.ec/b/212340/read>. Acessado em 7 de fevereiro de 2011.
3. Harrison Salisbury, *The 900 Days: The Siege of Leningrad*. (Nova York: Da Capo Press, 2003), p. vii-viii.
4. Oleg Blotsky, *Vladimir Putin: Istoriya zhizni* (Moscou: Mezhdunarodniye Otnosheniya), p. 24.
5. Gevorkyan *et al.*
6. Yuri Polyakov, Valentina Zhitomirskaya e Natalya Aralovets, "'Demograficheskoye ekho' voyny". publicado no jornal on-line *Skepsis*. <http://scepsis.ru/library/id_1260.html>. Acessado em 7 de fevereiro de 2011.
7. Irina Bobrova, "Kto pridumal Putinu gruzinskiye korni?" *Moskovski komsomolets*, 13 de junho de 2006. <http://www.compromat.ru/page_18786.htm>. Acessado em 7 de fevereiro de 2011.
8. Entrevista minha com Natalia Gevorkyan em junho de 2008.
9. Viktor Borisenko, amigo de infância, citado em Blotsky, *Vladimir Putin: Istoriya zhizni*, p. 72, 89.
10. Gevorkyan *et al.*
11. Yevgeniy Putin, cit. in Blotsky, p. 46.
12. Viktor Borisenko, cit. in Blotsky, p. 68-69.
13. Viktor Borisenko, cit. in Blotsky, p. 68.
14. Viktor Borisenko, cit. in Blotsky, p. 67.
15. Gevorkyan *et al.*
16. Professora Vera Gurevich, cit. id.
17. Grigory Geilikman, cit. in Blotsky, p. 160.
18. Nikolai Alekhov, cit. in Blotsky, p. 161.
19. Sergei Roldugin, cit. in Gevorkyan *et al.*
20. Ibid.
21. Blotsky, p. 259.
22. "S vyslannymi iz SshA razvedchikami vstretilsya Vladimir Putin", 25 de julho de 2010. <http://lenta.ru/news/2010/07/25/spies/>. Acessado em 25 de fevereiro de 2011.
23. Blotsky, p. 199.
24. Y. Popov, "Diversanty Stalina".

25. Gevorkyan *et al.*
26. Ibid.
27. Blotsky, p. 199-200.
28. Gevorkyan *et al.*
29. Blotsky, p. 155.
30. <http://www.ref.by/refs/1/31164/1.html>. Mikhail Blinkin, "Avtomobil' v gorode: Osobennosti natsionalnogo puti"
31. Gevorkyan *et al.*
32. Ibid.
33. Gevorkyan *et al.*; Blotsky, p. 226-27.
34. Gevorkyan *et al.*
35. Blotsky, p. 287.
36. Ibid., p. 287-88.
37. Sergei Roldugin, cit. in Gevorkyan *et al.*
38. Gevorkyan *et al.*
39. Sergei Zakharov, "Brachnost' v Rossii: Istoriya i sovremennost'", *Demoskop Weekly*, Out. 16-29, 2006, p. 261-62. <http://www.demoscope.ru/weekly/2006/0261/tema02.php>. Acessado em 27 de fevereiro de 2011.
40. Gevorkyan *et al.*
41. Ibid.
42. Ibid.
43. Vadim Bakatin, *Izbavleniye ot KGB* (Moscou: Novosti, 1992), p. 45-46.
44. Bakatin, p. 32-33.
45. Filipp Bobkov, *KGB i vlast* (Moscou: Veteran MP, 1995).
46. Gevorkyan *et al.*
47. Vladimir Usol'tsev, *Sosluzhivets* (Moscou: Eksmo, 2004), p. 186.
48. Ibid.
49. Bobkov.
50. Gevorkyan *et al.*
51. Ibid.
52. Ludmila Putina, cit. in ibid.
53. Gevorkyan *et al.*
54. Entrevista minha com Sergei Bezrukov (ex-agente da KGB em Berlim). Düsseldorf, 17 de agosto de 2011.
55. Usol'tsev, p. 70-74; entrevista minha com Sergei Bezrukov. Düsseldorf, 17 de agosto de 2011.
56. Usol'tsev, p. 36.
57. Ibid., p. 30.
58. Entrevista minha com Sergei Bezrukov. Düsseldorf, 17 de agosto de 2011.
59. Entrevista minha com uma fonte sigilosa. Baviera, 18 de agosto de 2011; o entrevistado pediu que o seu nome não fosse divulgado.
60. Usol'tsev, p. 62.
61. Usol'tsev, p. 105; entrevista minha com Sergei Bezrukov. Düsseldorf, 17 de agosto de 2011.
62. Entrevista minha com Sergei Bezrukov. Düsseldorf, 17 de agosto de 2011.
63. Bobkov.
64. O. N. Ansberg e A. D. Margolis, eds., *Obshchestvennaya zhizn' Leningrada v gody perestroiki, 1985-1991: Sbornik materialov* (São Petersburgo: Serebryany Vek, 2009), p. 192.

65. Elizabeth A. Ten Dyke, *Dresden and the Paradoxes of Memory in History* (Nova York: Routledge, 2001).
66. Gevorkyan *et al.*
67. Ludmila Putina, cit. in ibid.
68. Sergei Roldugin, cit. in Gevorkyan *et al.*

CAPÍTULO QUATRO. UMA VEZ ESPIÃO...

1. *Obshchestvennaya zhizn'*, p. 502.
2. Sergei Vasilyev, memórias publicadas no *Obvodny Times*, vol. 4, n° 22 (abril de 2007), p. 8, cit. in *Obshchestvennaya zhizn'*, p. 447.
3. Alexander Vinnikov, *Tsena svobody*, cit. in *Obshchestvennaya zhizn'*, p. 449.
4. Yelena Zelinskaya, "Vremya ne zhdet", Merkuriy, vol. 3 (1987), cit. in *Obshchestvennaya zhizn'*, p. 41-42.
5. Vasilyev, cit. in *Obshchestvennaya zhizn'*, p. 447.
6. *Obshchestvennaya zhizn'*, p. 47, 76.
7. Ibid., p. 51-52, 54, 74.
8. Ibid., p. 632.
9. Ibid., p. 633.
10. Ibid., p. 112.
11. A primeira reunião da Frente Popular, realizada em Leningrado, em agosto de 1988, contou com a presença de representantes de vinte organizações de diversas cidades russas e de mais doze de outras repúblicas soviéticas. <http://www.agitclub.ru/front/frontdoc/zanarfront1.htm>. Acessado em 13 de janeiro de 2011.
12. *Obshchestvennaya zhizn'*, p. 119.
13. Andrei Boltyansky, entrevista em 2008, ibid., p. 434.
14. Petr Shelish, entrevista em 2008, *Obshchestvennaya zhizn'*, p. 884 da versão on-line.
15. Thomas de Waal, *Black Garden: Armenia and Azerbaijan Through Peace and War* (Nova York: New York University Press, 2004).
16. *Obshchestvennaya zhizn'*, p. 115.
17. Alexander Vinnikov, relato, ibid., p. 450.
18. *Obshchestvennaya zhizn'*, p. 126.
19. Artigo 70, Código Penal da RSFSR. <http://www.memo.ru/history/diss/links/st70.htm>. Acessado em 17 de janeiro de 2011.
20. *Obshchestvennaya zhizn'*, p. 127.
21. Natalya Serova, entrevista, ibid., p. 621.
22. <http://pravo.levonevsky.org/baza/soviet/sssr1440.htm>. Acessado em 17 de janeiro de 2011.
23. Panfleto emitido pelo comitê Eleições-89; reproduzido em *Obshchestvennaya zhizn'*, p. 139-40.
24. Anatoly Sobchak, *Zhila-Byla Kommunisticheskaya partiya*, p. 45-48, cit. in *Obshchestvennaya zhizn'*, p. 623.
25. Yury Afanasiev, entrevista concedida a Yevgeni Kiselev para o Echo Moskvy, 2008.
26. Alexander Nikishin, "Pokhorony akademika A. D. Sakharova", *Znamya*, n°.5 (1990), p. 178-88.
27. "A. D. Sakharov", *Voskreseniye*, vol. 33, n° 65. <http://piter.anarhist.org/fevral12.htm>. Acessado em 18 de janeiro de 2011.
28. Alexander Vinnikov, relato, *Obshchestvennaya zhizn'*, p. 453.

29. Marina Salye, entrevista em 2008, *Obshchestvennaya zhizn'*, p. 615-16.
30. Ibid.
31. Igor Kucherenko, relato, *Obshchestvennaya zhizn'*, p. 556.
32. Alexander Vinnikov, relato, *Obshchestvennaya zhizn'*, exclusivamente em versão on-line, p. 568-69.
33. Viktor Voronkov, entrevista em 2008, *Obshchestvennaya zhizn'*, p. 463.
34. Nikolai Girenko, relato, *Obshchestvennaya zhizn'*, p. 473.
35. Viktor Veniaminov, relato, Avtobiografiya Peterburgskogo gorsoveta, p. 620, cit. in *Obshchestvennaya zhizn'*, p. 449.
36. Bella Kurkova, relato, em *Obshchestvennaya zhizn'*, p. 552.
37. Entrevista minha com Marina Salye em 14 de março de 2010.
38. Vladimir Gelman, entrevista, *Obshchestvennaya zhizn'*, p. 471.
39. Dmitry Gubin, "Interview predsedatelya Lenosveta A. A. Sobchaka", *Ogonyok*, n° 28 (1990), cit. in *Obshchestvennaya zhizn'*, p. 269.
40. Alexander Vinnikov, relato, *Obshchestvennaya zhizn'*, p. 453-54.
41. Entrevista minha com Marina Salye em 14 de março de 2010; Vinnikov, relato, *Obshchestvennaya zhizn'*, p. 453-54.
42. Bakatin, p. 138.
43. Ibid., p. 36-37.
44. Gevorkyan *et al.*
45. Ibid.
46. Anatoly Sobchak, entrevista, *Literaturnaya Gazeta*, fevereiro de 2000, p. 23-29, cit. in *Anatoly Sobchak: Kakim on byl* (Moscou: Gamma-Press, 2007), p. 20.
47. Entrevista minha com Sergei Bezrukov. Düsseldorf, 17 de agosto de 2011.
48. Gevorkyan *et al.*
49. Komitet Konstitutsionnogo Nadzora SSSR, 1989-91. <http://www.panorama.ru/ks/iz8991.shtml>. Acessado em 8 de março de 2011.
50. Bakatin, p. 135.
51. Ibid.
52. Gevorkyan *et al.*
53. Ibid.

CAPÍTULO CINCO. UM GOLPE E UMA CRUZADA
1. "Playing the Communal Card: Communal Violence and Human Rights", Human Rights Watch report. <http://www.hrw.org/legacy/reports/1995/communal/>. Acessado em 26 de janeiro de 2011.
2. *Leningradskaya pravda*, Nov. 28, 1990, cit. in *Obshchestvennaya zhizn'*, p. 299.
3. Vladimir Monakhov, entrevista, *Obshchestvennaya zhizn'*, p. 574.
4. Yuli Rybakov, entrevista, *Obshchestvennaya zhizn'*, p. 610.
5. Vladimir Belyakov, relato, *Obshchestvennaya zhizn'*, p. 425-26.
6. Entrevista minha com Marina Salye em 14 de março de 2010.
7. Alexander Konanykhin.
8. "Obrashcheniye k sovetskomu narodu", in Y. Kazarin & B. Yakovlev, *Smert' zagovora: Belaya kniga* (Moscou: Novosti, 1992), p. 12-16.
9. Kazarin e Yakovlev, *Smert' zagovora*, p. 7.
10. Igor Artemyev, relato, *Obshchestvennaya zhizn'*, p. 407-8.
11. Alexander Vinnikov, relato, *Obshchestvennaya zhizn'*, p. 454-55.

12. Igor Artemyev, relato, *Obshchestvennaya zhizn'*, p. 408.
13. Entrevista minha com Marina Salye em 14 de março de 2010.
14. Bakatin, p. 21.
15. A. Golovkin e A. Chernov, entrevista com Anatoly Sobchak, *Moskovskiye novosti*, 26 de agosto de 1991, cit. in *Obshchestvennaya zhizn'*, p. 627.
16. Sobchak, relato, *Obshchestvennaya zhizn'*, p. 627.
17. Kazarin e Yakovlev, p. 131.
18. G. Popov, "Zayavleniye mera goroda Moskvy", in *Kazarin e Yakovlev*, p. 68 -69.
19. *Center Labyrinth*, biografia de Luzhkov. <http://www.anticompromat.org/luzhkov/luzhkbio.html>. Acessado em 13 de março de 2011.
20. Yuli Rybakov, entrevista, *Obshchestvennaya zhizn'*, p. 612.
21. B. Yeltsin, I. Silayev e R. Khasbulatov, "K grazhdanam Rossii", in *Kazarin e Yakovlev*, p. 42.
22. Vyacheslav Shcherbakov, entrevista, *Obshchestvennaya zhizn'*, p. 681.
23. Ibid.; entrevista minha com Marina Salye em 14 de março de 2010; texto do decreto redigido por Rutskoy e a versão lida por Sobchak, fornecida por Salye.
24. Yelena Zelinskaya, entrevista, *Obshchestvennaya zhizn'*, p. 505.
25. Entrevista minha com Marina Salye em 14 de março de 2010.
26. Shcherbakov, in *Obshchestvennaya zhizn'*, p. 683.
27. Gevorkyan *et al.*
28. Entrevista minha com Arseniy Roginsky em Moscou, 20 de junho de 2008.
29. Carta de Marina Salye ao controlador-chefe da Federação Russa, Yuri Boldyrev, datada de 25 de março de 1992, inédita.
30. Carta de Yuri Boldyrev a Petr Aven, datada de 13 de março de 1992, document #105-177/n.
31. Entrevista minha com Irene Commeaut em Paris, junho de 2010.
32. Ilya Kolmanovsky entrevista com Alexander Margolis, São Petersburgo, junho de 2008.
33. Marina Yentaltseva, cit. in Gevorkyan *et al.*
34. Gevorkyan *et al.*
35. *Otchet rabochey deputatskoy gruppy Komiteta po mezhdunarodnym i vneshnim svyazyam, postoyannykh komissiy po prodovolstviyu, torgovle i sfere bytovykh uslug Sankt -Peterburgskogo gorodskogo Soveta narodnykh deputatov po voprosu kvotirovaniya i litsenzirovaniya eksporta i importa tovarov na territorii Sankt -Peterburga*, com resolução de 8 de maio de 1992, nº 88; Marina Salye, "Putin — prezident korrumpirovannoy oligarkhii!" cedido pela Fundação Glasnost em Moscou, 18 de março de 2000.
36. Gevorkyan *et al.*
37. Salye, "Putin — prezident".
38. "Analiz normativnykh dokumentov, izdavayemykh merom i vitse-merom S. Peterburga", datada de 15 de janeiro de 1992, contendo a observação: "Entregue a B. Yeltsin em 15 de janeiro de 1992."
39. Cf., por exemplo, "Rasporyazheniye mera Sankt-Peterburga o predostavlenii zhiloy ploshchadi Kurkovoy B. A.", 08.12.1992, #1107-R; e "Rasporyazheniye mera Sankt-Peterburga o predostavlenii zhiloy ploshchadi Stepashinu S. V.", 16.12.1992, #1147-R.
40. Entrevista minha com Marina Salye em 14 de março de 2010.
41. Ibid.

42. <http://1993.sovnarkom.ru/TEXT/SPRAVCHN/VSOVET/vsovet1.htm>. Acessado em 2 de abril de 2011.
43. Besik Pipia, "Lensovetu stuknulo 10 let", *Nezavisimaya gazeta*, 5 de abril de 2000. <http://www.ng.ru/politics/2000-04-05/3_lensovet.html>. Acessado em 2 de abril de 2011.
44. Entrevista minha com Marina Salye em 14 de março de 2010.
45. "Pokhmelkin, Yushenkov, Gologlev i Rybakov vyshli iz SPS", matéria não assinada, publicada na *newsru.com*. <http://www.newsru.com/russia/14jan2002/sps.html>. Acessado em 8 de maio de 2011.
46. "V Moskve ubit deputat Gosdumy Sergei Yushenkov", matéria não assinada, publicada na *newsru.com*. <http://www.newsru.com/russia/17apr2003/killed.html>. Acessado em 8 de maio de 2011.
47. Masha Gessen, "Pamyati Sergeya Yushenkova", *polit.ru*, 18 de abril de 2003. <http://www.polit.ru//world/2003/04/18/615774.html>. Acessado em 8 de maio de 2011.

CAPÍTULO SEIS. O FIM DE UM REFORMADOR

1. Gevorkyan et al.
2. Vladimir Churov, cit. id.
3. Anatoly Sobchak, *Dyuzhina nozhey v spinu* (Moscou: Vagrius/Petro-News, 1999), p. 72.
4. Reportagem original de Masha Gessen, "Printsip Pitera", *Itogi*, 5 de setembro de 2000.
5. Alexander Bogdanov, entrevista, *Obshchestvennaya zhizn'*, p. 431-32.
6. Yuri Boldyrev, entrevista à Rádio Liberdade, em 9 de março de 2010. <http://www.svobodanews.ru/articleprintview/1978453.html>. Acessado em 1º de dezembro de 2011.
7. Ilya Kolmanovsky entrevista com Anna Sharogradskaya, em 1º de junho de 2008.
8. Sobchak, *Dyuzhina*, p. 73-78.
9. Boris Vishnevsky, "Kto i zachem kanoniziruyet Sobchaka?" Radio Svoboda, 25 de fevereiro de 2010. <http://www.svobodanews.ru/content/article/1968322.html>. Acessado em 27 de outubro de 2011.
10. "Lyudi oni horoshiye, no kvartirny vopros ih isportil..." *Na strazhe Rodiny*, 14 de agosto de 1996; Brian Whitmore, "Is a Probe of City Graft a Tool of City Hall?" *St. Petersburg Times*, 9 de abril de 1998.
11. Gevorkyan *et al.*
12. Ibid.; Boris Vishnevsky, *K demokratii i obratno*. <http://www.yabloko.ru/Publ/Book/Freedom/freedom_054.html>. Acessado em 10 de abril de 2011.
13. Julie Corwin, "Russia: U. S. Academics Charge Putin with Plagiarizing Thesis", site da RFERL, 27 de março de 2006. <http://www.rferl.org/content/article/1067113.html>. Acessado em 10 de abril de 2011.
14. Peter Reddaway, "Some Notes on the Possible Murder of Sobchak, the Political Career and Persecution of Marina Sal'ye, and Some Related Cases", artigo inédito.
15. Reddaway.
16. Entrevista minha com Natalia Rozhdestvenskaya em março de 2000.
17. Arkady Vaksberg, *Le Laboratoire des Poisons: De Lénine à Poutine* (Paris: Buchet Chastel, 2007).
18. Reddaway.

CAPÍTULO SETE. O DIA EM QUE A MÍDIA MORREU
1. Relatório da missão da OSCE sobre a eleição de 26 de março de 2000. Tradução russa. <http://hro-uz.narod.ru/vibori.html>. Acessado em 17 de maio de 2011.
2. Estatísticas da Eleição de 2000. <http://www.electoralgeography.com/ru/countries/r/russia/2000-president-elections-russia.html>. Acessado em 17 de março de 2011.
3. Andrei Kolesnikov, *Ya Putina videl!* (Moscou: Eksmo, 2005), p. 13.
4. Brenda Connors, especialista em movimento, cit. in Paul Starobin, "The Accidental Autocrat", *Atlantic*, março de 2005. <http://www.theatlantic.com/magazine/archive/2005/03/the-accidental-autocrat/3725/>. Acessado em 9 de maio de 2011.
5. Shamil Idiatullin e Olga Tatarchenko, "Pora perevodit' chasy na pravuyu ruku", *Kommersant*, 18 de maio de 2000. <http://www.kommersant.ru/Doc/148145>. Acessado em 19 de maio de 2011.
6. "Kakiye chasy nosyat prezidenty i oligarkhi", matéria não assinada publicada na *newsru.com*, em 17 de fevereiro de 2005. <http://www.newsru.com/russia/17feb2005/watch.html>. Acessado em 19 de maio de 2011.
7. Kolesnikov, p. 16.
8. Vitaly Yaroshevsky, "Operatsiya 'Vnedreniye' zavershena", entrevista com Olga Kryshtanovskaya, *Novaya Gazeta*, 30 de agosto de 2004.
9. Entrevista minha com Mikhail Kasyanov, Moscou, 18 de maio de 2011.
10. Masha Gessen, "Lockstep to Putin's New Military Order", *The New York Times*, 29 de fevereiro de 2000, p. 21.
11. Sergei Parkhomenko, "Besedy na yasnom glazu", *Itogi*, 11 de maio de 2000.
12. Reportagem original de Masha Gessen, "Leningradskoye delo", *Itogi*, 18 de julho de 2000.
13. Entrevista minha com Nina Lepchenko em 3 de julho de 2000.
14. Masha Gessen, "Leningradskoye delo," *Itogi*, 18 de julho de 2000.
15. "Glava 'Russkogo video' Dmitry Rozhdestvensky umer ot serdechnogo pristupa", reportagem não assinada em *lenta.ru* <http://lenta.ru/russia/2002/06/06/rusvideo/>. Acessado em 23 de maio de 2011.
16. Mikhail Kasyanov, *Bez Putina* (Moscou: Novaya Gazeta, 2009), p. 70-73.
17. Dmitry Pinsker, "Ulika nomer 6", *Itogi*, 26 de setembro de 2000 <http://www.itogi.ru/archive/2000/39/114667.html>. Acessado em 25 de 2011.
18. "Gusinsky ne budet ispolnyat' soglasheniya s Gazpromom, potomu shto oni podpisany pod ugrozoy lisheniya svobody. Ugrozhal yemu lichno Lesin", artigo não assinado em *polit.ru*. <http://old.polit.ru/documents/320557.html>. Acessado em 25 de maio de 2011.
19. "Putin schitayet, shto konflikt mezhdu Gazpromom i Media-Mostom — spor khozyaystvuyushchikh subyektov, reshat, kotoryi dolzhen sud," notícia não assinada publicada em *polit.ru*.
20. "Kasyanov snova publichno otchital Lesina. Na tom delo i konchilos'", notícia não assinada publicada em *polit.ru*.
21. Boris Kuznetsov, *"Ona utonula...": Pravda o "Kurske," kotoruyu skryl genprokuror Ustinov* (Moscou: De-Fakto, 2005).
22. "Gibel atomnoy podvodnoy lodki 'Kursk.' Khronologiya", artigo não assinado publicado em RIA Novosti. <http://ria.ru/society/20050812/41140663.html>. Acessado em 1º de junho de 2011.

23. Entrevista minha com Marina Litvinovich em 1º de julho de 2008.
24. Kolesnikov, p. 35.
25. Ibid., p. 38-39.
26. *Programma Sergeya Dorenko ob APL Kursk*, levado ao ar em 2 de setembro de 2000.
27. *Larry King Live*, "Russian President Vladimir Putin Discusses Domestic and Foreign Affairs", transmitido em 8 de setembro de 2000.
28. Alexander Voloshin, Depoimento no Tribunal de Comércio de Londres, 14 de novembro de 2011.
29. Entrevista minha com Boris Berezovsky em junho de 2008.
30. Yelena Bonner, entrevista coletiva, Moscou, 30 de novembro de 2000.
31. Yuri Samodurov, entrevista coletiva, Moscou, 30 de novembro de 2000.

CAPÍTULO OITO. O DESMORONAR DA DEMOCRACIA

1. "Um ano de Putin", mesa-redonda realizada em Moscou, 26 de dezembro de 2000. Os participantes foram Leonid Ionin, decano de ciência política aplicada da Escola Superior de Economia; Vyacheslav Igrunov, deputado da Duma; Simor Kordonsky, consultor político; Alexander Tsipko, filósofo; e Andrei Ryabov, professor do Carnegie Center.
2. Yuli Rybakov, entrevista a Marina Koroleva na Echo Moskvy, 17 de janeiro de 2001.
3. Leonid Drachevsky trabalhou nas embaixadas soviéticas na Espanha e na Polônia.
4. Viktor Cherkesov e Georgy Poltavchenko.
5. Petr Latyshev.
6. Viktor Kazantsev e Konstantin Pulikovsky.
7. Boris Berezovsky, "Lichniye svobody — glavny zakon demokraticheskogo obchshestva. Otkrytoye pismo prezidentu Rossiyskoy federatsii Vladimiru Putinu", *Kommersant*, 31 de maio de 2000. <http://www.kommersant.ru/doc/149293/print>. Acessado em 1º de maio de 2011.
8. Relatório de Observação da Missão da OSCE na eleição de 2004. <http://www.osce.org/odihr/elections/russia/33101>. Acessado em 8 de junho de 2011.
9. Por questão de transparência: alguns anos depois de defender sua tese sobre o tema, Darya se tornou minha companheira.
10. Darya Oreshkina, *Kartograficheskiy metod v issledovanii elektoral'nogo povedeniya naseleniya Rossiyskoy Federatsii*, tese de doutorado defendida na Universidade Estadual de Moscou, em 2006.
11. Ilya Kolmanovsky entrevista com Alexander Margolis, São Petersburgo, junho de 2008.
12. Entrevista coletiva da ONG Golos, Moscou, 14 de março de 2004.
13. Soyuz Zhurnalistov Rossii, "Predvaritel'niy otchyot o monitoringe osveshcheniya s SMI vyborov Prezidenta Rossiyskoy Federatsii 14 marta 2004 g".
14. "Putin obyavil o perestroike gosudarstva posle tragedii v Beslane", notícia não assinada publicada em *newsru.com*; e a íntegra do pronunciamento de Putin em 13 de setembro de 2004. <http://www.newsru.com/russia/13sep2004/putin.html>. Acessado em 9 de junho de 2011.

CAPÍTULO NOVE. O DOMÍNIO DO TERROR

1. "Terrible Effects of Poison on Russian Spy Shown in First Pictures", matéria não assinada publicada no *Daily Mail*, 21 de novembro de 2006. <http://www.

NOTAS

dailymail.co.uk/news/article-417248/Terrible-effects-poison-Russian-spy-shown-pictures.html>. Acessado em 22 de junho de 2011.
2. Entrevista minha com Marina Litvinenko, Londres, 24 de abril de 2011.
3. Alexander Litvinenko e Yuri Felshtinsky, *FSB vzryvayet Rossiyu* (Nova York: Liberty Publishing, 2004).
4. Alexander Goldfarb e Marina Litvinenko, *Sasha, Volodya, Boris...* 2 ed. (Nova York e Londres: AGC/Grani, 2010), p. 236.
5. L. Burban et al., "Nord-Ost. Neokonchennoye rassledovaniye. Sobytiya, fakty, vyvody", Moscou, 26 de abril de 2006, Appendix 6.5, "Opisaniye sobytiy poterpevshey Karpovoy T. I." <http://www.pravdabeslana.ru/nordost/pril6.htm>. Acessado em 23 de junho de 2011.
6. Burban et al., *Khronologiya terakta*. <http://www.pravdabeslana.ru/nordost/1-2.htm>. Acessado em 23 de junho de 2011.
7. Elaine Sciolino, "Putin Unleashes His Fury Against Chechen Guerrillas", *The New York Times*, 12 de novembro de 2002. <http://www.nytimes.com/2002/11/12/international/europe/12RUSS.html>. Acessado em 23 de junho de 2011.
8. Ver, por exemplo, <http://www.youtube.com/watch?v=m-6ejE1KG8A>. Acessado em 23 de junho de 2011.
9. Entrevista minha com Ahmed Zakaev, Londres, 6 de junho de 2011.
10. "Litvinenko: FSB ubila Yushenkova za pravdu o Nord-Oste", matéria não assinada publicada em *grani.ru*, 25 de abril de 2003. <http://grani.ru/Events/Terror/m.30436.html>. Acessado em 24 de junho de 2011.
11. Anna Politkovskaya, "Odin iz gruppy terroristov utselel. My yego nashli", *Novaya Gazeta*, 28 de abril de 2003. <http://politkovskaya.novayagazeta.ru/pub/2003/2003-035.shtml>. Acessado em 20 de junho de 2011.
12. "K zaklyuchehiyu kommissionnoy sudebnomeditsinskoy expertizy o pravilnosti lecheniya Shchekochikhina Yuriya Petrovicha, 1950 goda rozhdeniya", *Novaya Gazeta*, 1º de julho de 2004.
13. Entrevista minha com Ahmed Zakaev, Londres, 6 de junho de 2011.
14. Sergei Sokolov e Dmitry Muratov, "Anna Politkovskaya otravlena FSB", *Novaya Gazeta*, 4 de setembro de 2004.
15. "Pravda Beslana." <http://www.pravdabeslana.ru/pravda_beslana.pdf>. Acessado em 26 de junho de 2011.
16. Anna Politkovskaya, "Shto delalo MVD do Beslana, vo vremya i posle", *Novaya Gazeta*, 28 de agosto de 2006. <http://politkovskaya.novayagazeta.ru/pub/2006/2006-77.shtml>. Acessado em 26 de junho de 2011.
17. Blog de Alexei Chadayev, 21 de março de 2006. <http://kerogazz-batyr.livejournal.com/365459.html?thread=4023699#t4023699>. Acessado em 3 de dezembro de 2011.
18. Alexander Litvinenko, "Annu Politkovskuyu ubil Putin", *Chechenpress*, 8 de outubro de 2006.
19. "V Dresdene Putina nazvali ubiytsey", matéria não assinada publicada em *grani.ru*, 10 de outubro de 2006. <http://grani.ru/Society/Media/m.112666.html>. Acessado em 27 de junho de 2011.
20. Declaração de Putin em uma entrevista coletiva em Dresden, 10 de outubro de 2006.
21. Goldfarb e Litvinenko, p. 335.
22. Entrevista minha com Alexander Goldfarb, Londres, 6 de junho de 2011; *Sasha, Volodya, Boris...*

CAPÍTULO DEZ. AMBIÇÃO INSACIÁVEL

1. OSCE PA Missão Internacional de Observadores: Relatório de observações e conclusões preliminares. <http://www.osce.org/odihr/elections/russia/18284>. Acessado em 14 de junho de 2011.
2. "Russians Inch Toward Democracy", editorial não assinado, *The New York Times*, 8 de dezembro de 2003. <http://www.nytimes.com/2003/12/08/opinion/russians-inch-toward-democracy.html>. Acessado em 14 de junho de 2011.
3. David Holley e Kim Murphy, "Election Bolsters Putin's Control", *Los Angeles Times*, 8 de dezembro de 2003.
4. "Racists, Killers and Criminals Run for Duma", *National Post*, 6 de dezembro de 2003.
5. "Putin's Way", *The Economist*, 11 de dezembro de 2003. <http://www.economist.com/node/2282403>. Acessado em 14 de junho de 2011.
6. "Bush and Putin: Best of Friends", *BBC News*, 16 de junho de 2001. <http://news.bbc.co.uk/2/hi/1392791.stm>. Acessado em 11 de julho 2011.
7. Robert O. Freeman, "Russia, Iran and the Nuclear Question: The Putin Record", uma publicação do Strategic Studies Institute.
8. Cf. por exemplo, "Russia Signs Arms Deals with Arab States Totaling $12 Billion", matéria não assinada publicada em *pravda.ru*. <http://english.pravda.ru/russia/economics/22-02-2011/116979-russia_arms_deals-0/>. Acessado em 11 de julho de 2011.
9. O economista era German Gref e o *think tank* era formado por membros do Tsentr strategicheskih razrabotok (Centro de Iniciativas Estratégicas).
10. Entrevista minha com Andrei Illarionov, Moscou, junho de 2011; Andrei Illarionov, "Slovo i delo", *Kontinent*, n° 134 (2007), p. 83-147.
11. Entrevista minha com William Browder, Londres, 13 de maio de 2011.
12. Hoffman, *The Oligarchs*.
13. Mikhail Khodorkovski e Leonid Nevzlin, *Chelovek s rublem*. <http://lit.lib.ru/n/newzlin_l_b/text_0010.shtml>. Acessado em 16 de julho de 2011.
14. Ludmila Ulitskaya e Mikhail Khodorkovski, "Dialogi", *Znamya*, n° 10 (2009). <http://magazines.russ.ru/znamia/2009/10/ul12.html>. Acessado em 16 de julho de 2011.
15. Ibid.
16. Entrevista minha com Pavel Ivlev, Nova York, 2 de julho de 2011.
17. Entrevista minha com Charles Krause, Nova York, 30 de junho de 2011.
18. Palestra realizada em Zvenigorod, 27 de outubro de 2002.
19. Entrevista minha com Marina Litvinovich, dezembro de 2009.
20. "Korruptsiya v Rossii — tormoz ekonomicheskogo rosta", sequência de slides adquirida no Centro de Imprensa Khodorkovski, Moscou, junho de 2011.
21. Kolesnikov, *Ya Putina videl!*, p. 284.
22. Gravação em vídeo da reunião.
23. Entrevista minha com Mikhail Kasyanov, Moscou, maio de 2011.
24. Entrevista minha com Leonid Nevzlin, Greenwich (Connecticut), 1° de julho de 2011.
25. Entrevista minha com Andrei Illarionov, Moscou, junho de 2011.
26. *The Moscow Times*, 21 de janeiro de 2004.
27. Depoimento de Sergei Magnitsky em audiência no tribunal, documento inédito.
28. Transparência Internacional. Relatórios sobre a corrupção global, 2003 e 2010. <http://www.transparency.org/publications/gcr>. Acessado em 17 de julho de 2011. As efetivas classificações são 86 em 2003 e 154 em 2010, mas, em razão

da alteração do total de países incluídos nos relatórios (133 em 2003 e 178 em 2010), dou esses números como porcentagens.
29. Entrevista minha com Andrei Illarionov, Moscou, junho de 2011. Os comentários subsequentes de Illarionov foram extraídos da mesma entrevista.
30. Andrei Illarionov, "Drugaya Strana", publicado originalmente em *Kommersant*, 27 de janeiro de 2006.
31. "Kasyanov, Mikhail", *Lentapedia*, dossiê não assinado. <http://lenta.ru/lib/14159606/full.htm>. Acessado em 17 de julho de 2011.
32. Entrevista minha com Karina Moskalenko, Estrasburgo, 5 de julho de 2011.
33. "Miller, Alexei", *Lentapedia*, dossiê não assinado. <http://lenta.ru/lib/14160384/>. Acessado em 18 de julho de 2011.
34. Yelena Lubarskaya, "'Yuganskneftegaz' utopili v 'Baikale'", *lenta.ru*, 20 de dezembro de 2004. <http://lenta.ru/articles/2004/12/20/ugansk/>. Acessado em 18 de julho de 2011; Denis Skorobogat'ko, Dmitry Butrin e Nikolai Kovalev, "'Yugansk' kupili ludi iz 'Londona'", *Kommersant*, 12 de dezembro de 2004. <http://www.kommersant.ru/doc/534631?isSearch=True>. Acessado em 18 de julho de 2011. "Russia to Hold Yukos Auction Despite US Ruling", notícia não assinada publicada em MSNBC.
35. "'Rosneft' kupila 'Baikalfinansgrup,' poluchiv control nad 'Yuganskneftegazom'", notícia não assinada publicada em *newsru.com*. <http://www.newsru.com/finance/23dec2004/rosneft.html>. Acessado em 18 de julho de 2011.
36. Luke Harding, "Putin, the Kremlin Power Struggle, and the $40bn Fortune", *The Guardian*, 21 de dezembro de 2007. <http://www.guardian.co.uk/world/2007/dec/21/russia.topstories3>. Acessado em 18 de julho de 2011.
37. Entrevista minha com Sergei Kolesnikov, Helsinki, junho de 2011.
38. Roman Anin, "Dvortsovaya ploshad 740 tysyach kvadratnykh metrov", *Novaya Gazeta*, 14 de fevereiro de 2011. Pavel Korobov e Oleg Kashin, "Vot chego-chego, a kontrollerov u nas khvatayet", *Kommersant*, 20 de abril de 2011. <http://www.kommersant.ru/Doc/1625310>. Acessado em 19 de julho de 2011.
39. Entrevista minha com Yuli Dubov, Londres, 6 de junho de 2011.
40. Jacob Gershman, "Putin Pockets Patriots Ring", *The New York Sun*, 28 de junho de 2005. <http://www.nysun.com/foreign/putin-pockets-patriots-ring/16172/>. Acessado em 19 de julho de 2011. Donovan Slack, "For Putin, It's a Gem of a Cultural Exchange", *The Boston Globe*, 29 de junho de 2005. <http://www.boston.com/sports/football/patriots/articles/2005/06/29/for_putin_its_a_gem_of_a_cultural_exchange/>. Acessado em 19 de julho de 2011; "Vladimir Putin poluchil persten s 124 brilliantami", notícia não assinada publicada em *Kommersant*, 30 de junho de 2005. <http://www.kommersant.ru/news/984560>. Acessado em 19 de julho de 2011. O comentário de Putin, dizendo que "poderia matar alguém com isso", foi relatado pela esposa de Robert Kraft, Myra; Cf. "Myra Kraft: Putin Stole Robert's Ring", *Jewish Russian Telegraph*, 18 de março de 2007.
41. Nic Iljine, consultor de arte, relata o incidente no ensaio "Guggenheim 24/7", in Laura K. Jones, ed., *A Hedonist's Guide to Art* (Londres: Filmer, 2010).
42. Aqui, por exemplo, o preço é de 8.200 rublos.
43. Entrevista minha com Andrei Illarionov, Moscou, junho de 2011.

CAPÍTULO ONZE. DE VOLTA À URSS
1. Entrevista com Bruce Eitling e John Kelly, Cambridge, Massachusetts, 7 de novembro de 2008.

2. Em março de 2011, Dozhd, um canal de TV via Internet, cancelou o programa *Grazhdanin Poet* por causa de um quadro que ridicularizava Medvedev. Natalya Sindeeva, a diretora-geral da empresa, fez uma declaração explicando que não pretendia insultar pessoalmente Medvedev. <http://tvrain.ru/teleshow/poet_and_citizen/>. Acessado em 10 de novembro de 2011. Tive várias experiências semelhantes no editorial do *www.snob.ru*, como, por exemplo, quando o editor-chefe mandou que eu retirasse uma referência a uma matéria de um jornal britânico no qual Medvedev era chamado de "assistente de Putin".
3. "Putin poruchil spetssluzhbam 'vykovyryat' terroristov so dna kanalizatsii", notícia não assinada publicada em *lenta.ru*, 30 de março de 2010. <http://lenta.ru/news/2010/03/30/drainpipe/>. Acessado em 10 de novembro de 2011.
4. "Putin obidelsya na sravneniye Obamy: 'My ne umeyem stoyat' 'vraskoryachku'", notícia não assinada publicada em *newsru.com*, 3 de julho de 2009. <http://www.newsru.com/russia/03jul2009/raskoryachka.html>. Acessado em 10 de novembro de 2011.
5. Petr Mironenko, Dmitry Butrin e Yelena Kiselyova, "Rvyot i Mechel", *Kommersant*, 25 de julho de 2008. <http://www.kommersant.ru/Doc/915811>. Acessado em 10 de novembro de 2011.
6. "Putin predrek oppozitsioneram 'otovarivaniye dubinkoy'", artigo não assinado publicado em *lenta.ru*, 30 de agosto de 2010. <http://lenta.ru/news/2010/08/30/explain/>. Acessado em 10 de novembro de 2011.
7. "Vladimir Putin Goes Fishing", galeria de fotos, *The Guardian*, 14 de agosto de 2007. <http://www.guardian.co.uk/news/gallery/2007/aug/14/russia.internationalnews>. Acessado em 10 de novembro de 2011.
8. "Vladimir Putin, nashedshiy amfory VI veka, stal obyektom dlya nasmeshek rossiyskikh bloggerov I zarubezhnykh SMI", artigo não assinado publicado em *newsru.com*, 11 de agosto de 2011. <http://www.newsru.com/russia/11aug2011/putin_amf.html>. Acessado em 10 de novembro de 2011.
9. Dmitry Peskov, secretário de imprensa de Putin, admitiu, mais tarde, que as ânforas haviam sido plantadas ali. Cf. Stepan Opalev, "Peskov pro Putina: Amfory nashel ne sam", *slon.ru*, 5 de outubro de 2011.
10. "Medvedev vnyos v Gosdumu zakonoproekt o prodlenii prezidentskikh polnomochiy", notícia não assinada publicada em *lenta.ru*, 11 de novembro de 2008. <http://lenta.ru/news/2008/11/11/medvedev/>. Acessado em 11 de novembro de 2011.
11. Transparência Internacional. Índice de Percepções de Corrupção.
12. Discurso de Ludmila Alekseeva na cerimônia de entrega do Prêmio Yegor Gaidar, Moscou, 14 de novembro de 2011.
13. "Zolotiye chasy dlya upravleniya delami Voronozhskoy oblasti. Prodolzheniye", *Rospil* blog, 6 de outubro de 2011. <http://rospil.info/news/p/983>. Acessado em 11 de novembro de 2011.
14. "Recheniye komissii FAS po zakazu s tsenoy kontrakta boleye chem 11.5 mlrd rubley", *Rospil* blog, 11 de outubro de 2011. <http://rospil.info/news/p/999>. Acessado em 11 de novembro de 2011.
15. "MVD zaplatit 25 millionov rubley za otdelanniye zolotom krovati", notícia não assinada publicada em *lenta.ru*, 19 de agosto de 2008. <http://lenta.ru/news/2009/08/19/gold/>. Acessado em 11 de novembro de 2011.
16. Anna Kachurovskaya, "Alexei Navalny: Tol'ko, pozhaluysta, ne nado govorit': 'Navalny sravnil sebya s Obamoy'", *Snob*, novembro de 2010.

17. Julia Ioffe, "Net Impact: One Man's Cyber-Crusade Against Russian Corruption", *The New Yorker*, 4 de abril de 2011. <http://www.newyorker.com/reporting/2011/04/04/110404fa_fact_ioffe>. Acessado em 11 de novembro de 2011.
18. "Proekt 'Rospil' sobral perviy million na 'Yandexden'gakh'", matéria não assinada publicada em *lenta.ru*, 3 de fevereiro de 2011. <http://lenta.ru/news/2011/02/03/million/>. Acessado em 11 de novembro de 2011.
19. "Putin vydvigayetsya na prezidentskiye vybory 2012 goda", matéria não assinada publicada em *gazeta.ru*, 24 de setembro de 2011. <http://www.gazeta.ru/news/lastnews/2011/09/24/n_2022837.shtml>. Acessado em 12 de novembro de 2011.

EPÍLOGO: UMA SEMANA EM DEZEMBRO

1. Aleksei Zakharov, "Rezultaty vyborov na tekh uchastkakh, gde ne byli zafiksirovany narusheniya", *slon.ru*, 5 de dezembro de 2011.
2. David Herszenhorn, Ellen Barry, "Majority for Putin's Party Narrows in Rebuke from Voters", *The New York Times*, 4 de dezembro de 2011.
3. "Mikhail Gorbachev — Novoy", *Novaya Gazeta*, 7 de dezembro de 2011. <http://www.novayagazeta.ru/politics/49918.html>. Acessado em 12 de dezembro de 2011.
4. Masha Gessen, "When There's No Going Back", *International Herald Tribune*, 8 de dezembro de 2011.
5. Natalya Raybman, "Surkov: Nuzhno sozdat' partiyu dlya razdrazhennykh gorozhan", *Vedomosti*, 6 de dezembro de 2011. <http://www.vedomosti.ru/politics/news/1444694/surkov_nuzhno_sozdat_partiyu_dlya_razdrazhennyh_gorozhan>. Acessado em 12 de dezembro de 2011.
6. Olga Korol', "Ex-presssekretaryu prezidenta Tatarstana Murtazinu dali real'niy srok", *Komsomol'skaya Pravda*, 26 de novembro de 2009. <https://www.kazan.kp.ru/online/news/577494/>. Acessado em 12 de dezembro de 2011.
7. Boris Akunin, postagem no blog, "I Could Not Sit Still", 9 de dezembro de 2011. <http://borisakunin.livejournal.com/45529.html>. Acessado em 12 de dezembro de 2011.
8. Konstantin Benyumov, "Vstavay, strana ogromnaya! Mitingi protesta 10 dekabrya proshli v 99 gorodakh Rossii".
9. "Dmitry Peskov ne kommentiruyet miting na Bolotnoy ploshchadi", notícia não assinada publicada em *gazeta.ru*, 10 de dezembro de 2011. <http://www.gazeta.ru/news/lenta/2011/12/10/n_2130194.shtml>. Acessado em 12 de dezembro de 2011.

POSFÁCIO

1. <http://bigcats-ru.livejournal.com/116816.html>. Acessado em 14 de outubro de 2012.

PÓS-ESCRITO

1. "Istorichesky Protsess", um talk show do Russia 1 que foi ao ar em 4 de abril de 2012, <https://www.youtube.com/watch?v=oyvE16z6FrI>. Acessado em 25 de abril de 2014. Esse comentário de Kiselev começa em 1'15".
2. Maxim Shevchenko, "Gei kak oruzhiye antikhrista", <https://www.youtube.com/watch?v=mr8h0xod4hM>. Acessado em 25 de abril de 2014.

3. "Po mneniyu patriarkh Kirilla, priznaniye od-nopolykh brakov vedyot chelovechestvo k apokalipsisu", notícia não assinada, NTV, 21 de julho de 2013, <http://www.ntv.ru/novosti/633297/>. Acessado em 25 de abril de 2014.
4. "Spetsialniy korrespondent: Litsedei", Russia 1, transmitido em 12 de novembro de 2013.
5. Por exemplo: Harvey Fierstein, "Russia's Anti-Gay Crackdown", *The New York Times*, 21 de julho de 2013, <http://www.nytimes.com/2013/07/22/opinion/russias-anti-gay-crackdown.html?_r=0>, acessado em 25 de abril de 2014; Laura Smith-Spark, "Why Russia's Sochi Olympics Are Now a Battleground for Gay Rights", CNN, 10 de agosto de 2013, <http://www.cnn.com/2013/08/10/world/europe/russia-gay-rights-controversy/>, acessado em 25 de abril de 2014.
6. Max Seddon, J. Lester Feder, "Discredited U.S. Anti-Gay Activist Addresses Russian Parliamentarians over 'Family Values'", *Buzzfeed*, 28 de outubro de 2013.
7. No momento em que este livro foi escrito, o Congresso estava agendado para ocorrer de 10 a 12 de setembro de 2014. Em um comunicado à imprensa anunciando que o encontro seria realizado em Moscou, o diretor executivo do Congresso Mundial das Famílias, Larry Jacobs, disse: "Estamos convencidos de que a Rússia desempenha e deve desempenhar um papel muito significativo na defesa da família e dos valores morais no mundo inteiro, a Rússia tornou-se líder na promoção desses valores na arena internacional."
8. A transcrição do discurso em russo está disponível em: <http://kremlin.ru/news/19825>. E a tradução oficial para o inglês em: <http://en.kremlin.ru/events/president/news/19825>. Acessado em 25 de abril de 2014.
9. Nesta entrevista ao maior tabloide da Rússia, um líder da campanha anti-gay, o político de São Petersburgo Vitaly Milonov, diz: "O Departamento de Estado está muito animado com os direitos dos homossexuais. Eles dizem que você não deve implicar com homossexuais, você deve acariciar seus cabelos e dar a eles o direito de se casar e tirar crianças de orfanatos para que essas pobres crianças possam crescer em famílias pervertidas como a de Masha Gessen." Vladimir Vorsobin, "Vitaly Milonov: 'Priyatno, kogda rugayut ne za to, shto ty podonok in negodyay, a za tsitirovaniye Biblii'", *Komsomolskaya Pravda*, 12 de março de 2013.
10. Olga Pavlikova, "Assotsiatsiya s YeS oznachayet rasshireniye sfery gey-kultury", *Slon*, 10 de dezembro de 2013.
11. "Minkultury izlozhilo 'Osnovy gosudarstvennoy kulturnoy politiki'", *Izvestia*, 10 de abril de 2014, <http://izvestia.ru/news/569016>. Acessado em 25 de abril de 2014.
12. "Full Transcript: President Obama Gives Speech Addressing Europe, Russia, on March 26", *The Washington Post*, 26 de março de 2014, <http://www.washingtonpost.com/world/transcript-president-obama-gives-speech-addressing-europe-russia-on-march-26/2014/03/26/07ae80ae-b503-11e3-b899-20667de76985_story.html>. Acessado em 25 de abril de 2014.

Índice

Abramovich, Roman, 275
Albright, Madeleine, 48
Alemanha, 57, 66
    emigrantes do lado oriental para o ocidental, 81
    Ocidental, 76, 77, 79, 81
    Oriental, 76, 77, 78, 80-2, 83
    protestos e instabilidade no lado oriental, 80, 81-3
    reunificação, 80, 82
    Ver Segunda Guerra Mundial
Alexandrov, Alexander, 196
Analistas políticos sobre a Rússia de Putin, 194-6
Armênia, 15, 94, 96, 334
Artemyev, Igor, 124
Assassinato de Politkovskaya, 237-9, 241-4
Assassinatos, 237
    FSB, 217, 218
    Putin e, 243-4, 284
    Ver homicídio; Envenenamento
Ativismo
    Leningrado, 93-4, 97, 98, 102-3
    pró-democracia, 98, 100, 102
    Ver Frente Popular
Aushev, Ruslan, 232
Avenida Niévski (Leningrado), 118, 130, 131, 153
Azerbaijão, 15, 94, 117

Babitsky, Andrei, 45-49, 55, 179, 229
Baikalfinansgrup, 273, 274
Bakatin, Vadim, 109
Baku, 117
Bandeira
    nova Rússia (1991), 130-1, 195
    União Soviética, 130-1, 195
Batalha do Angleterre, 91, 104
Belyaev, Alexander, 125
Berezovsky, Boris, 24, 38, 40-41, 54, 193, 205, 219, 226
    Putin e, 27-33, 39, 43, 44, 54, 56, 147, 156, 189-90, 192-3, 199, 217-8, 277, 281
Berlim, 76, 82, 113
Berzin, Yan, 67
Bezrukov, Sergei, 113
Bogdanov, Alexander, 152

Boldyrev, Yuri, 135, 137, 140, 152
Bolcheviques, 67, 195
Bombas
    em prédios residenciais (1999), 35-7, 38, 49-55, 219-20, 228-9, 233, 234, 235
    em Leningrado, hotel Angleterre (1987), 87-8, 91
Bonner, Yelena, 193
Borisenko, Viktor, 61, 70
Brasão de Estado, 196
Browder, William, 252, 262-9, 275
Buhre, Paul, 96
Bush, George W., 246
Buynaksk, 35
Bystritsky, Andrei, 204

Câmara Municipal de Leningrado, 107-8, 117, 118, 130, 142
    golpe (1991) e, 124-6, 127-8
    Putin em, 111-5
    Salye sobre, 103, 104, 105, 119-20, 125, 126, 128, 134-5, 137, 138-9
    Ver Câmara Municipal de São Petersburgo
Câmara Municipal de São Petersburgo, 143. *Ver* Câmara Municipal de Leningrado
Cameron, Paul, 335
Campos de prisioneiros/refugiados, 92, 166
Canal 1 (Televisão Pública Russa), 29, 190, 192
Canção patriótica, 196
Catedral de Nossa Senhora de Cazã (Leningrado), 93
Censura, 88, 98. *Ver* Jornalismo; Mídia
Centro cultural, Kasparov em, 209
Centro de Imprensa Independente, 153, 154
Cerco a Leningrado, 56
Chechenos, 36, 54, 162-8, 229, 242-3
Chechênia, 17, 29, 35, 122, 162, 172, 226, 230, 231, 234, 238, 243
    Putin e, 225, 238, 242, 250-1
    guerras, 36-8, 40, 44-7, 48-9, 163-5, 166-8, 172, 225, 227, 235, 238, 247, 249-51
Cherkesov, Viktor, 178
Chochiev, Alan, 212
Chubais, Anatoly, 24, 32, 33, 40, 43
CNN, 191
Comissão de Fiscalização Constitucional, 114
Comissão Estatal para o Estado de Emergência na URSS (GKChP SSSR), 124, 125, 127
Comitê 2008, 203
Comunismo, 148-9. *Ver* União Soviética
Conflitos étnicos, 121. *Ver* Armênia; Chechenos; Chechênia
Congresso dos Representantes do Povo, 142
Constituição russa, 171, 283
Corrupção
    de empresas, 254, 260, 263-6, 267
    de Putin, 274, 276-7, 278, 279-80, 281, 285-6, 290-1
    em eleições, 198-200, 201-2, 203-5, 246, 281-2
    na Rússia, 267, 275-6, 278, 284, 286, 290-1
Crise de reféns, 235
    escola de Beslan, 206-7, 208-12, 229-35, 239, 267-8
    teatro de Moscou, 221-6, 226, 227-8, 231-2, 234, 235
Crise dos reféns da escola de Beslan, 189-90, 191-4, 212-17, 218, 221, 248-9
Crise econômica (1998), 197-8, 255-6
Crimeia
    anexação pela Rússia, 338

Decretos, 171, 196, 197
Democracia
    Campanha de Kasparov para estabelecer, 208-15
    Putin e, 147, 148, 149-50, 197-8, 201, 207-8
    Rússia e, 147, 148, 149-50, 197-8, 245-6

Democratas (Rússia), 125, 131, 147
    KGB e, 114
Denunciadores, 216-21
Deputados do Povo, 100-1
"Dezenas de facas nas minhas costas"
    (Sobchak), 157
Dia do Conhecimento, 206
Dissidentes, 70, 74, 89, 108. *Ver*
    "Informais"
Dorenko, Sergei, 190-1
Drel, Anton, 259
Dresden, 76-7, 78-80, 81-2
Drozdov, Yuri, 113
Dubeykovskaya, Yana, 202, 203
Dubov, Yuli, 277
Duma, 18, 32, 34, 197, 220, 246. *Ver*
    Parlamento
Dzasokhov, Alexander, 231

Echo Moskvy, 13, 14, 223
Economia, 255
    Illarionov e, 249
    Putin e, 249, 250, 251, 252, 260,
        272-4, 279
    russa, 275
    São Petersburgo, 150-1, 155
Eleições
    corrupção em, 198-200, 201-2,
        203-5, 246, 281-2
    jornalismo e, 246
    1989, 98-9
    Candidatura presidencial de Putin,
        31-3, 39, 40, 41, 42-3, 48-9,
        54-5, 144, 158-9, 162,
        164-8, 170-1, 200-6, 283,
        291
    Mudanças de Putin sobre, 207-8
    parlamentar (2003), 245-6, 262
    presidencial (2000), 283
    presidencial (2004), 200-5, 283
    presidencial (2008), 283
Empresas, 257
    corrupção de, 254, 260, 263-6,
        267
Envenenamento, 216, 230
    Litvinenko, 239-44, 280
Era Stalin, 74

Estados Unidos, cobertura midiática
    sobre Putin e Rússia, 24-69, 251,
    267-8
Estônia, 121, 149
Extorsões Estatais, 182. *Ver* Corrupção

"Família" (ao redor de Yeltsin), 24, 25,
    27, 28, 29, 33, 41
Federação Russa, 196, 198. *Ver* Rússia
Felshtinsky, Yuri, 219, 220
Força especial da polícia, 118, 126, 223-4
    mídia e, 172-3
Fração do Exército Vermelho (RAF), 79
Frente Popular, 94-5, 102-3, 104
FSB. *Ver* Serviço Federal de Segurança
Fundação para Políticas Efetivas, 39

Gagra, 69
Gaidar, Yegor, 25, 144
Gazprom, 180, 181, 273
Geórgia, 58, 69, 122
Gevorkyan, Natalia, 44, 45-6, 48-9,
    58, 65, 108, 179
Gidaspov, Boris, 104
GKChP. *Ver* Comissão Estatal para o
    Estado de Emergência na URSS
Glasnost (transparência), 88
Glazyev, Sergei, 202-3
Glinka, Mikhail, 196
Goldfarb, Alexander, 40, 199, 219,
    240, 241-2
Golpe (1991), 121-2, 123-35, 254
Gonchar, Nikolai, 131
Gorbatchov, Mikhail, 16, 80, 88-9,
    100-1, 108-9, 114, 182, 195
    golpe (1991) e, 120, 121, 122,
        130, 131
Grande Palácio do Kremlin, 168
Grande Terror, 94
Grózni, 37, 38, 16-27, 226
Grupo Inter-regional, 15
Grupos de Discussão, Leningrado, 92
Guerra germano-soviética, 58-9
Guerra Soviético-Finlandesa, 86
Gusinsky, Vladimir, 49, 54, 148, 172,
    173, 176, 179, 180-2, 192, 193,
    202, 205

Hamzat (homem checheno), 166
Hermitage Fund, 253, 263
Hino nacional
Russo, 196, 197
União Soviética, 196-7
Homicídio. *Ver* Assassinatos; Envenenamento
Hotel Angleterre (Leningrado), 87, 90, 91
"Hyde Park" (Jardim Mikhailov, Leningrado), 93

Ianukovytch, Viktor, 338
Illarionov, Andrei, 249-51, 253, 262, 268, 269, 279-80
Importação de carne, 120, 135
    Leningrado e, 120-1, 135
"Informais", 70, 74, 89, 108
Inteligência militar soviética, 66
Itogi, 13, 182
Ivanov, Igor, 48

Jardim Mikhailov (Leningrado), 93
Jornalismo, 153, 154
    cobertura da Rússia nos Estados Unidos, 246-9, 251-2, 267-8
    cobertura de Putin nos Estados Unidos, 246-9, 251-2, 267-8
    eleições e, 228-9
    investigativo, 160-1, 228-30, 238-9
Jovens Pioneiros, 62, 63

Kadyrov, Ramzan, 242
Kartofelnikov, Alexei, 49, 50, 51
Kasparov, Garry, 117, 208-15, 235, 287
Kasyanov, Mikhail, 170, 181, 269, 270
KGB, 15, 20, 153, 178
    democratas e, 114
    desmantelamento de, 129-30
    diretorias, 77
    dissidentes e, 74
    escola de espionagem, 76
    escola de oficiais, 75
    golpe (1991) e, 80, 115, 122-3, 125-6, 131, 133
    imagem de, 66

inchaço (década de 1970) de, 73, 109
lógica interna de, 74
posto em Dresden, 77, 78-9, 80-1, 82
Putin e, 30, 40, 44, 48-9, 63-5, 65-6, 67, 68, 69-70, 72-7, 78-9, 80-1, 82, 109, 110, 112, 113, 114-5, 133, 134, 149, 150, 152, 197-8, 280
recrutamento de agentes disfarçados, 77-8, 80
reserva ativa, 67, 109, 152
serviço de inteligência ilegal, 77, 113
Khakamada, Irina, 203, 204, 205
Khodorkovski, Mikhail, 230, 253, 254-9, 259, 260, 261, 262, 272-3, 274, 280, 284, 288
Khramtsov, Viktor, 125
Khruschchov, Nikita, 196
Kiselev, Dmitry, 332
Klebanov, Ilya, 188
Kolesnikov, Sergei, 274-5, 276-7, 278
Kommersant, 169, 199
Komsomol, 254
Kontinent, 135
Kovalev, Alexei, 90, 105, 197
Kovtun, Dmitry, 243
Kraft, Robert, 278
Kremlin, 158, 168, 228, 236
    televisão e, 185-6
Kryuchkov, Vladimir, 133, 134, 169
Kuroyedov, Vladimir, 187
Kursk, desastre, 183-90, 191, 223

Larry King Live, 191
Lebedev, Platon, 257, 259, 261, 269, 272
Lênin, Vladimir Ilyich, 254
Leningrado, 74, 84, 122, 135
    ativismo, 92-5, 97, 98, 99, 101-3
    explosão do hotel Angleterre (1987), 87-8, 90-1
    Comissão de Relações Exteriores, 137
    exportação de *commodities*, 137-9

importação de comida, 137-8, 139
importação de carne, 120, 135
pós-guerra, 87
Putin como vice-prefeito de, 122, 135-7
racionamento e protestos (1989-1990), 117-9
Cerco a, 56-8, 58, 59, 74, 86
emissora de televisão, 125, 127-8
Ver São Petersburgo
Lesin, Mikhail, 181
Letônia, 121
Liberais, 186-7, 245, 248-9
Linkov, Ruslan, 19
Lituânia, 159
Litvinenko, Alexander, 216-20, 226-7, 237
envenenamento de, 239-44, 280
Litvinovich, Marina, 39-40, 186, 203, 204, 230-3, 235, 236, 258-9
Lugovoy, Andrei, 243
Lustração, 84
projeto de lei, 15, 16, 18
Luzhkov, Yuri, 32, 39, 127, 179

Mães de Beslan, 209, 211
Magnitsky, Sergei, 264, 266, 284
Maksimov, Vladimir, 154
Maksimova, Tamara, 153
Maskhadov, Aslan, 232
Manifestação da Praça Maiakóvski (Moscou, 1991), 16
Media-Most, 172-3, 176
Medved (o Urso), 41
Medvedev, Dmitri, 283-4, 285-6, 291
Meri, Lennart, 10, 149
Merkel, Angela, 238
Mídia, 26, 180
força especial da polícia e, 171-2
Putin e, 181-2
Mikhalkov, Sergei, 196
Militar, e Putin, 171
Morte de um dissidente: O envenenamento de Alexander Litvinenko e a volta da KGB (Goldfarb), 241-2
Moscou, 28, 39, 83, 86, 117, 122, 135, 139-40, 156, 198

bombas nos prédios residenciais, 54, 35-6, 49-50, 220
crise de reféns do teatro, 223-5, 227-8, 231-2, 235, 236
golpe (1991) e, 125, 126, 129-30, 131

Nagorno-Karabakh, 15, 97
Narusova, Ludmila, 152, 157
Navalny, Alexey, 7-8, 286-7
Nevzlin, Leonid, 254, 257, 261, 272
Nikolayev, Nikolai, 53
NKVD, 66, 67
Novaya Gazeta, 220, 228
Novo Cemitério (Beslan), 208
NTV, 49, 53, 54, 173, 182, 202, 205

O escudo e a espada, 65
Obama, Barack, 340
Oreshkina, Darya, 200, 341
Organização para Segurança e Cooperação na Europa (OSCE), 245, 246
Ossétia do Norte, 206, 211, 212, 229, 231
Otechestvo-Vsya Rossiya (Pátria-Toda a Rússia), 27
Otkrytaya Rossiya (Rússia Aberta), 256

Padva, Genrikh, 271
Palácio Mariinsky (Leningrado), 104, 124, 126, 127
Parlamento, 196
eleições (2003), 245-6, 262
Putin e, 197, 197-8, 199, 246
Ver Duma
Partido Comunista, 15, 18, 34, 68, 73, 88, 89, 92, 95, 96, 98-100, 104, 107-8, 113, 119, 134, 141, 168, 205, 245, 252
Partido Democrático Liberal, 245
Pátios, de prédios residenciais soviéticos, 59, 61
Patrushev, Nikolai, 52, 55
Pavlov, Valentin, 135
Perestroika, 88, 94

Petrogrado, 86. *Ver* Leningrado; São Petersburgo
Petróleo, 273, 280
Podoltseva, Ekaterina, 93, 97
Polícia secreta, 226
   Crise de reféns da escola de Beslan e, 233-5
   Crise de reféns do teatro de Moscou e, 227-8
   Ver Serviço Federal de Segurança
Politburo, 88
Politkovskaya, Anna, 227-8, 229-31, 232-4
   assassinato de, 237-9, 242-4
Política de Cultura, 339
Ponto de Informação, 91, 92
Popov, Gavriil, 127
Praça de Santo Isaac (Leningrado), 87, 91, 104
Primakov, Yevgeny, 28, 30, 32, 39, 54
Privatização, 24, 174, 254
Prokhorov, Mikhail, 148, 287, 288-90, 311
Projetos de lei
   lustração, 3, 4, 6
   Putin e, 181, 182, 190
   Propaganda, 204-5, 230
   Propaganda antigay, 332-4
Protestos
   Batalha do Angleterre, 91
   na Alemanha Oriental, 80, 81-4
   na União Soviética, 92
   racionamento de Leningrado e, 117-9
   Ver "Informais"
Pushkov, Alexey, 338
Putin, Vladimir (pai), 58, 60-1, 65, 66, 69
Putin, Vladimir Vladimirovich, 145, 176
   ambição de, 73
   analistas políticos sobre a Rússia de, 194-5
   assassinato de Politkovskaya e, 237-9, 242
   assassinatos e, 243, 284
   autoritarismo de, 281-2, 285
   Babitsky e, 44-9
   Berezovsky e, 27-32, 39, 43, 44, 55, 56, 147, 156, 190, 192, 199, 217, 277, 281
   biografia de, 44, 45, 56, 58-65, 67-8, 70-3, 82, 108, 132-3, 136, 147, 162, 187-9
   candidatura a reeleição (2004) de, 200, 201-6, 283
   casamento de, 72, 77
   Chechênia e, 225, 238, 250-2
   começo de vida, 57-66, 67-9
   como assessor econômico de São Petersburgo, 27-8, 33-4
   como assessor-chefe do Departamento de Propriedades da Presidência de Moscou, 156
   como candidato presidencial, 30-4, 38, 39, 40, 41-2, 49, 53-4, 144, 158-9, 162, 164, 165, 167-8, 170, 291
   como delinquente e lutador, 61-2, 63-5, 162, 261, 285
   como presidente em exercício, 41, 43-4, 45-6, 48, 170-1, 178, 205
   como presidente, 144, 245
   como primeiro-ministro, 33-4, 38, 41, 283
   como vice-prefeito de Leningrado, 122, 135
   como vice-prefeito de São Petersburgo, 28, 33
   comunismo e, 148-9
   constituição e, 170, 171, 197-8
   corrupção de, 273-4, 276-7, 278, 279-80, 284-5, 290-1
   crise de reféns da escola de Beslan e, 206-9, 231, 233-4, 268
   crise de reféns do teatro de Moscou e, 225
   decretos de, 171, 197-8
   democracia e, 147, 148, 150, 197-8, 201, 208
   desastre de *Kursk* e, 183-90, 191, 223
   e destruição do espaço público, 282

ÍNDICE

economia e, 248, 249, 250, 251, 260, 273-4, 278-9
educação básica de, 61, 63, 67-8
educação superior, 67
envenenamento de Litvinenko e, 239-44, 280
enviados de, 198
fortalecimento do poder vertical de, 197-8
FSB e, 30, 52, 53, 54, 170, 177, 191, 217-8
golpe (1991) e, 125, 126, 129-30, 131
Illarionov e, 249-52
jeito de andar de, 168
jornalismo norte-americano sobre, 247-8, 252, 267
Kasyanov e, 170, 261, 268-70
KGB e, 29, 30, 40, 44, 49, 63, 65, 67, 68, 69-70, 73-5, 79, 83, 85-6, 112, 113, 133, 134, 149, 150, 152, 198, 280
Medvedev e, 283, 284, 285, 286, 291
mídia e, 181-2
militares e, 170-1
mitologia de, 60
mudanças nas eleições por, 207-8
na Câmara Municipal de Leningrado, 111-5
no Kremlin, 158, 168
no trabalho no estrangeiro da KGB em Dresden KGB, 75-85
parlamento e, 196, 198, 207-8, 245-6
popularidade de, 39, 41
posse, 197, 279-80
projetos de lei e, 197-9, 207-8
reeleição (2000) de, 283
relacionamentos de, 71
riqueza de, 274, 276-7, 278-9
Rozhdestvensky e, 177-8
Sobchak e, 111-5, 133, 140, 141, 142, 147, 148, 150, 152, 153, 154, 156, 158-61, 201
televisão e, 189-93, 205

terrorismo e, 235
União Soviética e, 149-50, 291
vulgaridades de, 285
Yeltsin e, 33, 33-4, 38, 39, 41, 42
Putina, Ekaterina (filha), 77, 84
Putina, Ludmila Alexandrovna (esposa), 77, 84, 157
Putina, Maria (filha), 72, 76
Putina, Maria Ivanovna (mãe), 58, 60, 65

Rádio Liberdade/Rádio Europa Livre, 44, 46, 49
República Socialista Federativa Soviética da Rússia, 196
Repúblicas bálticas, 106, 133
Repúblicas soviéticas, 121-2
Revenko, Yevgeniy, 202, 206
Revoluções Russas, 67, 86, 195, 197
Riazã, 360, 49-53, 220
Riqueza
 de Putin, 274-80
 disparidade na Rússia, 150-1
 redistribuição de propriedade na Rússia e, 141, 147
Rodina (Mãe Pátria), 245
Roginsky, Arseniy, 134
Roldugin, Sergei, 70-1, 84
Rosinvest, 276
Rosneft, 260, 273, 274
Rostóvia, 213, 229
Rozhdestvensky, Dmitry, 174-9
Rushailo, Vladimir, 51
Rússia
 analistas políticos sobre Putin, 194-6
 autoritarismo da, 281-2
 brasão de Estado, 196
 constituição, 170, 171, 197-8
 corrupção em, 267-8, 275-6, 278, 284, 286
 crime, 14, 172-3, 265. *Ver* Corrupção
 crise econômica (1998), 198, 255
 democracia e, 147, 148, 150, 197-206, 245-6
 disparidade de riqueza, 151

economia da, 275
hino nacional, 196-7
jornalismo norte-americano sobre, 246-8, 251-2
legislativo, 142-6
nova bandeira (1991), 130-1, 195
novo governo (1990), 130-1, 141-3, 147-8, 154
privatização, 26, 151, 254
redistribuição de riqueza e propriedade, 141, 147
regiões de, 198
revoluções, 66, 86, 195, 197
Rússia democrática, 17
Rússia Unida, 201, 245, 288
Russkoye Video, 174-5, 177
Rutskoy, Alexander, 128
Rybakov, Yuli, 97, 119, 197, 220

Sakharov, Andrei, 15, 40, 88, 98-9, 100-3, 107, 193
Salye, Marina, 95-6, 98, 101, 102, 116, 141-2, 144-5, 226-7, 278
  golpe (1991) e, 124, 125, 127, 131
  sobre a Câmara Municipal de Leningrado, 104, 105, 106, 119, 124, 125, 127, 134, 135, 137, 139-40
Sambo (arte marcial soviética), 65, 68
Samodurov, Yuri, 193
Samsonov, Viktor, 124, 126, 128-9
São Petersburgo, 8-9, 28, 33, 56, 59, 96, 107, 139, 140, 149, 152-3, 175, 201
  história de, 86
  políticas, 154-5
  problemas econômicos, 150, 155
  televisão, 153
  Ver Leningrado
Segunda Guerra Mundial, 66, 86, 149
Sergeyev, Igor, 47
Serviço Federal de Segurança (FSB), 35, 52, 230-2
  assassinatos, 217, 218
  bombas nos prédios residenciais (1999) e, 50-5, 219-20, 233, 234

denunciadores, 216-21
Putin e, 30, 54, 55, 170, 178, 217-8
terrorismo e, 234-5
Sharogradskaya, Anna, 153-4
Shchekochikhin, Yuri, 228, 243
Shcherbakov, Vyacheslav, 108, 128, 132
Shevchenko, Maxim, 332-3
Shevchenko, Yuri, 157, 160
Shuvalov, Igor, 270
Skoybeda, Vitaly, 125, 130
Sobchak, Anatoly Alexandrovich, 27, 33, 99, 106-7, 118, 120, 122, 143, 150, 157, 174, 175, 176, 274, 275
  golpe (1991), 121-2, 123-35
  impopularidade de, 153
  investigação de, 156
  morte de, 160, 243-4
  Putin e, 111-5, 133, 139, 140, 142, 147, 148, 150, 152, 153, 156, 159, 201
Soshnikov, Ivan, 93
Soviete Supremo, 15, 99, 107, 122, 130, 135, 142-3
Stalin, Josef, 67, 80, 94
Starovoitova, Galina, 14, 17, 20-1, 97, 99, 122, 174, 176
Stasi, 76, 78, 82, 83
Suprema Corte (URSS), 94
Surkov, Vladislav, 289-90, 331-2

Televisão
  estação de Leningrado, 125, 128
  estatal, 202, 205
  Kremlin e, 186
  Putin e, 189-93, 204, 246
  São Petersburgo, 153
  Ver Canal 1; Echo Moskvy; Russkoye Video
Terkibaev, Khanpash, 226-8, 237, 238
Terrorismo, 206, 224
  FSB e, 234
  Putin e, 234
  Ver Bombas; Crise de reféns
Trabalhos no exterior
  dinheiro e, 78-9
  Dresden, 75-8, 79-81, 82-3, 84-5

Trepashkin, Mikhail, 220-1
Tsipko, Alexander, 195
TV estatal, 205

Ucrânia, 122
"Um homem com um rublo" (Khodorkovsky e Nevzlin), 254, 257
União das Repúblicas Socialistas Soviéticas (URSS). *Ver* União Soviética
União de Jornalistas da Rússia, 205
União Europeia, 149, 267
União Soviética (URSS), 202-3
    bandeira, 130, 195
    colapso, 10, 14, 17, 34, 89, 100, 299, 316, 334
    hino nacional, 196-7
    mudanças (1985), 80
    mudanças (19871989), 92-103
    protestos em Leningrado, 90-1
    Putin e, 149-50, 170, 291
Universidade de Leningrado, 68, 72, 110-1, 158
Universidade de São Petersburgo, 155
Universidade de Tecnologia de Dresden, 78
U.S. News & World Report, 180, 182, 246
URSS. *Ver* União Soviética

Vaksberg, Arkady, 158-61
Vanyushin, Yuri, 178, 179
Vidyaevo, 187, 189, 190, 191
Vinnikov, Alexander, 90
Vladikavkaz, 211
Volgodonsk, 36, 220
Volodin, Vyacheslav, 331, 332
Voloshin, Alexander, 24, 32, 186, 192

Yakovlev, Vladimir, 175
Yedinstvo (Unidade), 41
Yeltsin, Boris Nikolayevich, 15-7, 29, 30, 99, 114, 122, 134, 135, 140, 162, 168, 170, 182, 199
    Congresso dos Representantes do Povo e, 142
    conquistas de, 25-26
    desilusão com, 23-7
    e dissolução do Soviete Supremo, 143
    golpe (1991) e, 120, 121, 122, 130, 131
    Putin e, 30-1, 32, 33, 38, 39, 41, 43, 48
Yesenin, Sergei, 88
Yuganskneftegaz, 273
Yukos, 255, 257, 259, 261, 270-3, 305
Yumashev, Valentin, 24, 30, 32
Yumasheva, Tatyana, 24, 32
Yuriev, Alexander, 154
Yushenkov, Sergei, 144, 146, 226-7, 243

Zakaev, Ahmed, 226, 229, 230, 232, 234
Zelinskaya, Yelena, 89, 91, 130

1ª edição	SETEMBRO DE 2022
impressão	PANCROM
papel de miolo	PÓLEN SOFT 70G/M²
papel de capa	CARTÃO SUPREMO ALTA ALVURA 250G/M²
tipografia	BERLING